国家出版基金项目
NATIONAL PUBLICATION FOUNDATION

中国共产党百年奋进研究丛书

上海市哲学社会科学规划办公室
上海市中国特色社会主义理论体系研究中心 组编

教育强国之路

刘世清 袁振国 等 著

上海人民出版社

丛书前言

“领导我们事业的核心力量是中国共产党。”自中国共产党诞生以来，中国大地经历了翻天覆地的历史性变化。中国人民选择了中国共产党，并在党的领导下选择了社会主义。经过长期艰苦卓绝的奋斗，完成了新民主主义革命和社会主义革命，实现了中华民族从“任列强欺凌”到站起来的伟大飞跃；新中国成立以来，特别是改革开放以来，中国共产党带领人民建设中国特色社会主义，使中国大踏步赶上时代，实现了中华民族从站起来到富起来的伟大飞跃；在新时代，中国共产党团结带领人民坚持和发展中国特色社会主义，推动中华民族伟大复兴取得历史性成就，迎来了从富起来到强起来的伟大飞跃。正是中国共产党的领导，中国人民走社会主义道路，从根本上解决了中华民族复兴和中国现代化面临的历史性课题。有了中国共产党，中国人民就有了思想上、政治上的“主心骨”，就有了团结奋斗、勇往直前的指路明灯、核心力量。各族人民跟着中国共产党就能凝聚成不可战胜的磅礴力量，朝着中华民族伟大复兴的奋斗目标奋勇前进。100年来，中国共产党为了实现中华民族伟大复兴的历史使命，无论是顺境还是逆境，无论是弱小还是强大，都初心不改，矢志不渝。历史和现实雄辩地证明，没有中国共产党就没有中国劳苦大众的翻身解放，就没有社会主义新中国，就没有中华民族的伟大复兴。一百年来，中国共产党为实现国家富强、民族振兴、人民幸福和人类文明进步事业作出的伟大历史贡献永远铭记史册。

站在历史的交汇点，中国共产党带领中国各族人民以习近平新时代中国特色社会主义思想为指导，统筹社会革命和自我革命，始终坚持马克思主义在意识形态领域的指导地位、勇担民族复兴历史大任、扎根广大人民群众、坚持以人民为中心、依靠人民从容应对面临的复杂严峻的挑战和问题。在带领人民进行伟大社会革命的同时，不断进行伟大的自我革命，引导党自身在具有许多新的历史特点的伟大斗争中经受住执政考验、改革开放考验、市场经济考验和外部环境考验，化解精神懈怠、能力不足、脱离群众、消极腐败的危险，始终保持党的先进性和纯洁性，始终与人民心连心，始终走在时代前列，赢得新时代执政党自我净化、自我完善、自我革新、自我提高的新胜利，再次创造出人类发展史上划时代的发展奇迹。

为隆重庆祝中国共产党成立100周年，表达上海理论界对中国共产党领导人民创造的丰功伟绩和宝贵精神财富的高度认同，以及对中国共产党无比深厚的情感；为帮助广大干部群众深入学习中国共产党历史，深入学习贯彻中国共产党宝贵历史经验，深入学习领会中国共产党人不倦探索取得的理论创新成果，在中共上海市委宣传部领导下、上海市哲学社会科学规划办公室以委托课题方式，与上海市中国特色社会主义理论体系研究中心联合组织了“人民至上·中国共产党百年奋进研究丛书”（以下简称“丛书”）的研究和撰写。参加“丛书”研究撰写的是本市哲学社会科学相关领域的著名专家学者。“丛书”由上海人民出版社编辑出版。

“丛书”围绕的主题是系统研究、深刻阐释、正确总结中国共产党领导中国人民百年奋斗历程、伟大成就、历史经验和光辉思想。“丛书”分领域、分战线总结论述中国共产党在领导中国人民夺取新民主主义革命胜利、建立新中国，进行“一化三改造”、建立社会主义经济制度和社会主义赖以发展的物质基础，实行改革开放，开创、坚持和发展中国特色社会主义，全面建成小康社会、开启全面建设社会主义现代化国家新征程形成的理论、路线、重大方针政策和重大战略部署。其中涉及中国共产党的现代化建设思想、治国理政思想、法治思想、制度建设思想、统一战线理论、宣传思想、理论创新、革命精神、群众观和群众路线，涉及党的经济建设思想、政治建设思想、文化建设思想、社会建设思想、生态文明建设思想、科学技术思想、教育思想、“三农”思想、军队和国防建设思想、自身建设思想、国际观等。“丛书”主要有以下特点：

第一，注重以史为据、史论紧密结合，论从史出。“丛书”的每一部论著研究的历史跨度都是百年，每一部论著都努力把历史思维贯彻在整个研究撰写工作中，力求呈现厚重的历史感，做到真正熟悉并实事求是对待所承担研究撰写领域的党的百年历史。研究者首先致力于学习历史、熟悉历史、梳理历史，钻研党的理论、方针、政策的发展史，广泛收集和整理文献，大量地、充分地掌握历史资料，认真总结百年取得的弥足珍贵的历史经验，把握历史进程和规律。在对历史的认真学习、梳理中，去做好中国共产党百年研究系列课题这篇大文章。

第二，注重阐释中国共产党所坚守的以人民为中心的根本立场。中国共产党为人民而生、因人民而兴，始终坚持以人民为中心，把为中国人民谋幸福、为中华民族谋复兴作为初心使命，坚持全心全意为人民服务的根本宗旨，始终代表最广大人民利益。“丛书”作者牢记人民立场是马克思主义的根本政治立场。人民至上、一切为了人民、一切依靠人民是中国共产党的价值理念和认识世界、改造世界的根本要求。可以说，“丛书”的每一种，都致力于揭示中国共产党之所以能历经百年始终保持先进性、始终走在时代前列、团结带领人民创造历史伟业的真谛，这就是中国共产党始终把人民立场作为根本立场，把为人民谋幸福作为根本使命，坚持全心全意为人民服务的根本宗旨，始终保持同人民群众的血肉联系。无论是革命、建设，还是改革，奋进新时代，归根到底都是为了让人民过上好日子。正如习近平总书记强调：“为人民谋幸福，是中国共产党人的初心。我们要时刻不忘这个初心，永远把人民对美好生活的向往作为奋斗目标。”研究、撰写“丛书”的专家学者领悟了这一精神，紧紧把握中国共产党全心全意为人民服务的根本宗旨，致力于生动诠释中国共产党的使命之所在、价值之所在、生命之所在，生动诠释新时代中国共产党领导人民建设中国特色社会主义的根本追求。

第三，注重历史逻辑与理论逻辑相统一、思想性与现实针对性相统一。以高度的理论自觉和理论自信研究分析中国共产党百年历史，自觉把习近平新时代中国特色社会主义思想引领贯穿于研究撰写的全过程，用马克思主义立场观点方法观察和解读中国共产党百年历史各种现象，回应现实提出的重大理论和实践问题，揭示蕴含其中的规律，从总结、提炼与升华历史经验中加深对中国共产党理论创新成果的认识，对中国革命、建设、改革的规律性认识，对中国共产党坚持真理、修正错误的政治思想品格的认识。坚持问题导向，立足解决今天的问题去回顾总结历史，注入新的认识、新的观点、新的内容。在理论逻辑与历史逻辑相统一、思想性与现实针对性相统一上进行新探索，取得新成绩。

第四，注重把握时代需求、聆听时代声音、回应时代呼唤。“丛书”坚持问题导向，认真研究相关领域中国共产党执政面临的重大而紧迫的理论和实践问题，用联系的发展的眼光看历史、看现实、看问题，增强时代性、战略性、系统性思维。历史是时代的产物，百年系列研究的成果也是时代产物，“丛书”的研究撰写不是就历史讲历史，不是停留在历史叙述层面，而是努力体现新时代的新要求，回答新问题。

第五，注重以宽广的世界眼光观察研究中国共产党百年发展历史。百年来，中国共产党的每个时期都与世界有千丝万缕的关系，都是在特定的国际环境和国际形势下的历史活动。因此，“丛书”每一种的研究撰写都力求体现宽广的世界眼光，都力求紧密联系特定历史时期世界形势和变化特点研究并展示中国共产党的思想及实践。特别是世界正经历百年未有之大变局，“丛书”作者研究中国共产党百年历史经验，力求放在中国共产党历史活动的世界背景中分析考察。

在这方面，“丛书”做出了可喜的努力。

第六，注重追求读者喜欢的呈现形式。从众多鲜活的事实以及历史和现实的比较中，把中国共产党在领导革命、建设和改革历史长河中为中国人民谋幸福、为中华民族谋复兴、为人类社会谋大同的马克思主义政党品格和初心使命写充分，使其跃然纸上。以“观点鲜明、逻辑严谨、文风朴实、形式清新”的风格，呈现思想，贡献智慧，也是“丛书”努力的方向和探索解决的问题。理论读物如何在保证内容正确的前提下写得清新活泼，吸引广大读者，使广大读者看得懂、用得上，“丛书”研究撰写在这方面也进行了有益的尝试。

“丛书”组织者、作者满怀对中国共产党的无限深情，深刻认识到，中国共产党百年来，领导人民创造了伟大历史，铸就了伟大精神，形成了宝贵经验，创造了中华民族发展史的伟大奇迹，开辟了人类社会进步史上的新纪元，伟大成就举世瞩目，无与伦比。他们把写好“丛书”看成是一种崇高的责任，表示要笔力奋起，写出充分反映中国从站起来、富起来迈向强起来这一历史进程中中国共产党坚强领导的绚丽书篇，为以史明理、以史增信、以史崇德、以史育人、以史咨政做有益的工作。帮助读者深刻认识历史和人民选择中国共产党、选择社会主义道路、选择改革开放、选择马克思主义的客观必然性；深刻认识坚持党的全面领导、坚持和发展中国特色社会主义的极端重要性；深刻认识中国共产党坚持马克思主义在我国意识形态领域指导地位的极端重要性；深刻认识中国共产党百年之后的历史方位、历史使命和对世界历史发展的重要作用，为庆祝中国共产党百年华诞留下浓墨重彩的一笔。

“丛书”的问世，离不开中共上海市委常委、宣传部部长，上海市习近平新时代中国特色社会主义思想研究中心主任，上海市中国特色社会主义理论体系研究中心主任周慧琳的关心和支持；离不开市委宣传部副部长、上海市习近平新时代中国特色社会主义思想研究中心常务副主任、上海市中国特色社会主义理论体系研究中心常务副主任徐炯的具体指导。市委宣传部理论处陈殷华、薛建华、俞厚未，上海市哲学社会科学规划办公室李安方、吴净、王云飞、徐逸伦、张师慧、徐冲、董卫国，上海市中国特色社会主义理论体系研究中心李明灿等具体策划、组织；上海人民出版社政治与理论读物编辑中心鲍静、罗俊等同志为“丛书”出版付出了辛勤劳动。

“现在，我们比历史上任何时期都更接近中华民族伟大复兴的目标，比历史上任何时期都更有信心、有能力实现这个目标。”希望“丛书”的问世，能够使广大读者对领导我们事业前进的核心力量中国共产党，对我们正在推进的中国特色社会主义伟大事业，对指导我们思想的理论基础马克思主义，对新中国创造彪炳史册的人间奇迹、大踏步赶上时代的壮丽史诗，对我们生活的时代和世界，认识得更加深入，领悟得更加准确，更加坚定道路自信、制度自信、理论自信、文化自信。这是“丛书”组织者、作者的心愿。

目　录

前　言

一百年来，人类世界最伟大的事变，就是中国共产党发展壮大，领导中国人民从站起来、富起来到强起来的历史巨变，就是唤醒人民、教育人民、引领人民摆脱愚昧走向文明的历史巨变。

教育是人民幸福、民族富强和国家强盛的基石和动力。一百年来，中国共产党领导中国人民开辟了中国特色社会主义教育道路，带领中国从教育弱国进入教育大国，并坚定不移地向教育强国迈进。

习近平总书记指出："这种前无古人的伟大实践，必将给理论创造、学术繁荣提供强大动力和广阔空间。这是一个需要理论而且一定能够产生理论的时代，这是一个需要思想而且一定能够产生思想的时代。"

与中国历史上最广泛和最深刻的社会变革相一致，中国共产党领导的中国教育事业也创造了举世瞩目的伟大教育实践。伟大的中国教育实践必然催生中国教育理论创新，并引领中国教育实践的新发展。

一百年来，在中国革命、建设与改革发展的不同历史阶段，中国共产党始终致力于把马克思主义基本原理与中国实际相结合，始终致力于立足中国大地，探索、建立符合国情、服务人民的教育实践，始终高度重视教育，把教育摆在优先发展地位，成功开辟了中国特色社会主义教育道路，形成了内涵丰富、特色鲜明的中国特色社会主义教育思想与理论，为世界教育现代化的发展贡献了中国方案与中国智慧，创新丰富与深化发展了对人类社会教育发展规律的认识。

“艰难困苦，玉汝于成”。中国共产党的教育思想是指导中国教育改革发展的立场和主张，是在长期实践中日益丰富的系统化的中国特色社会主义教育理论体系。一百年来，中国共产党对于中国特色社会主义教育思想与理论的不懈追求是一以贯之的，奋斗探索的历程是充满艰辛的。

20 世纪的中国面临着“数千年未有之大变局”。西方列强的战争侵略与晚清政府的腐败统治，使得中国在世界资本主义主导的工业化、现代化浪潮中严重落伍了，中国面临着内忧外患、生死存亡的考验。中国向何处去成为决定中华民族命运生死攸关的历史命题。

十月革命一声炮响，给中国送来了马克思列宁主义。1921 年，在马克思列宁主义同中国工人运动的结合过程中，中国共产党应运而生，中国革命进入新阶段，中国教育面貌焕然一新。

以毛泽东同志为主要代表的中国共产党人，完成新民主主义革命，进行社会主义改造，确立社会主义基本制度。在新民主主义革命斗争过程中，中国共产党面对中国半殖民地半封建的社会与文化教育现状，坚持马克思主义指导，将教育作为革命斗争的重要武器，勇于打破旧的一套，坚决反对延续几千年的旧的封建主义教育、近代以来的帝国主义教育，提出“民族的、科学的、大众的”新民主主义教育思想与方针，开启了中国教育发展史上的新纪元。

新中国成立后，在进行社会主义改造，确立社会主义基本制度，推进社会主义建设的过程中，教育是改造旧社会和建设新社会的有力支撑之一。中国共产党首次提出了社会主义教育方针，应该使受教育者在德育、智育、体育几方面都得到发展，成为有社会主义觉悟的有文化的劳动者；教育为无产阶级的政治服务，教育与生产劳动相结合；为了实现这个方针，教育工作必须由党来领导。党的社会主义教育方针的提出，为社会主义教育的实践探索提供了重要的方向指引。

前　言

改革开放以来，以邓小平同志为主要代表的中国共产党人，作出把党和国家工作中心转移到经济建设上来，实施改革开放的历史性决策，成功开创了中国特色社会主义。在系统总结新中国成立以来社会主义建设正反两方面的经验教训的基础上，中国共产党着眼于社会主义现代化建设全局与世界科技革命趋势，作出了“教育是一个民族最根本的事业。四化建设的实现要靠知识、靠人才”的科学论断，提出了“教育要面向现代化，面向世界，面向未来”的教育战略方向，深化丰富了“教育为社会主义建设服务，社会主义建设依靠教育”的党的教育基本方针，成功开启了中国特色社会主义教育理论与实践的新征程。

以江泽民同志为主要代表的中国共产党人，开创全面改革开放新局面，成功把中国特色社会主义推向21世纪。面对科学技术突飞猛进，知识经济已见端倪，国力竞争日趋激烈的趋势，提出“把教育摆在优先发展的战略地位”这一重大战略部署，确立了“科教兴国”战略，不断深化教育改革，全面推进素质教育，构建了一个充满生机的中国特色社会主义教育体系。

以胡锦涛同志为主要代表的中国共产党人，在全面建设小康社会进程中，坚持以人为本，提出构建社会主义和谐社会，着力保障和改善民生，促进社会公平正义，成功在新的历史起点上坚持和发展中国特色社会主义。面对经济全球化深入发展，科技进步日新月异，人才竞争日趋激烈的新形势，以及面对经济升级和社会转型对教育提出的新要求，中国共产党提出“人才资源是第一资源”“强国必先强教”的科学论断，制定了科教兴国战略、人才强国战略，作出了优先发展教育、建设人力资源强国的战略部署，作出切实保证经济社会发展规划优先安排教育发展、财政资金优先保障教育投入、公共资源优先满足教育和人力资源开发需要的工作部署，通过深化教育综合改革，以立德树人为根本任务，以改革创新为强大动力，以促进公平和提高质量为战略重点，成功开启了从教育大国迈向教育强国、实现内涵式发展的新征程。

以习近平同志为主要代表的中国共产党人，为了实现“两个一百年”奋斗目标和中华民族伟大复兴，提出一系列治国理政的新理念新思想新战略，统筹推进“五位一体”总体布局、协调推进“四个全面”战略布局，中国特色社会主义进入新时代。中国共产党明确提出建设教育强国是中华民族伟大复兴的基础工程，作出了优先发展教育事业、加快教育现代化、建设教育强国的重大部署，提出坚持党对教育事业的全面领导、坚持把立德树人作为根本任务、坚持优先发展教育事业、坚持社会主义办学方向、坚持扎根中国大地办教育、坚持以人民为中心发展教育、坚持深化教育改革创新、坚持把服务中华民族伟大复兴作为教育的重要使命、坚持把教师队伍建设作为基础工作等一系列教育新理念新思想新观点，深化了中国特色社会主义教育事业的规律认识，形成了科学系统的新时代中国特色社会主义教育理论体系，开辟了马克思主义教育理论和实践发展的新境界。

教育是国之大计、党之大计。回溯百年，中国共产党领导发展中国教育，筚路蓝缕，风雨兼程，谱写了波澜壮阔的辉煌篇章，不断探索、创造与发展了中国特色社会主义教育理论。中国特色社会主义教育理论立足于中国教育实践之基、回答时代之问，满足人民之需，是指导中国教育改革与发展的科学理论，集中体现了中共产党人的教育理想、教育理念、教育追求与教育担当，充分彰显了对人类教育发展规律和人才培养规律的深刻把握。

中国特色社会主义教育理论，是在中国共产党全面领导下，立足中国大地，为了中国人民的幸福和中华民族的复兴，坚持和发展马克思主义与中国教育实际相结合，伴随着改革开放伟大觉醒而开创的，是改革开放40多年的伟大教育实践的创新发展，是新中国成立70多年来的伟大教育实践的持续探索，是中国共产党成立100年来的伟大教育实践的不懈奋斗，是中华民族5000多年教育思想文化的传承深化。

中国特色社会主义教育理论是中国特色社会主义理论体系的重要组成部分。习近平总书记指出：“中国特色社会主义不是从天上掉下来的，是党和人民历尽千辛万苦、付出各种代价取得的根本成就。”中国特色社会主义教育理论体系是中国共产党领导与发展中国教育的根本成就，必须倍加珍惜、长期坚持。实践没有止境，理论创新也没有止境。坚持和发展中国特色社会主义教育，需要不断在实践和理论上进行探索、用发展着的理论指导发展着的实践。

“国势之强由于人，人才之成出于学”。强国先强教，强国必强教，没有教育强国就不可能有现代化强国，就不可能实现中华民族伟大复兴。面向未来，推进教育现代化、建设教育强国，办好人民满意的教育，使命重大，前景光明，需要继续加强党对教育事业的全面领导，坚持社会主义教育道路，坚持以习近平新时代中国特色社会主义思想为指导，培养担当民族复兴大任的时代新人，为实现中华民族伟大复兴的中国梦作出新的更大贡献。

第一章　建教育强国的百年梦想

教育兴则国家兴，教育强则国家强。

一百年来，中国共产党在中国革命、建设与改革发展的不同历史阶段，高度重视教育，把教育摆在优先发展地位，开辟了中国特色社会主义教育道路，形成了内涵丰富、特色鲜明的中国特色社会主义教育思想与理论，建立了中国特色社会主义教育制度，创立了一条从教育弱国到教育强国的中国道路，为世界人口大国与落后国家发展和加快教育现代化提供了中国模式与中国智慧，创造了人类社会百年来蔚为壮观的教育发展奇迹。

第一节　为建设教育强国不懈努力的百年征程

1840 年鸦片战争以来，西方列强的战争侵略与晚清政府的腐败统治，使得中国在世界资本主义主导的工业化、现代化浪潮中严重落伍了，中国面临着内忧外患、生死存亡的考验。诸多仁人志士苦寻救亡良策、复兴大计。“十月革命一声炮响，给我们送来了马克思列宁主义。十月革命帮助了全世界的也帮助了中国的先进分子，用无产阶级的宇宙观作为观察国家命运的工具，重新考虑自己的问题。走俄国人的路——这就是结论。”①1921年，中国共产党成立，成为中华民族历史上开天辟地的大事件，从此它使中国有了科学的指导思想与坚强的领导力量，并不断为中国人民谋幸福，为中华民族谋复兴。

中国共产党自成立之日起就高度重视教育工作，坚持和发展马克思主义与中国教育实际相结合，为建设教育强国不懈努力，不断探索新民主主义教育、开启社会主义教育，发展中国特色社会主义教育，走出了一条波澜壮阔的教育强国的伟大道路。

一、打碎旧的一套，开辟民主教育的新道路

20世纪的中国面临着“数千年未有之大变局”。鸦片战争后，伴随着民族与阶级矛盾的日益尖锐、中国近代工商业的产生发展，中国思想界产生了一股资产阶级改良主义思潮，在资产阶级维新派的推动下，出现了百日维新的文化教育改革，对封建文化教育以巨大冲击。伴随着中国资产阶级、小资产阶级的爱国民主运动蓬勃兴起，一大批知识分子由爱国转向革命，辛亥革命终结了统治中国长达两千多年的封建君主专制皇权，但依然没有改变中国社会及教育的半殖民地半封建性质。1919年，针对北洋军阀政府的专制统治与复古主义逆流，在民主与科学的旗帜下，爆发了伟大的五四运动，对封建教育进行了猛烈批判，以教育救国，涌现了平民主义、工农主义、职业教育、实用主义等诸多资产阶级教育思潮。

（一）党的创建时期：将教育作为革命斗争的武器，积极开展工农教育

五四运动拉开了中国新民主主义革命的帷幕。“帝国主义压迫的切骨的痛苦，触醒了空泛的民主主义的噩梦”，“学生运动倏然一变而倾向于社会主义”。②少数中国先进分子开始接受马克思主义，李大钊、陈独秀运用历史唯物主义的观

① 《毛泽东选集》第3卷，人民出版社1991年版，第1471页。

② 中共中央党史研究室：《中国共产党的九十年》，中共党史出版社2016年版，第20页。

点，第一次科学地揭示了教育的本质，即教育由经济基础决定，受政治制度制约，并运用无产阶级革命观点进行教育斗争，萌发了新民主主义教育的幼芽。

1921 年中国共产党诞生，中国革命进入新阶段。党自诞生之日起，就鲜明地将教育作为革命斗争的武器。1921 年 7 月，党召开第一次全国代表大会，在《中国共产党第一个决议》中明确提出，党应向工会灌输阶级斗争精神，成立工人学校，提高工人的觉悟，使其在实践中能够实现共产党的思想。党面向工人，开展阶级觉悟启蒙教育，掀开了中国近现代教育的新篇章。

1922 年，中共二大宣言第一次明确提出反帝反封建的民主革命纲领。与之相应，大会《宣言》亦提出两项教育纲领："废除一切束缚女子的法律，女子在政治上、经济上、社会上、教育上、一律享受平等权利"；"改良教育制度，实行教育普及"。教育平权与教育普及，是党首次提出的民主教育纲领，也是党民主革命纲领的重要组成部分。

在中共二大召开之前，党领导下的中国社会主义青年团召开第一次全国代表大会，颁布了《关于教育运动的决议案》。这一决议作为团在青年教育工作中的行动纲领，虽然在时间上先于党的教育纲领，但内容却反映着党的教育纲领精神。其中明确提出三方面要求："关于社会教育方面，要求提高社会青年的知识，提高其社会觉悟，并使年长失学的青年得到普通文化教育。关于政治教育方面，要求对大多数无产阶级青年，宣传社会主义，启发并培养他们政治觉悟及批判能力。关于学校教育方面，发动改革学校制度，使一般贫苦青年得到初步的科学教育，并发动实施普遍的义务教育，发动学生参加校务管理，发动并取消基于宗教关系和其他方面关系的一切不平等待遇。"① 教育平权、启发政治觉悟与教育普及，成为党的创建初期民主教育纲领的基本内容。

在党的领导下，各地把工农教育作为主要任务，积极开展了形式多样的工

① 孙培青主编：《中国教育史》，华东师范大学出版社 2019 年版，第 412—413 页。

农教育实践，举办了湖南自修大学、湘江学校、上海大学、农民运动讲习所、黄埔军校等干部学校，培养了大量的革命干部，传播马克思主义革命理想与理论，促进了反帝反封建的民主革命发展。党在成立初期提出的民主教育纲领与开展的工农教育实践，展示了中国教育发展的新方向，为党领导的新民主主义教育实践奠定了必要的思想与实践基础。

（二）苏区时期：教育为革命战争服务，与生产劳动相结合

1927年，中国共产党逐步开辟了农村包围城市、武装夺取政权的道路，创建发展了红军与农村革命根据地，开始了土地革命战争的新阶段。党在井冈山创建农村革命根据地之后，先后创建了中央苏区、湘赣等十几个革命根据地，在各革命根据地建立了各级苏维埃政权。在党的领导下，为了更好地动员千百万人民投入革命战争，巩固与发展新生革命政权，苏区在文化教育方面确立了教育为工农大众服务、为革命战争服务的宗旨。

1931年，中华苏维埃政府宣布成立，在第一次全国工农兵代表大会上明确阐明了苏区教育的性质与内容："一切工农劳苦群众及其子弟，都享有国家免费教育之权；教育事业之权归苏维埃享受，取消一切麻醉人民的封建的宗教的和国民党三民主义的教育。"①1933年4月，中华苏维埃共和国临时中央政府教育人民委员部发布第一号令，明确提出苏区当前文化教育的任务，"要用教育与学习的方法，启发群众的阶级觉悟，提高群众的文化水平与政治水平，打破旧社会思想习惯的传统，以深入思想斗争，使能更有力地动员起来，加入战争，深入阶级斗争，以及参加苏维埃各方面的建设"。

1934年1月，毛泽东在中华苏维埃第二次全国代表大会上提出了苏维埃文化教育的总方针："在于以共产主义精神来教育广大的劳苦民众，在于使文化教育为革命战争与阶级斗争服务，在于使教育与生产劳动联系起来，在于使广大

---

① 中央教育科学研究所编：《老解放区教育资料（一）》，教育科学出版社1981年版，第27—28页。

中国民众都成为享受文明幸福的人”；苏维埃文化建设的中心任务“是厉行全部的义务教育，是发展广泛的社会教育，是努力扫除文盲，是创造大批领导斗争的高级干部”。① 毛泽东所阐述的苏维埃文化教育的总方针与总任务，具有科学的、大众的和革命的基本内容，是中国共产党首次较明确表述的新民主主义教育方针，为苏区教育发展指明了理论与政策方向。

苏区地处偏远，经济困难、文化落后，文盲占 90% 以上。在党的领导下，为了适应革命战争需要，在苏维埃教育方针与政策指导下，各地因地制宜、积极通过多种渠道与形式开办学校，针对成人举办夜校、识字班、读书班等，针对儿童开办列宁小学、劳动小学等，针对干部与专门人才创办马克思共产主义大学、苏维埃大学、红军大学、列宁师范学校、中央农业学校、高尔基戏剧学校等。此外，党还非常重视女子教育，为照顾妇女入学，许多学校还降低对她们在文化程度方面的要求，各苏区党政军机关和妇女团体开办了数目众多的妇女训练班，积极开展妇女教育。苏区教育积极为政治服务、与生产劳动相结合，依靠群众勤俭办学，初步形成了工农教育的体系，为中国新民主主义教育发展奠定初步的方针基础与政策经验。

（三）延安时期：适应战争需要，形成了新民主主义教育方针

1937 年爆发卢沟桥事变，日本发动全面侵华战争，妄图以武力灭华。中国共产党领导人民进行了伟大的抗日战争，建立了广泛的抗日民族统一战线，领导人民军队开展抗日游击战争，建立了以陕甘宁边区为中心的多个抗日民主根据地。在抗日战争期间，党制定的各项教育政策始终遵循“一切为着前线，一切为着打倒日本侵略者和解放中国人民”这一抗战总方针。1938 年，毛泽东在中共六届六中全会上的《论新阶段》报告中明确提出，“在一切为着战争的原则下，一切文化教育事业均应使之适合战争的需要”。②

---

① 中央教育科学研究所编：《老解放区教育资料（一）》，教育科学出版社 1981 年版，第 20 页。

② 《毛泽东同志论教育工作》，人民出版社 1958 年版，第 33 页。

1940年，毛泽东发表了著名的《新民主主义论》，将马克思主义同中国革命的具体实践相结合，科学地回答了中国向何处去的问题，第一次旗帜鲜明地提出新民主主义革命的理论、路线、方针与政策，也第一次系统地提出新民主主义教育纲领。《新民主主义论》开篇即言："中国向何处去？"毛泽东明确指出："我们共产党人，多年以来，不但为中国的政治革命和经济革命而奋斗，而且为中国的文化革命而奋斗；一切这些的目的，在于建设一个中华民族的新社会和新国家。在这个新社会和新国家中，不但有新政治、新经济，而且有新文化。这就是说，我们不但要把一个政治上受压迫、经济受剥削的中国，变成一个政治上自由和经济上繁荣的中国，而且要把一个被旧文化统治因而愚昧落后的中国，变成一个被新文化统治因而文明先进的中国。"①

在科学论述文化教育与政治、经济的关系基础上，毛泽东系统提出了中国新民主主义革命教育的基本纲领，即无产阶级领导的民族的、科学的、大众的新文化和新教育。具体言之，民族的，"它是反对帝国主义压迫，主张中华民族的尊严和独立的"；科学的，"它是反对一切封建思想和迷信思想，主张实事求是，主张客观真理，主张理论和实践一致的"；大众的，"即是民主的。它应为全民族中百分之九十以上的工农劳苦民众服务，并逐渐成为他们的文化"；"这种文化，只能由无产阶级的文化思想即共产主义思想去领导，任何别的阶级的文化思想都是不能领导了的"。②这是党第一次科学系统地论述了新民主主义教育纲领，鲜明指出了新民主主义教育的基本性质，是无产阶级领导的人民大众反帝反封建的文化教育，是中华民族的新的文化教育。新民主主义教育纲领的系统论述，是党的教育发展史的一个重要里程碑，亦是中国教育发展的新纪元。

抗日战争初期，革命根据地文化基础差，学校不仅数量少，还存在着照搬照抄资本主义与封建主义的旧教育的现象。在1940年前后，陕甘宁边区出现了

① 《毛泽东选集》第2卷，人民出版社1991年版，第663页。

② 同上书，第698—709页。

教条主义和旧型“正规化”的错误倾向。在此背景下，根据地教育发展中存在着“照搬”还是“打碎旧的一套”的路线斗争。

党中央及时提出了“打碎旧的一套”的教育改革口号，明确提出要“彻底地改进我们的全部教育——学校教育、社会教育和在职教育”①，制定与实施了一系列适合抗日战争需要的教育政策。其一，实施“干部教育第一，国民教育第二”的政策。党领导的中共中央党校、中国人民抗日军事政治大学、陕北公学、鲁迅艺术文学院、延安大学、华北联合大学等干部学校，培养了大批干部。其二，实施“民办公助”政策，积极发展群众教育。群众创造出了游击小学、地下学校、流动小学、巡回小学、联合小学等多种办学形式，以及冬学、民众学校、夜校、半日校、识字班、读报组以及剧团、俱乐部等群众教育形式，生动活泼地开展社会成人教育。其三，教育与生产劳动相结合。毛泽东指出：“延安的青年们干了些什么呢？他们在学习革命的理论，研究抗日救国的道理和方法。他们在实行生产运动，开发了千亩万亩的荒地。开荒种地这件事，连孔夫子也没有做过。”②根据地学校将教学的组织、时间与生产相适应，将生产劳动列入教育计划，积极组织儿童参加生产劳动。

解放战争时期，是中国共产党领导的新民主主义教育继续发展的新阶段。这一时期中国共产党的工作重心开始由农村转到城市，党的教育事业面临着老解放区的教育巩固和提高、新解放区的教育整顿和改造等多重任务。1946 年 12 月，陕甘宁边区颁布《战时教育方案》，针对当时不同地区（老解放区、游击区、敌人占领区、新解放区）提出不同的教育工作要求。其中，老解放区是就现状加以改革，充实新内容，加强社教活动为原则；游击区以转移分散和动员参加战时工作为原则；在敌占区，以隐蔽埋伏或撤退为原则；在新解放区，以争取原有教育工作者、利用原有教育组织、加以逐步改造为原则。这成为解放

① 《打碎旧的一套》，《解放日报》（延安）1941 年 9 月 1 日社论。

② 《毛泽东选集》第 2 卷，人民出版社 1991 年版，第 568 页。

战争时期党指导不同地区教育发展的重要原则。

伴随着人民解放军的不断胜利，全国解放区域不断扩大。1947 年 10 月，毛泽东在《中国人民解放军宣言》中阐明了党的最基本政治纲领，就是“联合工农兵学商各被压迫阶级、各人民团体、各民主党派、各少数民族、各地华侨和其他爱国分子，组成民族统一战线，打倒蒋介石独裁政府，成立民主联合政府”。[①] 根据这一纲领，1948 年 7 月，中共中央致电新华总社，向各解放区发出了关于新区宣传工作与争取青年知识分子的要求，提出对于原有学校要维持其存在，逐步地加以必要的与可能的改良。“先维持，后改良”既是教育界扩大统一战线的重要工作，也有力地促进了新解放区教育的过渡与发展。

1949 年 3 月，毛泽东在中共七届二中全会上指出，中国革命的全国胜利即将到来，党的工作重心将由农村转到城市，文化教育工作的重心也需要由农村转变到城市。在此背景下，各解放区的教育开始朝着学校教育正规化的方向发展，这既是党领导的新民主主义教育的深化发展，也为新中国教育发展道路奠定了重要政策与实践基础。

中国共产党的诞生，让中国革命的面貌焕然一新。面对半殖民地半封建的社会与文化教育现状，中国共产党坚持马克思主义思想指导，将教育作为革命斗争的重要武器，勇于打破旧的一套，坚决反对延续几千年的旧的封建主义教育、近代以来的帝国主义教育，提出系统的新民主主义教育纲领，开启了中国教育发展史上的新纪元。中国共产党以新民主主义教育为基本纲领，领导人民大众进行彻底的反帝反封建的文化建设，积极开展工农群众教育和干部教育，坚持教育为革命战争服务，与生产劳动相结合，不断探索中国新民主主义教育道路，为新中国教育的建设发展奠定了重要的理论与实践基础。

---

① 《毛泽东选集》第 4 卷，人民出版社 1991 年版，第 1237 页。

二、全面接管整顿，开展社会主义教育的新探索

1949 年，毛泽东庄严宣告："中国人从此站立起来了！"中华人民共和国的成立，开启了中华民族伟大复兴的历史新纪元。毛泽东充满激情地预言："随着经济建设的高潮的到来，不可避免地将要出现一个文化建设的高潮。中国人被人认为不文明的时代已经过去了，我们将以一个具有高度文化的民族出现于世界。"①

新中国的教育面貌是怎样的呢？1949 年中国教育事业发展水平极低，全国人口 5.4 亿人，文盲率高达 80%，文盲中 70% 是妇女；小学只有 3000 多万名在校生，实际入学率不足 20%；高等教育在校生人数只有 11.7 万人。如何迎接即将到来的经济建设高潮，如何建设适合新中国国情的新教育，这是新中国成立后党领导教育事业发展中面临的重大理论与实践问题。

新中国成立伊始，作为政府施政纲领的《中国人民政治协商会议共同纲领》第五章"文化教育政策"，明确规定了新中国成立初期的教育性质与任务：中华人民共和国的文化教育为新民主主义的，即民族的、科学的、大众的文化教育。人民政府的文化教育工作，应以提高人民文化水平，培养国家建设人才，肃清封建的、买办的、法西斯主义的思想，发展为人民服务的思想为主要任务。1949 年 12 月召开了新中国第一次全国教育工作会议，确立了"为工农服务""为生产建设服务"的基本方针。在此背景下，对半殖民地半封建的旧教育进行社会主义改造成为新中国教育的首要任务。如何改造呢？

首先，全面接管教育事业。人民政权先后对公立学校、私立学校和教会学校采取不同处理策略。公立学校随着解放战争胜利率先被接管，对原国民党政府办的各类公立学校，一律接管；教会学校从 1950 年开始处理，由政府接办，

① 中共中央文献研究室编：《毛泽东文集》第 5 卷，人民出版社 1996 年版，第 345 页。

到 1953 年全部撤销，或并入他校，或改校名，全部改为公办，结束了中国教育主权长期被侵犯的历史；私立学校则采用了“积极维持、逐步改造，重点补助”的方针，随着资本主义工商业社会主义改造而逐步撤并或被教育行政部门接管，1956 年全部处理完毕。

其次，改革学制，学校向工农开门。1951 年 10 月政务院发布《关于改革学制的决定》，这是新中国的第一个学制。其中明确指出：“我国原有学制（即各级各类学校的系统）有许多缺点，其中最重要的，是工人、农民的干部学校和各种补习学校和训练班，在学校系统中没有应用的地位。”为了保障工农干部和广大劳动人民子女受教育的机会，在学制上特别将干部学校、补习学校和工农速成学校置于重要地位，并积极兴办发展。同时，各级政府还积极在工业城市、工矿区和农村新建大量普通中小学，方便工农子女就近入学；在中等以上学校设置人民助学金，给工农子女以经济上的帮助；各级学校在录取新生和教学指导上给予工农干部及其子女以特别关注。此外，还大力发展工农群众业余教育，积极扫除文盲，努力服务工农大众。

再次，开展高等学校的院系调整，服务生产建设。20 世纪 50 年代初，为了适应国家建设需要，以“培养工业建设人才和师资为重点，发展专门学院和专科学校，整顿和加强综合性大学”为方针，全国开展大规模院系调整，改变高校院系庞杂、重复低效且集中于东部沿海城市的状况，建设了一批多科性工业大学和各种专门学院，加强了中西部地区和新兴工业城市的高教力量。经过院系调整，我国初步建立了学科、专业设置较为齐全的高等院校体系，初步奠定了中国高等教育的新格局。此外，调整后的高等院校还大幅扩大招生，改造学校课程，开设政治课，实行全国高校招生统一考试和毕业生统一分配，适应了工业化建设对专业人才的迫切需要。

1956 年，伴随着生产资料私有制的社会主义改造基本完成，社会主义基本制度全面确立，标志着中国进入全面建设社会主义的历史新阶段。毛泽东提出马克思主义同中国实际“第二次结合”，党领导全国人民开始全面探索适合中国国情的社会主义建设道路。在此背景下，我国全面开启了社会主义教育道路的探索。

教育是改造旧社会和建设新社会的强有力的工具之一。新中国成立以来，在党的领导下，我国教育工作取得巨大成绩，但也存在教育脱离生产劳动、脱离实际、忽视政治的不良倾向。1957年，毛泽东在《关于正确处理人民内部矛盾的问题》报告中，首次提出了社会主义教育方针：“应该使受教育者在德育、智育、体育几方面都得到发展，成为有社会主义觉悟的有文化的劳动者。”①1958年，中共中央、国务院在《关于教育工作的指示》中明确提出，党的教育工作方针，是教育为无产阶级的政治服务，教育与生产劳动相结合；为了实现这个方针，教育工作必须由党来领导。如果说1957年毛泽东提出的教育方针进一步明确社会主义教育培养什么人的问题，那么，1958年提出的党的教育工作方针则进一步确立了社会主义教育的工作方向。党的教育方针的提出，为社会主义教育的实践探索提供了重要的方向指引。

1958年，党的八大二次会议提出了“鼓足干劲、力争上游、多快好省地建设社会主义”的总路线，反映了党和广大人民群众迫切改变中国贫穷落后的面貌，在实际工作中片面强调“快”，提出速度是总路线的灵魂，并发动了“大跃进”和人民公社化运动。在此背景下，教育领域亦在1958—1960年间，出现了“教育大跃进”，以生产劳动代替学习，扰乱正常教学秩序；发动群众办学，各级各类学校盲目发展；学校开展群众运动，盲目评比竞赛。教育的盲目发展，使得教育质量遭受严重影响。

此后，党中央逐步认识到教育工作中存在的问题，从1961年到1963年间，先后颁布《高校六十条》《中学五十条》《小学四十条》，提出了大中小学教育的

---

① 中共中央文献研究室编：《毛泽东文集》第7卷，人民出版社1999年版，第226页。

任务和培养目标，进一步调整与规范了我国各级各类教育的发展。

随后，1966 年至 1976 年间，中国发生了“文化大革命”，对党、国家和人民造成严重的灾难。这期间教育领域成为“重灾区”，教育事业发展受到严重挫折，留下了深刻的教训。

从 1949 年 10 月新中国成立至 1976 年 10 月“文化大革命”结束，是党领导人民进行社会主义改造与开始全面建设社会主义的时期。中国教育事业的发展虽然经历了严重曲折，但也取得了巨大成就，党开启了社会主义教育道路，提出了党的社会主义教育方针，初步建设与形成了比较完整的国民教育体系，教育事业获得到长足的发展。从 1949 年到 1976 年，小学在校生从 2439 万人发展到 1.52 亿人；中学在校生从 103.9 万人发展到 5836.5 万人；高校在校生从 11.7 万人发展到 56.5 万人，显著提高了劳动者的文化水平，向各行各业输送了数以千万计的素质较好的劳动者和专业技术人才，在新中国工业化和各项建设事业中发挥了重要作用。

三、教育优先发展，开启中国特色社会主义教育的新征程

1978 年 12 月，党的十一届三中全会召开，确定了解放思想、开动脑筋、实事求是、团结一致向前看的指导方针，作出了把党的工作重点转移到社会主义现代化建设上来、实行改革开放的历史性决策，实现了新中国成立以来党的历史上具有深远意义的伟大转折，开启了我国改革开放和社会主义现代化建设的新征程。

“文革”时期，我国教育事业遭到严重挫折，学校教学秩序混乱，中国教育发展的路在何方？人民渴望振兴教育，国家建设呼唤人才。但是，各条战线人才短缺、人才匮乏成为实现“现代化奋斗目标的最大制约因素”。如何建设适应社会主义现代化建设需要的现代教育，成为摆在全党面前的重大理论与实践课题。邓小平系统总结了新中国成立以来社会主义建设正反两方面的经验教训，

着眼于社会主义现代化建设全局与世界科技革命趋势，作出了“我们要实现现代化，关键是科学技术要能上去。发展科学技术，不抓教育不行”①的科学论断，明确提出：“教育是一个民族最根本的事业。四化建设的实现要靠知识、靠人才。”②

改革开放初期，我国教育事业发展严重滞后，各类知识人才尤其是专门人才奇缺。一方面，普及教育相当落后，当时世界上已有156个国家和地区实行义务（绝大部分是小学）教育，经济发达国家不仅已经普及了小学教育，而且在普及中等教育。但我国的文盲仍有1.4亿人之多，农村还在大量地产生新文盲。小学入学率形式上在90%以上，但实际念完五年的不足60%，真正达到小学毕业程度的只有30%。另一方面，高等教育发展严重落后。自20世纪60年代起，许多国家开始大力发展高等教育，以每万人口中在校大学生为例，1975年美国达到了523.6人，苏联为190.8人，我国1978年仅有9人，比越南（17人）还少，在世界137个国家和地区中，占129位。这种教育状况极度不适应国家四个现代化建设的要求。

面对教育、科技与世界各国的巨大差距以及社会主义建设始终徘徊不前的局面，邓小平主动请缨，亲抓科技和教育，并以恢复中断10年的高等学校招生考试制度为突破口，实行全面的拨乱反正，中国教育事业也由此开始了历史性的大变革。为了尽快恢复和发展教育事业，培养大批社会各条战线所需要的人才，邓小平在1977年明确提出了“办教育要两条腿走路，既注意普及，又注意提高。要办重点小学、重点中学、重点大学”。同年8月，党的十一大指明“要采取强有力的措施，扩大和加快各级各类事业发展的规模和速度，提高教育质量”。

1977年恢复高考制度，派遣留学生出国，中国逐渐开启了中国特色社会主

① 中共中央文献编辑委员会：《邓小平文选》第2卷，人民出版社1994年版，第40页。

② 人民教育出版社编：《教育改革重要文献选编》，人民教育出版社1988年版，第142页。

义教育现代化建设与发展的崭新局面。

（一）1977—1985年：解放思想、拨乱反正

从20世纪50年代后期开始，由于全党工作重点一直没有转移到经济建设上来，同时因受“阶级斗争为纲”的“左”的思想影响，教育事业不但长期没有被放到应有的重要地位，而且在历次政治运动中遭到频繁冲击。“文化大革命”更使这种“左”的错误走到极端，从而使教育事业遭到严重挫折，广大教育工作者遭受错误对待，不仅耽误了整整一代青少年的成长，而且使我国教育事业同世界发达国家之间在许多方面本已缩小的差距又被拉大了。1977年8月8日，邓小平在科学和教育座谈会上发表重要讲话，明确指出：“对全国教育战线十七年的工作怎样估计？我看，主导方面是红线”；“就今天的现状来说，要特别注意调动教育工作者的积极性，要强调尊重教师”。[①] 邓小平的讲话为教育战线全面拨乱反正奠定了思想与理论基础。随后，在邓小平主导下，国家启动恢复高考制度，扩大派遣留学生，这些划时代的战略决策，成为中国改革开放的先声与前奏。

1982年，党的十二大提出，把马克思主义普遍真理同我国的具体实际结合起来，建设有中国特色的社会主义的重大命题，成为指引新时期社会主义现代化建设的伟大旗帜。大会明确要求：“一定要牢牢抓住农业、能源和交通、教育和科技这几个根本环节，把它们作为经济发展的战略重点。”这是党在历史上第一次把教育列为经济发展的战略重点之一，首次确立了教育在现代经济与社会发展中处于战略地位的科学决策，顺应了时代与世界教育改革的趋势。1983年邓小平为北京景山学校题词时，明确提出“教育要面向现代化，面向世界，面向未来”，“三个面向”成为中国特色社会主义教育发展的战略方向。

---

① 中共中央文献编辑委员会：《邓小平文选》第2卷，人民出版社1994年版，第49—50页。

从党的十一届三中全会到 1985 年，这一时期党的教育工作的重点是解放思想、拨乱反正，恢复高考，恢复教育教学秩序，派遣大批留学生，为国家培养大批急需人才。同时，大力倡导尊重知识、尊重教师，尊师重教很快成为全社会一致的共识。党中央首次作出了教育作为经济发展战略重点的正确论断，提出“三个面向”的教育发展的战略方向。经过党中央对教育工作作出的一系列新的论断和决策，我国教育事业才得以恢复，重新走上蓬勃发展的道路。

（二）1985—1993 年：教育改革全面启动

1985 年 5 月，党中央、国务院召开改革开放后第一次全国教育工作会议，邓小平指出：“我们国家，国力的强弱，经济发展后劲的大小，越来越取决于劳动者的素质，取决于知识分子的数量和质量。一个十亿人口的大国，教育搞上去了，人才资源的巨大优势是任何国家比不了的。”大会审议通过了《中共中央关于教育体制改革的决定》。这是我国教育改革与发展史上重要里程碑，是党在开启中国特色社会主义教育发展道路的第一个重大纲领性文件，该文件与《中共中央关于经济体制改革的决定》《中共中央关于科学技术体制改革的决定》一起构成了党和国家全面改革开放和社会主义现代化建设的重要内容。

然而面对我国对外开放、对内搞活，以及经济体制改革全面展开和世界范围新技术革命正在兴起的形势，我国教育事业的落后和教育体制的弊端更加突出。特别是在教育事业管理权限的划分上，政府有关部门对学校尤其是对高等学校管得过多、统得过死，导致各级各类学校缺乏应有活力；而政府应该加以管理的事情，又没有很好地管起来。在教育结构上，基础教育薄弱，学校数量不足、质量不高，合格的师资和必要的设备严重缺乏；经济建设大量急需的职业和技术教育没有得到应有发展；高等教育内部的学科、专业结构及办学层次比例失调。与此同时，各级各类学校都普遍存在课程内容陈旧，教学方法死板，教学手段单一，以及实践环节被严重忽视等状况，不同程度脱离了经济和社会发展的需要，落后于当代科学文化的发展。

面对上述情况，《中共中央关于教育体制改革的决定》开宗明义：“今后事情成败的一个重要关键在于人才，而要解决人才问题，就必须使教育事业在经济发展的基础上有一个大的发展。”而要“从根本上改变这种状况，必须从教育体制入手，有系统地进行改革”。体制改革成为新时期中国教育发展的新动力与重要突破口。但是体制改革并没有一个完美适宜的模式可以参照与搬用，这迫切需要积极探索与自主解决。《决定》首次确立了“教育为社会主义建设服务，社会主义建设依靠教育”的基本方针，并提出：“面向现代化、面向世界、面向未来，为90年代以至下世纪初叶我国经济和社会的发展，大规模地准备新的能够坚持社会主义方向的各级各类合格人才”；“所有这些人才，都应该有理想、有道德、有文化、有纪律，热爱社会主义祖国和社会主义事业，具有为国家富强和人民富裕而艰苦奋斗的献身精神，都应该不断追求新知，具有实事求是、独立思考、勇于创造的科学精神”。《决定》首次提出了中国特色社会主义教育的基本方针、根本目的与培养目标，体现了我国教育方针的继承性和一致性，又根据新时代经济发展特点，赋予了教育方针新的内涵。《决定》以此为指导思想，从教育体制改革入手，以简政放权、扩大学校的办学自主权为核心，相应地改革劳动人事制度，使各级各类教育主动适应经济和社会发展的多方面需要的意识和能力得到显著提高。

（三）1993—2010年：*教育改革全面深化*

1992年，党的十四大召开，在建设有中国特色社会主义理论的指导下，确定了90年代我国改革和建设的主要任务。党的十四大报告中明确提出：“必须把教育摆在优先发展的战略地位，努力提高全民族的思想道德和科学文化水平，这是实现我国现代化的根本大计。”这是我国在建立社会主义市场经济体制，进一步解放和发展生产力，改革开放和现代化建设事业进入新阶段之后，对教育改革与发展提出的新定位与新要求。

这一时期，经过拨乱反正和各项教育改革的逐步展开，九年义务教育开始有计划、分阶段地实施，职业和技术教育得到相当程度的发展，高等教育发展较快，初步形成了多种层次、多种形式、学科门类基本齐全的体系；形式多样的成人教育和民族教育也得到很大发展；农村基础教育实行地方负责、分级管理的体制取得了明显效果。但是，我国教育在总体上还比较落后，尚不适应加快改革开放和现代化建设的需要；教育的战略地位在实践中还没有完全落实；教育投入不足，教师待遇偏低，办学条件较差；教育思想、教学内容和教学方法不同程度脱离实际；学校思想政治工作存在明显薄弱环节；教育管理体制及运行机制显得还比较僵化。

为了更好落实“把教育摆在优先发展的战略地位”这一重大战略部署，党中央、国务院印发了《中国教育改革和发展纲要》，首次提出各级财政对教育的拨款、城乡教育费附加、企业用于举办中小学的经费、校办产业减免税要求，以及“到本世纪末，国家财政性教育经费支出占国民生产总值的比重应达到4%”；同时决定“教育体制改革要采取综合配套、分步推进的方针，加快步伐，改革包得过多、统得过死的体制，初步建立起与社会主义市场经济体制和政治体制、科技体制改革相适应的教育新体制”。这一纲领性文件的颁行，促进了中国教育迈上了国际化、终身化、多元化办学的新台阶。

《中国教育改革和发展纲要》立足新中国成立40多年来教育的曲折发展历程，首次总结了建设有中国特色社会主义教育体系的八大原则：教育是社会主义现代化建设的基础，必须坚持把教育摆在优先发展的战略地位；必须坚持党对教育工作的领导，坚持教育的社会主义方向，培养德智体全面发展的建设者和接班人；必须坚持教育为社会主义现代化建设服务，与生产劳动相结合；必须坚持教育的改革开放；必须全面贯彻党和国家的教育方针，遵循教育规律，全面提高教育质量和办学效益；必须依靠广大教师；必须充分发挥各级政府、社会各方面和人民群众的办学积极性；必须从我国国情出发，根据统一性和多样性相结合的原则，实行多种形式办学，培养多种规格人才，走出符合我国和各地区实际的发展教育的路子。① “八大原则”，是党对新中国成立以来社会主义教育发展经验的高度概括，是中国特色社会主义教育理论的重要内容。

1995 年 5 月 6 日，党中央、国务院在《关于加速科学技术进步的决定》中正式提出“科教兴国战略”。《决定》指出：实施科教兴国战略，要全面落实科学技术是第一生产力的思想，坚持教育为本，把科技和教育摆在经济、社会发展的重要位置，增强国家的科技实力及向现实生产力转化的能力，提高全民族的科学文化素质，加速实现国家的繁荣强盛。江泽民指出，创新是一个民族进步的灵魂，是国家兴旺发达的不竭动力。为了贯彻落实科教兴国战略，国家实施了加强重点高校建设的“211 工程”，面向 21 世纪重点建设 100 所左右的高等学校和一批重点学校，不断提高等院校办学效益与教育质量。

20 世纪末，科学技术突飞猛进，知识经济已见端倪，国力竞争日趋激烈。教育在综合国力的形成中处于基础地位，国力的强弱越来越取决于劳动者的素质，取决于各类人才的质量和数量，这对于培养和造就我国 21 世纪的一代新人提出了更加迫切的要求。1999 年，《中共中央国务院关于深化教育改革，全面推进素质教育的决定》颁发，明确提出“全面推进素质教育，构建一个充满生机的有中国特色社会主义教育体系”，以“培养适应二十一世纪现代化建设需要的社会主义新人”，这是党对中国特色社会主义教育体系的重要论述。

实施素质教育，就是全面贯彻党的教育方针，以提高国民素质为根本宗旨，以培养学生的创新精神和实践能力为重点，造就“有理想、有道德、有文化、有纪律”的、德智体美等全面发展的社会主义事业建设者和接班人。为了更好地改革实施素质教育，国家积极推进基础教育课程改革，调整和改革课程体系、结构、内容，建立新的基础教育课程体系。全面实施素质教育，是中国特色社会主义教育发展进入新阶段的新主题，也是教育改革从外部到内部的全面深化。

---

① 《中国教育改革和发展纲要》，载中华人民共和国教育部官网 http://www.moe.gov.cn/jyb_sjzl/moe_177/tnull_2484.html，1993 年 2 月 13 日。

（四）2010年以来：教育进入综合改革新阶段

跨入21世纪，中国进入了全面建设小康社会，加快推进社会主义现代化的发展新阶段。党中央坚持以人为本、全面协调可持续发展，构建社会主义和谐社会，加快生态文明建设，形成中国特色社会主义总体布局，着力保障和改善民生，促进社会公平正义。

改革开放30多年来，全党全社会同心同德，艰苦奋斗，开辟了中国特色社会主义教育发展道路，建成了世界最大规模的教育体系，保障了亿万人民群众受教育的权利。教育投入大幅增长，办学条件显著改善，教育改革逐步深化，办学水平不断提高。进入21世纪以来，城乡免费义务教育全面实现，职业教育快速发展，高等教育进入大众化阶段，农村教育得到加强，教育公平迈出重大步伐。教育发展极大地提高了全民族素质，推进了科技创新、文化繁荣，为经济发展、社会进步和民生改善作出了不可替代的重大贡献。我国实现了从人口大国向人力资源大国的转变。

但是，面对经济全球化深入发展，科技进步日新月异，人才竞争日趋激烈的新形势，以及面对经济升级和社会转型对教育提出的新要求，中国教育还面临一系列重大挑战，存在诸多深层矛盾。其主要表现在：教育观念相对落后，内容方法比较陈旧，中小学生课业负担过重，素质教育推进困难；学生适应社会和就业创业能力不强，创新型、实用型、复合型人才极其紧缺；教育体制机制不完善，学校办学活力不足；教育结构和布局不尽合理，城乡、区域教育发展不平衡，贫困地区、民族地区教育发展相对滞后；教育投入不足，教育优先发展的战略地位尚未得到全面落实。

2010年党中央、国务院颁布《国家中长期教育改革和发展规划纲要（2010—2020年）》，提出通过深化教育综合改革，特别是重点领域和关键环节的改革，以立德树人为根本任务，以改革创新为强大动力，以促进公平和提高质量为战略重点，以推进考试招生制度改革和深入推进管办评分离为重要抓手，着力培养创新型、复合型、实践型和国际性人才，也由此开启了从教育大国迈向教育强国、实现内涵式发展的新征程。

2010年7月13日，党中央、国务院在新世纪召开第一次全国教育工作会议，动员全党全社会全面实施《国家中长期教育改革和发展规划纲要（2010—2020）》，为全面建设小康社会、加快推进社会主义现代化提供更有力的人才保证和人力资源支撑。在此次会议上，胡锦涛深入总结了新中国教育60年来党的社会主义教育事业发展规律，提出5条重要结论：一是教育是国家和民族发展最根本的事业，必须坚持党对教育工作的领导，明确政府发展和管理教育的责任，落实教育优先发展的战略地位，实现教育和经济社会协调发展，充分发挥教育在党和国家事业中的基础性、先导性、全局性地位和作用。二是教育的根本目的是培养德智体美全面发展的社会主义建设者和接班人，必须全面贯彻党的教育方针，把促进学生健康成长作为学校一切工作的出发点和落脚点。三是教育事业发展的生机活力在改革开放，必须始终按照面向现代化、面向世界、面向未来的要求，立足社会主义初级阶段基本国情，坚持继承和创新相结合，不断深化教育体制改革和教育教学改革。四是教育是改善民生、促进社会和谐的重要途径，必须坚持以人为本，促进教育公平，保障公民依法享有受教育的权利。五是教育事业发展的关键在教师，必须紧紧依靠广大教师和教育工作者，遵循教育规律办学教学，不断提高教师政治和业务素质，弘扬尊师重教的社会风气。① "五个必须"，从党对教育事业的领导、教育根本目的、教育发展活力、教育民生职能与教育发展基础五个方面，总结了我国社会主义教育的实践经验，是中国特色社会主义理论体系的新发展、新台阶。

---

① 胡锦涛：《在全国教育工作会议上的讲话》，载中华人民共和国教育部官网 http://www.moe.gov.cn/jyb_xwfb/gzdt_gzdt/gaoceng/201009/t20100909_97450.html，2010年9月9日。

四、加快教育现代化，加快建设教育强国

党的十八大以来，以习近平同志为核心的党中央以巨大的政治勇气和强烈的使命担当，提出一系列新理念新思想新战略，出台了一系列的重大方针政策，推动党和国家事业取得了全方位的、开创性的历史性成就，开启了中国特色社会主义历史新阶段。

2017 年党的十九大胜利召开，大会作出了我国社会主要矛盾已经转化为人民日益增长的美好生活需要和不平衡不充分的发展之间的矛盾的历史判断。我国社会主要矛盾的变化是关系全局的历史性变化，标志着中国特色社会主义进入了新时代，这是我国发展新的历史方位，意味着近代以来久经磨难的中华民族迎来了从站起来、富起来到强起来的伟大飞跃，迎来了实现中华民族伟大复兴的光明前景。

党的十九大报告提出，坚持和发展中国特色社会主义，总任务是实现社会主义现代化和中华民族伟大复兴，在全面建成小康社会的基础上，分两步走，在本世纪中叶建成富强民主文明和谐美丽的社会主义现代化强国。建设教育强国是中华民族伟大复兴的基础工程。十九大报告指出，要把教育事业放在优先发展位置，加快教育现代化，办好人民满意的教育。这为新时代中国教育改革发展确立了新方位，提出了新目标，指明了新路径。

2018 年 9 月 10 日，在全国教育大会上，习近平总书记发表重要讲话，站在新时代坚持和发展中国特色社会主义的战略高度，系统总结了教育改革发展的宝贵经验：坚持党对教育事业的全面领导，坚持把立德树人作为根本任务，坚持优先发展教育事业，坚持社会主义办学方向，坚持扎根中国大地办教育，坚持以人民为中心发展教育，坚持深化教育改革创新，坚持把服务中华民族伟大复兴作为教育的重要使命，坚持把教师队伍建设作为基础工作。“九个坚持”，是党对中国教育事业规律性认识的深化，系统阐述了新时代中国特色社会主义

教育的理论体系，为加快推进教育现代化、建设教育强国、办好人民满意的教育提供了根本遵循。

2019年，党中央、国务院颁布《中国教育现代化2035》，这是新时代推进教育现代化、建设教育强国的纲领性文件，系统勾画了我国教育现代化的战略愿景，明确了教育现代化的战略目标、战略任务和实施路径。

面对加快实现教育现代化的现实需要，党的十九大以来，党中央坚持全面深化改革，坚决破除一切不合时宜的思想观念和体制机制弊端，突破利益固化的藩篱，吸收人类文明有益成果，尊重教育规律和人才成长规律，在教育结构和教育布局优化上作出了更大努力，深化高考制度改革，大幅提高学前教育普及率和普惠性幼儿园比例，深化高中育人模式改革，加快高等教育“一流大学、一流学科”建设，进一步加强学校政治思想工作和党的建设，进一步强化立德树人的中心工作，在教育公平和教育质量提升上迈出了更大步伐，在激发教育活力上采取了更有力的措施，系统创新人才培养模式，全面提高个性化、多样化、高质量教育服务的供给能力，不断推进教育治理体系和治理能力的现代化，不断开启教育现代化强国建设的新境界、新阶段。

教育是党的事业的重要组成部分，是中国特色社会主义现代化建设的重要基础。在党的领导下，百年来中国教育发展之路筚路蓝缕，波澜壮阔，党领导与开创了中国特色社会主义教育道路，实现了中国教育从弱到大、从大到强的巨大变化，惠及了14亿中国人民，为世界贡献了教育发展的中国智慧与中国经验。

第二节　中国特色社会主义教育强国理论

在中国共产党的领导下，中国百年教育沧桑巨变，成功开辟了一条世界人口大国与落后国家跨越式发展的教育现代化道路。习近平总书记曾指出，我们党之所以能够历经考验磨难无往而不胜，关键就在于不断进行实践创新和理论创新。百年来中国教育之所以能够由弱到强，从世界边缘走近世界舞台中央，其关键就在于我们党始终坚持马克思主义与中国教育实际相结合，不断探索，及时总结，创立了具有中国特色的社会主义的教育理论体系，形成了具有中国特色的社会主义的教育话语体系，开辟了具有中国特色的社会主义教育道路。

放眼世界各国教育发展，面临着普遍的基本问题，即“教育是什么，教育为什么”；“培养什么人，怎么培养人”；“办什么教育，怎样办教育”。从理论角度而言，就是要回答教育“是什么”“为什么”“怎么办”等基本问题，这是关涉教育的本体论、价值论、目的论与方法论的基本理论问题。“教育是什么，教育为什么”是本体论、价值论问题；“办什么教育，怎样办教育”是方法实践论问题；“培养什么人，怎么培养人”是教育的目的论问题。

伟大的实践呼唤，创造伟大的理论。中国特色社会主义教育理论，是党在领导、建设与发展中国特色社会主义教育实践的过程中，形成的带有普遍性的对于中国教育改革与发展的系统认识与总结。一百年来，中国共产党为了人民的幸福，为了中华民族的伟大复兴，高度重视教育事业，不断寻求教育强国之路，不断总结经验，创新理论，不断深化对教育基本理论问题的认识，成功开辟了中国特色社会主义教育道路，创立了中国特色社会主义教育理论体系，形成了富有时代特色、中国智慧与世界意义的中国特色社会主义的教育强国理论。

一、教育要把立德树人作为根本任务，教育要为人民服务、为中国共产党治国理政服务、为巩固和发展中国特色社会主义服务、为改革开放和社会主义现代化建设服务

“教育是什么，教育为什么”，是教育理论首先要回答的基本问题。

马克思主义立足于新的世界观与历史观，第一次科学提出教育的本质，是

社会关系决定教育的性质。马克思和恩格斯在批判资产阶级的伪善时明确指出："而你们的教育不也是由社会决定的吗？不也是由你们进行教育时所处的那种社会关系决定的吗？不也是由社会通过学校等等进行的直接的或间接的干涉决定的吗？共产党人并没有发明社会对教育的作用；他们仅仅是要改变这种作用的性质，要使教育摆脱统治阶级的影响。"①这段话有两层重要的含义：其一，明确指出了教育的社会性，是社会及其关系决定教育的性质，阶级社会的性质决定了教育的阶级性，而不是相反；其二，共产党人不是要改变社会决定教育的作用关系，而是要改变这种作用的性质，即无产阶级掌握政权后实行真正的民主教育，从而赢得自身的解放和整个人类的解放。这段话不仅对教育的本质问题进行科学界定，也为无产阶级教育发展指明了方向。②

马克思主义关于教育本质的科学论述，成为中国共产党认识、领导与发展教育的重要理论基础。毛泽东在《新民主主义论》中将上述观点进一步深化为："一定的文化（当作观念形态的文化）是一定社会的政治和经济的反映，又给予伟大影响和作用于一定社会的政治和经济；而经济是基础，政治则是经济的集中表现。这是我们对于文化和政治、经济的关系及政治和经济的关系的基本观点。"③毛泽东的论述不仅坚持了社会关系决定教育的基本原理，而且进一步指出了文化教育对政治与经济的影响。正是基于对教育本质原理的科学把握，中国共产党积极发展教育，将教育作为革命斗争的武器，形成了民族的、科学的、大众的新民主主义教育方针，有力地配合了革命战争需要，为新中国教育发展奠定了重要的思想与实践基础。

在社会主义建设阶段，我国教育事业适应经济与社会发展需要，积极为工

① 中共中央马克思恩格斯列宁斯大林著作编译局：《马克思恩格斯选集》第1卷，人民出版社2012年版，第418页。

② 黄济：《马克思主义教育思想的时代意义》，《教育研究》2003年第6期。

③ 《毛泽东选集》第2卷，人民出版社1991年版，第663—664页。

农大众服务，为生产建设服务，初步建立了较为系统的社会主义教育体系。但在建设过程的探索中，我们对教育本质问题的认识有过混乱，尤其是“文化大革命”期间，过分强调教育为无产阶级政治服务，教育被视为上层建筑与阶级斗争的工具，正常的学校教育教学秩序被打乱破坏，给教育发展带来灾难性后果。

党的十一届三中全会前后，全国开展了一场关于真理标准问题的大讨论。教育领域也随之展开了一场持续了多年的教育本质问题大讨论。此次讨论，对教育属于上层建筑的观点进行了反思，纠正了教育属于上层建筑的片面观点，恢复并确立了“教育是培养人的活动”的基本命题。1985 年颁布的《关于教育体制改革的决定》明确指出，教育必须为社会主义建设服务，社会主义建设必须依靠教育。这一论述既肯定了教育的本质问题，即通过培养人才为社会主义建设服务；同时也揭示了教育与现代化建设之间相互依存与服务的辩证关系，这是党在新的历史时期对“教育是什么，教育为什么”理论问题的新发展。

随着社会主义现代化建设的全面推进，教育的基础性、先导性与全局性地位更加突出，党对于“教育是什么，教育为什么”理论问题的认识也在不断深化创新。党的十七大报告提出，要加强对教育工作的领导，全面贯彻党的教育方针，坚持教育为社会主义现代化建设服务、为人民服务，努力办好让人民满意的教育；要坚持育人为本、德育为先，把立德树人作为教育的根本任务。党的十九大报告提出，要全面贯彻党的教育方针，落实立德树人根本任务。习近平总书记在全国高校思政工作会议上强调指出，我们的教育要为人民服务、为中国共产党治国理政服务、为巩固和发展中国特色社会主义服务、为改革开放和社会主义现代化建设服务。在全国教育大会上，习近平总书记明确提出，要“坚持把立德树人作为根本任务”“坚持以人民为中心发展教育”以及“坚持把服务中华民族伟大复兴作为教育的重要使命”。这些表述中，党不仅继续肯定了教育作为培养人的活动这一基本命题，更深刻结合中国优秀传统文化与党领导发展教育事业的历史经验，提出了教育是立德树人的事业，要把立德树人作为根本任务，要坚持教育的“四个服务”，这是党对“教育是什么，教育为什么”基本问题的历史经验总结，是新时代党的中国特色社会主义教育理论问题的重大创新。

二、发展素质教育，与生产劳动和社会实践相结合，培养德智体美劳全面发展的社会主义建设者和接班人

“培养什么人，怎么培养人”，事关教育的目的与方向。马克思从社会与人的发展角度出发，提出人的全面发展理论，成为社会主义教育目的的重要理论基石。

在《关于费尔巴哈的提纲》中，马克思立足于历史唯物主义的观点第一次科学论述了人的本质命题，“人的本质不是单个人所固有的抽象物，在其现实性上，它是一切社会关系的总和”。[①] 继而马克思与恩格斯着眼于分工问题的考察，指出劳动分工造成人的畸形发展，并从社会关系与人的全面发展内在联系出发，提出人的发展的三阶段论：第一阶段是“人的依赖关系”占统治地位的阶段，人身依附关系是各种社会关系的主要特征；第二阶段是“以物的依赖性”为基础的人的独立阶段，虽然实现了人对人依赖关系的解放，但物对人的统治和支配却把人全面异化了；第三阶段是“人的自由和全面发展”的阶段，在此阶段社会关系不再作为支配异己的力量来支配人，而是被置于人们的共同控制之下，个人进而获得全面而自由的发展。如何实现第三阶段人的全面而自由的发展呢？只有消灭分工，实现共产主义，才能在制度保障实现这一目标。就实现途径来看，“正如我们在罗伯特·欧文那里可以详细看到的那样，从工厂制度

① 中共中央马克思恩格斯列宁斯大林著作编译局：《马克思恩格斯选集》第 1 卷，人民出版社 2012 年版，第 135 页。

中萌发出了未来教育的幼芽，未来教育对所有已满一定年龄的儿童来说，就是生产劳动同智育和体育相结合，它不仅是提高社会生产的一种方法，而且是造就全面发展的人的唯一方法”[①]。在马克思看来，教育与生产劳动相结合，不仅是提高社会生产的重要方法，而且是培养全面发展的人的唯一方法。

马克思关于人的全面发展理论，从社会发展角度对人类发展的总趋势、总规律进行了科学概括，成为指导全面发展教育的世界观与方法论，成为制定社会主义教育目的的重要理论依据。

伴随着生产资料所有制的社会主义改造完成，我国积极开启了社会主义教育的探索与建设。毛泽东在 1957 年提出，我们的教育方针，应该是使受教育者在德育、智育、体育几方面都得到发展，成为有社会主义觉悟的有文化的劳动者；1958 年又指出，“教育必须为无产阶级政治服务，教育必须同生产劳动相结合。劳动人民要知识化，知识分子要劳动化”。[②] 从培养什么人的目标来看，强调了德、智、体几方面全面发展的社会主义觉悟的有文化的劳动者；从怎么培养人的方法途径来看，强调了教育必须与生产劳动相结合，劳动人民要知识化，知识分子要劳动化。这是党在社会主义教育探索阶段对“培养什么人，怎么培养人”的重要论断，承续了马克思主义人的全面发展思想，并创造了中国化的阐述。

改革开放之后，邓小平根据新时期新形势，明确提出要培养有理想、有道德、有文化、有纪律的社会主义新人，并指出，“为了培养社会主义建设需要的合格人才，我们必须认真研究在新的条件下，如何更好地贯彻教育与生产劳动相结合的方针”，“现代经济技术的迅速发展，要求教育的质量和教育效率迅速提高，要求我们在教育与生产劳动相结合的内容上，方法上不断有新的发

---

① 中共中央马克思恩格斯列宁斯大林著作编译局:《马克思恩格斯选集》第 2 卷，人民出版社 2012 年版，第 230 页。

② 人民教育出版社:《毛泽东论教育》第 3 版，人民教育出版社 2008 年版，第 291 页。

展”。[①]“四有”新人赋予了“培养什么人，怎么培养人”新的时代内涵。

1999年，党中央、国务院颁布《关于深化教育改革，全面推进素质教育的决定》，从我国社会主义事业兴旺发达和中华民族伟大复兴的大局出发，确立了推进素质教育的战略主题。这是党在面对新的知识经济形态与国力竞争日趋激烈的背景下，对培养什么人与怎样培养人问题的认识深化与重大创新。实施素质教育，就是全面贯彻党的教育方针，以提高国民素质为根本宗旨，以培养学生的创新精神和实践能力为重点，造就有理想、有道德、有文化、有纪律的、德智体美等全面发展的社会主义事业建设者和接班人。素质教育在人才培养的要求上，着眼于全面发展，又突出重点；在培养途径上，要求德育、智育、体育、美育等有机统一；同时强调教育与生产劳动相结合。素质教育秉承了马克思关于人的全面发展思想，又立足中国传统教育思想，充分汲取了人类教育文明的精华，深化了马克思关于全面发展教育的理论内涵，成为我国社会发展到新的阶段的教育工作的主题。

2010年的《国家中长期教育改革和发展规划纲要（2010—2020年）》则进一步重申了以人为本、全面实施素质的战略主题，坚持德育为先、能力为重、全面发展，着力提高学生“服务国家服务人民的社会责任感”“勇于探索的创新精神”和“善于解决问题的实践能力”，把素质教育提高到了一个新的层次。

党的十八大以来，习近平总书记高度重视教育，明确指出“教育是提高人民综合素质、促进人的全面发展的重要途径”，多次强调教育要与生产劳动和社会实践相结合；在党的十九大报告中，则进一步提出全面贯彻党的教育方针，发展素质教育，培养德智体美全面发展的社会主义建设者和接班人，寄望青年一代要“有理想、有本领、有担当”；2018年，习近平总书记在全国教育大会上则强调指出要努力构建德智体美劳全面培养的教育体系，培养德智体美劳全

① 邓小平：《在全国教育工作会议上的讲话》，《人民日报》1978年4月26日。

面发展的社会主义建设者和接班人。

从使受教育者在德育、智育、体育几个方面都得到发展，到“四有”社会主义新人，再到德智体美劳全面发展的“三有”新时代青年，在培养什么人的问题上，党始终以马克思主义关于人的全面发展理论为指导，不断与中国教育实际相结合，既一脉相承，又兼具时代特色，不断丰富与发展人的全面发展学说与理论。而在如何培养人这个问题上，我们党始终强调教育与生产劳动和社会实践相结合，立足中国教育现实，汲取中外教育思想精华，提出素质教育，从世纪之交作出全面推进素质教育的战略部署，再到党的十九大报告提出发展素质教育，素质教育理论不断深化发展，这既是马克思主义全面发展教育理论中国化的重要创新，更是党对怎样培养人问题的理论创造。

三、优先发展教育事业，加快推进教育现代化，建设教育强国，办好人民满意的教育

“办什么教育，怎样办教育”，是教育的方法论问题。伴随着革命的伟大胜利，中国开启了社会主义建设的新征程。如何在人口多、底子薄，经济落后的穷国发展教育，建设教育大国，以教育强国，成为摆在党面前的重大理论与政策问题。

中国的经济和社会现代化曾先后错失三次历史机遇，第一次是 1793 年错失第一次工业革命扩散的机遇，第二次是 1842—1860 年错失第二次工业革命起步的机遇，第三次是 1957—1976 年错失第三次产业革命技术转移的机遇。① 新中国成立后，中国人民站起来，虽经多年社会主义建设发展，但中国整体上依然落后。沧海横流，方显英雄本色。面对社会主义现代化建设的重任与中国经济发展的紧要历史关头，党在艰难中作出了把教育优先发展摆在战略地位的战略

① 改革开放 30 年中国教育改革与发展课题组：《教育大国的崛起（1979—2008）》，教育科学出版社 2008 年版，第 25 页。

抉择。

新中国成立后一直到“文化大革命”结束，由于种种原因，科学与教育在当时尚未提升到国家发展的战略层面。改革开放以来，邓小平立足国家建设的经验教训，从社会主义现代化建设的高度思考科技与教育战略问题。事实上早在 1977 年，邓小平就提出：“我们国家要赶上世界先进水平，从何着手呢？我想，要从科学和教育着手”，①不抓科学、教育，四个现代化就没有希望，就成为一句空话。面对社会主义现代化建设的迫切需求与国际开放交流的日益深化，邓小平在 80 年代初提出“教育要面向现代化，面向世界，面向未来”，成为指引我国教育事业改革的新理念与战略指引。此后，1985 年，在全国教育工作会议上，邓小平指出：“我们国家，国力的强弱，经济发展后劲的大小，越来越取决于劳动者的素质，取决于知识分子的数量和质量。”②1988 年，邓小平明确指出：“马克思说过，科学技术是生产力，事实证明这话讲得很对。依我看，科学技术是第一生产力。”③邓小平的一系列论述科学回应了改革开放初期“办什么教育，怎样办教育”的总体战略与指导方针问题，为确立教育优先发展，以教育现代化支撑国家现代化的战略决策奠定了重要的思想与理论基础。

党的十二大首次将教育确立为经济建设的战略重点之一。此后，党和国家领导人高瞻远瞩，高度重视教育优先发展，相继提出把教育事业放在“首要位置”“突出的战略位置”“优先发展的战略地位”，继之又进一步提出了科教兴国战略、人才强国战略。进入 21 世纪，教育和科技发展的重要性更加凸显。党的十七大报告明确提出，优先发展教育，建设人力资源强国，办好人民满意的教育。党的十八大以来，以习近平同志为核心的党中央高度重视教育事业在坚持和发展中国特色社会主义战略全局中的地位和作用。党的十九大报告进一步

① 中共中央文献编辑委员会：《邓小平文选》第 2 卷，人民出版社 1994 年版，第 48 页。
② 中共中央文献编辑委员会：《邓小平文选》第 3 卷，人民出版社 1993 年版，第 120 页。
③ 中共中央文献编辑委员会：《邓小平文选》第 2 卷，人民出版社版 1994 年版，第 274 页。

作出了优先发展教育事业，建设教育强国，加快教育现代化，办好人民满意的教育的战略部署。其中，建设教育强国，加快教育现代化，办好人民满意的教育，是对办什么教育的理论回应，而教育优先发展则是对怎么办教育的理论回答。优先发展教育事业，建设教育强国，加快教育现代化，办好人民满意的教育，是党中央立足于社会主义现代化和中华民族伟大复兴的历史使命，在新时代对办什么教育与怎样办教育的理论创新和深化发展。

2018 年，习近平总书记在全国教育大会上深刻指出，教育是民族振兴、社会进步的重要基石，是功在当代、利在千秋的德政工程，对提高人民综合素质、促进人的全面发展、增强中华民族创新创造活力、实现中华民族伟大复兴具有决定性意义；要坚持中国特色社会主义教育发展道路，培养德智体美劳全面发展的社会主义建设者和接班人，要加快推进教育现代化、建设教育强国，办好人民满意的教育，教育改革发展要“九个坚持”。这些论述是新时代中国特色社会主义教育理论的新发展、新概括与新境界，亦是党在新时代对“教育是什么与教育为什么”“培养什么人与怎样培养人”“办什么教育与怎样办教育”等基本问题探索的理论新创造与新发展。

时代是思想之母，实践是理论之源。一百年来，中国共产党坚持和发展马克思主义，在建设和发展中国特色社会主义教育事业，探索与创造中国特色社会主义教育强国道路的过程中，不断围绕着“教育是什么，教育为什么”；“培养什么人，怎么培养人”；“办什么教育，怎样办教育”等基本问题，立足中国大地，与时俱进，深化创新，不断开辟马克思主义教育理论发展的新境界，不断开拓中国社会主义教育理论发展的新探索，不断为世界贡献教育强国发展的中国新智慧。中国特色社会主义教育强国理论，尤其是新时代中国特色社会主义教育理论，是中国特色社会主义理论的重要组成部分，必将为加快推进中国特色社会主义教育现代化，办好人民满意的教育，建设教育强国，提供强大的思想武器和行动指南。

第三节　百年教育发展的伟大成就

马克思曾深刻地指出："理论一经掌握群众，也会变成物质力量。"① 党领导的中国教育发展的伟大实践孕育了伟大的中国特色社会主义理论，创新发展的中国特色社会主义理论，不断引领与创造着中国教育强国发展的伟大成就。

一、实现跨越发展，建成世界上最大规模的教育体系

在党的领导下，经过百年艰苦奋斗，我国教育事业取得巨大成就，建立了世界最大规模的教育体系，努力满足广大人民群众基本教育需求和多样化教育选择。

党创立之初，中国的教育事业积贫积弱。毛泽东在《湖南农民运动考察报告》中一针见血地指出："中国历来只有地主有文化，农民没有文化"，"中国有90%未受文化教育的人民，这个里面最大多数是农民"。面对这种状况，党高度重视教育，积极开展工农群众教育，适应了革命战争需要，探索了新民主主义教育。新中国成立之初，我国教育事业处于整顿时期，规模小、体系缺乏健全性，且教育尚未向全体工农开放。1949年，全国小学346769所，普通中等学校5216所（其中，中等专业学校1171所，普通中学4045所），普通高等学校205所。当时学龄儿童入学率只有20%左右②，小学学生数2439.1万人，普通中等学校学生仅126.78万人，普通高等学校本专科人数11.65万人。学校规

① 中共中央马克思恩格斯列宁斯大林著作编译局编译：《马克思恩格斯选集》第1卷，人民出版社1995年版，第9页。

② 卓晴君：《从儿童入学率20%到实现九年义务教育目标——建国60年教育发展辉煌的重要标志》，《中国教育学刊》2009年第11期。

模和入学人数的不足，严重制约新中国社会主义建设的开展。

新中国成立以来，尤其是改革开放以来，在推进社会主义现代化建设的进程中，党逐步将教育摆在优先发展的战略地位，领导中国教育事业不断跨越发展，建成了世界上最大规模的教育体系。如表 1-1 所示，2019 年，全国共有各级各类学校 53.01 万所，各级各类学历教育在校生 2.82 亿人，专任教师 1732.03 万人。其中，全国共有幼儿园 28.12 万所，在园幼儿 4713.88 万人，学前教育毛入园率达到 83.4%；普通小学有 16.01 万所，在校生 10561.24 万人，小学学龄儿童净入学率 99.94%；初中学校 5.24 万所，在校生 4827.14 万人，初中阶段毛入学率 102.6%；全国高中阶段教育共有学校 2.44 万所，在校学生 3994.90 万人，高中阶段毛入学率 89.5%；全国共有普通高等学校 2688 所，全国各类高等教育在校生总规模 4002 万人，高等教育毛入学率 51.6%。全国共有特殊教育学校 2192 所，在校生 79.46 万人；全国共有各级各类民办学校 19.15 万所，占全国学校比重 36.13%，各类教育在校生 5616.61 万人。教育事业的大发展、大普及，极大满足了人民群众的基本受教育权利和教育需求。

表 1-1　1949—2019 年中国各级各类学校在校生规模与毛入学率　　单位：万人；%

	学前教育 *		小　学		初　中		高　中		高等教育	
	在园幼儿	毛入园率	在校生	净入学率	在校生	毛入学率	在校生	毛入学率	在校生	毛入学率
1949 年	14	0.4	2439	20	95	3.1	32	1.1	11.7	0.26
2019 年	4714	83.4	10561	99.94	4827	102.6	3995	89.5	4002	51.6

注：学前教育为 1950 年数据。

资料来源：中华人民共和国教育部：《2019 年全国教育事业发展统计公报》，载教育部官网 www.moe.gov.cn/jyb_sjzl/sjzl_fztjgb/202005/t20200520_456751.html，2020 年 5 月 20 日。

中国教育快速发展，普及程度显著提升。2019 年学前三年毛入园率 83.4%，比 1950 年提长了 83 个百分点，超过中高收入国家平均水平；小学净入学率 99.94%、初中毛入学率 102.6%，比 1949 年分别提升了 80 个和 99 个百分点，超过高收入国家平均水平；高中阶段毛入学率 89.5%，比 1949 年提升了 88 个百分点，高于中高收入国家平均水平；高等教育大众化深入发展，毛入学率达 51.6%，比 1949 年提长了 51 个百分点，超过中高收入国家发展水平。人均受教育年限从 1949 年的 1.6 年提到了 2018 年的 10.6 年，新增劳动力受教育年限提高到了 13.5 年。中国教育事业的普及与跨越发展，有效提升了全民族的科技文化素质，为社会主义现代化建设培养了大量人才资源。

二、秉持公平发展，率先在世界人口大国普及“全民教育”

教育公平是社会公平的重要组成部分，也是促进社会公平的重要动力。全心全意为人民服务是中国共产党的根本宗旨。秉持为民理念，促进教育公平发展，是党的教育事业发展的重要指导思想。

面对“穷国办大教育”的现实国情，党领导全国人民筚路蓝缕、艰苦奋斗，从新中国成立初期确立面向工农大众、使人人享有平等受教育权利，到改革开放之后公平与效率并重，再到 21 世纪以来正式将教育公平作为国家基本教育政策，形成了“以为民理念引领公平、以优先发展促进公平、以惠民政策保障公平、以规范管理维护公平”的中国模式①。

尤其是进入 21 世纪以来，党和国家积极将“合理配置教育资源”作为推进教育公平的一项基本措施，大力缩小城乡、区域与校际间的教育差距。首先，向农村倾斜，缩小城乡差距。国家积极推进城乡教育一体化发展，在城乡学校建设、教师编制、生均公用经费基准定额、基本装备配备标准等 4 个方面实现统一，保障城乡学校办学条件的基本一致。同时，国家还于 2011 年启动农村义务教育学生营养改善计划，2017 年实现了该计划覆盖了所有国家级贫困县，使 3700 万贫困地区学子受益。其次，向中西部地区倾斜，缩小区域差距。国家加

① 袁振国：《教育公平的中国模式》，《中国教育学刊》2019 年第 9 期。

大对革命老区、民族地区、边远地区、贫困地区基础教育的投入力度，保障贫困地区办学经费。2018年，中央财政转移支付达3067亿元，其中80%用于中西部农村和贫困地区。再次，向薄弱学校倾斜，缩小校际差距。2014年，国家启动义务教育“全面改薄”工程，至2018年底，全国30.96万所义务教育学校的办学条件达到了“20条底线”要求，占义务教育学校总数的99.76%；同年，全国2717个县（市、区）通过国家义务教育均衡发展督导评估，占全国总县数的92.8%。此外，还积极向困难群体倾斜。为了不让一个孩子因经济困难失学，中国建立了政府主导、学校和社会广泛参与的“三位一条”的资助格局，打造了世界上覆盖范围最为广泛的资助体系。21世纪以来，全国累计资助学生近10亿人次，资助金额达1.45万亿元。针对残障儿童，积极办好特殊教育。2017年，我国30万人口以上的县基本都有一所特殊教育学校，听力、智力、视力三类残疾儿童少年义务教育入学率已达到90%以上。

在党的领导下，经过各级政府、各族人民的努力，我国教育公平水平不断提高，实现了历史性飞越。1990年，我国签署《全民教育宣言》，进入全面关注教育公平阶段。当时，我国文盲率高达22.23%，与印度、巴西等9个发展中人口大国一起被列为重点扫盲国家。2001年1月1日，我国向全世界庄严宣布：中国实现了基本普及九年义务教育和基本扫除青壮年文盲的战略目标。联合国教科文组织发布的2006年《全民教育全球监测报告》也显示，2002年中国全民教育发展指数为0.954，在121个被监测国家中排名第38位。我国在世界9个人口大国中率先普及“全民教育”，成为发展中国家推进全民教育的成功范例，为世界全民教育事业发展贡献了中国方案与经验。

教育公平是社会公平的重要基础。21世纪以来出台多项措施，推进教育公平快速提升。2006年，农村义务教育实现全免费。2008年秋，城市义务教育实现全免费。2012年，国家财政性教育经费支出占国民收入的比例达到4%。2017年，国家学生资助政策体系实现了“三个全覆盖”，即所有学段全覆盖、公办民办学校全覆盖、家庭经济困难学生全覆盖，充分保障了“不让一个学生因家庭经济困难而失学”。大规模地提高教育公平的水平，是党领导中国教育事业在世界范围内取得的最大成就，也是对世界教育的最大贡献。

三、不断提高教育质量，中国教育总体水平跃居世界中上领先水平

质量是教育的生命线。在党的领导下，我国不仅建成了世界上最大规模的教育体系，教育质量也在不断提升，总体发展水平跃居进入世界中上领先水平。

新中国成立之初，百废待兴、教育资源匮乏，我国采取了集中力量办好一批重点学校的政策，以提高教育质量、带动整体教育水平提升。伴随着社会主义现代化进程的全面铺开，提升与落实教育质量发展成为不同历史时期我国教育改革的重要任务。党的十九大更是明确提出，努力让每个孩子都能享有公平而有质量的教育。

我国坚持把促进学生德智体美劳全面发展、适应国家社会需要作为衡量教育质量的根本标准。为了更好促进学生德智体美劳全面发展，国家大力实施与发展素质教育，积极推进基础教育课程结构与体系变革，成立国家教材委员会，推进统编教材的编写和审查工作，审议部分高校哲学社会科学教材。同时，不断深化基础教育人才培养改革，培养学生创新精神和实践能力，积极推进艺术教育，强化体育，努力让学生掌握一两项终身受益的运动技能。积极推进教育信息化，全国中小学生基本实现电子学籍管理，中小学互联网接入率从 25% 上升到 94%，多媒体教室从不到 40% 增加到 80%，教育卫星传输网服务于近 1 亿农村中小学生，数字教育资源覆盖了 6.4 万个教学点，促进了优质教育资源的共享。为积极适应信息时代对教育改革的挑战，国家积极推进“三通两平台”工程建设，大力提高教育信息化水平，积极推动大数据、人工智能等新技术在教育领域的广泛应用，推进信息技术从辅助教学向深刻变革学习方式、教育样态转变。教育信息化与教育教学的深度融合，对提高教育质量、扩大优质教育

资源共享发挥着越来越大的作用。

师资队伍是提升教育质量的关键。党和政府历来重视师资队伍建设。经过多年发展，我国教师队伍规模和质量发生了巨大变化。从1949年到2019年，我国教师从93.5万人增加到1732.035万人。2019年，小学、初中、高中专任教师学历合格率分别达到99.97%、99.88%和98.62%，拥有中高级职称的比例分别达到51.44%、60.47%和64.53%，中等职业学校和普通高校专任教师中拥有中高级职称的比例分别达到57.77%和82.08%。教师教育体系逐步完善，教师整体素质的不断提升有力地保障了教育质量的显著提升。

国家积极制订教育质量国家标准，建立教育质量保障体系。国家颁布《国家标准化体系建设发展规划（2016—2020年）》《义务教育学校管理标准（试行）》《工程教育专业认证标准（试行）》《一级学科博士、硕士学位基本要求》《普通高等学校师范类专业认证实施办法（暂行）》《教师专业标准（试行）》《中小学教育质量综合评价指标框架（试行）》等，初步构建起涵盖各级各类教育，涉及管理、教学、课程教材、教师、学生发展等多维度的质量标准体系。同时，国家还建立了以质量标准为基础，以教育督导制度为外部评估机制、以教学和课程改革为内容、以教师队伍建设为支撑的内外部协同教育质量保障体系。

国家积极统筹推进世界一流大学和一流学科建设，实现高等教育内涵式发展。国家在推进“211工程”“985工程”和“2011计划”的基础上，于2015年决定实施“双一流”建设，推进一批高水平大学和学科进入世界一流的行列。2017年，遴选出42所一流大学建设高校、95个一流学科建设高校，计465个一流学科建设点，我国高等教育进入“双一流”建设新时期。

经过多年对于教育质量的高度重视与落实发展，中国各级各类教育质量水平显著提升。2009年、2012年上海中小学生在国际学生能力测试（PISA）中连续两次获得国际学生能力测试第一。上海、北京、江苏、广东四省市学生整体参加2015年测试，成绩超过经合组织国家平均水平，我国教育质量引起全世界关注。近几年来，我国高校在全球位次整体大幅前移，进入世界排名前列数量显著增加，近100个学科进入世界前千分之一行列。2016年，我国成为本科工程教育国际互认协议《华盛顿协议》正式成员，标志着工程教育质量得到国际认可。我国已建立起了功能完善、学科匹配、结构适宜的教育体系。特别是改革开放以来，教育为国家培养了2.7亿名接受过高等教育和职业教育的各类人才。我国新增劳动力中有48.2%的人接受过高等教育，平均受教育年限达到13.6年，我国教育总体水平已跃居世界中上领先行列。

四、坚持改革开放，为教育创新不断注入新的活力

改革是教育事业发展的持久动力。党在教育发展中，注重顶层设计与试验探索相结合，不断完善顶层设计，对于重大改革举措先行先试，确保改革蹄疾步稳、有力有序，教育体制机制改革从点上攻坚、到重点突破、再到全面深化。进入新时代以来，不断增强教育改革的系统性、整体性、协同性，出台《关于深化教育体制机制改革的意见》，研制“中国教育现代化2035”，教育新体制“四梁八柱”搭建完成，整体进入“全面施工内部装修”阶段。

大力发展素质教育，积极构建德智体美劳全面发展教育体系，加强中小学志愿服务、劳动教育、研学旅行、职业体验等实践环节，深入推进高校创新创业教育改革，努力培养学生的创新精神、实践能力和社会责任感，积极开展艺体与综合实践活动，帮助学生掌握一两项终身受益的运动技能。

在人才培养体制方面，2014年首先在沪浙两地启动的考试招生制度改革，努力克服“一考定终身”的弊病，在高中学业水平和学生综合素质评价方面进行改革探索，大幅取消不公平的高考加分，严格规范自主招生，实施高职院校单独考试。分类招考成为高职院校招生主渠道。加快推进中考改革，推行初中学业水平考试，实施综合素质评价，更好发挥素质教育导向作用。

在教育管理体制方面，不断推进教育治理体系与能力现代化建设，深化“放管服”改革，累计取消15项教育行政审批，加强省级政府教育统筹，扩大高校在学科专业设置、编制及岗位管理、职称评审等方面的自主权。全面推进依法治教，《教育法》《高等教育法》《民办教育促进法》一揽子法律修订完成，推进民办学校非营利性与营利性分类管理改革。扎根中国大地办大学，完善以章程为统领的高校内部治理体系，推进高校管理纳入制度化、规范化的轨道。

改革开放以来，我国教育发展坚持以开放促改革、促发展，请进来、走出去，在与国际交往的过程中，互相学习借鉴，不断提高交流合作水平，推动我国教育不断走向世界中心。

改革开放之初，我国基础教育就坚持“以我为主，为我所用”的原则，引进国外优质教育资源。早在1977年，在邓小平的果断决策下，我国在不到一年的时间里从国外引进了2200册教材，其中小学占15%，中学占20%，其余为大学教材，引进教材对借鉴和研制适应我国改革开放和现代化建设的先进教材具有重要意义。

中美建交后，我国与美国等西方国家大力推进教育文化交流活动，在互动中借鉴先进经验，对我国教育改革起到了积极的推动作用。1985年《中共中央关于教育体制改革的决定》在“三个面向”指导下提出，“通过各种可能的途径，加强对外交流，使我们的教育事业建立在当代世界文明成果的基础之上”。基础教育领域掀起了学习借鉴西方教育教学理论、教学模式的热潮，同时充分利用外籍教师优势，营建国际化人才培养环境，对教育教学实践产生了较大影响。

进入21世纪以后，我国加速融入世界经济一体化进程，在国际多边关系中发挥重要角色。2010年，《国家中长期教育改革和发展规划纲要（2010—2020年）》提出要“扩大教育开放”，要加强国际交流与合作，开展多层次、宽领域的教育交流与合作，提高我国教育国际化水平。2016年，印发《中共中央办公厅、国务院办公厅关于做好新时期教育对外开放工作的若干意见》，提出“丰富中外人文交流，促进民心相通”，“促进教育领域合作共赢”等战略部署。在国家搭建起全方位、多层次、宽领域的对外开放格局下，中外教育交流务实推进，以孔子学院、高级别人文交流机制、友好城市等作为平台，积极开展国际基础教育论坛、语言文化教育合作、学校间交流互访、学生海外研学旅行，不断提高师生的国际素养和能力。近年来，随着国际交流深入，基于我国在国际学生评估项目中的优异表现，多国教育部门领导来华探访，中国模式、中国教材、中国教师等已经成为世界教育热词，我国教育的国际影响力持续提升。

目前，我国与世界上 188 个国家和地区、40 多个重要国际组织建立了教育合作与交流关系，与 50 多个国家和地区签署学历学位互认协议。我国已成为亚洲最大、全球第三的留学目的地国，2016 年来自 205 个国家和地区的 44.2 万人次留学人员在华学习。我国加强对出国留学人员的服务和引导，目前留学回国 255 万人，其中党的十八大以来占 70%，形成了新中国成立以来最大规模“归国潮”。截至 2020 年 6 月，我国中外合作办学机构和项目达 2282 个，其中本科以上机构和项目 1196 个；拥有独立法人资格的中外合作办学大学 10 所，非独立法人中外合作办学机构 121 家；已在 162 个国家和地区设立 541 所孔子学院和 1170 个孔子课堂，中国语言文化影响力不断增强；我国与国际组织、区域组织在文化、教育方面的互动日益频繁，在国际秩序、规则制定中的影响力与日俱增。教育开放发展，不断推动中国教育走向世界中心。

第四节　为中华民族伟大复兴续写教育强国的新篇章

教育兴则国家兴，教育强则国家强。当前，中国比历史上任何时期都更接近、更有信心和能力实现中华民族伟大复兴的目标。但是，当今国内外形势正在发生深刻复杂变化，世界正处于大发展大变革大调整时期，世界多极化、经济全球化、社会信息化、文化多样化深入发展，新时代中国特色社会主义教育强国的新征程面临着许多前所未有的困难和挑战。

一、以人工智能为引领的新一轮科技革命与产业革命正在重构全球创新版图，深刻影响着人类的生产生活及思维方式变革

国家强盛，关键在科技，基础靠教育。16 世纪以来，人类社会先后经历了蒸汽时代、电气时代、信息时代三次科技革命，极大地提高了人类认识自然与改造自然的能力，更改变了诸多国家的前途命运，深刻影响着世界力量格局。人类历史经验表明，科学技术是推进现代国家发展的决定性力量，是推动人类社会进步的第一动力。

进入 21 世纪以来，全球科技创新进入空前密集活跃的时期。2018 年，习近平总书记在两院大会的讲话中指出："以人工智能、量子信息、移动通信、物联网、区块链为代表的新一代信息技术加速突破应用，以合成生物学、基因编辑、脑科学、再生医学等为代表的生命科学领域孕育新的变革，融合机器人、数字化、新材料的先进制造技术正在加速推进制造业向智能化、服务化、绿色化转型，以清洁高效可持续为目标的能源技术加速发展将引发全球能源变革，空间和海洋技术正在拓展人类生存发展新疆域。"① 新一轮科技革命和产业变革从没有像今天这样如此深刻地影响着国家的前途命运与人民的生活福祉，深刻地重构全球创新版图、重塑全球经济结构。

人工智能是新一轮科技革命和产业变革的重要驱动力量。经过多年演变，尤其是近几年来在移动互联网、大数据、超级计算、传感网、脑科学等新理论

---

① 习近平：《中国科学院第十九次院士大会、中国工程院第十四次院士大会上的讲话》，载新华网 http://www.xinhuanet.com/politics/leaders/2018-05/28/c_1122901308.htm，2018 年 5 月 28 日。

新技术以及经济社会发展强烈需求的共同驱动下，人工智能加速发展，呈现出深度学习、跨界融合、人机协同、群智开放、自主操控等新特征，深刻改变着人们的生产、生活、学习方式。

人工智能是新一轮科技革命与产业革命的新驱动、是各国科技发展的新战略，更是国际竞争的新焦点。习近平总书记多次强调指出，人工智能是引领新一轮科技革命和产业变革的战略性技术，具有溢出带动性很强的“头雁”效应，必须将加快发展新一代人工智能作为重要战略抓手，以赢得全球科技竞争主动权。

科技创新的关键是人才，基础在教育。以人工智能为标志的新一轮科技革命，深刻影响着未来人才培养目标、内容与方式，既为新时代教育强国建设提供了难得的机遇，也为中国教育未来变革提出了严峻的挑战。

二、经济发展进入“新常态”，由高速增长阶段转向高质量发展阶段，处于转型升级的攻关期

改革开放40多年来，我国经济社会快速发展。党的十八大以来，习近平总书记作出了中国经济发展进入到“新常态”阶段的重大论断。2014年，在亚太经合组织（APEC）工商领导人峰会上，习近平进一步概括了中国经济新常态的三个主要特征：在速度上，从高速增长转为中高速增长；在结构上，经济结构不断优化升级，第三产业消费需求逐步成为主体，城乡区域差距逐步缩小，居民收入占比上升，发展成果惠及更广大民众；在动力上，从要素驱动、投资驱动转向创新驱动。① 认识、适应、引领新常态，是新时代中国经济发展的大逻辑。

党的十九报告指出，我国经济已由高速增长阶段转向高质量发展阶段，正处在转变发展方式、优化经济结构、转换增长动力的攻关期。经济转型升级是

① 《习近平提出中国经济新常态的3个特点及带来的4个机遇》，载新华网 http://www.xinhuanet.com/politics/2014-11/09/c_1113175239.htm，2014年11月9日。

世界各国经济发展的普遍趋势与共同规律，通过经济转型升级，实现经济结构提升、发展动能转变、产业布局更迭、经济体制创新，是一个国家经济由弱变强、增量提质的必然过程。

经济发展的新常态呼唤发展的新理念。党的十九大报告强调指出，实现“两个一百年”奋斗目标、实现中华民族伟大复兴的中国梦，不断提高人民生活水平，必须坚定不移把发展作为党执政兴国的第一要务，要坚定不移贯彻创新、协调、绿色、开放、共享的新发展理念，建设现代化经济体系。

经济发展是国家与社会发展的基础。中国经济发展进入新常态，发展方式、经济结构与增长动力的变革，不仅对中国经济的高质量发展提出新的挑战与要求，还将对国家与社会的教育、文化、科技等方面产生重要影响。对于教育而言，中国经济发展进入新常态既对人才培养的目标素养提出新挑战，也将对教育如何适应经济与社会发展提出新要求，必须坚持教育优先发展，深化教育综合改革。

三、全球治理体系和国际秩序变革加速推进，各国相互联系和依存日益加深，构建人类命运共同体得到国际社会越来越多的认同

在全球化的大潮之下，人类命运紧密相连。然而进入21世纪以来，虽然和平与发展依然是时代主题，但世界形势却发生了深刻变化。首先，世界多极化在曲折中发展。一大批新兴市场国家和发展中国家走上发展的快车道，多个力量中心逐渐形成，世界格局走向多极化的趋势越来越清晰。其次，经济全球化深入发展，但遭遇阻力。全球范围内配置生产要素以空前的速度和规模持续发展，各经济体相互依赖、相互联系的程度日益加深，但世界经济增长动力不足，复苏乏力，世界范围内贸易保护主义的抬头，经济全球化在西方国家遭遇阻力。再次，文化多样化持续推进。世界范围内各种思想文化交流交融交锋更加频繁，国际思想文化领域斗争依然深刻而复杂，不同意识形态的斗争长期存在，有时

会相当复杂、尖锐。[①]

放眼世界，我们面对的是百年未有之大变局。习近平在中共中央政治局第二十七次集体学习时强调指出，国际力量对比发生深刻变化，“新兴市场国家和一大批发展中国家快速发展，国际影响力不断增强，是近代以来国际力量对比中最具革命性的变化”。[②]伴随着经济全球化深入发展，世界各国利益和命运更加紧密地联系在一起，形成了你中有我、我中有你的利益共同体。很多问题不再局限于一国内部，很多挑战也不再是一国之力所能应对，全球性挑战需要各国通力合作来应对，加强全球治理、推进全球治理体制变革已是大势所趋。

党的十九大报告明确指出，全球治理体系和国际秩序变革加速推进，各国相互联系和依存日益加深。世界格局的深刻变化对中国发展与国际担当提出严峻挑战。“共同构建人类命运共同体”，是习近平总书记科学把握当今世界发展的总趋势，顺应和平、发展、合作、共赢的时代潮流，为解决人类社会共同面临的问题提出的中国方案。

中国积极落实人类命运共同体理念，实施共建“一带一路”倡议，发起创办亚洲基础设施投资银行，设立丝路基金，举办“一带一路”国际合作高峰论坛、亚太经合组织领导人非正式会议、二十国集团领导人杭州峰会、金砖国家领导人厦门会晤、亚信峰会等，促进全球治理体系变革。人类命运共同体的思想理念与生动实践，得到国际社会的广泛认可，2017 年更被首次写入联合国决议，体现了这一思想得到广大会员国的普遍认同，也彰显了中国对全球治理的巨大贡献。党的十九大报告更是进一步提出，坚持和平发展道路，推动构建人类命运共同体，各国人民要同心协力，构建人类命运共同体，建设持久和平、

---

① 秦宣：《深刻把握中国特色社会主义进入新时代的依据》，载新华网 http://www.xinhuanet.com/politics/2018-02/01/c_1122351139.htm，2018 年 2 月 1 日。

② 习近平：《推动全球治理体制更加公正更加合理，为我国发展和世界和平创造有利条件》，《人民日报》2015 年 10 月 14 日。

普遍安全、共同繁荣、开放包容、清洁美丽的世界。

世界格局的重大变化，必将对中国教育的改革与开放产生重要影响，提出严峻挑战，同时也将赋予教育在人类命运共同体建设中的新内涵与新机遇。

教育是国之大计、党之大计，功在当代、利在千秋。推进教育现代化、建设教育强国，办好人民满意的教育，使命重大，前景光明，任重道远。“长风破浪会有时，直挂云帆济沧海”。以习近平新时代中国特色社会主义思想为指导，坚持以教育优先发展，以立德树人为根本，以改革创新为动力，以提高质量和促进公平为战略重点，以党的全面领导为根本保证，中国特色社会主义现代化教育道路将越走越宽广，建设教育强国，依靠教育强国的梦想将不断被延伸。

第二章　为了人民的教育事业

“人民性”是马克思主义最鲜明的理论品格。一切为了人民、一切依靠人民是马克思主义政党的价值准则和政治立场，更是中国共产党开展一切工作的出发点和落脚点。自 1921 年成立以来，中国共产党始终坚持“为了人民、依靠人民、造福于人民”的初心和使命，始终坚持人民立场发展教育，充分调动人民群众办教育的积极性、主动性，凝聚最广大人民的力量和智慧发展教育，持续推动教育的改革发展，努力满足人民群众的教育需求。党的十九大深刻提出“坚持以人民为中心发展教育”的思想论断，生动体现了“教育为人民服务”的根本宗旨，为新时代中国特色社会主义教育事业指明了发展方向。以人民为中心发展教育，不断推动教育的公平发展、优质发展和多样发展，努力办好人民满意的教育、回应人民的教育新期待，是我国教育事业发展的根本动力。

第一节　“为了人民的教育事业”的思想基础

中国共产党是马克思主义政党，马克思主义的人民理论是中国共产党执政的指导思想。中国传统民本思想则对共产党“以人为本”思想的提出和发展提供了历史文化根基。教育的公益性是社会主义教育价值特征的基本属性，也是共产党举办和发展教育事业的基本前提，而不断满足人民群众的教育需求是党始终追求的奋斗目标。在共产党领导中国教育事业发展的百年历程中，“坚持一切为了人民、一切依靠人民，满足广大人民群众的教育需求”，始终是共产党领导一切教育工作的出发点和落脚点，始终是共产党发展教育事业的根本宗旨。

一、人民立场是党发展教育事业的根本政治立场

为谁办教育，谁享有教育发展成果，是一个党的性质和宗旨在教育领域的集中体现。① 人民立场是共产党的政治立场，也是共产党办教育的根本立场。中国共产党始终将人民立场作为党发展教育事业的根本立场，坚持发展人民的教育事业，这既与党的性质和宗旨根本一致，也是马克思主义政党区别于其他政党的鲜明标志。

人民性是马克思主义最鲜明的品格。② 一切为了人民、一切依靠人民是马克思主义的价值准则和政治立场。早年，马克思在《〈黑格尔哲学批判〉导言》《共产党宣言》《法兰西内战》等文中分别有“为绝大多数人谋利益”“为组织在公社里的人民服务”等提法和论断。③ 恩格斯批判了财富“为垄断者阶级服务”的现实，提出应该“为全社会服务”的思想。马克思、恩格斯在 1847 年《共产党宣言》中更是指出：“无产阶级的运动是为绝大多数人的、为绝大多数谋利益的独立的运动。” ④ 这些论述都深刻阐明了马克思主义政党的阶级性，即旗帜鲜

① 袁自煌、杨志刚、张雪、王玉军：《马克思主义教育理论中国化的光辉实践——试论中国共产党 90 年重大教育理论与政策的变迁》，《国家教育行政学院学报》2011 年第 7 期。

② 习近平：《在纪念马克思诞辰 200 周年大会上的讲话》，载人民网 http://cpc.people.com.cn/n1/2018/0505/c64094-29966415.html，2018 年 5 月 4 日。

③ 赵兴银、刘诚：《“为人民服务”的时代内涵探析——纪念毛泽东发表〈为人民服务〉讲话 70 周年》，《江苏社会科学》2015 年第 4 期。

④ 中共中央马克思恩格斯列宁斯大林著作编译局编：《马克思恩格斯文集》（第 2 卷），人民出版社 2009 年版，第 42 页。

明地站在无产阶级和广大人民一边；同时也充分肯定了人民的历史主体地位，强调为人民服务，表明了马克思主义政党的政治立场。

中国共产党是用马克思主义理论武装起来的无产阶级政党。习近平总书记在纪念马克思诞辰200周年大会上的讲话中指出："一个以马克思主义为指导、一个勇担民族复兴历史大任、一个必将带领中国人民创造奇迹的马克思主义政党，在历史大潮中应运而生。"① 自诞生之日起，中国共产党就将为人民翻身求解放、为绝大多数人谋利益写在自己的旗帜上，把"全心全意为人民服务"作为我们党的根本宗旨，形成了群众观点和群众路线。② 在民主革命、社会主义革命、建设和改革的历史发展进程中，尽管世情、国情、党情在不断发生着深刻变化，但中国共产党始终将马克思主义作为思想指导，将"全心全意为人民服务"作为党的宗旨要求，贯彻群众路线，并始终围绕人民群众利益的实现来加强政党建设。

中国共产党的根基在人民、血脉在人民，人民是共产党执政的最大底气。③ 人民立场是中国共产党的根本政治立场。④ 这一立场体现了马克思主义唯物史观，体现了对人民创造历史的地位和作用的深刻认识，体现了对人类社会发展规律的科学把握，体现了对保持党的先进性纯洁性的坚定追求。⑤ 人民立场体现在中国共产党所领导建设的社会主义事业的方方面面，教育领域更是深刻体现了这点。共产党在举办与发展教育事业时，始终坚持教育的人民性，坚持教

① 习近平：《在纪念马克思诞辰200周年大会上的讲话》，载人民网 http://cpc.people.com.cn/n1/2018/0505/c64094-29966415.html，2018年5月4日。

② 杨金洲：《全面领会习近平"以人民为中心的发展思想"的深刻内涵》，《中南民族大学学报（人文社会科学版）》2017年第6期。

③ 王明峰等：《坚持人民至上　紧紧依靠人民　不断造福人民　牢牢植根人民》，《人民日报》2020年5月28日。

④ 习近平：《在庆祝中国共产党成立95周年大会上的讲话》，载新华社 http://www.xinhuanet.com/politics/2016-07/01/c_1119150660.htm，2016年7月1日。

⑤ 中共中央宣传部：《习近平新时代中国特色社会主义思想三十讲》，学习出版社2018年版，第87页。

育的人民立场。自 1921 年中国共产党正式成立至今，中国共产党始终把人民群众的根本利益放在第一位，将人民群众在政治经济及文化教育上的彻底解放视作自身的崇高责任，以实现人的全面发展作为党创办与发展教育事业的价值导向，以满足人民群众受教育的需求作为党领导教育事业的重要目标。在思考和制定教育发展与改革的各项政策时，中国共产党时刻以最大可能地满足人民群众受教育的需求作为政策导向，以人民群众满意不满意作为制定政策的依据和检验工作成败的准绳①。

二、为了人民的教育是党对中国传统民本思想的继承

中国传统的民本思想（包含“以民为本”“均富共利”“民为国本”等内涵），为中国共产党“为人民服务”的提出和发展提供了重要的思想来源。民本思想，在古代中国更多的是一种政治思想，其内涵经过漫长而曲折的发展而逐步拓展和丰富完善。民本思想深刻揭示了我国历代政权更替兴亡的执政规律，成为中国传统文化中的宝贵历史遗产，也成为中国共产党领导革命与建设事业的重要思想借鉴。

中国古代的民本思想源远流长，发源于殷周时期的“民惟邦本、本固邦宁”，形成于先秦时期，包含顺应民意、体察民意、忧国忧民等涉及民生的思想。②诸子百家在争鸣中相继提出了诸多重民、保民、利民的民本主张和思想。例如，孔子较早提出重民、富民的思想，据《论语 · 子路》记载：冉有曰：“既庶矣，又何加焉？”曰：“富之”③；孟子首倡“民为贵，社稷次之，君为轻”；属

---

① 中华人民共和国教育部《中国共产党教育理论与实践》编写组：《中国共产党教育理论与实践》，北京师范大学出版社 2001 年版，第 8 页。

② 朱成全：《习近平分配正义思想研究——以人民为中心的发展之考察》，《商业研究》2018 年第 7 期。

③ 刘彤、张等文：《论中国共产党民本思想对传统民本思想的传承与超越》，《马克思主义研究》2012 年第 12 期。

于法家范畴的《管子·霸言》有“以人为本”的阐述；《吕氏春秋·务本》持有“宗庙之本在于民”的观点。随着封建社会进入繁荣全盛时期，中国民本思想在汉唐处于大发展阶段。黄老之学的“与民休息”、大一统思想的“天人感应”、贾谊的“国家、君主、官吏都要以民为本”、董仲舒的“天之立王，以为民也”，唐太宗“视君民为舟水”等，无不闪耀着“以民为本”思想的光辉。宋代以后，传统民本思想日臻完善。到了近现代，孙中山把古代以民为本、西方民主政治以人为本的思想成果与中国革命实践需要相结合，提出了“民生、民主、民权”的三民思想，实现了由中国传统“以民为本”的思想向近代民主主义“以人为本”思想的飞跃。

这些宝贵的民本思想体现了中国“以人为本”的文化和思想底蕴，为中国共产党“为人民服务”“以人民为中心”等思想的提出和发展奠定了坚实的价值理论基础。自诞生以来，中国共产党就运用马克思主义基本原理和历史唯物史观，总结两千多年来的历史经验，批判了传统民本思想的阶级狭隘性，科学吸收与传承了“重民、爱民、富民、利民”等积极思想，在实践中形成了自己独具特色的人民主体思想。例如，毛泽东提出了“全心全意为人民服务”的宗旨，创造并科学实践了党的群众路线；邓小平把实现人民的共同富裕作为中国社会发展的最终目标和理想，并且把“富民、利民”作为社会主义的本质和原则①；习近平在党的十九大报告中强调：“必须坚持人民主体地位，坚持立党为公、执政为民，践行全心全意为人民服务的根本宗旨。”这些均体现了中国共产党一脉相承的人民至上执政理念。

为人民服务是共产党的治国执政理念，是各项工作开展的价值指南。教育事业是党的事业的重要组成部分之一，中国共产党的首要和根本任务就是树立

① 诸凤娟：《古代民本思想的当代价值探析》，《北京大学学报（哲学社会科学版）》2012 年第 1 期。

“以人为本”的教育发展观，以此来指导我国教育事业的改革和发展。这一发展观主要体现在如下方面：（1）在教育的服务对象上，坚持教育为全体人民服务和教育更加关注弱势群体相统一。前者指共产党领导下的教育事业面向全体民众，注重满足最广大人民群众的现实教育需求；后者指在坚持教育面向和服务全体人民的前提下，重点关注并努力保障下层民众特别是一部分弱势群体的教育需求。[①]（2）在教育的实践任务上，坚持促进教育均衡发展和提高教育质量相结合。前者主要体现为共产党在发展教育事业时，坚持致力于缩小地区之间、城乡之间、学校之间、群体之间的教育差距，不断推进教育公平；后者则是在坚持教育总量发展、教育资源不断优化的前提下，注重促进教育质量的持续提升，为人民提供优质的教育服务。

三、教育的公益性是党推动教育发展的基本观念

教育的公益性是由教育作为公共服务领域的基本属性所决定的。教育是人类社会所独有的活动，以实施教化、予人谋生和享用技能，直接或间接增进社会的福祉为目的。[②]因此，教育是一种复杂的社会活动，不仅为作为个体的受教育群体服务，还为国家和民族的根本利益实现而服务。教育对国家和社会的服务和贡献主要体现在：一是教育培养从事社会生产劳动的个体，这些个体的生产和劳动促进着经济的发展和社会的进步；二是教育从事着知识和文化的选择、传承、保护、推广和发现的工作，保护和传承传统文化，发现知识和规律，促进科技进步等[③]；三是教育能促进一种共同的价值观念、道德规则和社会制度的形成，从而促进社会的文明、自由、民主、平等、稳定，促进国家统一、民

---

① 李金奇：《教育民生论的发生与解读》，《高等教育研究》2013 年第 11 期。

② 朱永梅、陈金龙：《论民族中等职业教育的公益性及其实现形式——基于“9+3”教育模式的思考》，《当代教育论坛》2013 年第 1 期。

③ 范兆娟：《我国教育公益性内涵研究述评》，《当代教育论坛》2010 年第 5 期。

族团结和社会进步[①]。正是教育活动的社会性赋予了教育的公益性属性。同时，从经济学的角度来看，教育是一种公共产品或准公共产品。作为公共产品它必然具有效用的不可分性、消费的非竞争性和受益的非排他性。这些特性决定了公共产品的提供往往具有成本大、规模大。周期长、收益低等特点。[②]从教育的公益性属性和产品属性来看，由国家和政府来提供教育服务，才能最大化地满足人民群众多样化的教育需求。

坚守教育的公益性始终是党和国家的一贯主张，这不仅体现在党和政府一直把发展教育作为重要职责，投资举办各级各类教育事业；也体现在党和国家通过法律法规明确规定了教育的公益性原则。《中华人民共和国教育法》第八条规定：教育活动必须符合国家和社会公共利益；第三章第二十五条规定："任何组织与个人不得以营利为目的举办学校及其他教育机构。"[③]党和国家开展的任何教育活动都始终遵循着这一规定，坚持教育的公益性，以实现人的全面发展为目标，向全体公民提供公共教育服务产品，并通过培养社会发展所需的各级各类人才来增进社会公益与公共福利。

四、满足人民教育需求始终是党追求的奋斗目标

为人民谋幸福，是中国共产党自成立以来矢志不渝的理想追求之一。中国共产党是根据马克思主义武装起来的政党，马克思主义始终秉持着为人民大众谋利益、为全人类谋解放的鲜明立场，因此"为人民谋幸福"既是马克思主义的理论品格，也是中国共产党的根本追求。中国共产党成立后不久，毛泽东同志就在《政治周报》发刊词中写道：共产党人革命就是为了使中华民族得到解

---

① 文东茅：《走向公共教育：教育民营化的超越》，北京大学出版社 2008 年版，第 30 页。

② 李桂荣：《学有所教：教育公益性的时代选择》，《河南大学学报（社会科学版）》2010 年第 4 期。

③ 中华人民共和国教育部：《中华人民共和国教育法》，载中华人民共和国教育部官网 http://old.moe.gov.cn/publicfiles/business/htmlfiles/moe/moe_619/200407/1316.html，2015 年 6 月。

放，为了实现人民的统治，为了使人民得到经济幸福。①1945年中共七大更是把“全心全意为人民服务”宗旨写入党章，明确了中国共产党要为中华民族和中国人民的利益而努力奋斗。此后，在革命、建设、改革和发展的不同历史时期，中国共产党人一直坚持把“为人民谋幸福”作为自身使命，把人民利益放在各项利益之首位，为实现好、维护好、发展好最广大人民的根本利益而不断奋斗。2012年党的十八大报告提出：“始终把实现好、维护好、发展好最广大人民根本利益作为党和国家一切工作的出发点和落脚点，尊重人民首创精神，保障人民各项权益，不断在实现发展成果由人民共享、促进人的全面发展上取得新成效。”②2017年党的十九大报告则进一步强调：“中国共产党人的初心和使命，就是为中国人民谋幸福，为中华民族谋复兴……永远把人民对美好生活的向往作为奋斗目标”③。进入新时代，中国共产党把人民对美好生活的向往作为奋斗目标，体现了党以人民为中心、为人民谋利益的一贯价值取向。

把为人民谋幸福作为奋斗目标，最终要落实在满足最广大人民的根本利益上。人民的幸福是多维度的，人民的利益也是多重的，体现在居住条件、医疗卫生、经济收入、教育、社会保障等诸多领域。教育是与人民群众根本利益关系最为密切的领域之一，并且“教育是前置性的，好的教育是稳定的就业、满意的收入、可靠的社会保障等的前提和基础”④。因此，中国共产党自成立之日起，就把保障广大人民群众的受教育权利、满足人民大众受教育需求、提高人民群众的教育水平作为共产党的奋斗目标。

---

① 吴德刚：《为人民谋幸福　为民族谋复兴——庆祝中国共产党成立97周年》，《求是》2018年第13期。

② 胡锦涛：《坚定不移沿着中国特色社会主义道路前进　为全面建成小康社会而奋斗——在中国共产党第十八次全国代表大会上的报告》，《人民日报》2012年11月18日。

③ 习近平：《决胜全面建成小康社会　夺取新时代中国特色社会主义伟大胜利——在中国共产党第十九次全国代表大会上的报告》，《人民日报》2017年10月19日。

④ 赖德胜、李廷洲：《坚持以人民为中心发展教育》，《中国教育报》2019年1月10日。

满足人民的教育需求是中国共产党发展教育的奋斗目标，同时也是评价、检验一切教育政策和教育实践成果的客观标准和价值尺度。习近平曾指出：“党的一切工作，必须以最广大人民根本利益为最高标准。”①党的教育事业工作，亦是将满足人民的根本教育需求作为最高评判标准。为了实现“为人民谋幸福、谋利益”的奋斗目标，在不同的历史发展时期，面对着新的国内外形势和教育发展任务，中国共产党始终坚持把人民的教育利益放在首要位置，把“是否满足最广大人民群众的教育需求”作为检验教育发展目标是否达成的根本标准，着力于解决不同阶段的教育发展问题，深刻地体现了共产党领导下的“教育发展为了人民”根本宗旨。

第二节 “为了人民的教育事业”的内涵深化

为了人民的教育事业，坚持教育为人民服务，是中国共产党始终坚持的重要准则，是社会主义教育制度的本质特征，体现了中国共产党领导教育“为人民服务”的根本宗旨。这一宗旨是中国共产党在长期实践和探索中不断发展和丰富的，在不同时代有着不一样的内涵，体现了历史传承和与时俱进的双重特征。

一、“为了人民的教育事业”的主题变迁

（一）“党办教育以工农大众为中心”

人民这个概念在不同的国家和各个国家不同的历史时期，有着不同的内容②，因而也决定了“为了人民的教育事业”的主题具有特定的时代内涵和要

① 中共中央宣传部：《习近平新时代中国特色社会主义思想三十讲》，学习出版社2018年版，第87页。

② 胡和勤：《一切为了人民群众的利益——重温毛泽东“全心全意为人民服务”的光辉思想》，《北京航空航天大学学报（社会科学版）》2011年第6期。

求。毛泽东同志关于“为人民服务”思想曾有过多次论述；在党的七大报告中，他将“为人民服务”看作衡量党的事业成败与否的“最高标准”。为了将“为人民服务”的思想落到实处，毛泽东同志进一步提出了“一切为了群众，一切依靠群众，从群众中来，到群众中去”的党的群众路线，充分相信群众，紧密联系群众，放手发动群众。

以毛泽东同志为代表的中国共产党人，将马克思主义的人民主体论同中国的革命实际相结合，形成了中国化的人民群众观，这也成为党在新民主主义革命时期发展教育事业的工作路线和组织路线。主要体现在：共产党因地制宜地组织开展多种形式的工农大众教育，解决工农群众的受教育权利问题；1940 年，毛泽东将新民主主义教育方针阐述为“民族的、科学的和大众的文化教育”。中华人民共和国成立后，中国共产党继续坚持办教育要为工农大众服务。1949 年 12 月，第一次全国教育工作大会明确提出了“教育为工农大众开门”，此后又提出“教育要走与工农相结合的道路”，从而确立了党办教育以工农大众为中心的基本立场。

（二）“满足人民的基本教育需求”

在社会主义现代化建设和改革开放新时期，邓小平同志将马克思主义关于人民群众是历史创造者的基本原理，同中国具体实际、不同时代特征和人民群众意愿相结合，在党的群众路线基础上，创造性地运用和发展了人民主体思想。

邓小平同志反复强调将“人民群众拥护不拥护、赞成不赞成、高兴不高兴、答应不答应”作为评判党的一切工作的标准[①]；“党的组织、党员，都要永远站在人民一边，同人民在一起，了解他们的要求，倾听他们的呼声，采取各种办法保护和争取他们的利益”[②]。不过，与以往关于“‘人民’是指工人阶级、农民

① 王伟光：《把人民写在自己的旗帜上》，《人民日报》2016 年 6 月 28 日。

② 中共中央文献研究室：《邓小平年谱（1975—1997）》上卷，中央文献出版社 2004 年版，第 685 页。

阶级、小资产阶级、民族资产阶级，以及从反动阶级觉悟过来的某些爱国民主分子”[①]不同的是，邓小平同志指出知识分子与工人阶级都是“社会主义社会的劳动者”[②]，拓展了人民群众的概念外延。1982年国家颁布的《中华人民共和国宪法》明确规定“国家要发展社会主义的教育事业，提高全国人民的科学文化水平”。同时，邓小平同志从经济腾飞和社会发展的战略高度，提出“教育要面向现代化、面向世界、面向未来”，将教育工作摆在国计民生中十分重要的地位，大力发展教育，扩大人民群众的受教育机会、保障其受教育权利，满足人们的基本教育需求。

江泽民同志将党的“为人民服务”思想反映在“三个代表”重要思想和“立党为公、执政为民”宗旨上，在全面推进中国特色社会主义现代化建设的伟大实践中，始终把提高全民族的素质作为现代化建设全局的一项根本任务。其根本是“我们党始终代表中国最广大人民的根本利益……必须坚持把人民的根本利益作为出发点和归宿，充分发挥人民群众的积极性、主动性和创造性”[③]2002年党的十六大报告指出，“教育在现代化建设中的先导性全局性作用”[④]，从“三个代表”的高度丰富和发展了教育为人民服务、保障人民受教育权利、提高全民族的思想道德素质和科学文化素质的内涵。

胡锦涛同志在深入分析21世纪国情特征、准确把握人类未来发展趋势和总结三十余年改革开放经验的基础上，提出了“以人为本，全面、协调、可持续”的科学发展观，并将其概括为“发展为了人民、发展依靠人民、发展成果由人

---

① 中共中央文献研究室、中央档案馆：《建国以来周恩来文稿》(第1册)，中央文献出版社2008年版，第392页。

② 中共中央文献编辑委员会：《邓小平文选》第2卷，人民出版社1994年版，第89页。

③ 师霞：《“三个代表”的科学含义是什么？》，载中国共产党新闻网 http://cpc.people.com.cn/GB/64156/64157/4418474.html，2020年4月24日。

④ 江泽民：《全面建设小康社会　开创中国特色社会主义事业新局面》，《人民日报》2002年11月9日。

民共享”三个方面。胡锦涛同志指出：“相信谁、依靠谁、为了谁，是否站在最广大人民的立场上，是区分唯物史观和唯心史观的分水岭，也是判断马克思主义政党的试金石。”①

在发展教育事业方面，胡锦涛同志明确提出：“教育涉及千家万户，惠及子孙后代，是体现发展为了人民、发展依靠人民、发展成果由人民共享的重要方面。保证人民享有接受教育的机会，是党和政府义不容辞的职责。”②在2007年党的十七大报告中，胡锦涛同志首次从“优先发展教育，建设人力资源强国”的战略高度强调了要“办好人民满意的教育”。这是新时代背景下党为人民服务的宗旨在教育领域的具体体现，也赋予了“为了人民的教育事业”的新时代内涵。

（三）“坚持以人民为中心发展教育”

习近平同志针对国内外的经济社会发展环境，深思熟虑地提出了“坚持人民主体地位，坚持以人民为中心”的发展思想。习近平同志指出：“中国梦归根到底是人民的梦，必须紧紧依靠人民来实现，必须不断为人民造福”。2012年党的十八大报告将“必须坚持人民主体地位”列为基本要求的首位；2017年党的十九大报告则进一步指出：“必须坚持以人民为中心的发展思想，不断促进人的全面发展。”

在“我们应该发展什么样的教育”上，习近平同志明确指出：“我们的教育是为人民服务、为中国特色社会主义服务、为改革开放和社会主义现代化建设服务的，党和人民需要培养的是社会主义事业建设者和接班人。”③在党的十九大报告中，习近平总书记将“坚持以人民为中心”作为新时代坚持和发展中国

① 胡锦涛：《在“三个代表”重要思想理论研讨会上的讲话》，人民出版社2003年版，第16页。

② 胡锦涛：《努力办好让人民群众满意的教育》，载中国共产党新闻网 http://edu.people.com.cn/GB/4761850.html，2006年8月31日。

③ 徐小洲：《我们的教育是为人民服务的》，《人民日报》2018年8月28日。

特色社会主义的重要内容，并将“办好人民满意的教育”作为教育事业发展的方向和目标。2018 年的全国教育大会上，习近平总书记系统总结了推进我国教育改革发展的“九个坚持”，其中之一就是“坚持以人民为中心发展教育”。这些重要论述深刻阐明了我国教育的社会主义性质，又鲜明表达了党领导教育事业的人民立场。

二、“为了人民的教育事业”的核心内涵

教育是国之大计、党之大计，发展教育是践行共产党的初心与使命的一个重要方面。回顾中国共产党领导教育事业发展的百年历程，教育始终是为满足人民群众的需求和利益而服务的。当然在发展过程中，其内涵和范围随着社会形势的变化而不断深化：在教育的服务对象上，从国家的工农群众扩大到我国的全体人民；在党领导教育的发展目标上，从“保障工农群众的受教育权利”到“保障广大人民群众的受教育机会”，再到“办好人民满意的教育”；在“为了人民的教育”的历史主题上，从“教育要向工农大众开门”拓展为“教育要最大限度地满足人民的需求”，并逐步深化为“坚持以人民为中心，办好满意的教育”。“为了人民的教育事业”是马克思主义人民主体论和中国共产党群众史观在中国教育改革和实践上的延伸和发展，包含了“教育发展为了人民、教育发展依靠人民、教育发展成果由人民共享”三方面的核心内涵。

（一）教育发展为了人民

“教育发展为了人民”，就是要把人民利益放在党领导的教育事业的首要位置，把人民是否满意作为检验教育发展成果好坏的根本衡量标准。习近平总书记在庆祝改革开放 40 周年大会讲话中指出：“全心全意为人民服务是党的根本宗旨，必须以最广大人民根本利益为我们一切工作的根本出发点和落脚点。”

“教育发展为了人民”，不仅要强调整体上的教育发展规模，更应当关注国家的每一个人、每一组家庭，让个人和家庭从教育整体发展中受益，保障每一

个公民的受教育权利，满足最广大人民群众的教育需求。“教育发展为了人民”体现在党和国家制定的一切教育政策必须坚持从人民利益出发，把人民拥护不拥护、赞成不赞成、高兴不高兴、答应不答应作为制定教育政策的依据；把人民群众最关心、受益最直接、需求最紧迫的教育事业纳入教育政策的优先议程。制定教育政策前，广泛开展调查研究，问政于民、问需于民、问计于民。政策实施中，积极接受群众监督、回应群众关切，根据人民群众利益诉求和需要对政策及时作出调整[①]。评估任何教育政策的目标达成度和一切教育工作的成效，最终都要以“人民是否获得利益、人民是否满意”为基本标准。

（二）教育发展依靠人民

“教育发展依靠人民”指出了党领导教育事业发展的力量源泉，强调了对人民群众首创精神的尊重与支持。发展党的教育事业、深化教育改革创新，需要尊重人民的首创精神。习近平总书记强调：必须坚持人民至上、紧紧依靠人民、不断造福人民、牢牢植根人民，并落实到各项决策部署和实际工作之中[②]。

人民群众是教育事业发展的主体，他们不仅是我国教育改革发展的直接受益者，也是教育改革发展的实践者和推动者。“教育发展依靠人民”，一方面体现在共产党始终紧紧依靠人民群众，倾听民意、了解民意，从人民群众中汲取智慧。积极开展民主决策，促进教育决策民主化和科学化，使得国家教育制度设计具备坚实的民意基础，保障人民权益、激发人民创造，保障人民在教育改革发展中的主体地位。另一方面，“教育发展依靠人民”体现在坚持教育发展的人民主体地位，充分调动人民群众发展教育事业的积极性和主动性，统筹全社会各方面的力量推进教育事业的蓬勃发展。

（三）教育发展成果由人民共享

“教育发展成果由人民共享”，即指教育发展的成果应由全体人民共享，而

① 胡敏：《彰显以人民为中心的根本立场》，《人民日报》2020 年 5 月 8 日。

② 中国教育报评论员：《坚持人民至上推进教育改革发展》，《中国教育报》2020 年 5 月 25 日。

非少数人所独享。由全民共享教育发展成果强调了党领导的教育发展成果之共享主体的全面覆盖，这是党“为了人民”的政治立场和“以人民为中心”的实践立场的具体体现。习近平总书记多次予以强调，“让教育成果更多更公平地惠及全体人民”。

“教育发展成果由人民共享”，一方面体现为中国共产党通过大力发展教育事业，建成世界最大规模的教育体系，切实保障广大人民群众接受教育的权利，让人民群众共享教育改革发展成果；另一方面体现为通过推动教育的优质均衡发展，让最广大的人民群众享有更加公平、更加优质的教育成果，使得人民群众接受教育的获得感、满足感不断增强。

第三节 “为了人民的教育事业”的伟大实践

中国共产党在举办和发展教育事业的百年历程中，始终坚持“人民至上”的初心，将教育视作国之大计、党之大计，坚持“全心全意为人民服务”与“充分依靠人民力量”相结合，持续推动教育改革发展，努力办好人民满意的教育，不断满足人民群众的教育需求。

一、以人民为中心发展教育，不断满足人民教育需求

中国共产党成立至今，我国教育事业走过了波澜壮阔的百年历程。建党之初至改革开放前，为体现教育的人民性，我国逐步形成了为人民服务的教育思想，办面向工农大众的教育，保障了人民群众的基本受教育权利，实现了教育事业的大发展。改革开放后，我国教育事业进入一个全新的历史时期，立足于国情，党和国家大力发展各级各类教育事业，努力提高教育普及水平，不断扩大人民的受教育机会。党的十八大以来，党和国家坚持以人民为中心发展教育，

将促公平和提质量作为主要追求，努力办好人民满意的教育。

（一）开展工农群众教育，保障人民的受教育权利

在旧中国，广大劳动人民及其子女没有接受教育的机会，90% 以上的人口都是文盲。然而，以工人阶级和农民群众为主的无产阶级要想取得地位，必须提高文化知识水平和思想觉悟，获得受教育的权利，才能有助于革命事业的胜利。因此，1921 年中国共产党成立之初，就把争取广大工农群众的受教育权作为革命斗争的基本任务之一。①1922 年，中共二大发表《宣言》，提出了“改良教育制度，实行教育普及”。1924 年，共产党和国民党共同发布《中国国民党第一次全国代表大会宣言》，“厉行教育之普及，以全力发展儿童本位之教育；整理学制系统，增高教育经费，并保障其独立”。这不仅包括了中国共产党二大宣言中所提出的两条革命的教育纲领，代表着民族的根本利益和工农群众的愿望，而且也反映了当时资产阶级教育家和各阶层群众在教育方面的要求。②1931 年，中华苏维埃第一次全国代表大会通过的《中华苏维埃共和国宪法大纲》第 12 条规定：“中国苏维埃政权以保障工农劳苦民众有受教育的权利为目的。”③随着革命的推进，至土地革命时期，中国共产党始终以这些思想为引领，制定和执行了教育向工农群众开门的政策，致力于保障工农大众的受教育权利。

在抗日战争和解放战争时期，中国共产党依据不同的发展形势，实施普及的、免费的教育，力图保障全体学龄儿童均享有平等入学的机会。1937 年，中国共产党在洛川会议上通过的《抗日救国十大纲领》提出，抗日教育政策即“实行普及的义务的免费的教育方案，提高人民民族觉悟的程度”。1940 年，《边区教育宗旨和实施原则（草案）》强调对 7 岁以上的学龄儿童和失学成年男女实行普及的免费教育，使全区儿童和成年人不分性别、成分和年龄，都得到受

① 冯慧敏：《中国共产党教育公平思想研究》，武汉人民出版社 2009 年版，第 52 页。

② 毛礼锐、沈灌群：《中国教育通史》（第 5 卷），山东教育出版社 1988 年版，第 130 页。

③ 中央档案馆编：《中共中央文件选集》第 7 册，中共中央党校出版社 1982 年版，第 473 页。

教育的均等机会，使广大的群众从文盲中解放出来。为了给广大人民群众提供更多的受教育机会，共产党及其领导的边区政府结合群众实际需求，采取多种教学方式进行教育，如开展民众学校、夜校、识字班、冬学等。1946—1949年间，共产党一方面领导人民对国民党的疯狂进攻进行反击，另一方面积极采取各种形式大力发展教育，解决贫苦大众的入学问题。① 例如，在苏皖地区，除了正规的学校教育外，共产党组织举办了各式各样的群众学习组织，如成人班（国民学校、村校、乡学中的成人班）、季节性的学习组织（冬学、夏学等）、学习小组（阅报组、识字组、黑板报等）。这些教学组织和教育形式的开展，便于人民群众根据自身需求接受不同的教育，大大地提高了他们的文化水平和个人素质，为迎接革命战争的胜利作出了巨大贡献。

1949年新中国成立之后，国家面临着接管旧教育、发展新教育，培养社会主义建设人才的全新任务。1949年9月《中国人民政治协商会议共同纲领》明确规定："中华人民共和国的文化教育为新民主主义的，即民族的、科学的、大众的文化教育。人民政府的文化教育工作，应以提高人民文化水平，培养国家建设人才，肃清封建的、买办的、法西斯主义的思想，发展为人民服务为主要任务。"同年12月召开的第一次全国教育工作会议，确定新中国的教育是"民族的、科学的、大众的教育，其方法是理论与实际一致，其目的是为人民服务，首先为工农兵服务，为当前的革命战争与建设服务"②。发展为人民服务的思想、办面向工农大众的教育，成为新中国成立初期中国共产党发展教育的思想原则和践行标准。然而，当时全国的文盲率高达80%（其中，农村地区的文盲率更是高达95%以上），各个地区政治、经济、文化发展极度不平衡，办教育缺乏必要的经费、人员（数量和质量）和经验支撑，改造旧教育、建设新教育是一

① 皇甫束玉等：《中国革命根据地纪事》，教育科学出版社1989年版，第1135页。

② 钱俊瑞：《钱俊瑞副部长在第一次全国教育工作会议上的总结报告要点》，载何东昌主编：《中华人民共和国重要教育文献（1949—1975）》，海南出版社1998年版，第8页。

个长时期的艰巨工程。

为了普遍推行以工农为主的人民教育，体现教育为人民服务，培养国家的建设人才，中国共产党主要从以下几个方面采取了改革措施：（1）举办工农速成中学，加强工农干部的知识教育；（2）推行工人和农民的业余补习教育；（3）所有设施都向工农劳动人民开门；（4）改革旧学制、颁布新学制，实现普及儿童初等教育；（5）推行全国范围的识字教育，逐步扫除文盲。通过这些措施，我国工农群众和工农干部的教育水平均得到了显著提高。全国文盲占总人口的比例由1949年的80%左右降低到1957年的79%，全国小学学龄儿童入学率从1949年的不到20%提高到1957年的52%以上，工农群众及其子女的受教育权利得到保障。当然，由于“人民的基础，人民的基本势力，和人民事业的主要依靠者乃是工人阶级和农民阶级，因此我们首先和主要地为工农服务，也就是最正确和最有效地为人民服务”①，中国共产党开展工农教育，致力于保障广大人民群众的受教育权利，深刻体现了共产党领导的教育是为人民服务的。

1958年党中央、国务院颁布的《关于教育工作的指示》明确了“中国共产党的教育方针，向来就是，教育为工人阶级的政治服务，教育与生产劳动相结合”。在“大跃进”的时代背景下，这一方针得到贯彻实施：（1）为了让工农群众的子女全部有学可上，各级各类学校在中华大地上迅速开办；（2）半工半读、半农半读学校蓬勃发展；（3）工厂办学校、学校办共产，实现“乡乡有学堂，村村都读书，家家学文化”；（4）各校开展勤工俭学。我国教育事业得到空前大发展。

（二）大力发展各级教育，扩大人民的受教育机会

1978年党的十一届三中全会召开后，我国进入改革开放的社会主义建设新阶段，中国教育也进入一个全新的历史改革时期。面临着复杂的国外竞争环境

---

① 何东昌主编：《中华人民共和国重要教育文献（1949—1975）》，海南出版社1998年版，第18页。

和国内经济、社会发展目标的不断调整，立足于社会主义初级阶段的基本国情，在中国共产党的领导下，我国继续大力推进各级各类教育事业的发展，保障每个人都享有根据自身能力而接受不同级别教育的机会。

1. 规范与发展学前教育，保障亿万儿童健康成长

党的十一届三中全会以后，我国学前教育开始逐步恢复和重建。1982 年国家颁布的《中华人民共和国宪法》指出，“国家鼓励集体组织、国家企业事业组织和其他社会力量依照法律规定举办各种教育事业”。1987 年国家先后颁布《关于明确幼儿教育事业领导管理职责分工的请示》《关于进一步办好幼儿学前班的意见》等文件，推动我国学前教育逐步构建发展框架、迈向正轨。进入 21 世纪，国家大力提倡发展公办幼儿园和农村学前教育，鼓励社会力量以多种形式举办幼儿园并予以规范。党的十八大以来，根据党中央、国务院决策部署，教育部会同有关部门坚持公益普惠办园方向，积极扩大普惠性学前教育资源，着力提高保教质量，努力构建学前教育公共服务体系，促使学前教育事业快速发展①。党的十九大进一步作出“办好学前教育、实现幼有所育”的重大决策部署，不断优化布局和办园结构，拓宽途径扩大资源供给，加强幼儿园教师队伍建设，完善幼儿教育监管体系，切实办好新时代的学前教育。2019 年，全国学前教育毛入园率达到 83.4%，普惠性幼儿园覆盖率为 73.1%，有效缓解了“入园难”问题。

此外，发展特殊教育、保障残疾儿童的教育权利、关心残疾儿童少年的成长是党中央和国务院一直坚持的教育发展任务。1982 年《中华人民共和国宪法》指出：国家和社会帮助安排盲、聋、哑和其他残疾公民的劳动、生活和教育。1986 年《义务教育法》明确了“盲、聋、哑、残和弱智儿童”特殊教育的

① 陈宝生：《国务院关于学前教育事业改革和发展情况的报告——2019 年 8 月 22 日在第十三届全国人民代表大会常务委员会第十二次会议上》，载中国人大网 http://www.npc.gov.cn/npc/c30834/201908/1c9ebb56d55e43cab6e5ba08d0c3b28c.shtml，2019 年 8 月 22 日。

职责划分与实施，规定地方各级政府在举办特殊教育学校（班）的主要责任[①]。然而，1986年底，我国能够进入到普通学校服务体系适龄残疾儿童仅占总量的54.4%；特殊教育学习的人数占适龄残疾儿童总量的8%，即近一半比例的适龄残疾儿童未能接受相应的教育。此后，中国残疾人联合会成立，全国第一次特殊教育工作会议召开，《关于发展特殊教育的若干建议》《中国残疾人事业五年发展纲要》等一系列文件的颁布，使得我国特殊教育进入规范发展阶段。党和国家逐步厘清国家和地方政府在发展特殊教育中的责任，建立特殊教育学校，促使特殊教育的普及率不断提高，在校残疾学生人数持续增长。

21世纪以来，党和政府高度重视特殊教育的发展，加大了对特殊儿童教育的扶持力度，逐步实现特殊儿童教育免费。2010年，《国家中长期教育改革和发展规划纲要（2010—2020年）》明确指出，“特殊教育是促进残疾人全面发展、帮助残疾人更好地融入社会的基本途径”，将特殊教育作为教育改革发展的八大任务之一，要求各级政府关心和支持特殊教育，完善特殊教育体系，健全特殊教育保障机制。[②]此后，党的十七大报告提出“关心特殊教育”，党的十八大报告提出“支持特殊教育”，党的十九大报告进一步提出“要办好学前教育、特殊教育，努力让每个孩子都能享有公平而有质量的教育”。在党中央和国务院的高度重视下，我国特殊教育得到长足发展，2019年全国特殊教育学校2192所，招收各种形式的特殊教育学生14.42万人，有力保障了特殊儿童的受教育机会。

2. 有步骤实施九年义务教育，使其成为面向人人的基础教育

1978—1999年间，党和国家从国家富强、民族复兴的长远利益出发，根

---

① 樊丽娜、柳海民：《中国特殊儿童教育政策变迁与支持路径——基于历史制度主义视角》，《社会科学战线》2020年第5期。

② 教育部：《我国特殊教育事业取得长足进展》，载中华人民共和国教育部官网 http://www.moe.gov.cn/jyb_xwfb/gzdt_gzdt/s5987/201307/t20130711_154095.html，2013年7月11日。

据“教育为人民服务”的根本宗旨，将实施九年义务教育提升为国家意志，提到党的教育事业发展的“重中之重”战略高度，分阶段、分步骤地开始普及义务教育。1985 年，《中共中央关于教育体制改革的决定》提出：“把发展基础教育的责任交给地方，有步骤地实施九年制义务教育。”1986 年，《中华人民共和国义务教育法》的颁布，从法律上保障了所有儿童接受义务教育的权利，有力地推动了普及义务教育的工作开展。1993 年，《中国教育改革和发展纲要》正式提出了“到本世纪末，我国要基本普及九年义务教育，基本扫除青壮年文盲”的发展目标。随着基础教育管理权的下放，在共产党的领导下，各个地区克服在物质条件、师资条件等方面的严重困难，开展声势浩大的群众性扫盲运动，并分步骤、分地区、分类别的实施义务教育，推进小学和初中教育向偏远地区、农村地区的普及。到 2000 年底，我国通过“两基”地区人口覆盖率达到 85% 以上，青壮年文盲率下降至 5% 以下。① “两基”目标基本达成，使得我国适龄儿童基本上都有学可上；全国人口平均受教育程度从 20 世纪 80 年代初期的不足 5 年提高到 2000 年的 8 年以上，1999 年中国首次在人均受教育年限上超过世界平均水平，实现了人力资源发展水平的重大突破②，这一成就令世界瞩目。

3. 提高高中教育普及水平，为学生的成人成才奠定基础

20 世纪 80 年代，我国高中阶段教育被赋予三个发展目标：普通高中为大专院校输送人才；中等专业学校扩大办学规模并继续培养中、初级技术员；新办职业高中培养劳动力市场需要的技术工人。③ 然而，受制于当时的高等教育

① 《辉煌 60 年：中国义务教育 22 年完成“四级跳”》，载中华人民共和国中央人民政府官网 http://www.gov.cn/jrzg/2009-09/06/content_1410356.htm，2009 年 9 月 6 日。

② 改革开放 30 年中国教育改革与发展课题组：《教育大国的崛起：1978—2008》，教育科学出版社 2009 年版，第 164 页。

③ 何东昌主编：《中华人民共和国重要教育文献（1976—1997）》，海南出版社 1998 年版，第 1065 页。

毛入学率水平较低，高中教育的普及缓慢。90 年代，随着“普九”工作的不断推进，普通高中教育发展滞后的问题进一步凸显，为此，1993 年《中国教育改革和发展纲要》首次提出：“大城市市区和沿海经济发达地区在基本普及九年义务教育基础上，积极普及高中阶段教育。”[①] 此后，各个地区的高中阶段教育招生规模不断扩大，在校生数量逐年增长。2001 年，《国务院关于基础教育改革与发展的决定》要求：“大力发展高中阶段教育，促进高中阶段教育协调发展。有步骤地在大中城市和经济发达地区普及高中阶段教育”。2002 年，党的十六大提出“基本普及高中阶段教育”的战略目标。但 2002 年，全国高中阶段毛入学率仅为 43.8%。21 世纪后，中学毕业生规模的增加和高等院校的大扩招，直接推动了人民群众对高中教育的需求扩大。党和政府通过加大高中阶段教育投入、调整普职教育发展结构等方式，提高高中教育的普及水平。经过努力，2012 年底，全国高中阶段毛入学率达到 85%，高于中高收入国家平均水平。2017 年，《国家教育事业发展“十三五”规划》把普及高中阶段教育作为“十三五”教育改革发展的主要目标之一；同时，教育部等四部门联合印发《高中阶段普及攻坚计划（2017—2020 年）》，提出“到 2020 年全国普及高中阶段教育，全国及各省（区、市）毛入学率均达到 90% 以上”的目标。在党和国家的领导下，全国上下共同努力，2019 年高中阶段毛入学率提高到 89.5%，满足了人民群众接受高中教育的基本需求，扩大并保障了人民的高中教育入学机会。

4. 扩大高等院校招生规模，保障人民接受高等教育的机会

改革开放后至 20 世纪 90 年代中期，我国高等教育处于“精英化”发展阶段，高等教育入学率长期都在 5% 以下，接受高等教育只是少部分人的权利，

---

① 袁振国：《双优先：教育现代化的中国模式——为改革开放四十年而作》，《华东师范大学学报（社会科学版）》2018 年第 4 期。

这严重制约着国家高层次、高素质建设人才的培养。基于此，1994 年《中国教育改革和发展纲要》(实施意见)提出："到 2000 年，18—21 岁学龄人口入学率将上升到 8% 左右"，加快高等教育发展进程。但随着高中毕业人数的不断增长和人民日益增长的高等教育入学需求，已有的高等院校培养规模已远不能满足需求。基于国际不同国家高等教育大众发展的趋势和我国高等教育发展面临的新形势，中国自 1999 年开始启动实施高等院校扩大招生计划。经过连续几年的扩招，2002 年，全国高等教育毛入学率迅速提高到 15% 以上，正式进入大众化发展阶段；2012 年，高等教育毛入学率进一步提高到 30% 左右，接近于中高收入国家水平，适龄青少年的高等教育入学机会得到极大程度地保障；2019 年，高等教育毛入学率更是达到 51.6%。

（三）推动公平优质发展，适应人民多元教育需求

自改革开放后，党中央始终坚持把"为人民服务"作为教育发展的根本立场，部署一系列重大的教育改革、政策措施等，努力提升各级各类教育的普及水平，加快推进基本公共教育服务均等化，不断改善教育保障条件，建成了世界最大规模的教育体系，切实保障全体人民平等受教育权利。站在新的历史起点上，在满足人民群众"有学上"的教育需求后，如何回应广大人民群众对"上好学"的教育期待，成为摆在党和国家领导人面前的重要议题。

2012 年，党的十八大报告提出"努力办好人民满意的教育"；2013 年 9 月，习近平总书记在联合国"教育第一"全球倡议行动一周年纪念活动视频讲话中郑重宣告："努力让 13 亿人民享有更好更公平的教育。"为了让 13 亿人民共享教育发展成果，享受优质均衡的教育，以习近平同志为核心的党中央，坚持"以人民为中心"的发展思想，以"办好人民满意的教育"为宗旨，以深化教育综合改革为加快教育现代化建设的根本动力，大力推进教育公平，不断提高教育质量，增添教育发展活力，使得教育改革发展成果更多更公平地惠及全体人民。

1. 持续促进教育公平发展，增强人民的教育获得感

公平和效率是教育决策和教育发展必须同时兼顾的两个最基本的目标。① 在改革开放初期，面临着当时经济和社会资源有限、教育事业发展严重滞后、各类知识人才（尤其是专门人才）奇缺的现实状况，1977 年党的十一大指出，“要采取强有力的措施，扩大和加快各级各类事业发展的规模和速度，提高教育质量”②。提高国民素质，多出人才，快出人才，出好人才，成为新时期教育工作的重点。为了把教育工作搞上去，党和国家认为使用平均力量、齐头并进地提高教育水平是不可能同时也是违背发展规律的，因此以“集中力量办好一批条件较好的重点学校”为突破口来推动教育事业的快速发展。“效率优先，兼顾公平”，是这一时期我国教育发展的基本理念。

20 世纪 90 年代至 21 世纪初，在经济市场化改革的大环境下，为了建立与社会主义市场经济体制相适应的教育新体制，提高民族素质，培养大批人才，党和国家一方面将教育摆在优先发展的战略地位，对新时期教育发展的规模与速度、结构和质量等方方面面的目标进行规定，改革教育管理体制、教育投资体制、教学内容与方法、升学考试制度与毕业生分配制度等，全面提高教学质量，使得追求效率和绩效成为教育改革的一个基本价值向度。另一方面，与世界教育公平改革的主题相呼应，教育实践中开始重视教育公平问题，如扩大各级各类教育的规模，打响“两基”攻坚战等，从而形成了“效率与公平并重”的改革取向。

进入 21 世纪以后，党和国家提出了建设和谐社会和科学发展观的思想。2006 年，党的十六届六中全会通过的《中共中央关于构建社会主义和谐社会若干重大问题的决定》提出，“在经济发展的基础上，更加注重社会公平”；2007

---

① 孙中民：《中国教育政策价值取向的反思》，《社科纵横》2009 年第 4 期。

② 《中国共产党第十一次全国代表大会：十一大上的政治报告》，载共产党员网 http://fuwu.12371.cn/2012/09/25/ARTI1348541192153839_14.shtml，2017 年 11 月 17 日。

年，党的十七大报告更是鲜明地指出，“处理好效率和公平的关系，再分配更加注重公平”，“教育是民族振兴的基石，教育公平是社会公平的重要基础”，这些都表明党和国家在处理公平与效率的问题上有了重大转变。在实践中，党和国家以促进教育公平为取向，统筹规划教育发展的规模、速度、结构、类别，把合理调整公共教育资源配置结构作为促进教育公平的根本措施，坚持教育资源向中西部地区、农村地区、薄弱学校倾斜，切实缩小了地区间、城乡间、校级间的教育差距；同时，逐步建立了各个学段家庭经济困难学生资助体系，确保每个学生不因家庭经济困难而失学。党的十八大以后，党和国家持续推进教育公平，加大了政策、资金等的倾斜扶持力度。国家财政性教育经费使用始终坚持“保基本、补短板、促公平、提质量”，坚持向农村地区、边远贫困地区和民族地区倾斜。①2019 年 12 月底，全国累计 2767 个县通过了国家义务教育基本均衡认定，占比达到 95.32%。②2019 年，全国累计资助学生 10590.79 万人次，累计资助金额 2126 亿元，实现了学生资助体系在各个教育阶段全覆盖、公民办学校全覆盖，资助金额连续十三年保持快速增长。③西部地区“两基”攻坚计划、农村义务教育学生营养改善计划、校舍安全工程、农村特岗教师计划、高等学校定向招生等重大措施有序进行，推动我国中西部教育和农村教育迈向新台阶，教育公平提升到新高度。

2. 注重教育内涵发展，满足人民的优质教育需求

党的十九大报告提出，“我国社会矛盾已经转化为人民日益增长的美好生活需要和不平衡不充分的发展之间的矛盾”。相应的，在教育总体发展水平进入中

① 董鲁皖龙：《教育部晒出 5 年“成绩单” 我国教育跃居世界中上行列》，《中国教育报》2017 年 9 月 29 日。

② 梁丹、王家源：《超 95% 的县实现义务教育基本均衡》，《中国教育报》2020 年 5 月 20 日。

③ 《2019 年全国近 1.06 亿人次获学生资助》，载中华人民共和国教育部官网 http://www.moe.gov.cn/jyb_xwfb/s5147/202005/t20200522_457660.html，2020 年 5 月 22 日。

高收入国家行列、满足基本教育公共服务需求后，民众对优质、个性化、多样化教育资源的渴望更加迫切，教育的矛盾也转变为人民群众日益增长的对于优质教育资源的需求与不平衡不充分之间的矛盾。除了保障基本公共教育服务水平、努力缩小教育差距之外，推动教育内涵发展、提升教育质量，满足人民群众的优质教育需求，成为“办好人民满意的教育”的应有之义。实质上，党的十八大以来，我国教育正加速从“有学上”向“上好学”转变，进入“以提高质量和效益为中心”的内涵发展新阶段。[①] 党和国家把加强乡村教师队伍建设上升为国家战略，努力造就一批素质优良、甘于奉献的教师队伍；建立教育标准和检测体系，让教育有标可循；推动普职协调发展、深化校企合作、产教融合；促进高等教育内涵发展，建设“双一流”高校；各级各类学校加强党的领导，深入推进人才培养模式改革，努力构建德智体美劳全面培养的教育体系；2019 年，启动县域义务教育优质均衡发展督导评估认定工作……中国共产党正领导着中国教育奋力书写让人民满意的一篇篇答卷。

二、充分依靠人民的力量，发挥群众办教育的积极性

人是社会的主体，是生产力中具有决定意义的力量，社会主义改革和建设要由人来实施和推动，改革所涉及的利益调整是不同阶层的人的利益调整，社会发展的成果也必然要由人来共享。[②] 中国共产党的根基在人民、力量在人民，党制定的任何一项决策，推进的任何一项改革，都离不开人民群众的支持与维护。正如党的十九大报告所指出：“人民是历史的创造者，是决定党和国家前途命运的根本力量。”共产党在举办与发展教育事业、服务于人民教育需求的同

① 《努力让十三亿人民享有更好更公平的教育——党的十八大以来中国教育改革发展取得显著成就》,《人民日报》2020 年 5 月 20 日。

② 杨金洲:《全面领会习近平“以人民为中心的发展思想”的深刻内涵》,《中南民族大学学报（人文社会科学版）》2017 年第 6 期。

时，始终将“依靠人民”作为党的领导力量的根本基础，作为独立解决中国教育发展问题的根本法宝，充分尊重人民群众的主体地位，积极调动群众办教育的积极性，使人民形成教育需要人人参与的意识，汇聚全社会的力量来共同推动我国教育事业的大发展。

（一）依靠群众力量开展多种形式的教育

坚持教育为人民服务，必须紧紧依靠人民，牢固扎根人民。为了打破少数人独占教育的特权，让工农群众享有平等的受教育权利，中国共产党始终坚持群众路线，将教育和革命有机结合起来，开展工农教育运动，在革命根据地兴办了一批工农学校和革命干部学校，实施普及教育、扫盲运动等。在办学过程中，毛泽东同志提出“按照群众的需要与自愿”的原则，根据人口分散的特点，结合斗争和生产的需要，因时因地制宜，创造出多种办学形式①，最大限度地满足群众接受文化知识教育的愿望。例如，1937 年 10 月，陕甘宁边区中央教育部下发的《关于冬学的通令》指出：“冬学是经常的学制之一，是成年补习教育的一种，特别是给农民教育的良好机会，也就是普及教育、消灭文盲的重要办法之一。”在中国共产党的领导下，革命根据地在冬季农闲时节组织农民特别是青年农民进行学习教育，取得了可喜的成绩。据 1942 年 3 月 2 日《新华日报》报道，晋冀豫区 1941 年全区共举办工学 1801 所，学生 73824 人……通过推行冬学运动，人民的文化水准比战前大大提高。②

另外，开展工农群众教育运动，需要一定的人、财、物等的投入与支持。在条件困难、环境极其艰苦的情况下，毛泽东及其他党内领导人主张一切从实际出发，依靠和发动农民群众办学。例如，为了解决教员资源短缺的问题，徐特立在领导和负责苏区教育工作时，提出“把所有识字的人和不识字的人配合，

① 顾明远、刘复兴：《从新民主主义教育到社会主义教育（1921—2012）》，教育科学出版社 2015 年版，第 91 页。

② 董纯才主编：《中国革命根据地教育史》（第 2 卷），教育科学出版社 1993 年版，第 1070 页。

用所有识字的，教所有不识字的”[1]，开展知识扫盲运动，解决人民群众的识字问题。一些识字组的教员，大多是由群众自己推选的，作为班主任或者识字组长，多属夜校的学生。这些识字组长往往根据组员的生活和工作劳动的安排情况，利用田头间、灶头旁等不同场所以及乘凉时、饭后等不同时间随时随地开展教学。为了解决办学经费的问题，1926年共产党在投资办教育的同时，充分调动各地农民协会、个体群众等力量，如提倡各地“以祠堂庙宇的财产及他项财产，开办青年农民的免费学校，规定青年农民受补习教育的时间”[2]。新中国成立后，中国共产党为了实现教育面向工农劳苦大众的目标，在城市里的劳动人民聚集区和工矿区，由政府投资兴建大量的公立中小学；在农村中采取“公办民助”“民办公助”等形式，调动农民办学的积极性，兴办中小学校，以方便农民子女入学就读。通过依靠工农群众的力量，工人教育和农民教育广泛兴起并得到极大发展，有力地促进了工农教育的普及，使尽可能多的工农群众接受教育。

（二）积极动员全社会力量支持教育发展

改革开放以后，在经济体制和政治体制改革的推动下，我国先后制定系列法规，实行九年义务教育制度，保障人民群众接受教育的权利。然而，从党中央、政府机构到人民群众都逐步认识到，在我国这样一个经济欠发达、财政尚不富裕的国家，举办并发展世界上最大规模的教育，办面向人民的教育，单靠国家投资是绝对行不通的。于是，从“穷国办大教育”的国情出发，党和国家调动人民群众办教育的积极性，积极鼓励并倡导社会各界力量投资办教育，走多渠道筹措教育经费发展教育事业的新道路。

我国是一个地域辽阔、人口众多的国家，在20世纪80年代，全国十亿多人口中有八亿多是农民，相当部分农村地区学校办学条件较差，中小学教师待

① 徐特立：《徐特立文集》，湖南人民出版社1980年版，第46页。

② 毛礼锐、沈灌群：《中国教育通史》（第5卷），山东教育出版社1988年版，第138页。

遇长期维持在较低水平。在这一环境形势下，党中央和国家根据我国农村教育的实际情况制定出了一条适合我国国情的发展社会主义农村教育事业的可行路子，即允许农民捐集资办学，实现“人民教育人民办”。1983年，《中共中央、国务院关于加强和改革农村学校教育若干问题的通知》指出，办好农村学校教育，要坚持“两条腿走路”的方针，通过多渠道切实解决经费问题。中央和地方要逐年增加教育经费，厂矿、企业单位、农村合作组织都要集资办学，还鼓励农民在自愿基础上集资办学和私人办学。1985年，《中共中央关于教育体制改革的决定》也强调地方要鼓励和指导国营企业、社会团体和个人办学，并在自愿的基础上，鼓励单位、集体和个人捐资助学，但不得强迫摊派。在这些国家政策的鼓励下，围绕着解决教育经费不足的问题，地方各级政府充分调动乡村集体和农民捐集资办学的积极性，增加农民办学的责任和权力，开展多种形式的捐集资办学活动，增加对农村教育的投资，以解决当时中小学校校舍奇缺、危房翻修和教师住宅紧张以及必要的图书、仪器设备严重不足等问题，创造出许多成功的经验。

通过实施“人民教育人民办”，全社会教育捐集资收入由1986年的17.15亿元增长到1992年的70.2亿元，捐集资收入占我国教育总经费中的比例由4.4%提高到8.1%。捐集资收入主要用于中、小学教育支出中的教职工奖励、公用经费补助、校舍建设、民办教师补助等，对于改善当时农村地区的办学条件和教育工资待遇起到了较大的补充作用，对增加教育经费投入作出了较大贡献。此外，一些企事业单位、公民个人等通过自筹资金开始举办教育事业，1998年我国民办学校举办者投入经费9.6亿元，占当年教育总经费的比例为0.33%。2000年，全国各级各类民办学校和教育机构已达54298所，在校学生699.41万人。民办学校的发展，一方面扩大了适龄青少年的入学机会、满足了人民群众的多元教育需求；另一方面增加教育资源投入，在一定程度上缓解了当时全国教育经费短缺的情况。

迈入21世纪，国家竞争日益激烈，人力资源在国家竞争中发挥着愈加重要的作用，教育事业发展的整体水平从根本上决定了一个国家人力资源的状况。党的十六大以来，面对国内外新形势的发展变化，以及知识经济所带来的机遇与挑战，党中央与时俱进，提出了科学发展观，并站在推进社会主义现代化建设的战略高度，作出了优先发展教育、建设人力资源强国的战略决策。同时，面对教育发展中逐步凸显的地区差距、城乡差距、校际差距，党和政府高度重视教育公平，将教育公平作为社会公平的重要基础，不断强化政府的教育责任并完善政府间的责任划分，大力推进教育公平。

党的十八大以来，以习近平同志为核心的党中央高度重视教育，坚持把教育事业放在优先位置，加快教育现代化，深化教育改革，努力办好人民满意的教育。为了回应人民群众对更好教育的核心诉求，办好真正让人民满意的教育事业，党和国家积极采取了一系列行之有效的保障措施，持续加大教育投入力度，合理配置教育资源，重点向农村、边远、贫困、民族地区倾斜，加快补齐教育短板，教育公平与质量水平不断提升。

办好人民满意的教育需要广大人民群众的共同支持。除了加强政府对教育的保障力度外，党和国家在充分考虑现实国情的情况下，依然将人民群众作为办教育的重要依靠力量。一方面，充分挖掘社会资源潜力，调动社会力量兴办教育的积极性。2013年以来，国家对《中华人民共和国民办教育促进法》进行多次修正，陆续颁布一系列配套的规章条例，明确提出“民办教育事业属于公益性事业，是社会主义教育事业的组成部分。国家对民办教育实行积极鼓励、大力支持、正确引导、依法管理的方针”，明确规定了民办学校的性质、地位、宗旨和作用、民办学校师生的权利与地位、产权和投资回报等核心问题，有力地调动了社会力量兴办教育，规范促进了民办教育的健康发展，有效增加了教育服务供给，满足了人民群众的多元化教育需求。另一方面，党中央高度重视家庭教育，努力推进人人关心教育、支持教育的局面。习近平总书记在全国教育大会上高度强调家庭教育的重要性，明确提出："家庭是人生的第一所学校，家长是孩子的第一任老师，要给孩子讲好'人生第一课'，帮助扣好人生第一粒扣子。"我们党高度重视家庭教育在个人发展的重要地位，积极引导家长树立正确的教育观、成才观，坚持推进家庭教育、社会教育与学校教育的有机融合、相互促进，形成了强大的教育发展合力，构筑了协同育人的良好局面。

第三章　为了中华民族的伟大复兴

自中国共产党成立以来，党中央始终坚持将马克思主义基本原理同中国具体实际相结合，结合世情、国情、社情的深刻变化，研判党和国家面临的发展机遇和挑战，在带领人民谋求民族独立、人民解放和国家富强、人民幸福的历程中探索总结我国教育事业发展与国家建设、民族复兴的深刻规律。2018 年，习近平总书记在全国教育大会上全面阐述了教育对国家和民族发展的重要作用："教育是民族振兴、社会进步的重要基石，是功在当代、利在千秋的德政工程，对提高人民综合素质、促进人的全面发展、增强中华民族创新创造活力、实现中华民族伟大复兴具有决定性意义。"中国共产党治国理政的历史经验表明，实现中华民族伟大复兴中国梦，归根到底靠人才、靠教育。

第一节　教育服务中华民族伟大复兴的理论基础

把教育作为实现中华民族伟大复兴的基础工程，深刻根植于马克思主义理论，体现了中国共产党对马克思主义理论的继承和发展，是马克思主义中国化的重要组成部分。五四运动以后，马克思主义在中国大地广为传播，先进的中国共产党人尝试运用马克思主义理论帮助中国人民脱离水深火热境地。在中国共产党团结带领人民进行革命、建设、改革的过程中，始终坚持运用马克思主义理论，结合中国国情，厘清教育事业与经济、政治和文化等方面的关系，为教育服务中华民族伟大复兴提供了坚实理论基础。

一、教育要反映社会生产力发展的要求

马克思、恩格斯根据辩证唯物主义和历史唯物主义，阐明了教育与社会经济发展的关系。首先，马克思主义强调了经济的基础性地位。根据历史唯物主义，马克思、恩格斯揭示经济在社会生产生活中的基础性位置，经济基础决定上层建筑：“人们首先必须吃、喝、住、穿，然后才能从事政治、科学、艺术、宗教等等；所以，直接的物质的生活资料的生产，因而一个民族或一个时代的一定的经济发展阶段，便构成为基础，人们的国家制度、法的观点、艺术以至宗教观念，就是从这个基础上发展起来的，因而，也必须由这个基础来解释，而不是像过去那样做得相反。”① 马克思在《〈政治经济学批判〉序言》中详细解释了经济基础与上层建筑的关系，一定的社会生产力及与其相适应的生产关系是法律、政治等上层建筑的现实基础。“物质生活的生产方式制约着整个社会生活、政治生活和精神生活的过程。不是人们的意识决定人们的存在，相反，是人们的社会存在决定人们的意识。”② 由于教育具有鲜明的社会性和阶级性，基于不同生产力发展起来的教育具有差异，马克思主义关于生产力和生产关系及其与其他社会关系的表述表明，社会生产力对教育事业的发展同样具有制约作用。

同时，马克思也强调了教育对经济的反作用。从广义来说，教育也是文化的组成部分。对于文化教育在社会生活中的巨大作用，马克思将其表述为，“虽然物质生活条件是原始的起因，但是这并不排斥思想领域也反过来对这些物质

① 《马克思恩格斯选集》第3卷，人民出版社1972年版，第574页。

② 《马克思恩格斯选集》第2卷，人民出版社1972年版，第82—83页。

条件起作用，然而是第二性的作用”①。教育与社会生产力的关系，主要通过培养劳动力体现。一方面，教育培养劳动力要反映社会生产力的发展要求。马克思在巨著《资本论》中指出：“要改变一般的人的本性，使它获得一定劳动部门的技能和技巧，成为发达的和专门的劳动力，就要有一定的教育或训练，而这就得花费或多或少的商品等价物，劳动力的教育费随着劳动力性质的复杂程度而不同。”②另一方面，教育要促进生产力提高，为消灭阶级剥削和阶级划分、实现共产主义做准备。为此，在物质生产过程中要依靠不断发展的劳动力，“单靠机械的和化学的辅助工具是不够的，还必须相应地发展运用这些工具的人的能力”③。

中国共产党自创立以后，始终将马克思主义作为党和国家建设的理论指导。在革命战争时期，毛泽东就认识到教育对经济的作用，他指出：“用文化教育工作提高群众的政治和文化水平，这对于发展国民经济同样有极大的重要性。”④在论述新民主主义文化中，他进一步诠释了教育的本质和教育在社会发展中的作用，“一定的文化（当作观念形态的文化）是一定社会的政治和经济的反映，又给予伟大影响和作用于一定社会的政治和经济”⑤。党领导国家建设的历史经验和教训表明，只有正确认识教育同经济发展的作用，才能发挥教育的积极作用，促进经济社会发展。“文化大革命”后，党中央重新确立马克思主义的思想路线，邓小平提出要正确处理好教育与现代化的关系，“教育事业必须同国民经济发展的要求相适应”⑥，“我们要实现现代化，关键是科学技术要能上去。发展

① 《马克思恩格斯选集》第 4 卷，人民出版社 1972 年版，第 474 页。

② 《马克思恩格斯全集》第 23 卷，人民出版社 1972 年版，第 195 页。

③ 《马克思恩格斯选集》第 1 卷，人民出版社 1972 年版，第 222 页。

④ 《毛泽东选集》第 1 卷，人民出版社 1991 年版，第 125—126 页。

⑤ 毛泽东：《新民主主义论》，人民出版社 1966 年版，第 656 页。

⑥ 何东昌主编：《邓小平同志在全国教育工作会议上的讲话》，载《中华人民共和国重要教育文献 1976—1990》，海南出版社 1991 年版，第 1606 页。

科学技术，不抓教育不行”①。中国共产党对马克思主义的继承和发展，为指导教育推动中华民族伟大复兴提供了理论依据。

二、教育与政治、文化的相互作用

马克思主义阐明了经济的基础性地位，同时肯定社会各因素的相互作用。恩格斯指出：“政治、法律、哲学、宗教、文学、艺术等的发展是以经济发展为基础的。但是，它们又都互相影响并对经济基础发生影响。并不是只有经济状况才是原因，才是积极的，而其余一切都不过是消极的结果。这是在归根到底不断为自己开辟道路的经济必然性的基础上的互相作用。”②在各种作用因素中，马克思、恩格斯强调教育与政治、精神生活的作用和反作用。

教育对政治具有反作用。教育为统治阶级服务。马克思证明了教育为统治阶级服务并非社会主义社会独有的，同时他强调教育作为特殊的社会现象，为特定政治决定，在《德意志意识形态》中，马克思、恩格斯指出：“一个阶级是社会上占统治地位的物质力量，同时也是社会上占统治地位的精神力量。支配着物质生产资料的阶级，同时也支配着精神生产的资料。”③同时，马克思强调教育对无产阶级革命的伟大作用。他指出：“工人们已经具备了作为成功因素之一的人数，但是只有当群众组织起来并为知识所指导时，人数才能起决定胜负的作用。”④任何时期的教育，都体现着该时代统治地位阶级的教育思想，在经济上占统治地位的阶级，利用其政治特权，制订国家的教育方针政策，使教育发展符合政治和经济的要求。毛泽东阐释文化教育在革命中的作用时强调，文化教育是革命的有力武器：“革命文化，对于人民大众，是革命的有力武器。革

---

① 中共中央文献编辑委员会：《邓小平文选》第2卷，人民出版社1994年版。

② 《马克思恩格斯选集》第4卷，人民出版社1972年版，第506页。

③ 《马克思恩格斯选集》第1卷，人民出版社1972年版，第52页。

④ 《马克思恩格斯选集》第2卷，人民出版社1972年版，第134页。

命文化，在革命前，是革命的思想武器；在革命中，是革命总战线中的一条必要和重要的战线。”① 中国共产党将中华民族伟大复兴作为历史使命，中国共产党领导下的教育事业必然要服务于中华民族伟大复兴。

教育是发展精神文明的重要途径。马克思、恩格斯在评价工业革命的历史作用时指出：“在所有的人实行合理分工的条件下，不仅进行大规模生产以充分满足全体社会成员丰裕的消费和造成充实的储备，而且使每个人都有充分的闲暇时间从历史上遗留下来的文化——科学、艺术、交际方式等等——中间承受一切真正有价值的东西；并且不仅是承受，而且还要把这一切从统治阶级的独占品变成全社会的共同财富和促使它进一步发展。”② 中国共产党重视教育在精神文明建设中的作用。习近平强调：“要从娃娃抓起、从学校抓起，做到进教材、进课堂、进头脑。要润物细无声，运用各类文化形式，生动具体地表现社会主义核心价值观，用高质量高水平的作品形象地告诉人们什么是真善美，什么是假恶丑，什么是值得肯定和赞扬的，什么是必须反对和否定的。”③

在中华民族历史上，教育历来有塑造民众价值观的作用，统治者将其作为兴国安邦的要务。最早的教育专著《礼记·学记》道，“君子如欲化民成俗，其必由学乎”，“是故古之王者，建国君民，教学为先”。教育深植于孔子的治国理念，《论语》记载，孔子在与弟子冉有驾车于卫国时曾有段对话，子曰：“庶矣哉！”冉有曰：“既庶矣，又何加焉？”曰：“富之。”曰：“既富矣，又何加焉？”曰：“教之。”这段对话表明，孔子主张在富民基础上对民众进行教化。孟子同样倡导统治者应当重视教育，“谨庠序之教，申之以孝悌之义”，只有认真兴办学校教育，向百姓传达尊敬父母兄长的道德观念，才能保证人民安居乐业，国

---

① 《毛泽东选集》第2卷，人民出版社1991年版，第696页。

② 《马克思恩格斯选集》第2卷，人民出版社1972年版，第478—479页。

③ 习近平：《把培育和弘扬社会主义核心价值观作为凝魂聚气强基固本的基础工程》，《人民日报》2014年2月16日。

家长治久安。

中国共产党高度重视文化传承。毛泽东指出："我们这个民族有数千年的历史……今天的中国是历史的中国的一个发展；我们是马克思主义的历史主义者，我们不应当割断历史。""中国现时的新文化也是从古代的旧文化发展而来的，因此，我们必须尊重自己的历史，决不能割断历史。"①正是对马克思主义的坚持，对优秀传统文化的坚持，使中国共产党重视教育在社会主义政治建设、文化建设的功能，探索出有中国特色的社会主义发展道路。

三、教育功能是社会功能和发展人的功能的有机统一

在《资本论》等著作中，马克思深刻阐述了劳动价值论，揭示了劳动是创造价值的唯一源泉，而教育在提升劳动价值方面具有独特作用。马克思指出："有一些服务是训练、保持劳动能力，使劳动能力改变形态等等的，总之，是使劳动能力具有专门性，或者使劳动能力保持下去的。"②在这些服务中，就包括学校教育。根据马克思的观点，教育或培训可以"改变一般人的本性，使他获得一定劳动部门的技能和技巧，成为发达的和专门的劳动力"。③

教育的社会功能是通过培养合格的劳动者实现的。在恩格斯看来，在工业化生产中，教育可以实现人的全面性："教育可使年轻人很快就能熟悉整个生产系统，它可使他们根据社会的需要或他们自己的爱好，轮流从一个生产部门转到另一个生产部门。因此，教育就会使他们摆脱现代这种分工为每个人造成的片面性。"④不同劳动力具有不同技能，附着在其身上的价值可以区分复杂劳动力和简单劳动力，适应于不同的劳动力市场或者不同的社会生产水平。教育与

① 《毛泽东选集》第2卷，人民出版社1991年版，第533—534、708页。

② 《马克思恩格斯全集》第26卷第1册，人民出版社1972年版，第159页。

③ 《马克思恩格斯全集》第23卷，人民出版社1973年版，第195页。

④ 《马克思恩格斯全集》第4卷，人民出版社1972年版，第370页。

生产劳动相结合是建设新社会的强大武器。列宁认为：“脱离生产劳动的教学和教育，或是没有同时进行教学和教育的生产劳动，都不能达到现代技术水平和科学知识现状所要求的高度。”① 教育同生产劳动相结合，是教育促进社会发展的必然要求。

中国共产党自成立以来，一直坚持将马克思列宁主义关于教育与生产劳动相结合的基本理论运用于实践，将其作为教育发展的指导思想。在确立社会主义教育制度后，中国共产党始终强调坚持理论与实际相结合，学以致用，将“教育必须与生产劳动相结合，使受教育者在德智体几方面都得到发展，成为有社会主义觉悟的有文化的劳动者”确立为新中国的教育方针。改革开放以后，在探索具有中国特色的社会主义教育体系过程中，中国共产党立足国家和民族发展大局，继续贯彻教育与生产劳动相结合的方针，并结合国情，提出教育必须为社会主义现代化建设服务，自觉服务于经济建设这个中心，大规模地培养坚持社会主义方向的各级各类合格人才。邓小平深刻阐述：“中央提出要以极大的努力抓教育，并且从中小学抓起，这是有战略眼光的一着。如果现在不向全党提出这样的任务，就会误大事，就要负历史的责任。”②

第二节　“四个服务”是教育为了中华民族伟大复兴的全面阐释

改革开放以来，中国共产党团结带领全国各族人民，勠力同心，全面建成小康社会、推进社会主义现代化、实现中华民族伟大复兴，开辟了有中国特色的社会主义道路，开创了党和国家事业发展的新局面。在新时代，中国共产党

① 《列宁全集》第39卷，人民出版社1986年版，第309页。

② 邓小平：《邓小平同志论教育》，人民教育出版社1990年版，第148—149页。

深刻总结教育改革和发展的重大理论和实践问题。习近平强调："我们的教育是为人民服务、为中国共产党治国理政服务、为巩固和发展中国特色社会主义服务、为改革开放和社会主义现代化建设服务的。"① "四个服务"的提出，是对中国共产党成立以来教育事业发展改革经验的深刻总结，是教育实现中华民族伟大复兴的全面阐释。

一、教育为人民服务

教育为人民服务，不仅体现在努力满足人民的教育需求，也体现在通过培养合格的劳动者，适应社会主义国家生产力发展的需要，推动生产力的进步和生产关系的变革，为实现人的全面解放奠定基础。

人民是历史的创造者。深谙教育对改造国民性和提高专业性方面的作用，中国共产党自创立之初，便将文化教育作为唤醒劳工觉悟的重要途径。1921 年，党的第一次全国代表大会通过《关于中国共产党任务的第一个决议》。该决议虽然没有明确教育的纲领，但是提出党通过在工厂成立"劳工补习学校""劳动组织讲习所"等方式开展宣传教育②。通过开展工人教育、农民教育，促进工人、农民知识和技能的增进。在中国共产党成立苏维埃政权后，为适应根据地人民对提升文化水平的需求，中国共产党在人力、物力、财力匮乏的情况下，适应形势建立妇女教育、职业教育、扫盲教育、初等教育等教育形式，为提高群众文化素质，适应经济建设提供了有力通道。抗日战争时期，随着中共中央所在地延安成为大批知识青年奔赴的"圣地"，发展抗日的革命文化运动成为中共中央的重要议程。毛泽东强调，文化教育应以提高和普及人民大众的抗日知识技能和民族自尊心为中心，"民主的政治也同样需要民主的教育"③。

① 习近平：《把思想政治工作贯穿教育教学全过程》，《人民日报》2016 年 12 月 9 日。

② 孙培青：《中国教育史》（第三版），华东师范大学出版社 2009 年版，第 409 页。

③ 同上书，第 496 页。

随着中国共产党不断取得胜利，培养有社会主义觉悟有文化的劳动者成为教育的主要任务。新中国成立前夕召开的中国人民政治协商会议第一次全体会议宣告：“随着经济建设的高潮的到来，不可避免地将要出现一个文化建设的高潮。中国人被人认为不文明的时代已经过去了，我们将以一个具有高度文化的民族出现于世界。”①会议通过的具有临时宪法作用的《中国人民政治协商会议共同纲领》(简称《共同纲领》)明确将提高人民文化水平、培养国家建设人才，作为人民政府文化教育工作的主要任务。新中国成立后召开的第一次全国教育工作会议强调，新民主主义的教育，“其目的是为人民服务，首先是为工农兵服务”②。为满足人民群众对新文化以及参与社会主义建设的强烈愿望，中国共产党领导下的教育事业面向工农兵及其子女，开展多种形式的教育，受教育者要在德智体几方面得到发展，培养既有社会主义觉悟、又有文化的劳动者。

改革开放后，中国共产党领导的教育事业适应国家发展大局，教育事业在多出人才、出好人才方面的任务更为紧迫。“文革”之后，百废待兴。在全国人民依然处于彷徨阶段时，邓小平指出现代化的实现要靠科学技术，要抓教育，“靠空讲不能实现现代化，必须有知识，有人才”③。由此，他重申新中国成立之初的人才培养目标，并强调：革命的理想、共产主义的品德，要从小开始培养。为了培养社会主义建设需要的人才，必须研究在新的条件下，更好地贯彻教育与生产劳动相结合的方针。1985年启动的教育体制改革，将改革的根本目的定为提高民族素质，多出人才、出好人才。教育体制改革，使全党高度重视为我

① 方晓东：《试论毛泽东对中国共产党新民主主义文化教育纲领的贡献》，载《毛泽东与当代中国——全国纪念毛泽东同志诞辰110周年学术研讨会论文集》(上)，中共中央文献研究室科研管理部2003年版，第732—743页。

② 顾明远：《中国教育大系——马克思主义与中国教育》(下)，湖北教育出版社1994年版，第1490页。

③ 邓小平：《邓小平同志论教育》，人民教育出版社1990年版，第148—149页。

国经济和社会发展大规模准备坚持社会主义方向的各级各类合格人才。在经济改革过程中，邓小平在南方谈话中强调了人在国家经济和社会发展中的重要性，他强调“中国的事情能不能办好，社会主义和改革开放能不能坚持，经济能不能快一点发展起来，国家能不能长治久安，从一定意义上说，关键在人”。通过教育后代，培养国家建设者是中国发展的必由之路。

培养适应21世纪现代化建设需要的社会主义新人是适应综合国力竞争的重要基础。秉持“三个代表”重要思想，江泽民同志深刻认识到科学技术、知识经济以及国力竞争带来的机遇和挑战，认识到国力强弱越来越取决于劳动者的素质，取决于各类人才的质量和数量，认识到教育事业培养和造就我国21世纪的一代新人成为迫切任务。1999年6月，江泽民在第三次全国教育工作会议上指出：教育是知识创新、传播和应用的主要基地，也是培养创新精神和创新人才的重要摇篮。适应国家和社会发展需求，培养创新人才，成为中国共产党领导的教育事业的重要使命。

中华民族的伟大复兴，归根到底靠人才。21世纪以来，胡锦涛同志坚持以人为本的科学发展观，探索国家富强、民族复兴的发展道路。在2003年召开的新中国第一次全国人才工作会议上，胡锦涛明确提出“大力开发人力资源，走人才强国之路”。坚持人才是第一资源的战略思想，人才强国战略正式实施。培养高素质的人才，根本在教育。2007年，胡锦涛在全国教师工作会议上指出：“中国的未来发展，中华民族的伟大复兴，归根结底靠人才，人才培养的基础在教育。教育是提高人民思想道德素质和科学文化素质的基本途径，是发展科学技术和培养人才的基础工程。”① 中国的发展在于将巨大的人口压力转变为人才动力，而教育是将丰富的人力资源转化为人力资本的重要途径。

① 胡锦涛：《胡锦涛在全国优秀教师代表座谈会上的讲话》(全文)，载中国政府网 http://www.gov.cn/ldhd/2007-08/31/content_733340.htm，2007年8月31日。

坚持中国特色社会主义教育发展道路，培养德智体美劳全面发展的社会主义建设者和接班人。党的十八大以来，以习近平同志为核心的党中央坚持“人民至上”，接力夺取全面建成小康社会决胜阶段。习近平认为“培养什么人”是教育的首要问题。他指出：“教育必须把培养社会主义建设者和接班人作为根本任务，培养一代又一代拥护中国共产党领导和我国社会主义制度、立志为中国特色社会主义奋斗终身的有用人才。”① 传承中华民族优良传统，面向时代需要，把培养具有“人类命运共同体”思想的新人作为教育现代化征程的重要方向。

二、教育为中国共产党治国理政服务

中国共产党始终将教育事业的发展与党的思想战略相匹配，使党在中国革命、建设和改革中建立丰功伟绩，在此过程中极大地赢得了人民信任。教育为中国共产党治国理政服务，是党在各个时期发展经验的深刻总结。

中国共产党成立初期，文化教育成为党革命斗争的武器。1917 年俄国爆发的十月革命，给在黑暗中摸索的中国先进分子以光明，马克思主义开始在中国传播。1920 年 11 月，中国共产党早期组织拟定《中国共产党宣言》，旨在通过革命的阶级斗争，推翻资产阶级政权，建立无产阶级专政②，经过前期酝酿，中国共产党于 1921 年正式成立。次年，由中国共产党领导的中国社会主义青年团第一次代表大会通过的青年团教育工作行动纲领《关于教育运动的决议案》，提出了关于社会教育、政治教育、学校教育的三大任务。中国共产党人致力于组织领导工人、农民运动，推进工人教育、农民教育，以促进工农阶级的阶级觉悟，养成革命思想，扩大中国共产党在工人和农民中的影响力。苏维埃政府

① 《坚持中国特色社会主义教育发展道路培养德智体美劳全面发展的社会主义建设者和接班人》，载人民网 http://edu.people.com.cn/n1/2018/0911/c1053-30286253.html，2018 年 9 月 11 日。

② 中共中央党史研究室：《中国共产党的九十年》，中共党史出版社 2016 年版，第 26—35 页。

成立后，文化教育为革命斗争服务的目标更为明确，1934年，对于为什么要进行文化教育改革，第二次全国苏维埃代表大会的《中华苏维埃共和国中央执行委员会与人民委员会对第二次全国苏维埃代表大会的报告》(即“二苏大报告”)指出，“为着革命战争的胜利，为着苏维埃政权的巩固与发展，为着动员民众的一切力量，加入于伟大的革命斗争，为着创造革命的新时代”①。中国共产党坚持从实际出发，首先发展干部教育，建立大批干部学校，为中央苏区和各地输送干部，为战时政治教育和干部培养提供条件。延安时期，以毛泽东发表的《新民主主义论》为标志，中国化的新民主主义教育理论基本形成，它强调教育为无产阶级政治服务，为革命斗争事业服务。

新中国成立后，中国共产党将教育作为巩固新生政权的措施。在确立新中国的文化教育为新民主主义的，即民族的、科学的、大众的文化教育基础上，要求文化教育工作肃清封建的、买办的、法西斯主义的思想。为巩固新生的人民政权，中国共产党高度重视意识形态工作，逐步确立社会主义意识形态的主导地位。按照第一次全国教育工作会议部署：以老解放区新教育经验为基础，吸收旧教育有用的经验，借助苏联经验，建设新民主主义教育。随着中华人民共和国教育制度的确立，中国共产党将马克思列宁主义理论与中国革命实践相结合的毛泽东思想和普通文化知识作为教育青年一代的重要内容，表明与无产阶级政权相适应的教育体系正式建立，在新的教育制度下，培养“为建设伟大的社会主义国家奋斗”的成员，成为教育的重要任务。

教育要面向现代化、面向未来、面向世界。“文革”过后，各行各业开展整顿，中国共产党面临国内外发展大势的战略决策。全党、全国范围内开展总结和反思，展开真理标准问题的讨论，否定“两个凡是”，科技和教育战线率先开

---

① 滕纯主编:《中国教育魂——从毛泽东教育思想到邓小平教育理论》(上册)，江西教育出版社1998年版，第120页。

展拨乱反正。党的十一届三中全会提出把全党全国的工作重心转移到经济建设上来。党的十二大确立了分三步走在下世纪中叶基本实现社会主义现代化的战略，正式开启建设有中国特色的社会主义道路。随着社会经济建设的复苏，强烈的振兴需求，使党认识到培养大批人才的紧迫性，但限于教育理论和实践的薄弱，教育界对教育的战略问题缺少理论探讨，诸多困惑、误区叠加。站在党和国家新时期的战略全局，邓小平对教育领域作出重要指示：教育要面向现代化，面向世界，面向未来。“三个面向”的提出，成为新时期教育服务中国共产党治国理政的根本指南。

科技进步、经济繁荣、社会发展要求大力发展教育。党的十四大提出中国特色社会主义理论，指出社会主义的本质是解放生产力，发展生产力，消灭剥削，消除两极分化，最终达到共同富裕。鉴于我国社会的主要矛盾依然是人民日益增长的物质文化需要同落后的社会生产之间的矛盾，党的十四大要求，必须把发展生产力摆在首要位置，以经济建设为中心，推动社会全面进步。判断各方面的工作的是非得失，取决于“三个有利于”①。为适应社会主义初级阶段的根本任务以及面向现代化发展全局，中国共产党提出把教育摆在优先发展的战略地位，促进科技、教育同经济的结合，并将教育作为实现我国现代化的根本大计。

构建社会主义和谐社会，将教育公平作为社会公平的基础。在新世纪新阶段，党中央抓住重要战略机遇期，在全面建设小康社会进程中推进各项领域创新，强调坚持以人为本、全面协调可持续发展，提出构建社会主义和谐社会、加快生态文明建设，形成中国特色社会主义事业总体布局，着力保障和改善民生，促进社会公平正义，推动建设和谐世界。在新的历史起点上，适应党的执

① 要以是否有利于发展社会主义社会的生产力，是否有利于增强社会主义国家的综合国力，是否有利于提高人民的生活水平为标准。

政理念，中国共产党强调教育是民族振兴的基石，教育公平是社会公平的重要基础。

实现国家现代化，确立建设教育强国战略目标。党的十九大深刻研判国内外发展形势，作出了中国特色社会主义进入新时代的历史性判断。面对党和国家发展新的历史方位，我国迎来了实现中华民族伟大复兴的光明前景，在世界上举起了中国特色社会主义伟大旗帜，为解决人类问题贡献了中国智慧和中国方案。在新时代，我国社会的主要矛盾转变为人民日益增长的美好生活需要和不平衡不充分的发展之间的矛盾。面对社会主要矛盾的变化，对党和国家各项工作提出了新的要求，教育领域立足新时代，把建设教育强国作为中华民族伟大复兴的基础工程，加快教育现代化，办好人民满意的教育。

三、教育为巩固和发展中国特色社会主义制度服务

“经国序民，正其制度。”中国共产党经过不断奋斗、创造、积累，开辟了中国特色社会主义道路，形成了中国特色社会主义理论体系，确立了中国特色社会主义制度。自十一届三中全会以后，党中央探索总结出中国特色社会主义道路，成为马克思主义与中国实践相结合过程中的第二次历史性飞跃。中国特色社会主义制度是中国发展进步的根本制度保障，集中体现了中国特色社会主义的特点和优势。教育为巩固和发展中国特色社会主义制度服务，就是要加强对青少年的制度教育，加强中国特色社会主义国家制度和法律制度的理论研究，将加强教育治理体系和治理能力现代化作为发展中国特色社会主义制度的重要组成部分。

加强青少年的制度教育。中国特色社会主义国家制度和法律制度是在长期实践探索中形成的伟大制度创造。在建立什么样的国家制度问题上，近代历史上曾探索过多种制度模式，但都以失败告终。中国共产党自成立之日起，便提出并实践探索适合我国国情的国家制度。新中国成立后，党创造性地运用马克

思主义国家学说，逐步确立并巩固了国家的国体、政体、根本政治制度、基本政治制度、基本经济制度和各方面的重要制度，中国特色社会主义制度不断完善，中国特色社会主义法律体系不断健全。习近平在中共中央政治局集体学习中指出："要加强制度宣传教育，特别要加强对青少年的制度教育，讲好中国制度故事，引导人们充分认识我们已经走出了建设中国特色社会主义制度的成功之路。"①

加强中国特色社会主义国家制度和法律制度的理论研究。中国特色社会主义制度具有显著优势，我国的制度体系和法律体系需要不断完善和发展，才能更好地坚持和实施。毛泽东曾指出："中共二十八年，再加二十九年、三十年两年，完成全国革命任务，这是铲地基，花了三十年。但是起房子，这个任务要几十年工夫。"②20 世纪 90 年代，邓小平同志指出："恐怕再有三十年的时间，我们才会在各方面形成一整套更加成熟、更加定型的制度。"③为巩固和发展中国特色社会主义制度，需要各界结合中国国情，总结我国制度建设的成功经验，构筑中国制度建设理论的学术体系、理论体系、话语体系。

加强教育治理体系和治理能力现代化。教育制度是中国特色社会主义制度的重要组成，在近百年的探索中，我国逐步构建起较为完善的教育制度和法律体系。改革开放后启动的教育体制机制改革，"必须从教育体制入手，有系统地进行改革"，通过改革管理体制、实行简政放权，为建立适应党和国家现代化建设目标的中国特色社会主义制度作出了巨大贡献。党的十八大以来，党中央着力深化教育体制机制改革。习近平在全国教育大会上指出，要深化教育体制机制改革，深化办学体制和教育管理改革，为新时代教育体制改革作出重点部署，有力促进中国特色社会主义制度的完善。

---

①②③　习近平：《坚持、完善和发展中国特色社会主义国家制度与法律制度》，《求是》2019 年第 23 期。

四、教育为改革开放和社会主义现代化建设服务

以党的十一届三中全会为标志，我国进入了改革开放和社会主义现代化建设新时期。党带领全国各族人民进行的改革开放和社会主义现代化建设，是新中国成立以后我国社会主义建设伟大事业的继承和发展，也是近代以来中国人民争取民族独立、实现国家富强伟大事业的继承和发展。

在中国共产党成立以后，教育事业为各项建设的开展提供了有力支撑。苏维埃政权建立后，教育事业以促进苏区的政治建设、经济建设和文化建设为核心，开展干部教育、职业教育、妇女教育等各类教育。抗日战争全面爆发后，中国共产党领导的教育事业为大后方提供了精神支柱，新民主主义教育理论正式形成。1940 年，中共中央书记处明确提出："应该确立国民教育的基本内容为新民主主义的教育，这即是以马列主义的理论与方法为出发点的关于民族民主革命的教育与科学的教育。"①

新中国成立后，教育服务社会主义建设的任务更为艰巨。《共同纲领》在明确新中国教育的性质和任务基础上，强调要努力发展自然科学，以服务于工业农业和国防建设。1953 年启动的第一个五年计划要求集中主要力量发展重工业，建立国家工业化和国防现代化的初步基础。自此，国家加快各个行业建设，新建规模巨大、技术先进的新兴工业部门，与此同时，要求教育相应地培养建设人才，加快科学研究工作，以适应社会主义经济文化发展的需要。

进入改革开放新时期，教育事业明确为现代化建设服务。邓小平强调，"教育事业必须同国民经济发展的要求相适应"，"现代经济和技术的迅速发展，要求教育质量和教育效率的迅速提高"②，唯有如此，才能满足新的历史时期向教

---

① 顾明远主编:《马克思主义教育思想在中国》,《北京师范大学学报（社会科学版）》2018 年第 3 期。

② 何东昌主编:《邓小平同志在全国教育工作会议上的讲话》，载《中华人民共和国重要教育文献 1976—1990》，海南出版社 1991 年版，第 1606 页。

育工作提出的艰巨要求。与国民经济有计划按比例发展相适应，要求培养的专家和后备军有与之相适应的周密计划。“我们不但要看到近期的需要，而且必须预见到远期的需要；不但要依据生产建设发展的要求，而且必须充分估计到现代科学技术的发展趋势。”① 由此，邓小平从战略的高度提出了教育事业要实现“三个面向”。

江泽民结合世界教育、科技发展形势，高度重视科教兴国。党的十五大明确实施科教兴国战略，要求深化科技和教育体制改革，促进科技、教育同经济的结合。1997 年底，江泽民在会见科技教育界获奖代表时指出：“实施科教兴国战略，是关系我们改革成功、国家强盛和民族振兴的重大决策。国家的发展需要人才。教育是人才培养之基和立国之本。科学技术是第一生产力。当代教育的发展和科技的飞速进步，越来越成为推动经济发展和社会进步的强大力量。这就是我们实行科教兴国战略的基本依据。”② 面向 21 世纪，教育领域扩大高等教育招生规模、加快推进重点大学建设、全面实施素质教育，为促进人才培养质量和培育新的经济增长点作出重要贡献。

胡锦涛结合当代世界和中国的深刻变化，根据党和国家事业发展的迫切要求，制定和实施人才强国战略。世纪之交，中国共产党从现代化建设全局高度，阐明教育的特殊作用和地位，教育“在现代化建设中具有先导性全局性作用”。党的十七大报告作出建设人力资源强国的布局，明确教育与民族振兴的关系，指出“教育是民族振兴的基石”。2010 年，胡锦涛在全国教育工作会议上发表讲话，他指出：“教育是民族振兴、社会进步的基石，是提高国民素质、促进人的全面发展的根本途径，寄托着亿万家庭对美好生活的期盼。强国必先强教。”中国共产党深刻认识到教育发展对国家和社会发展的基础性作用，通过优先发

---

① 何东昌主编：《邓小平同志在全国教育工作会议上的讲话》，载《中华人民共和国重要教育文献 1976—1990》，海南出版社 1991 年版，第 1606 页。

② 《江泽民会见科技教育界获奖代表时强调始终把教育科技摆在重要位置》，《人民日报》1997 年 12 月 27 日。

展、育人为本、改革创新、促进公平、提高质量，全面贯彻党的教育方针，确保教育为社会主义现代化建设服务。

以习近平同志为核心的党中央在新时代围绕“五位一体”总体布局和构建人类命运共同体，将教育发展贯彻于国民经济和社会发展规划中，加快实现教育现代化，为社会主义现代化建设经济转型、科技创新、文化繁荣、民生改善、社会和谐提供重要支撑。党的十八大报告提出“人类命运共同体”，为新时代教育服务中华民族伟大复兴提供了新的视角，教育要致力于培养具有人类命运共同体思想的新人，促进相互平等的人类文化观，提高我国教育的国际参与度和贡献度。党的十九大报告提出，“建设教育强国是中华民族伟大复兴的基础工程，必须把教育事业放在优先位置，加快教育现代化，办好人民满意的教育”。2018 年，习近平在全国教育大会上概括了教育与国家发展的紧密联系，他指出：“坚持把优先发展教育事业作为推动党和国家各项事业发展的重要先手棋，不断使教育同党和国家事业发展要求相适应、同人民群众期待相契合、同我国综合国力和国际地位相匹配。”通过加快实现教育现代化支撑国家现代化的战略布局，表明中国共产党把教育事业发展与国家现代化相结合，教育现代化是国家现代化的重要组成，国家现代化建设教育必须先行。

第三节　教育为中华民族的伟大复兴提供磅礴力量

肩负助力中华民族伟大复兴的历史使命，教育事业通过贯彻党的教育方针、确立教育发展规划，服务党的治国理政；建立并完善适应国情的教育体制机制，巩固中国特色社会主义制度；调整教育规模和结构，培养社会主义的建设者和接班人，不断适应改革开放和社会主义现代化建设的需求，为中华民族的伟大复兴提供源源不断的力量。

一、确立党的教育方针和发展规划，适应党治国理政要求

（一）把党的教育方针作为教育事业发展的行动纲领

党的教育方针是执政党和国家为实现一定历史时期的总目标和总任务，对教育工作提出的总的指导思想，规定了教育的性质、目的、任务、功能及其实现途径。① 党在一定历史阶段对教育事业的总方针，为教育事业发展提供方向指南。中国共产党自启动国家各项建设的探索以来，根据时代要求，在各个历史阶段形成了适应党治理国家的教育方针，有效服务了党的治国理政需求。

革命战争时期，中国共产党形成新民主主义文化教育方针。五四运动以后，马克思主义在国内蔚然成风。以马克思主义为指导思想的中国共产党成立后，制定了党对教育工作的发展要求。从中共一大到六大，虽未明确提出党的教育方针，但是在党的代表大会中均指明当时教育工作的重点。中共一大提出对工人群众加强马克思主义教育的要求，有力指导中国共产党人在工人、农民中开展教育宣传。1928 年召开的共青团第五次代表大会通过《教育宣传决议案》，要求在苏维埃区域必须组织平民学校或夜校，以教育一般青年劳动群众。② 大革命失败后，中国共产党陆续创建革命根据地，并于 1931 年建立中华苏维埃临时政府，开始逐步掌握政权，在《中华苏维埃共和国宪法大纲》中规定了工农群众的受教育权利和发展任务，有效推动了苏区教育和建设事业。在此期间，毛泽东指出苏维埃文化教育的总方针，“在于以共产党的精神来教育广大的劳苦民众，在于使文化教育为革命战争和阶级斗争服务，在于使教育与劳动联系起来，在于使广大中国民众都成为享受文明幸福的人”③。中央苏区的教育方针，是在马克思列宁主义指导下，批判旧的教育思想和传统教育制度，结合苏区社

① 杨天平：《中国共产党教育方针 90 年发展研究》，重庆大学出版社 2015 年版，第 1 页。

② 宋荐戈：《中华近世通鉴·教育专卷》，中国广播电视出版社 2000 年版，第 163—164 页。

③ 《毛泽东同志论教育工作》，人民教育出版社 1958 年版，第 15 页。

会发展实际制定的，为苏区各项社会事业的建立提供了保证。1940年，毛泽东发表《新民主主义论》，超越“三民主义”理论，正式提出“民族的、科学的、大众的”新民主主义文化教育总方针。

1949年10月1日，中华人民共和国成立。《中国人民政治协商会议共同纲领》规定：“中华人民共和国的文化教育为新民主主义的，即民族的、科学的、大众的文化教育”的基本方针。新民主主义的文化教育方针从革命转向建设初期，从新民主主义向社会主义过渡时期的教育方针。

1956年，我国基本完成社会主义改造，党的八大的召开，标志着我国全面转入社会主义建设时期。1957年，毛泽东提出：“我们的教育方针，应使受教育者在德育、智育、体育几方面都得到发展，成为有社会主义觉悟的有文化的劳动者”。这是党首次提出的社会主义教育方针，新中国开始全面建设社会主义教育事业的新征程。1958年，毛泽东认为：“教育必须为无产阶级政治服务，必须与生产劳动相结合，劳动人民知识化，知识分子劳动化。”① 同年7月，陆定一在《红旗》杂志发表文章——《教育必须与生产劳动相结合》。文章指出：中国共产党的教育方针，向来就是，教育为工人阶级的政治服务，教育与生产劳动相结合。9月，中共中央、国务院发布《关于教育工作的指示》，指出“共产主义社会的全面发展的新人，就是既有政治觉悟又有文化的，既能从事脑力劳动又能从事体力劳动的人，而不是旧社会的只专不红、脱离生产劳动的资产阶级知识分子”。② 经过40年党在各领域的调整和整顿，结合前期经验，1961年由中央政治局通过的“高等教育六十条”“中等教育五十条”“初等教育四十条”“研究生教育三十条”，将党的教育方针确定为：教育必须为无产阶级政治服务，教育必须同生产劳动相结合，使受教育者在德智体几方面都得到发展，

① 《毛泽东选集》第5卷，人民出版社1977年版，第408页。

② 《中国教育年鉴》编辑部：《中国教育年鉴（1949—1981）》，人民教育出版社1988年版，第688页。

成为有社会主义觉悟的有文化的劳动者。但是，由于党在建立新生政权后经验不足，文化教育事业受到“左”倾思想路线影响，又因“文化大革命”爆发，教育方针和思想陷入长达十年的混乱时期，教育为生产建设服务方针受到严重削弱。

改革开放后，经过关于真理标准的讨论，党重新确立实事求是的思想路线。在教育事业的发展上，改革开放总设计师邓小平提出的“教育要面向现代化，面向世界，面向未来”为教育事业改革指明了方向和道路，成为我国教育事业发展的重要指导方针。在“三个面向”指导下，党的十三大正式明确，“要坚持教育为社会主义现代化建设服务的方针，按照实际需要，改善教育结构，提高教育质量”。

随着社会主义初级阶段总路线的确立，国家各项事业建设取得可观成就，为破解改革开放和社会主义现代化建设中的矛盾和困难，党不断调整教育方针，适应新的历史阶段。党的十五大提出，要“认真贯彻党的教育方针，重视受教育者素质的提高，培养德智体等全面发展的社会主义事业的建设者和接班人”。进入21世纪，党的十六大将教育方针表述为“坚持教育为社会主义现代化建设服务，为人民服务，与生产劳动和社会实践相结合，培养德智体美全面发展的社会主义建设者和接班人”。在建设社会主义和谐社会的新时期，党要求办人民满意的教育：要全面贯彻党的教育方针，坚持育人为本、德育为先，实施素质教育，提高教育现代化水平，培养德智体美全面发展的社会主义建设者和接班人，办好人民满意的教育。党的十八大以来，中国共产党继续坚持将“培养德智体美全面发展的社会主义建设者和接班人”作为教育的指导方针。党的十八大要求“坚持教育优先发展”，“坚持教育为社会主义现代化建设服务、为人民服务，把立德树人作为教育的根本任务”。党的十九大从不断满足人民日益增长的美好生活需要，不断促进社会公平正义的角度，要求“落实立德树人根本任务，发展素质教育，推进教育公平”。中国共产党在各个时期的教育方针的确立，为教育事业的发展提供了行动指南，使各个阶段的教育适应于党的建设目标，服务党的治国理政要求。

（二）制定教育发展规划有计划有步骤服务党的治国理政

在新中国成立以前，党对教育事业的发展很少有明确的发展规划。新中国成立后，社会主义建设正式启动。教育领域结合党和国家的要求，通过召开全国教育大会、颁布教育事业发展规划的部署，紧密服务党的治国理政。1950年初教育部发布《第一次全国教育工作会议的报告》，报告全面绘制了有计划的改造旧教育、创办新教育的实施计划。1949—1952年间，教育部先后召开各级各类教育的全国会议，规划各级各类教育的改造、整顿方案。为加快步伐赶超英美等发达国家，党和国家结合苏联经验，制定国民经济的五年计划。作为社会主义建设的重要方面，教育事业的发展成为五年计划的组成部分。1953年，国民经济第一个五年计划确立，其中多处章节对教育问题作出安排。在此期间，教育部制定年度教育工作计划，明确教育工作的方针和任务，紧密配合党和国家的建设需求。1956年教育部制定《十二年国民教育事业规划纲要（草案）》，1958年中共中央、国务院发布《关于教育工作的指示》，成为社会主义建设时期教育服务党和国家的建设事业的重要政策保障。“文革”期间，教育规划基本进入失序阶段。

改革开放后，教育事业发展规划开始恢复并进入常态化阶段。1978年召开的全国教育工作会议，指明了教育事业恢复和整顿的重点工作。会后，国务院转发《刘西尧同志在全国教育工作会议上的报告和总结》，该报告根据国民经济十年规划，初步拟定教育领域1978年至1985年全国教育事业规划纲要和发展任务，成为教育事业恢复时期的重要文件。1985年，中共中央结合社会主义现代化要求，发布《关于教育体制改革的决定》，从教育体制开始进行有系统地教育改革。此后，党和国家结合国家发展战略，先后制定发布《中国教育改革和发展纲要》（1993年）、《关于深化教育改革　全面推进素质教育的决定》（1999

年）、《国家中长期教育改革和发展规划纲要（2010—2020）》（2010年）、《中国教育现代化2035》（2019年）等重要教育规划性文件，为服务支撑中国共产党实现国家现代化目标提供了战略指南。配合国民经济五年计划，教育领域作为社会主义事业的重要组成，自20世纪90年代开始专门制定国家和地方层面的教育事业发展五年计划。此外，教育各领域的五年计划相继启动，有计划、有步骤地服务党的治国理政。

二、建立适应国情的教育体制机制，巩固中国特色社会主义制度

在一百年的历史发展过程中，中国共产党领导的教育事业高度重视意识形态领导，建立思想政治教育体系，加强国情教育；同时不断完善教育法律体系，巩固教育体制机制。

（一）完善思想政治教育体系

学校是思想政治教育的主要阵地。自中国共产党成立以来，始终强调通过宣传教育，以马克思列宁主义启发民智，激发工人、农民的阶级觉悟。在新中国成立以前，党通过创办刊物、编译马克思列宁著作、开办工农夜校和各种讲习班等方式，率先在工农群众中开展思想教育，随后发展到在红军、党内干部开展马克思列宁主义教育。新中国成立后，中国共产党高度重视学校教育领域的思想政治教育，颁布多项政策，在各级各类学校开展马克思主义理论教育、社会主义教育、形势任务教育以及爱国主义、集体主义教育。改革开放后，适应教育"为社会主义建设服务"的转向，符合教育规律的思想政治教育相继出台，思想政治教育突破马克思列宁主义理论，形成马克思主义理论课程、思想品德课程、法制教育课程等主要内容。为防止出现意识形态领域的分化，避免资本主义腐朽思想的文化渗透，中国共产党适时对思想政治教育作出指导和调整，以学校德育改进和思想政治课程体系改革为重点，将马克思主义理论课程与中国特色社会主义理论相结合、思想道德修养与法律基础相结合，增加中国

近现代国情教育，有力提高了学生对中国特色社会主义的理论水平、思想认识，有效巩固了中国特色社会主义制度。

（二）完善教育法律体系

教育法律体系是中国特色社会主义制度的重要组成。改革开放以前，我国教育法制建设尚处于萌芽时期，教育法制思想通过国家宪法或教育政策予以保障，处于政策法律化阶段。改革开放以后，随着中国特色社会主义发展道路的建立，社会事业各领域的法制建设进入快车道。20 世纪 80 年代，全国人民代表大会相继通过《中华人民共和国学位条例》《中华人民共和国义务教育法》两部实体法，前者标志着我国学位制度的正式建立，后者成为我国义务教育制度确立的标志。20 世纪 90 年代，我国教育法律体系进一步完善，《中华人民共和国教师法》《中华人民共和国教育法》《中华人民共和国职业教育法》《中华人民共和国高等教育法》四部大法颁布。《教育法》作为教育领域的基本法，其他三部法律按照教育层次或类别扩大教育立法范围。进入 21 世纪，《民办教育促进法》颁布，各项专门法律进行重新修订完善，进一步增强了我国各项教育法律的权威性和规范性，有力促进了教育法制体系的构建，对发展中国特色社会主义制度发挥了重要作用。

三、调整教育规模和结构，适应社会主义现代化建设需求

中国共产党在第一个一百年，带领中国从落后的农业社会向工业化强国迈进，实现全面建成小康社会的奋斗目标。在此期间，中国共产党探索出通过调整教育规模结构，培养满足社会主义现代化建设需要的劳动者，以破解教育与经济社会发展不相协调的矛盾。

（一）扩大教育规模，提高劳动者素质

1. 以扫盲教育和义务教育提高国民素质

由于阶级局限性，历届民国政府以维护私有制、发展工业化、城市化作为

教育的基点，轻视占比更高的工农阶级的教育，广大农村地区教育资源极其匮乏①。革命战争时期中国共产党在农村革命根据地开展普及教育，将人民群众的日常生活劳动与革命解放事业紧密结合，以发展新的社会力量。新中国成立以后，为适应国家经济建设和民主建设的需要，教育领域开展全国规模的识字运动，随着《关于扫除文盲的决定》颁布，扫盲工作被列为“社会主义建设中的一项重大政治任务”。

改革开放以后，国家重新确立推进普及初等教育。1985 年，中共中央《关于教育体制改革的决定》指出，我们完全有必要也有可能把实行九年制义务教育当作关系民族素质提高和国家兴旺发达的一件大事。经过近半世纪的努力，尤其通过 20 世纪 90 年代开始的“两基”工作，国家在 21 世纪初全面完成扫除青壮年文盲、实现九年义务教育的战略目标，为社会主义现代化建设提供具有基本知识基础的劳动力。

在九年义务教育普及的基础上，党中央作出普及高中阶段教育的决定。经过教育事业的不断发展，我国人均受教育年限从 1949 年的 1.6 年提到了 2018 年的 10.6 年，新增劳动力受教育年限提高到了 13.5 年。

2. 以高等教育大众化培养高级专门人才

革命战争时期，为适应革命和抗日战争的需要，中国共产党在根据地创建了红军大学、苏维埃大学等大量干部高等院校，为边区政治、经济、文化培养了大批人才。20 世纪 40 年代，具有短期训练特征的干部高等院校逐渐向正规学校办学过渡。革命根据地的高等教育办学历程以及创建的高校，成为新中国成立后高等教育的基础。

新中国成立后，中国共产党在全国范围内开启高等教育的重建、调整。在 20 世纪 50 年代初，中共中央以老解放区的高校为基础，创办中国人民大学等

① 李华兴：《民国教育与中国现代化》，《江海学刊》1997 年第 3 期。

新型正规大学，培养新型工农知识分子、国家建设人才。但是，由于经验不足，中国共产党在探索中国式社会主义高等教育发展道路时的大胆尝试经历了严重挫折。1958年开始的“大跃进”，经济领域率先刮起浮夸风，“假大空（假话、大话、空话）”流行于社会。高等教育领域，同年9月由中共中央发布的《关于教育工作的指示》提出：争取在15年左右的时间内，基本上做到使全国青年和成年，凡是有条件的和自愿的，都可以受到高等教育，然后再以15年左右的时间从事提高工作。在“15年普及高等教育”的目标下，全国上下建立起各种学校，一年间新办800余所高等学校。① 不计各地新建的成人高校和红专大学，1958年全国高等学校数达到791所，招生数26.5553万人，比1957年分别增加245.4%、151.5%。② 高等教育的泡沫式发展虽然在一定程度上增加了紧缺行业的高等院校数量，但是，这场在“左”倾错误思想指导下开展的严重违背国情和教育发展规律的行动，给高等教育事业造成了损失。不仅如此，1966年开始的“文化大革命”给高等教育带来了更为严重的冲击，高等院校经历三年不招生、在工人阶级领导下开展“斗、批、改”运动后，几近崩溃，难以为国民经济输送人才。

“文化大革命”给国家带来严重的人才断层，而国家经济重建迫切需求各类专门人才。1977年，刚复出恢复工作的邓小平邀请教育界专家召开科学与教育工作座谈会，会议认识到当时招生制度的严重弊端，呼吁改革招生制度。邓小平表示：“今年就要下决心恢复从高中毕业生中直接招考学生，不要再搞群众推荐。”8月13日至9月25日，全国高等学校招生工作会议在北京召开。会议通过了《关于一九七七年高等学校招生工作的意见》，决定从1977年开始恢复高校招生考试制度。

---

① 魏曼华：《反思大跃进中的“教育革命”》，《教育学报》2013年第9期。

② 教育部计划财务司：《中国教育成就·统计资料（1949—1983）》，人民教育出版社1984年版，第50页。

从20世纪80年代到90年代中期，中国高等教育毛入学率长期在5%左右徘徊。随着科学技术和经济全球化的迅猛发展，党中央意识到要加快发展高等教育。1985年,《中共中央关于教育体制改革的决定》明确提出，“要做好发展高等教育的总体规划和人才需求的中长期预测，切实改进招生计划工作，努力克服招生计划同国家远期和近期需要脱节的状况”，“使高等学校具有主动适应经济和社会发展的积极性和能力”。于是，高等教育规模在改革开放后实现第一次大发展，1978年到1985年，本专科在校生人数从85.6万人增长到170.3万人；高等教育毛入学率从1.55%增长到2.91%；高校数量则从598所增加到1016所。①

20世纪90年代以来，国家对创新型、复合型、应用型人才的需求与日俱增，高等教育规模迎来了大发展。当时，我国高等教育与世界平均水平差距巨大。根据联合国教科文组织统计，1998年全世界适龄青年的高等教育毛入学率为18.18%，其中发达国家为40.12%，发展中国家为14.11%。②在国内，受亚洲金融危机影响，我国经济发展受到影响，突发性失业率颇高。内外压力下，高等教育适龄人口的就业压力和升学呼声空前高涨。为了应对迅速变化的形势，党中央、国务院在第三次全国教育工作会议上宣布：大幅度扩大高等学校招生规模。随后，国家发展计划委员会联合教育部发出《关于扩大1999年高等教育招生规模的紧急通知》，宣布1999年中国高等教育在年初扩招23万人的基础上，再扩招33.1万人，与1998年相比扩招了近50%，然后连续三年递增45%。经过连续几年的扩招，到2002年全国普通高校招生人数扩大到320.5万人，高等教育毛入学率迅速提高到15%以上，高等教育进入大众化阶段。21世纪后，高等教育毛入学率持续提高，每十万人口高等教育在校生人数持续增长（见图3-1）。据统计，2019年我国高等教育在学规模达4002万人，高等教育毛入学

① 数据来源：教育部网站、全国教育事业发展统计公报、《中国教育统计年鉴》。

② 谢作栩:《中国高等教育大众化发展道路的研究》，福建教育出版社2001年版，第252页。

率达到 51.6%[①]，迈进普及化阶段。

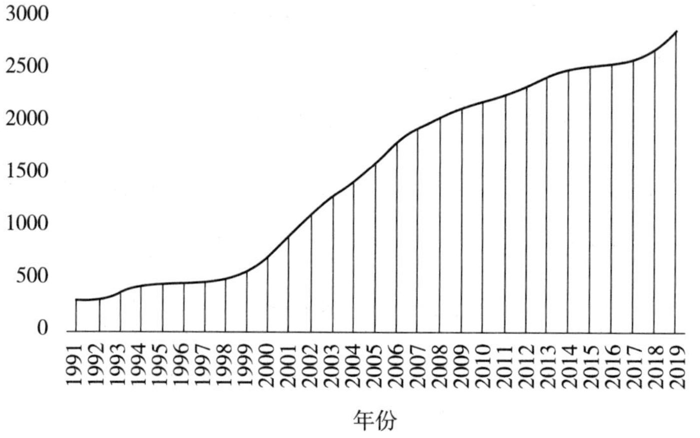

图 3-1　20 世纪 90 年代以来每十万人口高等教育平均在校生数持续增长[②]

（二）调整院系结构，适应国家战略调整

新中国成立初开展高等教育院系调整，适应新中国工业建设的布局。旧的高等教育体系存在诸多问题，例如集中于少数大城市、学科重复、重要学科不足等。[③]在 1950 年召开的第一次全国高等教育会议上，周恩来在报告中强调院系调整要“分阶段有步骤地进行”。会后，院系调整方案开始酝酿。院系调整的起步是慎重的，高等教育开展了思想改造运动，确立无产阶级的领导地位，同时教育部多方征求意见，高校教师逐渐认识到国家工业建设的重要性，在思想上认可了院系调整。经过审慎研制，1951 年 11 月，教育部在北京召开全国工学院院长会议，正式开启院系调整。会议决定，以华北、华东和中南为重点进行全国高等学校院系调整工作，开启将高等教育纳入为经济建设培养专门人才的轨道，加速培养工程技术和科技人才，改变教育布局不均衡的状态。1952 年

① 教育部：《2019 年全国教育事业发展统计公报》，载中华人民共和国教育部官网 http://www.gov.cn/xinwen/2020-05/20/content_5513250.htm，2020 年 5 月 20 日。

② 资料来源：教育部历年教育统计数据“每十万人口各级学校平均在校生数”。

③ 李琦：《建国初期全国高等学校院系调整述评》，《党的文献》2002 年第 6 期。

的院系调整，“以培养工业建设人才和师资为重点，发展专门学院，整顿和加强综合性大学”①。此次调整涉及全国四分之三的高校，其中以华北、东北、华东等三区调整得比较彻底，到年底基本完成预定的调整任务。经过这次大规模调整，“全国的所有私立高等学校已全部改为公立，各院校的性质和任务均较前明确，打下了发展专门学院、巩固和加强综合性大学的基础，特别是加强和发展了高等工业学校，新设了钢铁、地质、矿冶、水利等十二个工业专门学院，基本上符合了国家建设的需要。”②高等学校院系调整，是中国共产党把旧中国的半殖民地半封建教育事业转变成为社会主义教育事业的关键一步。

20 世纪 90 年代高校合并，适应产业结构调整和科技发展。改革开放以后，我国经济体制由计划经济体制向社会主义市场经济体制转型，带来政治体制和社会结构的重组，尤其是受当时财税体制影响，地方对高等教育的需求加剧。与此同时，国家产业结构调整以及区域功能转变，不同地方出现高层次人才紧缺或过剩现象。1952 年院系调整以来，学科专业的细分不利于新一轮科技革命对于多学科合作的需求。1985 年，《中共中央关于教育体制改革的决定》指出，“高等教育的结构，要根据经济建设、社会发展和科技进步的需要进行调整和改革……大学本科主要通过改革、扩建和各种形式的联合，充分发挥潜力。”1993 年，《中国教育改革和发展纲要》指出，“高等教育要适应加快改革开放和现代化建设的需要，积极探索发展的新路子，使规模有较大发展，结构更加合理，质量和效益明显提高。”并强调要“集中中央和地方等各方面的力量办好 100 所左右重点大学和一批重点学科、专业，力争在下世纪初，有一批高等学校和学科、专业，在教育质量、科学研究和管理方面，达到世界较高水平”。1995 年，国家教委发布《关于深化高等教育体制改革的若干意见》，要求“积极创造

①② 何东昌主编：《关于一九五三年全国高等学校院系调整的计划》，载《中华人民共和国重要教育文献（1949—1975）》，海南出版社 1998 年版，第 213—214 页。

条件，促进部分学科互补或一些规模较小、科类单一、设置重复的学校进行合并”。合并的目的在于“优化某一地区或全国高等教育的结构和布局，合理使用有限的教育资源与经费，提高教育质量与办学效益”。不同于1952年院系调整的单一学科取向，20世纪90年代的院系调整则以综合化为发展方向，大学通过合并单科性或多科性的专门学科，重新组建门类齐全的综合性大学。此次院系调整整合了高校的优势资源，为集中力量建设世界水平的高等院校提供可能。

经过十多年的建设，我国高等教育科研水平取得具有国际影响力的标志性成果，在2020年软科世界一流学科排名中，我国高校有十个学科取得世界第一，分别为清华大学的通信工程、哈尔滨工业大学的仪器科学、同济大学的土木工程、上海交通大学的船舶与海洋工程、武汉大学的遥感技术、北京科技大学的冶金工程、北京航空航天大学的航空航天工程、北京交通大学的交通运输工程、江南大学的食品科学与工程、中南大学的矿业工程。上述世界顶尖学科的取得，一方面得益于国家通过院系调整，集中优势资源；另一方面以上学科紧密围绕国家工业化、基础设施建设，在现代化建设中不断提高科研技术，练就国之重器。

（三）调整专业结构，适应产业调整

在院系结构调整的同时，高等教育的专业结构也进行了重要调整。改革开放以来，中国先后实行了四次高等学校学科专业结构调整。

第一次专业结构调整（1984年）主要是“解决专业划分过细问题，拓宽专业业务范围，以利于加强学科基础，提高教育质量，增强人才适应性”①。调整后，高校专业总数由1980年的1039个下降到1988年的870个，除师范类、文科类、政法类、体育类和艺术类专业数量有所上升外，其余六个科类的专业数量有所减少。

① 何东昌主编：《中华人民共和国重要教育文献1976—1990》，海南出版社1998年版，第2202页。

第二次专业结构调整（1989 年）强调“应讲求投资效益和社会效益，正确处理数量与质量的关系，形成合理的专业结构和布局，避免不必要的重复设置，在保证质量和效益的基础上稳步发展”。经过调整，“进一步拓宽了专业口径和业务范围，调整归并了一批专业，充实扩大了专业内涵，形成共计十大学科门类、71 个专业类、504 种专业，比修订前的专业数减少 309 种，其中跨学科门类的专业 56 种，增加了国家急需的专业，如信息工程、计算机及应用、计算机软件等专业”①。

第三次专业结构调整（1997 年），“改变了过去过分强调‘专业对口’的本科教育观念，确立了知识、能力、素质全面发展的人才观，对引导高等学校拓宽专业口径，增强适应性，加强专业建设和管理，提高办学水平和人才培养质量，发挥了积极作用”②。较之上一次专业目录调整，1998 年的专业目录调整为十四大门学科类、71 个专业类、249 个专业，专业调减幅度为 50.6%。对比新旧目录可发现，本次专业目录调整除新设国家急需的专业外，还新设了与高新技术产业相关的专业，使材料科学与工程、海洋科学、环境工程、电子科学与技术、信息与计算机技术等专业得到了较快发展。

第四次专业结构调整（2010 年）保留了一批学科基础比较成熟、社会需求相对稳定、布点数量相对较多、继承性较好的专业，调整了一批内涵不够清晰、名称不够规范、区分度较小的专业，增设了一批国家战略性新兴产业发展和改善民生急需以及应用性强、行业针对性强的新专业，如物流管理与工程、电子商务、轨道交通信号与控制等。

经过专业的调整优化，教育对经济产业的适应性不断提高。自 1987 年首次调整到 2016 年，在专业种类中与第一产业相关的专业从 1987 年的 69 个下降到

---

① 何东昌主编：《中华人民共和国重要教育文献 1976—1990》，海南出版社 1998 年版，第 2854 页。

② 教育部：《关于进行普通高等学校本科专业目录修订工作的通知》，载中华人民共和国教育部官网 http://www.moe.gov.cn/srcsite/A08/moe_1034/s3882/201012/t20101206_112726.html，2010 年 12 月 6 日。

2016年的35个；与第二产业相关的专业从1987年的505个下降到2016年的251个；与第三产业相关的专业从1987年的276个上升到2016年的309个。

（四）调整普职结构，适应行业需求

职业技术教育为我国工业化建设培养了大量的专门技术人才。在新民主主义革命时期，中国共产党初步建立起具有社会主义性质的职业教育体系，为革命时期根据地建设和抗战培养专门技术人才。1934年，中央教育人民委员会颁布了中共第一个职业教育纲领性文件《短期职业中学试办章程》，规定职业中学的任务，并创办农业学校、工业学校、卫生学校、财经学校等多种类型的学校。新中国成立前后，中国共产党确立了职业教育在社会主义教育体系中的地位。1949年，《中国人民政治协商会议共同纲领》明确规定，要“注重技术教育，加强劳动者的业余教育和在职干部教育”。1951年，马叙伦在第一次全国中等教育会议上的开幕词中指出，“必须和经济部门密切联系，用各种办法发展中等技术学校，培养中等技术人才”。同年10月，由政务院颁布的《关于改革学制的决定》明确了中等技术学校的任务，为培养工业、农业、交通、运输等方面的中级和初级技术人材。1952年，政务院发布《关于整顿和发展中等技术教育的指示》，强调了职业教育在国家经济建设中的地位，“培养技术人材，大量训练和培养中级和初级技术人材是国家经济建设的当务之急”，要求“各类各级中等技术学校，均应根据各业务部门的具体需要，明确规定其方针与任务，并逐步地与适当地实行专业化与单一化，务求学用一致，使所培养的人材确能适合各业务部门的需要”。新中国成立后的17年间，职业教育得到较大的发展，为国家经济建设大规模培养了技术人才。但是，在“文革”期间，职业教育被认为是资本主义性质的教育，遭到猛烈批判，受到严重破坏，由此造成中等教育结构单一化局面。

20世纪80年代初，职业技能人才极其匮乏，“普通高中毕业生除少数升入大学外，每年有数百万人需要劳动就业，但又没有任何专业知识和技能；同时，各行各业亟需技术力量，对招来的新工人还得进行二三年的学徒培训，影响劳动生产率的提高”①。为满足国家经济建设需求，中国共产党决定恢复重建职业教育体系。1980年，《教育部、国家劳动总局关于中等教育结构改革的报告》发布，提出了“要使高中阶段的教育适应社会主义现代化建设的需要，应当实行普通教育与职业、技术教育并举，全日制学校与半工半读学校、业余学校并举，国家办学与业务部门、厂矿企业、人民公社办学并举的方针”。1985年，《中共中央关于教育体制改革的决定》指出，大多数地区的各类高中阶段的职业技术学校招生数要相当于普通高中的招生数，并把构建结构合理且与普通教育相互沟通的职业教育体系作为普职结构调整的重要目标。由此，普职结构大体相当成为全国层面职业教育规模结构调整的重要尺度。按照普职结构大体相当的建设目标，职业教育得到迅速发展。到1990年底，中等职业技术学校由1978年的4773所增长到8173所，普通高中与中等职业技术学校的招生比由1980年的3.7∶1调整到1.1∶1。

21世纪以后，职业教育培养高素质劳动者和技能型人才的任务更加迫切。《国务院关于大力推进职业教育改革与发展的决定》（2002年）、《国务院关于大力发展职业教育的决定》（2005年）等文件相继出台，职业教育服务社会主义现代化建设的宗旨更为明确，系列举措为培养数以亿计的高素质劳动者和数以万计的高技能专门人才提供有力保障。经过改革发展，当前已基本形成现代职业教育体系，同时各级职业教育规模得到进一步发展，为现代化建设输送大量建设人才。到2019年，普通高中1.40万所，中等职业学校1.01万所，高职（专科）院校发展到1423所，占普通高等学校数的52.9%，高职教育已经占据高等教育的“半壁江山”。

2019年2月，中共中央、国务院发布《中国教育现代化2035》，围绕党

① 何东昌主编：《中华人民共和国重要教育文献1976—1990》，海南出版社1998年版，第1855页。

和国家在21世纪中叶实现现代化强国的战略部署，对教育进行超前布局：到2035年，总体实现教育现代化，迈入教育强国行列，推动我国成为学习大国、人力资源强国和人才强国，为到21世纪中叶建成富强民主文明和谐美丽的社会主义现代化强国奠定坚实基础。建设教育强国，将为中国的社会主义现代化强国布局提供战略支撑。在全球范围内，新一轮科技革命和产业革命正在孕育，重大科技创新正在引领社会生产生活的新变革，互联网、人工智能等新技术的发展正在不断重塑教育形态，知识获取方式和传授方式、教和学关系正在发生深刻变革。① 面向2035，中国共产党领导的教育事业将建成更加合理的教育体系结构和人才培养结构，实现优质均衡的义务教育，全面普及高中阶段教育，职业教育将为建设一支强大的知识型、技能型、创新型劳动大军作出更大贡献，高等教育支撑经济社会发展能力将显著增强；面向2035，中国共产党领导的教育事业将提高教育质量作为教育现代化的核心要求，构建德智体美劳全面培养的教育体系，全面落实立德树人根本任务，发展素质教育，形成高水平人才培养体系，努力培养又红又专、德才兼备，能够满足党、国家、人民以及时代需要的人才。实现教育现代化，全面提升教育的服务能力和服务质量，提升一流人才培养和创新能力培养，将为保障现代化强国的稳定、健康和高质量发展提供重要支撑，为实现中华民族伟大复兴提供有力保证！

---

① 《绘制新时代　加快推进教育现代化建设教育强国的宏伟蓝图》，《人民教育》2019年第5期。

第四章　党对教育事业的全面领导

“六合同风，九州共贯”，党是我们各项事业的领导核心。党的领导关系党和国家的前途命运，关涉人民的生活福祉，是我们战胜一切困难、迎接各种挑战、开创新事业的“定海神针”。党政军民学，东西南北中，党是领导一切的。[①] 党是最高政治领导力量，坚持对一切工作的领导，包括对教育事业的领导。教育是国之大计、党之大计。办好中国教育，关键在党，关键在党的领导。习近平总书记把“坚持党对教育事业的全面领导”放在教育改革发展新理念新思想新观点的首位，这是对一百年来历史经验的深刻总结，是教育事业蓬勃发展的源泉与动力。

第一节　坚持党的领导是教育从弱到强的根本经验和成功法宝

追溯一百年历史，中国共产党始终站在时代潮头。一百年前，共产党在成立之初，面对积贫积弱的中国和中国教育，将“改良教育制度，实行教育普

---

① 习近平：《决胜全面建设小康社会夺取新时代中国特色社会主义伟大胜利——在中国共产党第十九次全国代表大会上的报告》，人民出版社 2017 年版，第 20 页。

及”作为党的任务和当时奋斗的重要内容。[①] 一百年后，中国已有各级各类学校 53.01 万所，各级各类学历教育在校生 2.82 亿人，[②] 建成了世界上最大规模的教育体系，走出了一条中国特色社会主义教育发展道路。

一、马克思主义中国化要求党对教育事业的全面领导

党对教育事业的全面领导具有深刻的思想根源。共产党的领导既是马克思主义的精髓，也是马克思主义发展的内在规定性。[③]《共产党宣言》明确主张："只有在共产党的领导下，无产阶级才能取得胜利。"[④] 恩格斯在《论权威》中强调："联合活动就是组织起来，而没有权威能够组织起来吗？……问题都是靠权威来解决的。"[⑤] 恩格斯论证社会管理需要权威时指出，"运转的首要条件也是要有一个能处理一切所管辖问题的起支配作用的意志"，"不论在哪一种场合，都要碰到一个显而易见的权威"。[⑥] 马克思主义经典著作关于党的领导的科学思想和党中央的权威是中国共产党坚持对教育事业全面领导的思想起点。

中国共产党在探索和实践中，不断丰富和发展马克思主义中国化的党的领导理论。在不同历史发展阶段，党十分重视对教育事业的全面领导，党的历代领导人均进行了论述。在社会主义建设时期，毛泽东根据马列主义，结合中国的实际指出，"工、农、商、学、兵、政、党这 7 个方面，党是领导一切的。中

① 朱永新：《中国教育思想史》(下)，上海交通大学出版社 2011 年版，第 438 页。

② 教育部：《2019 年全国教育事业发展统计公报》，中华人民共和国教育部官网 http://www.moe.gov.cn/jyb_sjzl/sjzl_fztjgb/202005/t20200520_456751.html，2020 年 5 月 20 日。

③ 田园：《共产党中的全面领导理论对 21 世纪马克思主义的贡献》，《探索》2020 年第 2 期。

④ 中共中央马克思恩格斯列宁斯大林著作编译局编译，《马克思恩格斯选集（第一卷）》，人民出版社 2012 年版，第 285 页。

⑤ 中共中央马克思恩格斯列宁斯大林著作编译局编译，《马克思恩格斯选集（第三卷）》，人民出版社 2012 年版，第 275 页。

⑥ 中共中央马克思恩格斯列宁斯大林著作编译局编译，《马克思恩格斯选集（第三卷）》，人民出版社 2012 年版，第 276 页。

国的教育必须以共产主义思想作指导，必须由共产党领导”[①]。在改革开放的历史时期，邓小平总结历史经验提出，“必须坚持党对教育的领导，各级党委和政府要像抓经济工作那样抓好教育工作”。[②]站在中国发展新的历史方位，习近平总书记强调，“要紧紧抓住加强党对教育工作的全面领导这个纲和魂”。[③]坚持和加强党的全面领导既是马克思主义中国化的理论贡献，也是一百年来实践和经验的总结。

二、坚持党的全面领导是发展中国教育事业的根本经验

党对教育事业的全面领导是历史的选择，是中国共产党在带领人民进行革命、建设和改革的实践中逐渐形成、巩固和发展的。党在成立之初，把教育作为工农求解放的武器，为革命培养干部和对广大工农传播革命思想。[④]土地革命时期，1934 年第二次苏维埃政府代表大会上，毛泽东在总结经验教训的基础上，提出了苏维埃教育建设的总方针，它规定了此后半个世纪中国教育的基本发展方向。[⑤]在抗日战争和解放战争时期，以毛泽东为代表的中国共产党将教育与中国革命的实际需要相结合，对根据地和解放区建设起到了积极的推动作用。中共中央直接指导陕甘宁边区进行教育改革，通过陕甘宁边区教育改革的试验，推动了各抗日根据地教育事业的发展。[⑥]1949 年新中国成立后，在社会主义建设时期，党领导全国人民进行了教育领域的社会主义改造，逐步形成社会主义教育系统，步入了正规的社会主义办学道路，教育开始持续、稳步发

① 赵长峰主编：《毛泽思想研究》，广西人民出版社 1993 年版，第 421 页。

② 中共中央文献编辑委员会：《邓小平文选》第三卷，人民出版社 1993 年版，第 120—121 页。

③ 《紧紧抓住加强党对教育工作的全面领导这个魂》，《光明日报》2018 年 9 月 20 日。

④ 王铁：《中国教育方针的研究——新民主主义教育方针的理论与实践》（上册），教育科学出版社 1982 年版，第 88 页。

⑤ 朱永新：《中国教育思想史》（下），上海交通大学出版社 2011 年版，第 439 页。

⑥ 陈桂生：《略论抗日根据地的教育方针与教育政策》，《纪念〈教育史研究〉创刊二十周年论文集（11）——中国革命根据地教育史研究》，2009 年，第 683—687 页。

展。1978 年党的十一届三中全会召开，我国实行改革开放，教育进入了大发展时期。党实行恢复高考等一系列举措，使教育秩序重回正轨。1985 年，中共中央实行教育体制改革取得显著成绩。1989 年，我国国内面临一场严峻考验，中国共产党人冷静处理，沉着应对，最终化解了“风波”，使国内形势趋于稳定。①1992 年初邓小平同志的南方谈话和党的十四大召开，改革开放和社会主义事业进入新的发展阶段，教育也进入又好又快的稳定发展时期。2012 年，党的十八大胜利召开，标志着我国进入建设有中国特色社会主义的新时期。党的十八大以来，党对教育工作的领导全面加强，教育领域综合改革大力推进，教育投入持续加大，教育均衡发展水平不断提高，人民群众的教育获得感显著增强。② 教育总体发展水平已进入世界中上行列，全民思想道德素质和科学文化素质全面提升，我国教育发展站在了新的起点。

一百年来，中国教育事业在党的领导下取得辉煌成就。在关键的历史节点，党力挽狂澜，经受住了考验，保持了教育事业的社会主义方向。一百年经验告诉我们，唯有坚持党的全面领导，我们的教育事业才有出路。一百年经验证明，只有坚持党的全面领导，才能建立和发展中国特色社会主义教育事业。

三、坚持党的全面领导是发展中国特色社会主义教育事业的成功法宝

党的全面领导是当下复杂的国际局势和国内形势下发展中国教育事业的法宝。一方面，当今世界正处于大发展大变革大调整时期，世界多极化、经济全球化、社会信息化、文化多样化深入发展，挑战与机遇并存。另一方面，当前，我国社会主要矛盾转变为“人民日益增长的美好生活需要和不平衡不充分的发展之间的矛盾”。这一矛盾表现在教育领域就是：日益增长的对高质量教育的需

① 伍国友：《中华人民共和国史（1977—1991）》，人民出版社 2010 年版，第 428 页。

② 当代中国研究所：《中华人民共和国简史（1949—2019）》，当代中国出版社 2019 年版，第 166 页。

要和教育质量不平衡不充分的发展之间的矛盾。2019 年底我国有 53 万多所学校、2.8 亿在校学生、1700 多万名教师。中国教育体量世界最大，但区域、城乡、校际之间的发展还不平衡，群众的教育需求差异很大。① 面对错综复杂的国际环境，以为中国人民谋幸福、为中华民族谋复兴为初心和使命的中国共产党，必须更好地解决教育发展不平衡、不充分的问题。如何运行好、发展好我国庞大而复杂的教育体系，坚持党的领导是根本保证。只有坚持和巩固党的全面领导，才能有效化解当前的各种教育问题。

教育于国于民，利在当代、功在千秋，坚持党的全面领导尤为重要。中国特色社会主义进入了新时代，进入了要把我国建成富强民主文明和谐美丽的社会主义现代化强国、要满足人民美好生活需要、实现中华民族伟大复兴的新时代。新时代对我们的教育事业提出了新任务、新要求。只有从党和国家事业发展全局出发，突出强调加强党对教育工作的全面领导，才能培养满足党、国家、人民、时代需要的人才，才能加快推进教育现代化、建设教育强国、办好人民满意的教育。党对教育事业的全面领导的思想是基于对党和国家前途命运的深刻把握，是基于对社会主义革命和建设实践的深刻总结，是基于对人民群众期盼和需要的深刻体悟。党的领导是中国特色社会主义教育事业的内在基因和鲜明标识，更是办好社会主义教育的根本保证和最大法宝。

第二节　党对教育事业全面领导的内涵

党的全面领导思想是马克思主义与中国实际相结合的理论成果，是中国共产党领导中国人民开创、形成和发展中国特色社会主义的事业中所形成的科学

---

① 孙春兰:《深入学习贯彻习近平总书记关于教育的重要论述奋力开创新时代教育工作新局面》,《求是》2018 年第 10 期。

论断。中国特色社会主义最本质的特征是中国共产党的领导，中国特色社会主义制度的最大优势是中国共产党的领导。① 党的全面领导是坚持党中央权威和集中统一领导，是党的领导的最高原则；是党对一切工作的领导，这一要求不是空洞的、抽象的，要在各方面各环节落实和体现。② 党的全面领导是中国教育事业发展最本质的特征，也是最大的优势。党对教育事业的全面领导有着丰富的内涵，重点是政治领导、思想领导和组织领导三个方面。

一、政治领导保证教育发展的正确方向

政治领导，是政治方向、政治原则、重大决策的领导，集中体现在党的路线、方针、政策方面。党的政治领导为教育事业的发展提供了方向。在教育事业领域，党要发挥政治领导作用，就必须根据历史发展的进程和要求，制定和执行正确的教育路线、方针、政策，及时地提出教育目标、教育口号，以便动员全体党员和群众一致行动，为实现既定的教育目标而共同奋斗。其核心内容是保证教育系统服从党的领导，坚决维护党中央对教育事业的权威，党的教育方针政策得到彻底地贯彻执行。

自党成立之日起，在诡谲多变的国际局势下和艰难曲折的国内环境中，中国共产党围绕“培养什么人、怎样培养人、为谁培养人”这一根本问题不断进行探索，形成了不同历史时期党的教育方针。中国特色社会主义教育思想来自教育实践、蕴含在党和政府关于教育的各项方针政策和法规之中，中国共产党对教育的领导是通过一系列的方针政策和法规来实现的。③ 在教育领域坚持党

① 习近平：《决胜全面建成小康社会夺取新时代中国特色社会主义伟大胜利——在中国共产党第十九次全国代表大会上的报告》，《人民日报》2017 年 10 月 28 日。

② 《习近平这样论述党的领导》，载新华网 http://www.xinhuanet.com/politics/xxjxs/2020-07/c_1126247846.htm，2020 年 7 月 16 日。

③ 袁贵仁：《深入研究中国特色社会主义教育理论》，载俞家庆：《中国特色社会主义教育理论研究》序，中国人民大学出版社 2008 年版，第 3 页。

的政治领导，就是要增强教育系统的政治意识、大局意识、核心意识、看齐意识，自觉维护党中央权威和集中统一领导，①自觉在教育的政治立场、政治方向、政治原则、政治道路上同党中央保持高度一致，在办学治校中有效贯彻落实党的教育方针、政策。教育系统要坚持党的政治领导，就是要全面贯彻党的教育方针、政策，就要立足于国家和社会的现实需要，立足于中华民族的伟大复兴事业，培养一代又一代拥护中国共产党领导和社会主义制度、立志为中国特色社会主义事业奋斗终身的有用之才。

二、思想领导保证教育发展的正确价值观

党的思想领导，就是理论观点、思想方法以至精神状态的领导。在教育领域，坚持以马克思列宁主义、毛泽东思想、邓小平理论、“三个代表”重要思想、科学发展观，特别是习近平新时代中国特色社会主义思想作为教育的指导思想，教育和武装广大教师和学生，坚持党对教育领域意识形态工作的领导，坚持用党的思想路线正确认识和解决我国教育事业发展中的各种复杂问题，宣传党的教育路线、方针和政策，把党的主张变成教师和学生的自觉行动。有了正确的思想领导，才能制定和执行正确的政治路线和组织路线。党的思想领导是政治领导和组织领导的基础和前提。

党对教育事业的思想领导，是要坚持马克思主义及中国化的马克思主义是我们立党立国的根本指导思想，始终坚持它们的指导地位。要教育学生确立正确的世界观、人生观、价值观和正确的思想方法，加强党对思想政治工作、思想道德建设和精神文明建设的领导，培育社会主义新人，其核心内容是确立正确的世界观、人生观、价值观，坚定共产主义理想和中国特色社会主义信念。②

---

① 《决胜全面建成小康社会夺取新时代中国特色社会主义伟大胜利——在中国共产党第十九次全国代表大会上的报告》，人民出版社 2017 年版，第 26 页。

② 黎民：《党的全面领导的深刻内涵》，《党建研究》2018 年第 10 期。

党对教育事业的思想领导，就是要把思想政治工作贯穿教育全过程，把思想政治工作当作教育系统各项工作的生命线，使教育领域成为坚持党的领导的坚强阵地。教育部门和各级各类学校的党组织要增强“四个意识”、坚定“四个自信”，坚定不移维护党中央权威和集中统一领导，自觉在政治立场、政治方向、政治原则、政治道路上同党中央保持高度一致。思想政治工作是学校各项工作的生命线，思想政治工作是全方位的，无处不在、无时不在的。坚持党对教育事业的思想领导落到实处、落到细处，才能办好中国特色社会主义的教育事业。党的思想领导在教育系统能不能有实效，取决于教育系统党的组织体系是否健全。

三、组织领导保证教育领导权的稳固

党的组织领导是政治领导、思想领导的保证，没有强有力的组织领导，党的政治领导、思想领导就会落空。党对教育事业的组织领导是教育系统的各级党组织，发动党的干部和广大党员，组织和带领教师和学生为实现党的教育任务和主张而奋斗。党对教育事业的组织领导主要是发挥党组织的领导核心作用，对干部的选拔和任用，发挥教师党员和学生党员的先锋模范作用和基层党组织的战斗堡垒作用。为此，要坚持党管干部，加强各级学校领导班子建设，加强学校干部队伍建设和党员队伍建设。

党对教育事业的组织领导，核心内容在制定和贯彻执行正确的组织路线；建立严密的强有力的党的组织体系；建设坚强的领导班子和党员队伍；通过坚强的组织体系和实实在在的组织行为实施领导。党的组织领导还体现在学校基层党组织建设，党员的吸收、培养和管理，不断壮大师生党员队伍，将优秀师生吸引到党组织中来。党建工作已经成为各级各类学校党组织办学治校的基本功。

总之，党对教育事业的全面领导，不是一切由党说了算，不是党直接管理、直接组织，不是包办、包揽、包干一切，而是在教育领域“总揽全局，协调各方”。党的政治领导、思想领导和组织领导是有机统一的，政治领导是根本，思想领导是灵魂，组织领导是保证。绝不能把三者割裂开来，只重视其一而忽视其他。党对教育事业的全面领导是政治、思想、组织上逐步拓展，形成体系，发挥合力。同时也要根据教育事业发展的形势变化，不断改进，在坚持中改进，在改进中加强，不断丰富党的全面领导的思想内涵。中国的教育是有中国特色的社会主义教育，要通过坚持党的领导来推进这一伟大事业，必须着眼全局、全方位推进，使这一事业为人民所认同、得到人民积极支持和参与，真正成为人民的教育。

第三节　党全面领导教育事业的制度和政策

“莫言下岭便无难，赚得行人错喜欢。正入万山圈子里，一山放出一山拦。”一百年来，有效应对教育事业发展前进道路上的各种风险和挑战，关键在党的全面领导。一百年来，正是党总揽全局、协调各方，使我国的教育事业走上了中国特色社会主义的发展道路，形成了中国特色的社会主义教育体系。一百年来，党全面领导教育事业的发展，实施了一系列的制度和政策。

一、明确党的教育方针，确保教育事业的政治方向

教育方针是一个国家或政党在一定历史阶段提出的教育发展的指导方针。它是党和国家为了发展教育事业，在一定阶段，根据社会和个人发展的需要而制定的具有战略意义的总政策或总的指导思想。我们党和国家的教育方针在不同历史阶段始终围绕“培养什么人、怎样培养人、为谁培养人”而展开。党的不同历史时期的教育方针与当时经济、政治和文化不可分割。

（一）民族的、科学的、大众的文化教育

资产阶级旧民主主义革命完结在辛亥革命悲惨的胜利中，中国新民主主义革命在五四运动拉开了帷幕。伴随着马克思主义在中国的传播，在国内、国际革命形势的发展中，中国共产党应运而生。在反帝反封建、救亡图存的征程中，党不断探索植根于中国实际的教育方针。

苏区时期，毛泽东明确提出苏维埃文化教育的总方针："在于以共产主义的精神来教育广大的劳苦民众，在于使文化教育为革命战争与阶段斗争服务，在于使教育与劳动联系起来，在于使广大中国民众都成为享受文明幸福的人。"① 教育为劳苦民众服务，为革命服务，要与生产劳动相结合，培养革命需要的干部。抗日战争爆发后，中华民族与帝国主义的矛盾上升为社会的主要矛盾。毛泽东同志在 1940 年提出新民主主义文化教育方针："所谓新民主主义文化，一句话，就是无产阶级领导的人民大众的反帝反封建的文化。"②1945 年 4 月，毛泽东同志再次阐述了新民主主义教育方针："中国应当建立自己的民族的、科学的、人民大众的新文化和新教育。"③ 解放战争时期是中国新民主主义革命走向胜利的时期。中国共产党调整新民主主义的教育方针的政治内容，以更切合解放区的建设。新中国成立前夕，各解放区为了迎接最终的胜利调整新民主主义教育方针，教育向提高文化科学水平的"正规化"方向发展，教育方针由地区性向全国性过渡，向"建立新中国"目标发展，④ 为新中国的成立做好人力准备。

从党成立之日起至新中国成立前夕，党先后制定了苏维埃文化教育方针和

---

① 《毛泽东同志论教育工作》，人民教育出版社 1958 年版，第 15 页。

② 毛泽东：《新民主主义论》，人民出版社 1952 年版，第 46 页。

③ 毛泽东：《论联合政府》，人民出版社 1975 年版，第 73 页。

④ 王铁：《中国教育方针的研究——新民主主义教育方针的理论与实践》（上册），教育科学出版社 1982 年版，第 238 页。

新民主主义文化教育方针，在解放战争时期适时调整新民主主义教育方针的内容。新民主主义教育方针是中国共产党领导人民革命同时发展教育的经验总结，是马列主义与中国革命教育事业的实践相结合开出的“绚丽的花朵”，是党探索具有中国特色的教育道路的开端。

（二）德智体几方面发展，成为有社会主义觉悟的有文化的劳动者

1949 年至 1956 年，我国从新民主主义社会向社会主义社会过渡。教育方针立足于过渡时期经济和社会发展需要。1949 年《中国人民政治协商会议共同纲领》规定了新民主主义的教育方针：“中华人民共和国的文化教育为新民主主义的，即民族的、科学的、大众的文化教育。人民政府的文化教育工作，应以提高人民文化水平，培养国家建设人才，肃清封建的、买办的、法西斯主义的思想，发展为人民服务的思想为主要任务。”① 随着三大改造完成，社会主义制度初步奠定。紧跟政治、经济，教育事业完成了社会主义的改造，教育规模得到扩大和发展。

1957 年 2 月，毛泽东同志提出简称为“三育两有”教育方针：“我们的教育方针，应该使受教育者在德育、智育、体育几方面都得到发展，成为有社会主义觉悟的有文化的劳动者。”②1958 年 9 月，中共中央、国务院发布的《关于教育工作的指示》指出：“党的教育工作方针，是教育为无产阶级的政治服务，教育与生产劳动相结合；为了实现这个方针，教育必须由共产党领导。”③“三育两有”教育方针与 1958 年教育方针，是我们党在社会主义建设实践中探索出来的，符合当时的国情，既体现社会的需要，又兼顾个人的发展，为发展中国特色社会主义教育事业奠定了基础。

---

① 中央教科所编：《中华人民共和国教育大事记（1949—1982）》，教育科学出版社 1984 年版，第 3 页。

② 毛泽东：《关于正确处理人民内部矛盾的问题》，人民出版社 1964 年版，第 23 页。

③《中共中央国务院关于教育工作的指示》，人民出版社 1958 年版，第 3 页。

（三）实施素质教育，培养德智体美全面发展的社会主义建设者和接班人

1978年12月召开的党的十一届三中全会，是新中国成立以来党和国家历史上具有深远意义的伟大转折，开启了以改革开放为最鲜明特征的社会主义现代化建设新时期。[①] 教育领域的拨乱反正全面展开。《关于建国以来党的若干历史问题的决议》对教育方针进行了符合社会发展和时代需要的新的阐释："要加强和改善思想政治工作，用马克思主义世界观和共产主义道德教育人民和青年，坚持德智体全面发展，又红又专，知识分子与工人农民相结合，脑力劳动与体力劳动相结合的教育方针。"[②]1982年12月颁布的《中华人民共和国宪法》规定："国家培养青年、少年、儿童在品德、智力、体质等方面全面发展。"[③]1983年10月，邓小平提出："教育要面向现代，面向世界，面向未来。""三个面向"指明了我国教育事业的发展方向，丰富和发展了党的教育方针。

党的十二大之后，社会主义现代化建设出现了新局面，改革向教育等领域迈进。[④]1985年5月，《中共中央关于教育体制改革的决议》提出："教育必须为社会主义建设服务，社会主义建设必须依靠教育。"1986年，《中华人民共和国义务教育法》规定："义务教育必须贯彻国家的教育方针，努力提高教育质量，使儿童、少年在品德、智力、体力等方面全面发展，为提高全民族的素质，培养有理想、有道德、有文化、有纪律的社会主义建设人才奠定基础。"这一时期全面实行改革开放，重点发展经济，建设中国特色社会主义，需要相应的人才作为智力支撑。党中央为此提出相应的教育方针，培养社会主义建设人才。

党的十三大提出了社会主义初级阶段理论和党的基本路线。党领导中国人民经受住了20世纪80年代末的严峻考验，捍卫了中国特色社会主义，继续推

---

① 当代中国研究所：《中华人民共和国简史（1949—2019）》，当代中国出版社2019年版，第68页。

② 《关于建国以来党的若干历史问题的决议》，人民出版社1981年版，第57页。

③ 《中华人民共和国宪法》，人民出版社1982年版，第21页。

④ 当代中国研究所：《中华人民共和国简史（1949—2019）》，当代中国出版社2019年版，第79页。

动改革开放。1990 年，党的《关于制定国民经济和社会发展十年规划和“八五”计划的建议》提出：“继续贯彻教育必须为社会主义现代化服务，必须同生产劳动相结合，培养德、智、体全面发展的建设者和接班人的方针。”[①]1992 年，依据邓小平南方谈话及其探索成果，党的十四大确立了建立社会主义市场体制的改革目标，改革开放和现代化建设进入新的阶段。[②]江泽民同志在党的十四大报告中明确指出：“我们必须把教育摆在优先发展的战略地位，努力提高全民族的思想道德和科学文化水平，这是实现我国现代化的根本大计”；“各级各类学校都要全面贯彻党的教育方针，全面提高教育质量。”[③]1995 年，《中华人民共和国教育法》第五条规定：“教育必须为社会主义现代化建设服务，必须与生产劳动相结合，培养德、智、体等方面的社会主义事业的建设者和接班人。”这是以教育基本法形式确定的国家教育方针。1999 年，《中共中央国务院关于深化教育改革全面推进素质教育的决定》指出：“实施素质教育，就是全面贯彻党的教育方针，以提高国民素质为根本宗旨，以培养学生的创新精神和实践能力为重点，造就‘有理想、有道德、有文化、有纪律’的、德智体美全面发展的社会主义事业建设者和接班人。”这一时期党牢牢抓住经济建设为中心，坚持改革开放，因此教育方针围绕“社会主义建设事业”培养人才，从培养“德智体”到“德智体美全面”的“四有”建设者和接班人，通过“实施素质教育”培养学生的创新和实践能力。2002 年底，全国实现基本普及九年制义务和基本扫除青壮年文盲的人口地区覆盖率达到 91%。[④]

2002 年党的十六大后，以胡锦涛同志为总书记的党中央带领人民进入全面

① 《关于制定国民经济和社会发展十年规划和“八五”计划的建议》，人民出版社 1991 年版，第 30 页。

② 当代中国研究所：《中华人民共和国简史（1949—2019）》，当代中国出版社 2019 年版，第 93 页。

③ 《江泽民在中国共产党第十四次全国代表大会上的报告》，载人民网 http://cpc.people.com.cn/GB/64162/64168/64567/4526308.html，1992 年 10 月 12 日。

④ 当代中国研究所：《中华人民共和国简史（1949—2019）》，当代中国出版社 2019 年版，第 106 页。

建设小康社会、加快推进社会主义现代化的新阶段。党十六大报告提出，“全面贯彻党的教育方针，坚持教育为社会主义现代化建设服务，为人民服务，生产劳动和社会实践相结合，培养德智体美全面发展的社会主义建设者和接班人。”党的十七大提出“要全面贯彻党的教育方针，坚持育人为本、德育为先，实施素质教育，提高教育现代化水平，培养德智体美全面发展的社会主义建设者和接班人，办好人民满意的教育”。“教育优先发展”“教育公平”“人民满意”成为指导教育改革发展的重要内容，这是对党的教育方针的丰富和发展。

（四）立德树人，培养德智体美劳全面发展的社会主义建设者和接班人

党的十八大以来，以习近平同志为核心的党中央团结带领各族人民进入了中国特色社会主义新时代，在统筹推进“五位一体”总体布局和协调推进“四个全面”战略布局中，高度重视教育事业。党的十九大从新时代坚持和发展中国特色社会主义的战略高度，作出了优先发展教育事业、加快教育现代化、建设教育强国的重大部署。[①]党的十八大报告提出：“要坚持教育优先发展，全面贯彻党的教育方针，坚持教育为社会主义现代化建设服务、为人民服务，把立德树人作为教育的根本任务，培养德智体美全面发展的社会主义建设者和接班人。”并对教育方针的内容进行了新的丰富和发展，提出了“把立德树人作为教育的根本任务”的要求。[②]2015年12月，审议修订后的《中华人民共和国教育法》，将教育方针规定为：“教育必须为社会主义现代化建设服务、为人民服务，必须与生产劳动和社会实践相结合，培养德、智、体、美等方面全面发展的社会主义建设者和接班人。”[③]

2018年，习近平总书记在全国教育大会上强调：“在党的坚强领导下，全

① 《坚持中国特色社会主义教育发展道路　培养德智体美劳全面发展的社会主义建设者和接班人》，载人民网，http://edu.people.com.cn/n1/2018/0911/c1053-30286253.html，2018年9月11日。

② 翟博：《新时代教育工作的根本方针》，《中国教育报》2019年9月16日第1版。

③ 《中华人民共和国教育法》，载中华人民共和国教育部官网 http://www.moe.gov.cn/s78/A02/zfs_left/s5911/moe_619/201512/t20151228_226193.html，2015年12月28日。

面贯彻党的教育方针，坚持马克思主义指导地位，坚持中国特色社会主义发展道路，坚持社会主义办学方向，立足基本国情，遵循教育规律，坚持改革创新，以凝聚人心、完善人格、开发人力、培育人才、造福人民为工作目标，培养德智体美劳全面发展的社会主义建设者和接班人，加快推进教育现代化、建设教育强国、办好人民满意的教育。”①

“培养什么人”，是教育的首要问题。我国是中国共产党领导的社会主义国家，这就决定了我们的教育必须把培养社会主义建设者和接班人作为根本任务，这是教育工作的根本任务，也是教育现代化的方向目标。“为谁培养人”，面对实现“两个一百年”奋斗目标的伟大征程，坚持把服务中华民族伟大复兴作为教育的重要使命，坚持教育为人民服务、为中国共产党治国理政服务、为巩固和发展中国特色社会主义制度服务、为改革开放和社会主义现代化建设服务。②“怎样培养人”，培养学生要在坚定理想信念上下功夫，要在厚植爱国主义情怀上下功夫，要在增长知识见识上下功夫，要在培养奋斗精神上下功夫，要在增强综合素质上下功夫。③习近平总书记关于教育的重要论述，立足基本国情，遵循教育规律，创造性地丰富了党的教育方针内涵。④

二、着力学生思想政治工作，坚持对学校意识形态工作的领导权

要培养一代又一代社会主义建设者和接班人，就必须做好学生思想政治工作。“青少年是祖国的未来、民族的希望”。习近平总书记强调，在大中小学循序渐进、螺旋上升地开设思想政治理论课程。在中小学阶段，除了相应的德育课程之外，少年先锋队、共青团等组织以及一系列校内校外组织活动对学生的

①③《坚持中国特色社会主义教育发展道路　培养德智体美劳全面发展的社会主义建设者和接班人》，载人民网 http://edu.people.com.cn/n1/2018/0911/c1053-30286253.html，2018 年 9 月 11 日。

②《坚持党对教育事业的全面领导》，《人民日报》2018 年 9 月 18 日。

④　张力：《从党的教育方针看中国共产党的初心与使命》，《中国教育报》2019 年 6 月 24 日。

思想政治工作有着极为重要的意义。党的教育是为了培养社会主义事业的建设者和接班人，大学生的思想政治合格就显得尤为重要。

（一）思想政治教育工作制度化，确立党对学校意识形态工作的领导

新中国成立后，要培养与社会主义相适应的人才，大学生思想政治教育逐渐走向规范化、制度化。围绕“身体好、学习好、工作好”的培养目标，大学生思想政治教育以政治运动为主。1953年开始，大学生思想政治教育主要通过教学、建设马克思主义理论课，形势任务学习和业务课教学相结合进行。高校开始开设正规的马克思主义理论课程，培养高校马列主义理论师资。1953年，根据《关于在高等学校有重点地试行政治工作制度的指示》，各高校建立“双肩挑”的政治辅导员制度，在学生中开展经常性的深入的思想政治工作。这一制度一直延续至今。

1956年，我国进入全面建设社会主义时期，学校的思想政治工作根据时代的要求不断创新教育方式。这一时期要求高校师生政治思想方面要“红”，而且“教学和学习的实际行动”也要“红”。因此，各高校逐步建立了政治部，加强学生的思想政治工作。在形式上，思想教育以正面教育为主，坚持说服教育原则，加强特别是后进同学的团结，普遍开展“学雷锋，创三好”活动和“学大庆，学解放军”活动，不断改善和加强高校的思政工作。在课程设置上，逐步系统化、科学化高校政治理论课。教育部重新确定高等学校公共必修的马克思主义课程为社会主义、政治经济学、哲学、中共党史四门，理工农医一般开设三门。①

（二）思想政治教育工作多元化，巩固党对学校意识形态工作的领导

党的十一届三中全会后，高校在党委领导下，正本清源，全面贯彻党的教育方针，重建思想政治工作队伍，加强思想政治工作。20世纪80年代初，教

① 王建国主编:《新中国高等学校党建理论和实践研究》，北京交通大学出版社2011年版，第27—29页。

育部召开了两次思想政治教育工作会议，部署贯彻中央精神搞好学校的思想政治教育工作，将四项基本原则教育作为首要内容。1987年后，一些省份高校为加强思想政治教育工作，建立高校马列主义教研室主任和思想品德教研室主任片会制度，比如四川省教委组织四川高校有关专家集中编写思想政治理论课教材，包括《人生哲理》《大学生思想品德修养》《形势与政策》《法律基础》《马克思主义原理》等[①]。1989年重新确立"德育首位"，加强大学生思想政治教育，优化思想政治教育工作队伍的建设，创新日常的思想政治工作形式、内容和方法，比如主题讨论、系列讲座等。

党的十四大后，高校的思政教育工作也步入了新的阶段。1994年，《中共中央关于进一步加强和改进学校德育工作的若干意见》成为新形势下学校德育工作的纲领和指南。1995年，《中国普通高等学校德育大纲》颁布试行。根据《关于加强社会主义精神文明建设若干重要问题的决议》的精神，各高校加强思想道德文化建设。第六次全国高校党建工作会议总结了党建工作必须把思想政治建设放在首位，不断提高广大师生员工作的政治和思想道德素质，做到两手抓，两手都要硬。各高校进一步重视和加强大学生思想道德教育，学生的思想道德面貌发生可喜变化。

党的十五大把邓小平理论确立为党的指导思想，写入党章。在中共中央的指示下，全国高校兴起学习邓小平理论的新高潮。各高校坚持"以科学的理论武装人，以正确的舆论引导人，以高尚的精神塑造人，以优秀的作品鼓舞人"，提高大学生的思想道德素质和科学文化素质，培养"四有"新人。深化改革开放的进程中又进一步提出了"三个代表"重要思想，科学发展观等指导思想。高校积极通党团组织活动、思想政治理论学习等方式进行生动的思想政治教育，使大学生理解、接受和内化与时俱进的中国特色社会主义理论。大学生在党的

① 王建国主编：《新中国高等学校党建理论和实践研究》，北京交通大学出版社2011年版，第56页。

思想理论指导下，坚决拥护党的领导，积极参与改革开放，不断开拓进取，努力成为中国特色社会主义的建设者和接班人。

此外，迈入21世纪以来，伴随着高校扩张，信息技术广泛应用，以及高校后勤社会化的深入推进，这些使高校的思政工作出现新的面貌。内容上，高校对大学生进行正确的世界观、人生观和价值观教育，民族精神教育，公民道德教育，同时加强研究生党建工作和德育工作。形式上，把思政工作深入学生宿舍和课余活动中，充分运用信息网络技术开展思政工作，建立高素质专兼职学生思政工作队伍。学科上，用当代马克思主义指导高校哲学社会科学科建设，完善思政理论课的课程体系和加强马克思主义指导教材的建设。

（三）思想政治教育工作体系化，强化党对学校意识形态工作的领导

党的十八大以来，中国共产党牢牢掌握高校意识形态工作的领导权。一是加强高校思想政治理论课建设，出台《关于深化新时代学校思想政治理论课改革创新的若干意见》，推进中国特色社会主义理论体系“三进”工作。二是将民办高校、中外合作办学院校纳入高校思想政治工作整体布局，派驻党委书记，加强党建考核，确保高校党建和思想政治工作的全覆盖。三是加强马克思主义学院建设。“把思想政治理论课作为重点课程、把马克思主义理论学科作为重点学科、把马克思主义学院作为重点学院，纳入学校发展规划以及‘双一流’建设方案进行重点建设。”① 出台马克思主义学院的建设标准，把马克思主义学院作为四大理论平台进行重点建设，在全国及各省建设一批重点马克思主义学院。四是加强思政课程，开设好学术规范、诚信教育、职业伦理类课程，提高和完善各类课程的教学、考核和评估标准，明确学术诚信在日常教学过程中的基础性地位，加强学生诚信和敬业教育，使各类课程与思想政治理论课同向同行，形成协同效应，实现全员全程全方位育人。

---

① 晋浩天：《教育部：马克思主义学院要成为高校的重点学院》，《光明日报》2017年10月1日，第2版。

三、不断完善学校党建工作，促进教育跨越式发展

高等教育事业是中国特色社会主义事业的重要组成部分，是人民的事业。高校党建思想扎根于从严治党的实践，彰显了发展中国特色社会主义高等教育的时代精神。中国共产党成立伊始因革命需要设立了第一所大学陕北公学，发展到2019年已有门类齐全的高等院校2688所。高等教育的发展离不开党的领导，离不开党建工作的严格执行。

（一）实行党委领导下的校长负责制

中国共产党在中华人民共和国成立之前创立的高等学校受党直接领导，实行党组领导下的校长负责制。新中国成立后，党围绕“坚持党在高校的领导地位、确保校长行使职权与调动广大教职工的民主参与”这一原则，对高校内部的领导体制进行了一系列探索。

新中国成立后实施校长负责制，1961年9月发布的“高校六十条”明确提出高校“实行党委领导下的以校长为首的校务委员会负责制”①。1978年10月，教育部确定高等学校的领导体制是党委领导下的校长分工负责制，伴随着经济体制改革而进行的1985年教育体制改革确定了高等学校逐步实行校长负责制。1989年12月，国家教委主任李铁映指出，高等学校原则上实行党委领导下的校长负责制。1990年4月，第一次全国高校党的建设工作会议再次明确加强高校党的领导，实行党委领导下的校长负责制。1998年8月通过的《高等教育法》，对高校实行党委领导下的校长负责制予以法律确认，各高校全面实行党委领导下的校长负责制。2014年10月，中共中央办公厅印发的《关于坚持和完善普通高等学校党委领导下的校长负责制的实施意见》指出，“党委领导下的校长负责制是中国共产党对国家举办的普通高等学校领导的根本制度，是高

---

①《中共中央关于讨论和试行教育部直属高等学校暂行工作条例（草案）的指示》，中共中央文献研究室编：《建国以来重要文献选编》第14册，中央文献出版社1997年版，第579页。

等学校坚持社会主义办学方向的重要保证，必须毫不动摇、长期坚持并不断完善”。[①] 该《意见》为新时期加强高校党的领导和完善中国特色现代大学制度提供了重要遵循。经过数十年的探索，实行党委领导下的校长负责制，才能保证高等教育的社会主义方向，才能建成中国特色的现代大学，才能为中国特色社会主义事业发展提供人才保障。

（二）不断深化学校党建工作

党的十九大报告指出：“要以提升组织力为重点，把企业、农村、机关、学校、科研院所、街道社区、社会组织等基层党组织、贯彻党的决定、领导基层治理、团结动员群众，推动改革发展的坚强战斗堡垒。”高校党建是党的整体事业的重要组成部分，对于促进教育事业的发展有着重要意义。我党历来重视学校党建工作，不断探索，不断完善。

1. 学校党建服务革命，发展两条战线

五四运动爆发后，北京大学成为中国传播马克思主义的摇篮。中国共产党成立后，校园一直是共产党人重要的活动舞台。在非苏区大力发展高校党组织，到 1927 年已在 35 个高校建立了党的基层组织。[②] 苏区内的大学由党直接领导，其课程设置主要关于党的理论和政策的教育，有较浓厚的党校色彩。

全面抗战爆发后，中国共产党依据形势的变化，在各类高校实行不同的建党策略。在中共非控制区，采用的是“据点”式的建党路径，发展“种子党员”，抓紧中心学校，再以此为据点，通过学生团体、同乡关系等线索向他校延伸，最终打开一个区域高校党的建设局面。[③] 在中共控制区，采用完全公开的建党方式，由中共中央直接领导，纳入“延安体制”下，通过整风运动在思想

① 《中共中央办公厅印发〈关于坚持和完善普通高等学校党委领导下的校长负责制的实施意见〉》，中国共产党新闻网 http://cpc.people.com.cn/n/2014/1015/c64387-25842599.html，2014 年 10 月 15 日。

② 周良书：《中共高校党建史（1921—1949）》，北京师范大学出版社 2012 年版，第 59 页。

③ 同上书，第 187 页。

上建党。

解放战争时期，中国共产党在高校既开辟第二条战线发动学生运动，同时又发挥高校的人才优势为新中国建设输送大批干部。在向执政党转变时，中国共产党向群众公开高校党组织，公开发展党员，同时通过土改、诉苦、整党、“三查”等一系列运动强化高校师生对新政权的认同，为新中国的成立奠定基础。

2. 增强党的领导，重视知识分子的思想转变

新中国成立后，高等教育的性质由半殖民地、半封建的性质转变为新民主主义、社会主义的性质。为适应新形势、完成新任务，党切实加强对高校的管理，加强自身建设，以及党在高校思想领域占据主导地位。

（1）不断增强领导班子建设。为切实加强党对高校的领导，中共中央多次指示，应尽快抽调党领导骨干加强学校工作。1953 年 5 月，毛泽东主持开会讨论教育工作，决定从中央一级党政机关抽调 1000 名高、中级党员干部，派往大学和中学充实领导力量。① 各级党委调配了一批较强的干部到高校担任领导职务，加强党在高校的领导力量。同时，高校组织这些领导干部通过多样式学习转变成“具有一定科学知识水平、既懂政治又懂高等教育”的领导干部。高校组织学校的党员干部认真学习马列主义、毛泽东思想，党的路线、方针政策，党的基本知识等。各高校还普遍开展了新中国成立之后的第一次整风和整党运动。整风运动取得了显著效果，加强了党在学校的各方面工作的领导。

（2）重视师生的思想改造。新中国成立后，高校要为社会主义建设培养人才，就需要一支“又红又专”的教师队伍。因此，这一时期高校党建的重心工作是知识分子的思想改造。党中央对知识分子采取“全部包下来”的方针和“团结、教育、改造”的政策。② 社会主义建设时期，通过 1957 年的整风运动和 1958 年的高校“双反”运动，以群众运动促进思想革命，一定程度上提高了

① 何东昌主编:《中华人民共和国教育史》上卷，海南出版社 2007 年版，第 37 页。

② 王建国主编:《新中国高等学校党建理论和实践研究》，北京交通大学出版社 2011 年版，第 3 页。

师生思想政治觉悟。

（3）不断扩大知识分子党员队伍。为了巩固党在高校的组织阵地，高校党组织在教师、学生和职工中发展党员，尤其将担负主要教学和科研工作的教授和讲师积极而审慎地发展为党员。1956 年，《关于在知识分子中发展党员计划的报告》更是推动了发展高级知识分子党员的工作。1955 年，清华大学老科学家刘仙洲以 65 岁高龄加入中国共产党，在中国知识分子群体中产生了广泛影响。① 北京高校中，党员在高级知识分子中的比例由原来的 17% 上升至 22.5%。② 这些知识分子发挥了模范作用，密切了党与知识分子的联系，提升高校党领导教学、科研的水平。

3. 坚持社会主义道路，整顿恢复加强党建

我国高校在经历十年曲折发展之后，在改革开放中大踏步前进。高校的党建也伴随时代经济、政治、文化的变迁而呈现多样的面貌。

（1）整顿恢复的学校党建。党的十一届三中全会是一次拨乱反正的大会，将高等教育带入新的春天。《高等学校暂行工作条例（试行草案）》规定：高等学校领导制是党委领导下的校长分工负责制。高校在党委的领导下，正本清源，重建思想政治工作队伍，加强马克思主义理论教育。20 世纪 80 年代中期，高校陆续开展整党，在思想、作风、组织、纪律上都有了明显进步。中共中央于 1987 年 1 月发出《关于当前反对资产阶级自由化若干问题的通知》，各高校对党员、干部进行坚持四项基本原则的教育，紧抓高校领导干部的理论学习。1989 年发生的政治风波在党中央领导下被及时平息，也引起了全党、全国对高校党建工作的深刻反思。

---

① 王建国主编：《新中国高等学校党建理论和实践研究》，北京交通大学出版社 2011 年版，第 10 页。

② 陈大白：《北京高等教育文献资料选编（1949—1976）》，首都师范大学出版社 2002 年版，第 280 页。

（2）重新确立党的核心地位的学校党建。1989年，党中央决定，高等学校实行党委领导下的校长负责制。各高校积极开展社会主义主题教育活动，消除此前政治风波的负面影响。1990年4月，新中国成立后第一次高校党建工作会议召开，部署高校加强党的建设工作。同年7月，党中央发出《关于加强高等学校党的建设的通知》，这是新中国成立以来第一个关于高校党的建设的专门文件。遵照有关中央文件精神，各省、自治区、直辖市召开高校党的建设工作会议，设立专门机构，重新做好党员登记工作。

1989年，江泽民在庆祝中华人民共和国成立四十周年大会上的讲话中强调，各级各类学校“要把德育放在首位，确立正确的政治方向”。由此德育的首要地位被重新确立。“办好社会主义高等学校，关键是要有一个好领导班子。”1991年，《关于进一步加强高等学校领导班子建设的通知》发布后，各高校纷纷以领导班子为重点加强党建，进行领导班子建设的一系列制度建设，举办业余党校或党委党校，培养学校各级干部和骨干队伍。同时，在党员登记的基础上，加强基层党支部和后备干部队伍建设。

1992年，党的十四大强调“要加强党的建设和改善党的领导”。1993年印发的《新形势下加强和改进高等学校党的建设和思想政治工作的若干意见》指出，“大力加强和改进新形势下高等学校党的建设和思想政治工作”。1994年，党的十四届四中全会通过《中共中央关于加强党的建设几个重大问题的决定》成为新形势下党的建设的纲领性文件。该次大会首次提出“党的建设新的伟大工程”，形成了改革开放新阶段思想、组织、作风三大建设的整体部署。2003年，我国民办高校迅速发展。党中央积极促进民办高校的党建工作。这一时期，党建工作主要表现在以下几个方面。

第一，用中国化的马克思主义理论武装头脑，开创高校党建新局面。邓小平理论、“三个代表”重要思想以及科学发展观先后被写入党章。这些中国化的马克思主义理论“进教材、进课堂、进学生头脑”。高校领导班子深入开展学习，基层党组织和广大党员和师生员工广泛学习，深受教育。

第二，加强领导班子和领导干部建设。这一时期，按照干部四化方针和德才兼备的原则，调整和充实高校领导班子；通过短期培训、脱产学习等多种形式提高高校领导干部的理论水平和管理能力；积极探索高校领导干部选拔任用制度改革。根据中央规定，全国高校分别于2000年4月和9月分两批进行“三讲”教育。高校领导班子按照“社会主义的政治家、教育家”的标准，深入开展“三讲”教育，同时联系实际坚定理想信念和端正办学方向，坚持党委领导下的校长负责制，增强党性修养。根据党作出的《关于加强党的执政能力建设的决定》，各级党委结合高校实际，抓好领导班子和干部队伍的思想、能力、作风、制度“四位一体”建设，全面开展先进性教育。

第三，加强高校党的作风建设。2001年，党的十五届六中全会作出要加强党的作风建设的决定。同年，全国高校第十次党建工作会议全面部署了加强和改善高校党的作风建设。高校按照“八个坚持、八个反对”的要求，加强思想作风建设、改进学风、转变工作作风、改善领导作风、抓好干部生活作风。同时，高校建章立制，使作风建设落到实处。党的十六大后，高校领导班子和领导通过强化服务师生、求真务实、党风廉政等干部的作风建设，以适应高等教育跨越式发展的需要。

第四，加强发展学生党员和改进学生基层党组织建设。20世纪90年代以来，高校党委加强大学生党员培养，大学生党员比例逐年上升，2000年达8%左右。①第十六届全国高校党建工作明确提出，要采取措施进一步加强和改进在高校学生发展党员的工作，加强和改进学生党支部建设。高校主要通过早选苗、早教育、早培养，做好入党积极分子培养工作，党员发展的全过程突出培养教育，将党支部设置在高年级、领导负责制订党员发展长远计划来做好学生

① 王建国主编：《新中国高等学校党建理论和实践研究》，北京交通大学出版社2011年版，第96页。

党员工作。

4. 建设中国特色社会主义大学，多元并举强化党建

党的十八大以来，习近平总书记从坚持和发展中国特色社会主义的战略高度对新时代高校党建工作作出了新的历史判断。其主要包括五个方面。一是高校党的政治建设。“加强党对高校的领导，加强和改进高校党的建设，是办好中国特色社会主义大学的根本保证”。① 二是高校党的思想建设。广大青年要“把理想信念建立在对科学理论的理性认同上，建立在对历史规律的正确认识上，建立在对基本国情的准确把握上，不断增强道路自信、理论自信、制度自信，增强对坚持党的领导信念，永远紧跟党高高举起中国特色社会主义伟大旗帜”。② 三是高校党的队伍建设。建设好高校党的干部队伍，要按照“信念坚定、为民服务、勤政务实、敢于担当、清正廉洁”的标准，“要拓展选拔视野，抓好教育培训，强化实践锻炼，健全激励机制，整体推进高校党政干部和共青团干部、思想政治理论课教师和哲学社会科学课教师、辅导员班主任和心理咨询教师等队伍建设”。③ 四是高校党的基层组织建设。“要加强高校党的基层组织建设，创新体制机制，改进工作方式，提高党的基层组织做思想政治工作能力。要做好在高校教师和学生中发展党员工作，加强党员队伍教育管理，使每个师生党员都做到在党爱党、在党言党、在党为党。” ④ 五是高校党风廉政建设。“要坚持问题导向，把深化高校改革和全面从严治党结合起来，明晰责任、完善制度、堵塞漏洞，确保高等教育事业始终沿着正确方向健康发展。” ⑤

---

① 《坚持立德树人思想引领加强改进高校党建工作》，《人民日报》2014 年 12 月 30 日。

② 中共中央文献研究室：《十八大以来重要文献选编（上）》，中央文献出版社 2014 年版，第 278 页。

③④ 《把思想政治工作贯穿教育教学全过程开创我国高等教育事业发展新局面》，《人民日报》2016 年 12 月 9 日。

⑤ 《中共中央政治局召开会议审议〈关于巡视 31 所中管高校党委情况的专题报告〉》，《人民日报》2017 年 6 月 29 日。

“后之视今，犹今之视昔。”历史是一面镜子，照亮现在，也照亮未来。一百年，是中国从动荡走向安定的世纪，从战争走向和平的世纪。一百年来，在党的全面领导下，中国教育从弱走向强，走上中国特色的社会主义发展道理，形成了中国特色的社会主义教育体系。下一个百年里，中国向创新国家前列迈进，中国向经济强国跨越，中国积极推动构建人类命共同体，这些都要依赖于中国教育现代化与教育强国的实现。而这一切的成败就在于能否继续坚定地坚持党对教育事业的全面领导。“欲筑室者先治其基，基完以平，而后加石木焉，故其为室也坚。”坚持党对教育事业的全面领导，必须不断改善党的领导，让党的领导更加适应实践、时代、人民的要求，使教育事业越来越成熟、越来越强大、越来越有战斗力。

第五章　把立德树人作为教育的根本任务

“立德树人”是我们党教育事业的优良传统，是对中华民族优秀文化和教育思想的传承与创新。把立德树人作为教育根本任务，培养德智体美劳全面发展的社会主义建设者和接班人这一教育思想，是党在新的历史阶段对我国社会主义教育规律和人才培养规律不懈探索的重要成果，凝聚了党和国家对人才培养的根本要求和殷切期望，指明了教育的最终使命。坚持把立德树人作为根本任务，是发展中国特色社会主义教育事业的核心所在，是办好我国教育事业的根本方针。

第一节　立德树人是社会主义教育的本质要求

教育是人类的普遍现象，不同时期、不同文化、不同国家有不同的教育。立德树人是中国特色社会主义教育的本质要求。

一、立德树人——培养全面发展的社会主义建设者和接班人

教育事业是中国特色社会主义事业的重要组成部分。国家和社会发展对教育多方面需要的集中体现，就是要坚持立德树人，培养德智体美劳全面发展的

社会主义建设者和接班人。这是由我国的社会主义国家性质和新时代历史阶段的特点和要求所决定的。

（一）"培养什么人"决定了教育的本质属性

教育是培养人的活动，教育的本质在于促进人的发展。习近平总书记指出："培养什么人，是教育的首要问题。""培养什么人"是关系我国教育发展的培养目标，这个"首要问题"集中体现了教育的本质要求，指引我们更加深刻的理解我国社会主义教育的培养目标和根本任务。① 习近平总书记在北京大学师生座谈会上说："我先给一个明确答案，就是我们的教育要培养德智体美全面发展的社会主义建设者和接班人。"② 在论述这个"明确答案"时，他深刻揭示了教育的普遍性和特殊性的辩证关系，进而阐明了我国教育的培养目标。

习近平总书记指出："古今中外，关于教育和办学，思想流派繁多，理论观点各异，但在教育必须培养社会发展所需要的人这一点上是有共识的。培养社会发展所需要的人，说具体了，就是培养社会发展、知识积累、文化传承、国家存续、制度运行所要求的人。所以，古今中外，每个国家都是按照自己的政治要求来培养人的。"③ 培养社会发展所需要的人是每个国家教育发展的共同追寻，但不同国家教育培养人的根本区别是由国家的社会性质和政治要求所决定的。对"培养什么人"这一问题的普遍性与一定社会培养什么人的特殊性的科学回答，是确立国家教育发展的培养目标、教育方针和根本任务的认识前提，是做好立德树人工作的根本遵循。

（二）立德树人是中国特色社会主义教育的鲜明特色

中国共产党领导下的我国教育的发展必然具有鲜明的社会主义属性，这是

---

① 田心铭：《深刻认识教育的本质和我国教育的培养目标》，《学习时报》2019 年 2 月 18 日。

② 习近平：《坚持中国特色社会主义教育发展道路培养德智体美劳全面发展的社会主义建设者和接班人》，《人民日报》2018 年 9 月 11 日。

③ 《习近平在北京大学师生座谈会上的讲话》，《人民日报》2018 年 5 月 3 日。

我们与西方教育最本质的区别，也是我国教育发展的特色，教育的社会主义性质保证着社会主义制度的有序维系。习近平总书记在全国教育大会上强调："我国是中国共产党领导的社会主义国家，这就决定了我们的教育必须把培养社会主义建设者和接班人作为根本任务，培养一代又一代拥护中国共产党领导和我国社会主义制度、立志为中国特色社会主义奋斗终身的有用人才。这是教育工作的根本任务，也是教育现代化的方向目标。"①

建设社会主义现代化强国需要坚实的人才培养体系作为支撑。习近平总书记强调："要努力构建德智体美劳全面培养的教育体系，形成更高水平的人才培养体系。要把立德树人融入思想道德教育、文化知识教育、社会实践教育各环节，贯穿基础教育、职业教育、高等教育各领域，学科体系、教学体系、教材体系、管理体系要围绕这个目标来设计，教师要围绕这个目标来教，学生要围绕这个目标来学。凡是不利于实现这个目标的做法都要坚决改过来。"

二、立德树人遵循马克思主义理论的基本要义

坚持立德树人根本任务，培养德智体美劳全面发展的社会主义建设者和接班人的教育方针，是以马克思主义的指导作为认识基础，是对马克思主义"人的全面发展理论"的继承与创新。马克思主义理论为立德树人作为根本任务的教育理念和实践提供了理论依据和方法论参考。

（一）立德树人的思想根植于人的实践本质和社会发展的需要

人的发展与社会的发展是统一的。马克思曾指出，我们不能离开社会来理解人，他说："人不是抽象的蛰居于世界之外的存在物。人就是人的世界，就是国家、社会。"② 由此，社会经济政治关系制约着教育并决定其基本性质和"教

① 习近平:《坚持中国特色社会主义教育发展道路培养德智体美劳全面发展的社会主义建设者和接班人》,《人民日报》2018 年 9 月 11 日。

② ［美］C. P. 斯诺:《两种文化》，纪树立译，生活 · 读书 · 新知三联书店 1994 年版，第 4 页。

育会生产劳动能力”并推动社会经济政治发展，这是马克思主义教育理论的核心。中国共产党的教育思想创新发展了这一理论，深刻论述了坚持和发展中国特色社会主义决定着我们的教育方针和教育目的、教育内容和教育方法，新时代中国特色社会主义教育必须以立德树人为根本，培养担当民族复兴大任的时代新人。

马克思在《关于费尔巴哈的提纲》中提出：“全部社会生活在本质上是实践的。”① 社会发展最根本的特征就是由每个人的实践构成，实践是主体能动地改造客观世界的物质活动，同时也是价值活动得以展开以及价值关系产生的最根本基础。实践活动决定着主体价值观的发展与形成，也决定着主体价值观的基本内容及核心指向。因此，立德树人作为我国教育发展的根本思想和方针，是由我国社会发展的实践基础和现实需要决定的，只有立足于人的实践和社会关系的变化，以发展的眼光来考察特定时代对人的具体要求，才能正确把握人的发展应当具备怎样的素质内涵。

（二）立德树人是对马克思主义人学理论的继承与创新

追求人的全面发展是马克思主义人学理论的重要内涵和最高目标，是通过努力可以达到的科学目标。马克思、恩格斯曾提出：“人以一种全面的方式，也就是说，作为一个完整的人，占有自己的全面的本质。”② 马克思把全面发展的人称为“能够适应极其不同的劳动需求并且在交错变换的职能中只是使自己先天的和后天的各种能力得到自由发展的个人”。③ 人的全面发展在马克思那里表现为人的活动的全面发展、社会关系的全面丰富、个性的自由发展等多方面的规定性。人的全面发展是马克思主义的重要教育理论，也是中国共产党的教育方针的重要内容。立德树人作为教育根本任务的提出，是中国共产党依据马克

① 《马克思恩格斯选集（第 1 卷）》，人民出版社 1995 年版，第 56 页。

② 《马克思恩格斯全集（第 42 卷）》，人民出版社 1979 年版，第 123—124 页。

③ 《资本论》第 1 卷，《马克思恩格斯论教育》，人民教育出版社 1986 年版，第 234 页。

思关于人的全面发展理论结合中国特色社会主义发展的实际所提出的科学的教育方针，是人的发展的内在要求。

人是发展的根基，教育是促进人的全面发展的根本途径。立德树人作为教育发展的根本任务的本质要求是为了实现学生的全面发展，从德、智、体、美、劳五方面培养学生能力的全面发展、社会关系的全面发展以及个性的全面发展。具体来看，“德”定方向、“智”长才干、“体”健身躯、“美”塑心灵、“劳”助梦想，五育的发展充分结合了人的精神和身体成长需要、有机统一了人的个体性和社会性的辩证关系，是对“人的全面发展”思想的继承和深化。①由此可见，“人的全面发展”是立德树人在哲学层面上能够坚持且必须坚持的目标，是立德树人教育思想的最终目的与归宿，也是衡量教育成效的重要的价值尺度。

第二节　立德树人是我党教育的一贯主张

自古以来，我国就注重教书育人，中国共产党在继承中国优良传统的同时，不断注入了新的内容。从新民主主义革命到社会主义建设，再到改革开放及新时代的发展，中国共产党人高度重视立德树人的重要作用，不断探索立德树人的基本规律，有力地推动了中国特色社会主义教育制度向前发展。

一、从革命时期到改革开放，立德树人思想在调整与变革中传承、创新

中国共产党在百年的教育探索和实践中，由于不同时期所面对的社会主要矛盾和主要任务不同，这就决定了党要在每一时期都要根据当时的国内外形势来调整和变革教育方针，以适应不同时期党和国家，以及社会建设的需要。在

① 吴旭:《促进大学生德智体美劳全面发展的内涵与路径——基于马克思主义人学的视角》,《高校辅导员》2018 年第 6 期。

这一过程中，中国共产党的教育方针既遵循一般教育规律，又体现特殊要求，在传承优秀传统教育理念的基础上，通过渐进式的深化改革，实现“立德树人”教育思想的传承与创新。

（一）新民主主义革命时期的不同任务决定了与之相适应的教育方针

在新民主主义革命时期，党的教育工作主要围绕革命任务开展思想政治教育。由于革命时期特殊的历史环境和党员的成长经历，大多数党员大多出身贫苦，无论是思想觉悟、政治素质还是工作方法，都难以胜任复杂而艰巨的革命工作。革命时期的历程是艰难曲折的，因为不同的历史阶段具有不同的革命任务，不同的革命任务也就决定了与之相适应的党的思想政治教育方针。

第一次国内革命战争时期，是党的思想政治教育的初始阶段，这一阶段的思想政治教育主要围绕党的创建与工农运动两大中心任务而展开。第二次国内革命战争时期，是党的思想政治教育体系创建阶段，这一阶段的思想政治教育主要围绕革命军队的创建、土地革命的深入和革命根据地的开辟三大中心任务而展开。抗日战争时期，党的教育方针调整为以一切文化教育事业均应使之适合战争的需要。1939 年，毛泽东将“坚定正确的政治方向”作为中国人民抗日军政大学的头条教育方针，① 同时教育的主要任务是“教授战争所必需之课程”和“培养大批的抗日干部”；教育应致力“提高人民的民族文化与民族觉悟”，“以民族精神教育新后代”。② 解放战争时期，党主要围绕争取和平民主运动、自卫战争、夺取全国胜利等中心任务开展思想政治教育工作。

在新民主主义革命时期，中国共产党以马克思主义为精神武器和行动指南，以民族解放和人民解放为自己的使命。中国共产党通过夜校、讲习所、干部教

---

① 顾明远、刘复兴:《从新民主主义教育到社会主义教育：1921—2012》，教育科学出版社 2015 年版，第 143 页。

② 教育部师范教育司:《毛泽东周恩来刘少奇邓小平论教育》，人民教育出版社 1994 年版，第 321 页。

育等多种方式，始终坚持在广大人群中宣传马克思主义，在工人运动、土地革命、抗日战争和解放战争中教育他们的思想觉悟，走出蒙昧，改变了自己受压迫、受奴役的命运，唤起了他们沉睡蛰伏的革命激情，激发了他们创造历史的伟大力量，促进了广大人民群众的思想启蒙和精神解放。①

（二）新中国成立后明确把坚定正确的政治方向放在第一位，促进人的全面发展

新中国成立后，我们党的几代领导人都对教育工作中立德树人给予了高度重视。党的教育方针政策的重点转向两个方面：一是转向为国家建设服务；二是转向促进人的全面发展。

新中国成立初期，毛泽东同志立足于造就社会主义事业接班人的培养，明确提出了社会主义中国的教育方针，奠定了我国教育事业发展的基石。1953 年 6 月 30 日，毛泽东明确指出："新中国要为青年们着想，要关怀青年一代的成长。"② 毛泽东关于培养青年一代健康成长成才的思想中，实际上已经蕴含着学校教育要坚持"育人为本"的教育理念。1957 年 2 月，毛泽东第一次明确提出："应该使受教育者在德育、智育、体育几个方面都得到发展，成为有社会主义觉悟的有文化的劳动者。"③ 这鲜明地指出了我国教育事业的根本任务和根本目标。1961 年，在毛泽东提出"两个必须"的基础上，正式确定新中国的教育方针为："教育必须为无产阶级政治服务，教育必须同生产劳动相结合，使受教育者在德智体几方面都得到发展，成为有社会主义觉悟的有文化的劳动者。"④ 这个教育方针于 1978 年载入《中华人民共和国宪法》，以国家立法的形式，确认这一方针的指导性和法令性。

---

① 晁小荣：《新民主主义时期中国共产党思想政治教育理论体系的历史贡献》，《西北工业大学学报（社会科学版）》2015 年第 4 期。

② 《毛泽东在接见青年团第二次全国代表大会主席团时的指示》，《人民日报》1953 年 7 月 3 日。

③ 中共中央文献研究室：《毛泽东文集》（第 7 卷），人民出版社 1999 年版，第 226 页。

④ 盘峰、朱选朝：《教育政策法规要论》，陕西人民出版社 1991 年版，第 136—137 页。

改革开放以来，教育在现代化建设中的地位日益凸显，教育方针在改革开放实践中得到发展和逐步完善。在这一时期，面对思想领域内价值多元化带来的严峻挑战，邓小平提出要更加重视思想政治教育和道德教育，并把“立德树人”的意义提到了社会主义精神文明建设的高度。1978 年，邓小平同志在全国教育工作会议上指出：“我们要在青少年中大力倡导勤奋学习、遵守纪律、热爱劳动、助人为乐、艰苦奋斗、英勇对敌的革命风尚。应该使受教育者在德育、智育、体育几方面都得到发展，成为有社会主义觉悟的有文化的劳动者。”①邓小平同志立足于中国社会主义现代化建设的实际，高度重视从政治上和思想上促进学生的健康成长。他认为：“革命的理想，共产主义的品德，要从小开始培养。我们党的教育事业历来有这样的优良传统。”②邓小平提出了“三个面向”的教育改革和发展的战略方针，并把培养有理想、有道德、有文化、有纪律的社会主义“四有”新人作为一项重要任务来抓。

在《中共中央关于制定国民经济和社会发展十年规划和“八五”计划的建议》中，对原教育方针中的“两个必须”和教育目的作了新的表述，即：“教育必须为社会主义现代化服务，必须同生产劳动相结合，培养德智体全面发展的建设者和接班人。”③1993 年，《中国教育改革和发展纲要》对新的表述作了修改和补充。1995 年 3 月，八届人大三次会议审议通过的《中华人民共和国教育法》将教育方针表述为：“教育必须为社会主义现代化建设服务，必须与生产劳动相结合，培养德、智、体等方面全面发展的社会主义事业的建设者和接班人。”④这是新中国成立以来第一次以教育基本法的形式对教育方针作出的比较

---

① 《邓小平在全国教育工作会议上的讲话（一九七八年四月二十二日）》，载中国教育新闻网 http://www.jyb.cn/zyk/jyzcfg/200602/t20060227_55358.html，2016 年 11 月 9 日。

② 中共中央文献编辑委员会：《邓小平文选》第 2 卷，人民出版社 1994 年版，第 105 页。

③ 《中共中央关于制定国民经济和社会发展十年规划与“八五”计划的建议》，载新华网 http//news.xinhuanet.com/ziliao/2005-02/18/content_2590430.htm，2005 年 2 月 18 日。

④ 《中华人民共和国教育法》，《中国教育报》1995 年 3 月 22 日。

完整的表述。

二、21 世纪以来立德树人思想不断深化发展，为教育改革指明了方向

江泽民同志对教育工作给予了高度的重视。他提出了教育是一个系统工程的重要思想，强调教育事业，特别是学生的思想品德，全社会都要关心和支持，并针对学生的健康成长提出了“四个统一”的教育思想：“坚持学习科学文化与加强思想修养的统一”，“坚持学习书本知识与投身社会实践的统一”，“坚持实现自身价值与服务祖国人民的统一”，“坚持树立远大理想与进行艰苦奋斗的统一”。①2002 年，江泽民同志在党的十六大报告中全面精辟地概括了新世纪新阶段党的教育方针，即“坚持教育为社会主义现代化建设服务，为人民服务，与生产劳动和社会实践相结合，培养德、智、体、美全面发展的社会主义建设者和接班人”。②

在 2006 年 8 月 29 日中央政治局第 34 次集体学习时，胡锦涛同志首次提出“要坚持育人为本、德育为先，把立德树人作为教育的根本任务”的重要论述。这一教育思想是我们党经过长期实践探索和理论思考后，对“培养什么人，怎样培养人”这个根本问题给出的具有时代特色的诠释和解读，并在新时期社会主义现代化建设的进程中得到不断发展。

2007 年，胡锦涛同志在党的十七大报告中提出，“要坚持育人为本、德育为先，把立德树人作为教育的根本任务，加强爱国主义教育，深入开展理想信念教育……努力培养德智体美全面发展的社会主义建设者和接班人”，③明确提出“育人为本、德育为先”的教育指导思想。2012 年，胡锦涛同志在党的十八

① 中共中央文献编辑委员会：《江泽民文选》第 2 卷，人民出版社 2006 年版，第 124—125 页。

② 《党的十六大报告辅导读本》，人民出版社 2002 年版，第 36 页。

③ 胡锦涛：《高举中国特色社会主义伟大旗帜为夺取全面建设小康社会新胜利而奋斗——在中国共产党第十七次全国代表大会上的报告》，人民出版社 2007 年版，第 38 页。

大报告中提出，“把立德树人确立为教育的根本任务，培养德智体美全面发展的社会主义建设者和接班人”，① 首次明确了“立德树人”为教育的根本任务，并提升到教育基本方针的高度。

2017年，习近平总书记在党的十九大报告进一步指出，“要全面贯彻党的教育方针，落实立德树人根本任务，发展素质教育，推进教育公平，培养德智体美全面发展的社会主义建设者和接班人”。将“立德树人”定位于“全面发展”之上，这是以习近平同志为核心的党中央继承、丰富和发展党的教育方针的集中体现，是对党的全面发展教育方针的重大发展，是党的教育理论创新的最新成果。②

三、新时代以来深化落实立德树人根本任务，为教育发展提供根本遵循

习近平总书记一贯高度重视培养社会主义建设者和接班人，把立德树人作为教育的中心环节，深刻阐明了立德树人的科学内涵，拓展提升了立德树人的地位和作用。在党的十八大以后，习近平总书记多次走进大中小学，在与师生座谈时深入阐述了立德树人的重要意义和实施途径。

2016年教师节前夕，习近平总书记在与北京市八一学校师生座谈时指出，“基础教育是立德树人的事业，要旗帜鲜明的加强思想政治教育、品德教育，加强社会主义核心价值观教育，引导学生自尊自信自立自强”。并语重心长地强调：“中小学生是青少年的主体，是国家的未来和希望。中小学生要立志成才，必须勤奋学习、提高综合素质，努力做到修身立德、志存高远，勤学上进、追求卓越，强健体魄、健康身心，锤炼意志、砥砺坚韧。”③

① 胡锦涛：《坚定不移沿着中国特色社会主义道路前进为全面建成小康社会而奋斗——在中国共产党第十八次全国代表大会上的报告》，人民出版社2012年版，第35页。

② 教育部课题组：《深入学习习近平关于教育的重要论述》，人民出版社2019年版，第48页。

③《习近平在北京市八一学校考察时强调全面贯彻落实党的教育方针努力把我国基础教育越办越好》，《人民日报》2016年9月10日。

2016 年 12 月，在全国高校思想政治工作会议上，习近平总书记指出：“要坚持把立德树人作为中心环节，把思想政治工作贯穿教育教学全过程，实现全程育人、全方位育人，努力开创我国高等教育事业发展新局面。我国高等教育肩负着培养德智体美全面发展的社会主义建设者和接班人的重大任务，必须坚持正确的政治方向。高校立身之本在于立德树人。”①

2018 年 5 月 2 日，在北京大学师生座谈会上，习近平总书记强调，“人无德不立，育人的根本在于立德。这是人才培养的辩证法。办学就要尊重这个规律，否则就办不好学”。“要把立德树人的成效作为检验学校一切工作的根本标准，真正做到以文化人、以德育人，不断提高学生思想水平、政治觉悟、道德品质、文化素养，做到明大德、守公德、严私德。”强调要把立德树人内化到大学建设和管理各领域、各方面、各环节，做到以树人为核心，以立德为根本。

习近平总书记在 2018 年全国教育大会上强调，要坚持把立德树人作为根本任务。要在加强品德修养上下功夫，教育引导学生培育和践行社会主义核心价值观，踏踏实实修好品德，成为有大爱大德大情怀的人。并语重心长地指出，要深化教育体制改革，健全立德树人落实机制。扭转不科学的教育评价导向，坚决克服唯分数、唯升学、唯文凭、唯论文、唯帽子的顽瘴痼疾，从根本上解决教育评价指挥棒问题。②他明确指出，“把立德树人融入思想道德教育、文化知识教育、社会实践教育各环节，贯穿基础教育、职业教育、高等教育各领域”，还明确把“劳动教育”与“德智体美”教育一起纳入“全面发展”的教育理论中，提出“培养德智体美劳全面发展的社会主义建设者和接班人”。

---

① 习近平：《把思想政治工作贯穿教育教学全过程开创我国高等教育事业发展新局面》，载人民网 http://cpc.people.com.cn/n1/2016/1209/c64094-28936173.html，2016 年 12 月 9 日。

② 习近平：《坚持中国特色社会主义教育发展道路培养德智体美劳全面发展的社会主义建设者和接班人》,《人民日报》2018 年 9 月 11 日。

习近平总书记在2019年3月全国学校思想政治理论课教师座谈会上强调指出："思想政治理论课是落实立德树人根本任务的关键课程。青少年阶段是人生的'拔节孕穗期'，最需要精心引导和栽培。"① 在此，习近平总书记强调思政课具有不可替代的作用，深刻阐述了办好思政课的重大意义，为推进思政课建设指明了方向和依据。

习近平总书记的这些重要论述，是对我国教育事业规律性认识的深化和发展，是对立德树人理论认识的深化和发展，具有鲜明的时代特征，为新时代教育改革发展指明了前进方向，提供了根本遵循。②

第三节　坚持立德树人发展教育的基本要求

立德树人的根本目标是培养德智体美劳全面发展的社会主义建设者和接班人。把立德树人作为根本任务的内涵就在于要坚持"以树人为核心，以立德为根本"，③ 其基本要求是育人为本、德育为先、能力为重、全面发展。

一、育人为本　德育为先

习近平总书记在考察北京大学与师生座谈时指出："人才培养是育人和育才相统一的过程，而育人是本。人无德不立，育人的根本在于立德。这是人才培养的辩证法。"④

① 《习近平主持召开学校思想政治理论课教师座谈会强调用新时代中国特色社会主义思想铸魂育人贯彻党的教育方针落实立德树人根本任务》，《人民日报》2019年3月19日。

② 王群瑛：《把立德树人作为教育的根本任务》，《中国高校社会科学》2018年第6期。

③ 习近平：《坚持中国特色社会主义教育发展道路培养德智体美劳全面发展的社会主义建设者和接班人》，《人民日报》2018年9月11日。

④ 习近平：《在北京大学师生座谈会上的讲话》，《人民日报》2018年5月3日。

（一）育人为本是教育工作的根本要求

教育的出发点和落脚点都在于育人。“育人为本是教育的生命和灵魂，是教育的本质要求和价值诉求。育人为本就是坚持以人的全面进步和发展为本，把人作为教育的主体和中心，在教育事业中以满足人的需要、提高人的能力、提升人的品质、实现人的全面发展为终极目标。”[①] 把立德树人作为教育的根本任务，强调育人为本是教育工作的根本要求，在一定意义上讲，就是回归了教育的本质属性。

《国家中长期教育改革和发展规划纲要（2010—2020年）》强调把育人为本作为教育工作的根本要求，并指出人力资源是我国经济社会发展的第一资源，教育是开发人力资源的主要途径。要以学生为主体，以教师为主导，充分发挥学生的主动性，把促进学生健康成长作为学校一切工作的出发点和落脚点。[②] 坚持“以人为本”、全面实施素质教育是教育改革和发展的战略主题，是贯彻党的教育方针的时代要求，核心是解决好“培养什么人，怎样培养人”的重大问题。

把立德树人作为教育的根本任务，无论从教育理论层面还是从教育实践角度看，都与把育人为本作为教育的根本要求是密不可分的，与全面贯彻党的教育方针、全面实施和发展素质教育的过程紧密地联系在一起，事关我国加快从教育大国向教育强国、从人力资源大国向人力资源强国迈进的全局。育人为本就是最大限度地满足学生成长成才的需求；就是要关注学生的全面发展与个性发展；就是要以学生的发展为第一目的，克服“应试教育”弊端，全面推进素质教育。

（二）德育为先的核心是让学生“明大德、守公德、严私德”

教育的发展和改革，就其根本价值追求来说就是为了更好地服务于培养高

---

① 翟博：《育人为本是教育思想的深刻变革和理念创新》，《中国教育报》2012年12月2日。

② 《教育规划纲要》领导小组办公室：《教育规划纲要学习辅导百问》，教育科学出版社2010年版，第9页。

素质的人才这一根本任务。育人为本是人的发展和教育发展的本质要求，而育人为本思想在立德树人过程中的价值目标首先体现在理想信念的自觉和德育为先上。德育为先是指育人必须首先重视培养人的思想政治素质，在兼顾各育的同时优先保证德育需要，将德育贯穿于教育的全过程。坚持德育为先的原则是全面贯彻党的德育工作方针的需要，是提高德育管理有效性的需要，是提高学生整体素质的需要。

古今中外善育才者无不重德，能成才者无不以德为先。在古代中国，就特别重视“修身”，这就是我们今天提到的“德育”，也可以理解为“育德”。德育是开启和实现人性中德性潜能的“通道”，而德性存在于人和人、人和自然以及人与自身的关系之中。

由于“德”的时代性内涵各有不同，因此立德树人所立之“德”在当代中国具有其特殊内涵。习近平总书记指出，立德，即立大德、公德、私德，要“明大德、守公德、严私德”，习近平总书记讲的大德，是指富强、民主、文明、和谐国家层面的价值目标，公德是指自由、平等、公正、法治社会层面的价值取向，私德是指爱国、敬业、诚信、友善个人层面的价值准则。习近平总书记提出“立德”的要求，使立德树人与社会主义核心价值观紧密相连，把涉及国家、社会、公民的价值要求融为一体，使抽象的立德有了明确的目标和抓手。① 他强调德是首要、是方向，道德之于个人、之于社会，都具有基础性意义，做人做事第一位的是崇德修身。习近平总书记进一步指出，“一个民族的文明进步，一个国家的发展壮大，需要一代又一代人接力努力，需要很多力量来推动，核心价值观是其中最持久最深沉的力量”。② 社会主义核心价值观是立德树人中

---

① 习近平：《坚持中国特色社会主义教育发展道路培养德智体美劳全面发展的社会主义建设者和接班人》，《人民日报》2018 年 9 月 11 日。

② 习近平：《青年要自觉践行社会主义核心价值观——在北京大学师生座谈会上的讲话》，《人民日报》2014 年 5 月 5 日。

"德"的核心内容。

强调德育为先要将社会主义核心价值体系融入国民教育全过程。习近平总书记在党的十九大报告中指出："社会主义核心价值观是当代中国精神的集中体现，凝结着全体人民共同的价值追求。要以培养担当民族复兴大任的时代新人为着眼点，强化教育引导、实践养成、制度保障，发挥社会主义核心价值观对国民教育、精神文明创建、精神文化产品创作生产传播的引领作用，把社会主义核心价值观融入社会发展各方面，转化为人们的情感认同和行为习惯。"培育和践行社会主义核心价值观，是立德树人的重要基础。

二、能力为重　全面发展

"能力为重、全面发展"，既是从个人发展层面对"树什么人，怎么培养人"的主动呼应，同时也是从党和国家、民族与社会未来发展需求的角度对"树什么人，怎么培养人"作出的现实回应，坚持能力为重就是要重点发展学生的能力，使其符合党和国家未来发展要求，能够主动适应社会，应对各种挑战与要求。坚持全面发展就是要全面提高学生的综合素质，使其能够满足未来的多方面需求。①

（一）能力为重是应对未来发展与挑战的要求

能力为重是从人类社会发展规律的高度对人才培养提出的内在要求，也是适应新时代社会发展的必然选择。《国家中长期教育改革和发展规划纲要（2010—2020年）》强调坚持能力为重，并指出："优化知识结构，丰富社会实践，强化能力培养。着力提高学生的学习能力、实践能力、创新能力，教育学生学会知识技能，学会动手动脑，学会生存生活，学会做人做事，促进学生主动适应社会，开创美好未来。"强调"能力为重"，这既是党和国家未来发展、

① 袁振国等：《从反正到立新——教育理念创新之路》，华东师范大学出版社2018年版，第96页。

应对挑战的要求，也是坚持立德树人、发展素质教育的应有之义。

第一，优化学生知识结构，丰富社会实践活动。由于我国长期存在偏重知识本位的人才培养模式，导致在实际工作中解决问题的能力较低，“知识本位”的教育缺陷明显，难以适应社会需求。随着新时代科技的发展与社会的进步，党和国家需要大量宽口径、厚基础、高素质、强能力的创新型人才。只有具备合理、科学、扎实的知识结构，加上丰富的社会实践锻炼，增强实践能力的提升，才能培养出真正的高质量、高水平人才。

第二，提高人才创新能力，以适应未来要求。创新是一个民族进步的灵魂，是一个国家兴旺发达的不竭动力。联合国教科文组织在“学会生存”的报告中指出，人们应对当今世界性问题和挑战的能力，归根到底取决于人们激发和调动自身创造力的潜力。社会的竞争，与其说是人才的竞争，不如说是人创新能力的竞争。学校在培养人的创新能力时，必须要对现有的教育观念和教育模式进行根本性变革，实现综合提升，优化发展。

第三，大力培育核心素养，全面提升综合素质。培育学生的核心素养，主要是指学生应具备的，能够适应终生发展和社会发展所需要的必备品格和关键能力，是适应新时代社会发展过程中人的自我实现需求、应对工作世界和社会生活的新挑战而诞生的概念。学生发展核心素养是落实立德树人根本任务的一项重要举措，也是适应世界教育改革发展趋势、提升我国教育国际竞争力的迫切需要。它所强调的是在真实问题情境中通过调动所有知识、能力、资源来解决复杂问题的综合素养，是知识、技能、情感、态度、价值观等多方面要求的综合表现，能够支持个人终生发展和社会发展。坚持能力为重，就要求我们必须重视培育学生的核心素养，全面提升学生的综合素质。2017 年 1 月，《中国学生发展核心素养》总体框架发布，以培养“全面发展的人”为核心，分为文化基础、自主发展、社会参与三个方面，综合表现为人文底蕴、科学精神、学会学习、健康生活、责任担当、实践创新六大素养，具体细化为国家认同等十八个基本要点。各素养之间相互联系、互相补充、相互促进，在不同情境中整体发挥作用。

（二）全面发展是发展素质教育的目标所在

从 1957 年毛泽东同志提出的我国第一个教育方针到 21 世纪历次党的全国代表大会的报告中，德智体美劳等多方面全面发展，一直是党的教育方针的重要内容。素质教育战略的实施与发展更加直接地提出了人的全面发展的要求。

德育、智育、体育、美育和劳动教育是人全面发展教育的核心构成要素。强调坚持全面发展，就是要加强实现德智体美劳五育并举，促进五育有机融合，坚持文化知识学习与思想品德修养的统一、理论学习与社会实践的统一、全面发展与个性发展的统一；加强体育，牢固树立健康第一的思想，确保学生体育课程和课余活动时间，提高体育教学质量；加强心理健康教育，促进学生身心健康、体魄强健、意志坚强；加强美育，培养学生良好的审美情趣和人文素养；加强劳动教育，培养学生热爱劳动、热爱劳动人民的感情；重视安全教育、生命教育、国防教育、可持续发展教育；[①] 促进五育有机融合，提高学生综合素质，使学生成为德智体美劳全面发展的社会主义建设者和接班人。

在全面发展的基础上还应更加重视促进学生个性发展，让学生个体的兴趣、特长、独特性能够在教育中得以充分舒展。教育是要培养全面发展而富有个性的人。全面发展是教育的总体目标，个性发展是教育的应有追求，全面发展和个性发展之间是有机统一的。全面发展不排斥个性发展，相反，是以个性发展为前提的。在教育工作中，既要承认学生的个性特点，承认个体之间的差异，与此同时，还要把全面发展与因材施教结合起来，使学生既有比较完善的基本素质，又能充分发展其特长，形成丰富而独特的个性。全面发展和个性发展是

① 《教育规划纲要》领导小组办公室：《教育规划纲要学习辅导百问》，教育科学出版社 2010 年版，第 13 页。

辩证的统一体，只有正确认识和处理全面发展与个性发展的关系，才能在教育实践中真正培养出全面发展且保持个性的人才。

第四节　健全机制全面落实立德树人根本任务

落实立德树人根本任务，是新时代贯彻党的教育方针的重要体现，是教育发展的精髓内核和中心环节，是各级各类、各项教育工作的出发点和落脚点。中共中央、国务院印发的《中国教育现代化 2035》中，提出了推进教育现代化的八大基本理念：更加注重以德为先，更加注重全面发展，更加注重面向人人，更加注重终身学习，更加注重因材施教，更加注重知行合一，更加注重融合发展，更加注重共建共享。明确实现教育现代化的目标就要发展中国特色世界先进水平的优质教育，而遵循理念与完成教育现代化目标最根本的举措，是要全面落实立德树人根本任务，健全立德树人系统化落实机制。

一、社会主义核心价值体系融入国民教育全过程

习近平总书记在中共中央政治局第十三次集体学习时强调："把培育和弘扬社会主义核心价值观作为凝魂聚气、强基固本的基础工程。培育和弘扬核心价值观，有效整合社会意识，是社会系统得以正常运转、社会秩序得以有效维护的重要途径，也是国家治理体系和治理能力的重要方面。"他还提出：一种价值观要真正发挥作用，必须融入社会生活，让人们在实践中感知它、领悟它。要利用各种时机和场合，形成有利于培育和弘扬社会主义核心价值观的生活情景和社会氛围，使核心价值观的影响像空气一样无处不在、无时不有。①

① 《习近平在中共中央政治局第十三次集体学习时强调把培育和弘扬社会主义核心价值观作为凝魂聚气强基固本的基础工程》，《人民日报》2014 年 2 月 26 日。

坚持立德树人，就是要把社会主义核心价值观融入学校教育全过程。习近平总书记在北京市海淀区民族小学考察时说，社会主义核心价值观体现了古圣先贤的思想，体现了仁人志士的夙愿，体现了革命先烈的理想，也寄托着各族人民对美好生活的向往。他要求社会主义核心观教育从少年儿童抓起，并且提出，在少年儿童中培养和践行社会主义核心价值观，要适应少年儿童的年龄和特点，主要是要做到记住要求、心有榜样、从小做起、接受帮助。①

根据中共中央办公厅《关于培育和践行社会主义核心价值观的意见》以及党的十八大和十八届三中、四中全会精神要求，要把社会主义核心价值观融入中小学教育教学全过程。②要把社会主义核心价值观融入国民教育全过程，就必须在教材编写中渗透社会主义核心价值体系要求，就必须在课堂教学中突出社会主义核心价值体系要求，就必须在校园文化活动中体现社会主义核心价值体系要求，就必须在社会实践中强化社会主义核心价值体系要求。

各级各类学校都要推动社会主义核心价值观进教材、进课堂、进学生头脑，提升思想政治教育的亲和力和针对性，就像习近平总书记在全国高校思想政治工作会议上强调的，因事而化、因时而进、因势而新，注重以文化人、以文育人。各门课都要“守好一段渠、种好责任田”，与思想政治理论课同向同行，形成协同效应。

二、思想政治理论课是落实立德树人的关键课程

2019 年 3 月 18 日，习近平总书记在学校思想政治理论课教师座谈会上的讲话中强调：“思想政治理论课是落实立德树人根本任务的关键课程。青少年阶段是人生的‘拔节孕穗期’，最需要精心引导和栽培。在大中小学循序渐进、螺

① 习近平：《从小积极培育和践行社会主义核心价值观——在北京市海淀区民族小学主持召开座谈会时的讲话》，《人民日报》2014 年 5 月 31 日。

② 中共中央办公厅：《关于培育和践行社会主义核心价值观的意见》，《人民日报》2013 年 12 月 24 日。

旋上升地开设思想政治理论课非常必要，是培养一代又一代社会主义建设者和接班人的重要保障。”① 这一重要论述为新时期思想政治理论课的建设提供了根本指导和基本遵循。

2019 年 8 月，中共中央办公厅、国务院办公厅印发的《关于深化新时代学校思想政治理论课改革创新的若干意见》提出了思想政治理论课改革的基本原则：一是坚持党对思政课建设的全面领导，把加强和改进思政课建设摆在突出位置。二是坚持思政课建设与党的创新理论武装同步推进，全面推动习近平新时代中国特色社会主义思想进教材进课堂进学生头脑，把社会主义核心价值观贯穿国民教育全过程。三是坚持守正和创新相统一，落实新时代思政课改革创新要求，不断增强思政课的思想性、理论性和亲和力、针对性。四是坚持思政课在课程体系中的政治引领和价值引领作用，统筹大中小学思政课一体化建设，推动各类课程与思政课建设形成协同效应。五是坚持培养高素质专业化思政课教师队伍，积极为这支队伍成长发展搭建平台、创造条件。六是坚持问题导向和目标导向相结合，注重推动思政课建设内涵式发展，全面提升学生思想政治理论素养，实现知、情、意、行的统一。

在贯彻习近平总书记关于思政课建设指导思想和中央文件强调的基本原则下，各级党委、政府，各级各类学校整体规划思政课课程目标，调整创新思政课课程体系，统筹推进思政课课程内容建设，加强思政课教材体系建设。同时，建设一支政治强、情怀深、思维新、视野广、自律严、人格正的思政课教师队伍，不断增强思政课的思想性、理论性和亲和力、针对性。

三、统筹学生全面发展促进五育并举融合育人

落实立德树人根本任务，促进学生全面发展，就需要深化教育教学改革，

① 《习近平主持召开学校思想政治理论课教师座谈会强调：用新时代中国特色社会主义思想铸魂育人贯彻党的教育方针落实立德树人根本任务》，《人民日报》2019 年 3 月 19 日。

要突出德育实效、提升智育水平、强化体育锻炼、增强美育熏陶、加强劳动教育等方面采取有针对性的举措，以构建德智体美劳全面培养的“五育并举”的教育体系。

一是加强德育。习近平总书记强调，要用好课堂教学这个主渠道，思想政治理论课要坚持在改进中加强，提升思想政治教育亲和力和针对性，满足学生成长发展需求和期待，其他各门课都要“守好一段渠、种好责任田”，使各类课程与思想政治理论课同向同行，形成协同效应。①

二是改进智育。要注重学思结合。要勤学，下得苦功夫，求得真学问；要从知行合一上下功夫；② 要注重因材施教；要注重运用现代信息技术，“构建网络化、数字化、个性化、终身化的教育体系，建设‘人人皆学、处处能学、时时可学’的学习型社会”③。

三是强化体育。体育是学生身心健康的有效途径，体质健康水平是评价学生全面发展的重要指标之一。学校体育教育在使学生体魄强健的同时，也要注重积极心理品质和合作能力的培养，努力使学生身心健康、意志坚强、学会合作。

四是增强美育。美育是审美教育，是培养学生良好的审美情趣和人文素养的有效途径。党的十八届三中全会强调：“改进美育教学，提高学生审美和人文素养。”④ 学校里的美育应该努力做到让学生既具有美的理想、美的情操、美的品格、美的素养，同时还具备欣赏美和创造美的能力。

五是加强劳动教育。教育与生产劳动相结合，是我国教育方针的重要内容，

---

① 《习近平在全国高校思想政治工作会议上强调把思想政治工作贯穿教育教学全过程开创我国高等教育事业发展新局面》，《人民日报》2016 年 12 月 9 日。

② 习近平：《青年要自觉践行社会主义核心价值观——在北京大学师生座谈会上的讲话》，《人民日报》2014 年 5 月 5 日。

③ 《习近平致国际教育信息化大会的贺信》，《人民日报》2015 年 5 月 24 日。

④ 《中共中央关于全面深化改革若干重大问题的决定》，《人民日报》2013 年 11 月 16 日。

是实现人的全面发展的必要条件。习近平总书记强调："劳动是人类的本质活动，劳动光荣、创造伟大是对人类文明进步规律的重要诠释。要教育孩子们从小热爱劳动、热爱创造，通过劳动和创造播种希望、收获果实。"①

四、发展素质教育，推进课程与教材体系改革

课程是实现人才培养目标的主要途径，而课程改革的成果最终必定落实到教材建设上，因而课程改革与教材建设有着密切的联系。通过构建课改新体系来带动教材建设，以提高人才的培养质量。深化课程改革与教材体系改革对于发展素质教育、落实立德树人根本任务具有重大意义。

2014 年，教育部印发《关于全面深化课程改革落实立德树人根本任务的意见》。《意见》指出，课程是教育思想、教育目标和教育内容的主要载体，集中体现国家意志和社会主义核心价值观，是学校教育教学活动的基本依据，直接影响人才培养质量。21 世纪以来特别是教育规划纲要发布实施以来，符合素质教育和时代要求的课程教材体系不断完善。但随着社会形式的变化和经济社会对人才质量的需求，对课程改革提出了新的更高要求。高校和中小学课程改革从总体上看，整体规划、协同推进不够，与立德树人的要求还存在一定差距。其主要表现为：重智轻德，单纯追求分数和升学率，学生的社会责任感、创新精神和实践能力较为薄弱；高校、中小学课程目标有机衔接不够，部分学科内容交叉重复，课程教材的系统性、适宜性不强；与课程改革相适应的考试招生、评价制度不配套，制约着教学改革的全面推进。这些问题制约了立德树人的成效。

为此，要着力推进课程与教材体系这一关键领域和主要环节的改革。

一是研究制订了学生发展核心素养体系和学业质量标准，明确学生应具备

① 习近平：《在庆祝"五一"国际劳动节暨表彰全国劳动模范和先进工作者大会上的讲话》，《人民日报》2015 年 4 月 29 日。

的适应终身发展和社会发展需要的必备品格和关键能力，突出强调个人修养、社会关爱、家国情怀，更加注重自主发展、合作参与、创新实践。

二是修订课程方案和课程标准，依据学生发展核心素养体系，进一步明确各学段、各学科具体的育人目标和任务，完善高校和中小学课程教学有关标准；增强思想性、科学性、时代性、适宜性、整体性和可操作性。

三是编写、修订高校和中小学相关学科教材。教材编写、修订要依据课程标准和教学大纲等要求，加强各学段教材上下衔接、横向配合；优化教材内容，将社会主义核心价值观的基本内容写入德育等相关学科教材中，渗透到其他学科教材中；进一步提炼和精选学生全面发展和终身发展必备的、最基本的知识内容，做到容量适当，难易适度，避免内容偏多、偏深；创新呈现形式，根据学生年龄特点，密切联系学生生活经验，设计教材内容的呈现和编排方式，使之更加生动、新颖、活泼，增强对学生的吸引力。

五、发挥教师关键作用，强化教师责任与使命

习近平总书记在同北京师范大学师生代表座谈时指出，要把今天的学生视为“未来实现中华民族伟大复兴中国梦的主力军”，强调要把这支主力军打造成“中华民族的‘梦之队’”。由此，他更加强调教师的关键作用，广大教师作为打造中华民族“梦之队”的筑梦人，必须有理想信念、有道德情操、有扎实学识、有仁爱之心。他说：“教师的工作是塑造灵魂、塑造生命、塑造人的工作。”① 教师“承担着最庄严、最神圣的使命”；② 是学生锤炼品格的引路人，学生学习知识的引路人，学生创新思维的引路人，学生奉献祖国的引

① 习近平：《做党和人民满意的好老师——同北京师范大学师生代表座谈时的讲话》，《人民日报》2014 年 9 月 10 日。

② 习近平：《青年要自觉践行社会主义核心价值观——在北京大学师生座谈会上的讲话》，《人民日报》2014 年 5 月 5 日。

路人；[①]是“立教之本、兴教之源”。[②]各级党委、政府特别是学校各级党组织要当好广大教师的“后勤部长”，通过深入细致的思想政治和扎实有效的服务工作，引导广大教师认清肩负的使命和责任，始终同党和人民站在一起，自觉做中国特色社会主义的坚定信仰者和忠实实践者，自觉做先进思想文化的传播者、党执政的坚定支持者，始终忠诚于党和人民的教育事业，坚持把党的教育方针贯彻到教学管理工作全过程。

为深入贯彻落实党的十九大精神，造就党和人民满意的高素质专业化创新型教师队伍，落实立德树人根本任务，培养德智体美全面发展的社会主义建设者和接班人，全面提升国民素质和人力资源质量，2018年1月，中共中央、国务院印发《关于全面深化新时代教师队伍建设改革的意见》，提出下大力气全面提升教师综合素质、专业化水平和创新能力，增强教师育人能力。为深入推进实施《中共中央国务院关于全面深化新时代教师队伍建设改革的意见》，全面提升教师思想政治素质和职业道德水平，2019年12月，教育部等七部门印发《关于加强和改进新时代师德师风建设的意见》，提出全面加强教师队伍思想政治工作，大力提升教师职业道德素养，将师德师风建设要求贯穿教师管理全过程。

对于思政课教师队伍的建设，2019年8月，中共中央办公厅、国务院办公厅印发《关于深化新时代学校思想政治理论课改革创新的若干意见》，指出要建设一支政治强、情怀深、思维新、视野广、自律严、人格正的思政课教师队伍。一是加快壮大学校思政课教师队伍；二是切实提高思政课教师综合素质；三是切实改革思政课教师评价机制；四是加大思政课教师激励力度；五是大力加强思政课教师队伍后备人才培养工作。

---

① 《习近平在北京市八一学校考察时强调全面贯彻落实党的教育方针努力把我国基础教育越办越好》，《人民日报》2016年9月10日。

② 习近平：《向全国广大教师致慰问信》，《人民日报》2013年9月10日。

六、健全立德树人系统化落实机制

2017年9月，中共中央办公厅、国务院办公厅印发《关于深化教育体制机制改革的意见》，指出要全面深化教育综合改革，全面实施素质教育，全面落实立德树人根本任务，系统推进育人方式、办学模式、管理体制、保障机制改革，使各级各类教育更加符合教育规律、更加符合人才成长规律、更能促进人的全面发展，着力培养德智体美全面发展的社会主义建设者和接班人，为实现"两个一百年"奋斗目标、实现中华民族伟大复兴的中国梦奠定坚实基础。2019年6月，中共中央、国务院印发的《关于深化教育教学改革全面提高义务教育质量的意见》再次强调，落实立德树人根本任务，健全立德树人落实机制。国务院办公厅印发的《关于新时代推进普通高中育人方式改革的指导意见》明确提出："到2022年，德智体美劳全面培养体系进一步完善，立德树人落实机制进一步健全。"明确了健全立德树人落实机制的时间表。

《关于深化教育体制机制改革的意见》指出，要将健全立德树人系统化落实机制作为首要的重点任务，强调要构建大中小学德育体系、健全"三全育人"体制机制、注重培养关键能力、建立促进学生全面发展的长效机制。

首先，构建以社会主义核心价值观为引领的大中小幼一体化德育体系。针对不同年龄段学生，科学定位德育目标，合理设计德育内容、途径、方法，使德育层层深入、有机衔接，推进社会主义核心价值观内化于心、外化于行。深入开展理想信念教育，引导学生坚定拥护中国共产党领导，树立中国特色社会主义共同理想，增强中国特色社会主义道路自信、理论自信、制度自信、文化自信。深入开展以爱国主义为核心的民族精神和以改革创新为核心的时代精神教育、道德教育、社会责任教育、法治教育，加强中华优秀传统文化和革命文化、社会主义先进文化教育。

其次，健全全员育人、全过程育人、全方位育人的体制机制，充分发掘各门课程中的德育内涵，加强德育课程、思政课程。创新思想政治教育方式方法，注重理论与实践相结合、育德与育心相结合、课内与课外相结合、线上与线下相结合、解决思想问题与解决实际问题相结合，不断增强亲和力和针对性。用好自然资源、红色资源、文化资源、体育资源、科技资源、国防资源和企事业单位资源的育人功能，发挥英雄模范人物、名师大家、学术带头人等的示范引领作用，挖掘校史校风校训校歌的教育作用，充分发挥学校党、共青团、少先队组织的育人功能。加强学校教育、家庭教育、社会教育的有机结合，构建各级党政机关、社会团体、企事业单位及街道、社区、镇村、家庭共同育人的格局。

再次，要注重培养支撑终身发展、适应时代要求的关键能力。在培养学生基础知识和基本技能的过程中，强化学生关键能力培养。培养认知能力，引导学生具备独立思考、逻辑推理、信息加工、学会学习、语言表达和文字写作的素养，养成终身学习的意识和能力。培养合作能力，引导学生学会自我管理，学会与他人合作，学会过集体生活，学会处理好个人与社会的关系，遵守、履行道德准则和行为规范。培养创新能力，激发学生好奇心、想象力和创新思维，养成创新人格，鼓励学生勇于探索、大胆尝试、创新创造。培养职业能力，引导学生适应社会需求，树立爱岗敬业、精益求精的职业精神，践行知行合一，积极动手实践和解决实际问题。

最后，要建立促进学生身心健康、全面发展的长效机制。切实加强和改进体育，改变美育薄弱局面，深入开展劳动教育，加强心理健康教育和国防教育。

第六章　优先发展教育事业

教育是强国之基，兴国之要，民生之本。强国必先强教，党和国家历来高度重视教育工作，党和国家坚持将“教育优先发展”作为一项必须长期坚持的重大战略，屡次重申其重要性，意味着优先发展教育事业对于中华民族伟大复兴、建设富强民主文明和谐美丽的社会主义现代化国家具有决定性意义。历史证明，党将教育优先发展战略真正落到了实处，并且长期坚持不动摇，使之成为推动经济社会发展、全面建成小康社会的强大引擎。

第一节　教育事业优先发展的发轫动因

新中国成立以来，经过 70 多年特别是改革开放 40 多年的不懈努力，我国教育事业取得了举世瞩目的伟大成就。新中国成立初期，我国小学的毛入学率只有 20%，初中阶段的毛入学率不足 4%，高中阶段毛入学率不足 2%。到 2019 年底，学前教育毛入园率达到 83.4%，高中阶段教育（包括普通高中、成人高中、中等职业学校）毛入学率为 89.5%，高等教育毛入学率达到 51.6%。没有教育优先发展的不断推进，教育事业的迅速发展就难以实现。

一、知识经济时代的挑战与机遇

中国的基本国情是目前仍处在并将长期处于社会主义初级阶段，人口多、底子薄。1949 年 10 月 1 日，毛泽东庄严宣告中华人民共和国成立，标志着中国进入到社会主义革命和建设时期。经过 40 多年的建设和发展，中国虽然已经从一个半殖民地半封建的旧中国发展成为一个社会主义的新中国，但是由于人口多、底子薄，到 1992 年末全国 6 岁以上人口人均受教育年限仅为 6.26 年，比发达国家同期相差 4.5 年左右。每 10 万人中具有大学文化程度的仅为 1422 人，具有高中文化程度的仅为 8039 人，具有初中文化程度的仅为 23344 人，具有小学文化程度的为 37057 人。大陆 31 个省、自治区、直辖市的人口和现役军人中，文盲、半文盲人口（15 岁及 15 岁以上不识字或识字很少的人）为 18003 万人，比日本的总人口还要多。文盲、半文盲人口占总人口的比例为 15.88%。人民文化素质低是中国社会发展和经济建设面临的最大压力。

国家统计局 1992 年的《国民经济和社会发展统计公报》数据显示，1992 年，中国国内生产总值 23938 亿元，人均 2042 元，按 1990 年可比价格计算仅相当于 300 美元左右，排在当年世界一百名以后。国家经济发展和运行面临固定资产投资规模偏大、货币投放增长过猛、交通运输更加紧张、城市物价和部分生产资料价格涨幅偏高等问题。上述现实情况表明，虽然经过多年的改革开放，中国整体上仍很落后，党和政府深切地意识到了亟需明确适合中国经济社会发展和建立社会主义市场经济体制要求的教育改革和发展战略。如若不把教育摆在优先发展的战略地位，促进经济增长方式的转变，将巨大的人口负担转变为人力资源优势，就会错过难得的战略机遇期。

党和政府坚持走社会主义道路，主动应对知识经济时代的到来和高新技术革命的挑战，顺应传统经济增长方式的革命性变革，依靠科技进步，提高劳动者素质，促进现代化，全面建设小康社会。党中央、国务院审时度势作出了改变国家命运的战略抉择——“优先发展教育”。教育是发展科学技术和培养人才的基础，在现代化建设中具有先导性、全局性作用，必须摆在优先发展的战略地位。中国共产党怀揣这样的伟大使命，站在增强综合国力和国际竞争力的高度，从中国现代化进程的全局出发来认识和把握教育，将教育发展与人力资源开发作为首要任务，作为经济和社会发展的优先领域，优先规划、优先投资、优先保障和优先发展，抓住新机遇，勇敢面对并战胜新挑战。

联合国教科文组织国际教育发展委员会于1972年在《学会生存——教育世界的今天和明天》的研究报告中正式提出了“教育先行”理念，20世纪70年代末至80年代初期传入我国以后，虽在一定时期对具体的实施措施存在分歧，但其基本价值理念获得了理论界大部分学者的认同。随着中国特色社会主义建设的深入推进，教育优先发展获得了社会各界的广泛认可并转化为具体行动，教育优先发展战略上升为国家发展战略。随着中国特色社会主义教育实践探索的不断深入，中国特色社会主义教育事业取得了历史性的成就，开辟了中国特色社会主义教育发展道路，基本形成了中国特色社会主义教育体系。但是，必须清醒地认识到，在全面建成小康社会的新时期新阶段，中国特色社会主义教育事业进入了一个新的发展阶段，处于从教育大国向教育强国、人力资源大国向人力资源强国迈进的中国特色社会主义教育发展道路的新征程的起点上；“我国教育还不完全适应国家经济社会发展和人民群众接受良好教育的要求。……教育优先发展的战略地位尚未得到完全落实”①。

二、科教兴国基本国策的助推

党的十四大确立了具有中国特色社会主义市场经济的发展道路，党中央针对新情况，研究新问题，把优先发展教育的思想由党的文件上升到国家战略，

---

① 《国家中长期教育改革和发展规划纲要（2010—2020年）》，人民出版社2010年版，第10—11页。

提出了把科教兴国作为国家的基本国策。

1998 年 3 月 19 日，九届全国人大一次会议刚落下帷幕，600 多名中外记者纷纷涌向人民大会堂三楼新闻发布厅抢占“有利地形”，新任国务院总理朱镕基和四位副总理在这里与中外记者见面。上午 10 时 30 分，上百台摄像机、照相机镜头转向入口处。朱镕基、李岚清、钱其琛、吴邦国、温家宝步入大厅，在如闪电交织般的镁光灯中落座，沸腾的大厅立刻变得鸦雀无声。记者们的目光聚焦在朱镕基等人身上。刚当选的国务院总理朱镕基语气凝重地说：“科教兴国是本届政府最大的任务。江泽民主席非常重视这个问题，多次阐明科教兴国的重要性。但是我们因为没有资金，贯彻得不好”，“中央的财政和银行都拿不出钱来支持科教兴国的方针”，“中央已经决定成立国家科技教育工作领导小组，我来任组长，李岚清副总理任副组长。这个决定已经过江泽民主席批准。我们有决心进一步把科教兴国方针贯彻到底”。①

科教兴国是影响乃至决定中国未来前途与命运的重大国策。新中国成立后到“文化大革命”结束，由于种种原因，发展科技与教育在当时尚未提升到国家发展的战略层面。改革开放拨乱反正，邓小平从以往的经验和教训中，悟出如果不把对科技和教育的重视提升到国家战略的层面，可能会严重制约中国的超常规赶超和跨越式发展。所以，从 1978 年开始，邓小平就开始思考如何从战略的层面确立科技和教育在国家现代化进程中的地位和作用。

“文化大革命”刚结束，邓小平就提出：“我们国家要赶上世界先进水平，从何着手呢？我想，要从科学和教育着手。”②1982 年，邓小平在论述 20 年内我国发展战略的重点时强调：“搞好教育和科学工作，我看这是关键。没有人

① 《九届全国人大一次会议举行记者招待会　朱镕基总理等答中外记者问》，《人民日报》1998 年 3 月 20 日。

② 邓小平：《关于科学和教育工作的几点意见》，中共中央文献编辑委员会：《邓小平文选》（第二卷），人民出版社 1994 年版，第 48 页。

才不行，没有知识不行。”[①]1985年，在全国科技大会上，邓小平重申：“改革经济体制，最重要的、我最关心的，是人才。改革科技体制，我最关心的，还是人才。”[②]同年，在全国教育工作会议上，邓小平指出：“我们国家，国力的强弱，经济发展后劲的大小，越来越取决于劳动者的素质，取决于知识分子的数量和质量。”[③]1988年，邓小平深刻指出：“马克思说过，科学技术是生产力，事实证明这话讲得很对。依我看，科学技术是第一生产力。”[④]1992年，邓小平在南方谈话中再次指出：“经济发展得快一点，必须依靠科技和教育。”[⑤]邓小平的一系列重要论述为我国实施科教兴国战略奠定了重要的思想基础和坚实的理论基础。

1995年，江泽民在全国科技大会上的讲话中首次正式提出要“实施科教兴国战略”。他指出：“科教兴国，是指全面落实科学技术是第一生产力的思想，坚持教育为本，把科技和教育摆在经济、社会发展的重要位置，增强国家的科技实力及向现实生产力转化的能力，提高全民族的科技文化素质。”[⑥]他重申要把经济建设转移到依靠科技进步和提高劳动者素质的轨道上来，加速实现国家的繁荣强盛。同时，《中共中央国务院关于加速科学技术进步的决定》首次以中央文件形式提出在全国实施科教兴国战略。同年，党的十四届五中全会在关于

① 邓小平：《一心一意搞建设》，中共中央文献编辑委员会：《邓小平文选》（第三卷），人民出版社1993年版，第9页。

② 邓小平：《改革科技体制是为了解放生产力》，中共中央文献编辑委员会：《邓小平文选》（第三卷），人民出版社1993年版，第108页。

③ 邓小平：《把教育工作认真抓起来》，中共中央文献编辑委员会：《邓小平文选》（第三卷），人民出版社1993年版，第120页。

④ 邓小平：《科学技术是第一生产力》，中共中央文献编辑委员会：《邓小平文选》（第三卷），人民出版社1993年版，第274页。

⑤ 邓小平：《在武昌、深圳、珠海、上海等地的谈话要点》，中共中央文献编辑委员会：《邓小平文选》（第三卷），人民出版社1993年版，第377页。

⑥ 江泽民：《在全国科学技术大会上的讲话》，《人民日报》1995年6月5日。

国民经济和社会发展“九五”计划和2010年远景目标的建议中，把实施科教兴国战略列为今后15年乃至整个21世纪加速我国社会主义现代化建设的重要方针之一。1996年，八届全国人大四次会议以具有法律效应的形式，正式提出了国民经济和社会发展“九五”计划和2010年远景目标，将“科教兴国”确定为基本国策。

1997年，党的十五大确定了21世纪我国社会主义现代化建设的宏伟目标，明确提出：“培养同现代化要求相适应的数以亿计高素质的劳动者和数以千万计的专门人才，发挥我国巨大人力资源的优势，关系21世纪社会主义事业的全局。要切实把教育摆在优先发展的战略地位。”1998年，经中央批准，国家科技教育领导小组成立，以推动科教兴国战略的实施。1999年，江泽民在第三次全国教育工作会议上的讲话中指出：“教育是知识创新、传播和应用的主要基地，也是培育创新精神和创新人才的摇篮”，“各级党委和政府，要将教育纳入战略发展重点和现代化建设的整体布局之中，切实把教育作为先导性、全局性、基础性的工作，摆到优先发展的战略重点地位”。①

教育在经济社会发展中的基础地位主要体现在三个方面：第一，教育是人类生存与发展的一项基本活动；第二，教育投资是现代经济和社会发展的基础性投资；第三，教育是培养创新人才和社会主义劳动者的基地。

时任国务院副总理李岚清在谈到“科教兴国”时说：“科教兴国，一字千金。”②在面临多种抉择的情况下，把“科教兴国”作为国家战略，奠定了国家和民族可持续发展的基础。

2003年11月7日，在庆祝我国首次载人航天飞行圆满成功大会上，胡锦涛指出：“我国是一个发展中国家，在经济社会发展的诸多方面特别是科技发展方面同发达国家还有较大差距。我们要赶超世界先进水平，就必须坚定不移

---

① 江泽民：《国运兴衰系于教育　教育振兴全民有责》，《人民日报》1999年6月16日。

② 李岚清：《李岚清教育访谈录》，人民教育出版社2004年版，第23页。

地实施科教兴国和人才强国战略。”2012年9月18日，在发展中国家科学院第二十三届院士大会上，胡锦涛再次强调：“我们将秉持科学发展的理念，坚持把科技摆在优先发展的战略位置，深入实施科教兴国战略和人才强国战略，坚持自主创新、重点跨越、支撑发展、引领未来的方针，大力提升自主创新能力。”①

2013年9月25日，在联合国“教育第一”全球倡议一周年纪念活动上，习近平总书记在贺词中强调“中国将坚定实施科教兴国战略，始终把教育摆在优先发展的战略位置。”党的十八以来，习近平总书记把科教兴国、人才强国和创新驱动发展战略放在国家发展的核心位置，高度重视人才，重视科技。在党的十九大报告中，习近平总书记指出，要“坚定实施科教兴国战略”，要“培养造就一大批具有国际水平的战略科技人才、科技领军人才、青年科技人才和高水平创新团队”。可以说，自1995年科教兴国战略提出以来，“科学技术是第一生产力”的观念不断深入人心，涌现了一大批重大原创成果，中国科教事业发展的良好环境，持续成为国家发展、民族振兴的重要源泉。②

中国是一个人口大国，也是一个教育大国，教育人口占总人口的24%以上。中国是世界上人口最多的发展中国家，在我国经济快速发展的同时，人口、资源、环境的承载力趋向极限。在自然资源、物质资源和人力资源比较中，唯有人力资源可能形成比较优势。在这样的背景下，人口众多从某种意义上来说就是一种劣势，如何把这种劣势变为优势，这就必须依靠教育和科技，把科教兴国作为国家的基本国策和一种新的发展战略，因此，实施科教兴国战略是党中央立足我国国情作出的重大决策，是中华民族在历史的紧要关头作出的世纪

---

① 《科教兴国：用实力擎起现代中国》，载人民网 http://theory.people.com.cn/n/2012/1106/c49166-19511171-1.html，2012年11月6日。

② 《向科教强国大步迈进》，载人民网 http://theory.people.com.cn/nl/2019/0311/c40531-30968373.html，2019年3月11日。

性重大抉择。而把教育摆在优先发展的战略地位，是贯彻党的十六大提出的“大力实施科教兴国战略”的基础和前提。党的十一届三中全会以来，党中央反复强调了教育在社会主义现代化建设中的战略地位，多次提出实施科教兴国战略。但是，由于存在“教育事业是消费事业”“抓经济吹糠见米，抓教育难见成效”等错误认识，教育战略地位并不是很落实。按照中央要求，要真正落实教育优先发展的战略，就要求各级领导更新观念，走出误区，站在时代和世界经济发展的制高点上，重新认识教育在经济社会发展中的作用。“优先发展、育人为本、改革创新、促进公平、提高质量”，是《国家中长期教育改革和发展规划纲要（2010—2020年）》提出的2010年至2020年的教育改革和发展的工作方针。“优先发展”凸显了教育发展的战略地位，反映了各级政府处理教育事业发展与其他经济社会事业发展关系的总体要求，强调了教育事业发展的政治、政策和条件保障。

1. 教育对提高劳动生产率起决定性作用

马克思主义认为，劳动生产率是由多种情况决定的，其中包括：工人的平均熟练程度，科学的发展水平和它在工艺上应用的程度，生产过程的社会结合，生产资料的规范和效能，以及自然条件。20世纪初，智力对劳动生产率提高所起的作用大约占5%，而现在则早已超过50%。因此，邓小平早就告诫我们，要掌握和发展现代科学文化知识和各行各业的新技术新工艺，要创造比资本主义更高的劳动生产率，把我国建设成为现代化的社会主义强国，并且在上层建筑领域最终战胜资产阶级的影响，就必须培养具有高度科学文化水平的劳动者，必须造就宏大的又红又专的工人阶级知识分子队伍。由此可见，教育由于其对劳动者素质培养的决定性作用而成为提高劳动生产率的主要因素，进而在经济建设中起着决定性的作用。

2. 教育对发展生产力起决定性作用

生产力中人是最活跃的因素，人才是科学技术中最活跃、最能动的因素，科技人员是科技的主体。只有通过教育，人才能掌握科学文化知识、生产经验和劳动技能，才能使科学技术由知识形态转化为现实的生产力；只有通过教育，才能使自然的人力人脑，拥有知识，增加智慧，提高智力，进而创造新的科学技术，发明新的生产工艺；只有劳动者掌握了科学技术，作用于生产资料，科学技术才成为现实的生产力，从而促进经济的发展。邓小平曾批评部分同志，包括一些高级领导干部，指出忽视教育的领导者是缺乏远见的、不成熟的领导者，就领导不了现代化建设，要求各级领导要像抓好经济工作那样抓好教育工作。

三、深刻认识到公共教育投入的重要作用

教育是一项需要巨大资金投入的事业，教育投入不仅是教育事业发展的基本的物质保障，而且是教育规模扩大和教育质量提升的必要的物质因素。发展教育事业是政府重要的公共职责，保障教育投入是落实教育优先发展的战略地位、实施科教兴国和人才强国战略的根本措施。改革开放以来，党和政府对教育投入的认识日益深化，为增加教育投入，推行了一系列的重大措施，展现出高超的政治智慧。邓小平在改革开放初期将我国的教育经费投入与第三世界的国家进行比较分析，他认为："经济发展和教育、科学、文化、卫生发展的比例失调，教科文卫的费用太少，不成比例。甚至有些第三世界的国家，在这方面也比我们重视得多。印度在教育方面花的钱就比我们多。像埃及这样的国家，人口只有四千万，按人口平均计算，他们在教育方面花的钱，也比我们多几倍。总之，我们非要大力增加教科文卫的费用不可。"① 同时指出："科学技术方面的投入、农业方面的投入要注意，再一个就是教育方面。我们要千方百计，在别的方面忍耐一些，甚至于牺牲一点速度，把教育问题解

① 中共中央文献编辑委员会：《邓小平文选》（第二卷），人民出版社 1994 年版，第 250 页。

决好。”[①]江泽民指出：“不少外国学者认为，掌握现代科学文化知识的人力资源，是一个国家经济繁荣的核心，而各种方式的教育则是保持和加强这个核心的最重要的手段；对教育的投资就是对国家未来的经济繁荣和竞争力的投资，也就是对国家未来的生存和前途的投资。我觉得这些认识是有道理的，也应成为我们全社会的共识。”[②]2007 年，胡锦涛在全国优秀教师代表座谈会上的讲话中阐述了“三个优先”的战略思想，他指出：“以更大的决心、更多的财力支持教育事业，经济社会发展规划要优先安排教育发展，财政资金要优先保障教育投入，公共资源要优先满足教育和人力资源开发需要。”[③]

改革开放以来，在增加教育投入的具体措施方面，取得了四项标志性的成果，一是确立了 4% 的目标，促使教育投入的财政主渠道的落实。二是将教育投入纳入法治轨道。《中华人民共和国教育法》将教育投入和条件保障单列一章，明确规定了“两个逐步提高”和“三个增长”。其中，第五十四条规定：“国家财政性教育经费支出占国民生产总值的比例应当随着国民经济的发展和财政收入的增长逐步提高。具体比例和实施步骤由国务院规定。全国各级财政支出总额中教育经费所占比例应当随着国民经济的发展逐步提高。”第五十五条规定：“各级人民政府的教育经费支出，按照事权和财权相统一的原则，在财政预算中单独列项。各级人民政府教育财政拨款的增长应当高于财政经常性收入的增长，并使按在校学生人数平均的教育费用逐步增长，保证教师工资和学生人均公用经费逐步增长。”三是全国教育经费总量和国家财政性教育经费均得到迅速增长。改革开放以来，在中央和各级政府的共同努力下，教育投入有着跨越式提高，国家财政性教育经费由 1980 年的 114.2 亿元

① 中共中央文献编辑委员会：《邓小平文选》(第三卷)，人民出版社 1993 年版，第 275 页。

② 刘振英、邹爱国：《江泽民勉励全国应届高校毕业生继承发扬知识分子优良传统积极投身改革开放伟大洪流》，《人民日报》1992 年 5 月 21 日。

③ 胡锦涛：《在全国优秀教师代表座谈会上的讲话》，人民出版社 2007 年版，第 3 页。

增长到2018年的36995.77亿元，增长幅度为323倍；全国教育经费总量由1990年的659.38亿元增长到2018年的46143.00亿元，增长幅度达70倍。四是教育投入呈现多元化的格局。改革开放以前，我国实行高度集中的计划经济体制，教育事业由国家统包统揽，财政资金是教育经费的唯一来源；教育投资认识的日益深化，“政府投入为主、全社会共同分担”①的教育经费投入理念获得社会各界的认同，逐步形成了教育经费投入的六条主要来源渠道，即以财政拨款为主，辅之以征收用于教育的税（费）、对非义务教育阶段的学生收取学费和对义务教育阶段的学生收取杂费、发展校办产业、支持集资办学和捐资助学、建立教育基金（简称为“财”“税”“费”“产”“社”“基”）；②由国家、社会、学校、集体与个人多元投资的格局取代了原来单一的政府投资格局，教育经费投入的来源除了政府拨款的财政性教育经费之外，还呈现出社会团体和公民个人办学的经费、社会集资办学和捐资办学的经费以及收取的学杂费等非财政性教育经费，这使教育经费总量迅速增长成为现实。

改革开放以来，党和政府在增加教育经费投入方面取得了前所未有的巨大成就，但是必须清醒地认识到仍存在不少问题和矛盾。张保庆指出：“切实落实教育优先发展的战略地位与实际教育经费投入短缺的矛盾仍然十分尖锐，教育事业改革发展对投入的需求同经费实际供应的差距依然十分突出。”③教育投入总量不足、生均教育经费低、教育经费的分配结构不合理等是这一矛盾具体的表现形态。

---

① 顾明远、刘复兴：《改革开放30年中国教育纪实》，人民出版社2008年版，第251页。

② 陈鸣、朱自锋：《中国教育经费论纲》，中央编译出版社2008年版，第178页。

③ 教育部办公厅、直属机关党委：《邓小平理论指引下的中国教育二十年》，福建教育出版社1998年版，第74页。

第二节 确立教育事业优先发展的战略地位

优先发展教育是党和国家提出并长期坚持的指导思想和重大方针，也是我们党顺应人民群众的愿望和时代发展趋势的体现。在新民主主义革命时期，中国共产党提出了“民族的、科学的、大众的”新民主主义文化教育事业发展宗旨，克服各种困难创办学校，培养了大批革命战争和革命政权建设急需的优秀人才，动员和教育了广大人民群众。新中国成立以后，党和政府确定了在全国范围内建设民族的、科学的、大众的新民主主义教育的文化教育政策，确立了教育为人民服务、为工农服务、为国家经济建设服务和巩固社会主义政权服务的战略指导思想，致力于建设人民教育，完成了对旧中国教育的改造，实现了对教育工作的全面领导，提出了社会主义教育方针，有计划地大力发展各级各类教育，逐步构建起社会主义教育制度和较为完整的教育体系。党的十一届三中全会以后，“尊重知识，尊重人才”成为时代强音，党和政府明确提出教育是一个民族最根本的事业。党的十二大将教育和科学与农业、能源和交通一起列为国家发展的三大战略重点。[①] 党的十三大强调，“必须坚持把发展教育事业放在突出的战略位置”。1992 年，江泽民同志在党的十四大上第一次提出：“必须把教育摆在优先发展的战略地位，努力提高全民族的思想道德和科学文化水平，这是实现我国现代化的根本大计。”这是中国共产党执政史上第一次明确提出要把教育摆在优先发展的战略地位，是对社会主义初级阶段基本国情条件下教育发展道路的准确定位，对之后的教育发展具有非常重大的指导意义。党的十五大再一次强调这一指导方针。党的十六大以来，党中央对教育优先发展高度重视。党的十七大报告把教育放在加快推进以改善民生为重点的社会建设的首要

① 曹寄奴：《教育优先发展的理论与实践》，人民出版社 2014 年版，第 63 页。

位置。党的十八大报告进一步把努力办好人民满意的教育放在改善民生和加强社会建设之首，作出了坚持优先发展教育的战略决策。全面贯彻党的教育方针，坚持教育为社会主义现代化建设服务、为人民服务，把立德树人作为教育的根本任务，培养德智体美全面发展的社会主义建设者和接班人。

尤其是改革开放以来，教育优先发展的战略思想已经成为国家现代化建设全局的指导思想、重要政策和行动指南，从党的十四大至十九大，反映了教育优先发展的国家战略和政策的形成与深化。从教育优先发展思想的萌发，到科教兴国与人才强国战略的提出，再到建设人力资源强国和教育强国，可以看出，坚持教育优先发展战略思想是当代中国马克思主义最突出的理论贡献和最具实践意义的制度创新，是中国特色社会主义现代化建设成功经验的精辟总结。从人口大国迈向人力资源强国，我国教育事业的发展正站在一个新的历史起点上。

一、突出教育事业发展的战略地位

教育优先发展思想是邓小平理论的重要组成部分。邓小平认识到，人才培养是现代化建设成败的关键。由于教育落后，我国经济、社会发展长期面临人才紧缺的状况，人才培养显得格外重要。因此，他在确立我国现代化建设分“三步走”的发展战略时，是以教育优先发展作为基础条件和基本前提的。他反复强调要抓好教育这个基础，并对教育的发展前景充满信心。

从 20 世纪 70 年代末到 80 年代末，邓小平在科技、教育以及其他方面的各种会议与座谈会上，反复动员全党全社会“尊重知识，尊重人才”，倡导确立教育优先发展的战略地位。

1978 年 3 月 18 日，全国科学大会在京召开，邓小平作了重要讲话，明确提出：像“四人帮”那样肆意摧残科学事业、迫害知识分子的那种情景，一去不复返了；科学技术是第一生产力；劳动者只有具备较高的科学文化水平、丰富的生产经验、先进的劳动技能，才能在现代化的生产中发挥更大的作用；要在短短的20多年中实现四个现代化，就要大力发展科学研究事业和科学教育事业，大力发扬科学技术工作者和教育工作者的革命积极性。他说："科学技术人才的培养，基础在教育。我们要全面地正确地执行党的教育方针，端正方向，真正搞好教育改革，使教育事业有一个大的发展，大的提高。教育事业，决不只是教育部门的事，各级党委要认真地作为大事来抓。各行各业都要来支持教育事业，大力兴办教育事业。"

1982年9月召开的党的十二大明确提出，把教育作为我国社会主义经济建设的战略重点之一。党的十二大报告指出，为实现从1981年到20世纪末经济发展的奋斗目标，最重要的是解决好"农业问题，能源、交通问题和教育、科学问题"，"把它们作为经济发展的战略重点"。党的十二大还强调，在建设高度的物质文明的同时，一定要努力建设高度的社会主义精神文明，这是建设社会主义的一个战略方针问题。社会主义精神文明建设包括文化建设和思想建设两个方面，其中教育又居于文化建设的首位。同时还指出，普及教育是建设物质文明和精神文明的重要前提，必须大力普及初等教育，加强中等职业教育和高等教育，发展包括干部教育、职工教育、农民教育、扫除文盲在内的城乡各级各类教育事业，培养各种专业人才，提高全民族的科学文化水平。把教育作为实现20年国民经济翻两番的重要保证，第一次把教育提高到现代化建设战略重点之一的地位。

1985年5月，邓小平在全国教育工作会议上作了题为《要把教育工作认真抓起来》的重要讲话，对教育的重要性和实现现代化的基本途径做了精辟论述。他指出："我们多次说过，我国的经济，到中华人民共和国成立一百周年时，可能接近发达国家的水平。我们这样说，根据之一，就是在这段时间里，我们完全有能力把教育搞上去，提高我国的科学技术水平，培养出数以亿计的各级各类人才。我们国家，国力的强弱，经济发展后劲的大小，越来越取决于劳动者的素质，取决于知识分子的数量和质量。一个十亿人口的大国，教育搞上去了，人才资源的巨大优势是任何国家比不了的。有了人才优势，再加上先进的社会主义制度，我们的目标就有把握达到。现在小学一年级的娃娃，经过十几年的学校教育，将成为开创21世纪大业的生力军。中央提出要以极大的努力抓教育，并且从中学抓起，这是有战略眼光的一着。如果现在不向全党提出这样的任务，就会误大事，就要负历史的责任。”随后，党中央、国务院作出《中共中央关于教育体制改革的决定》，指出：“今后事情成败的一个重要关键在于人才，而要解决人才问题，就必须使教育事业在经济发展的基础上有一个大的发展。”邓小平对此指出：“教育体制改革的决定草案，我看是个好文件。现在，纲领有了，蓝图有了，关键是要真正重视，扎扎实实地抓，组织好施工。”在邓小平理论的指导下，全党对教育的认识不断提高。

在改革开放初期，百废待兴，财政十分紧张，当时有一种流行的观点认为，“经济要上，教育要让”，认为教育是消费性事业，应优先把财政经费用于发展经济。针对这种观点，邓小平斩钉截铁地指出，“我们要千方百计，在别的方面忍耐一些，甚至于牺牲一点速度，把教育问题解决好”，① 并且批评那些不重视教育的干部“没有远见”。②

1987年，党的十三大报告提出：“百年大计，教育为本。必须坚持把发展教育事业放在突出的战略位置，加强智力开发”，“把发展科学技术和教育事业放在首要位置，使经济建设转到依靠科技进步和提高劳动者素质的轨道上来”，“必须坚持把发展教育事业放在突出的战略位置”。这是一个极为重大的战略决策，进一步明确了教育对国家发展的基础性和战略性作用，也是我们党对教育在社会、经济发展中的地位和作用认识深化的必然结果。

邓小平认为，教育优先发展是实现“三步走”战略目标的必要前提和基本保证。这是一个重要的战略重点转移，要依靠各级领导高度重视，认真实施，

---

① 中共中央文献编辑委员会：《邓小平文选》(第三卷)，人民出版社1993年版，第275页。

② 同上书，第120—121页。

才能真正得到落实。他认为国际经济竞争实质上是人才的竞争，其中也包括领导能力、领导水平的竞争。能否在现代化建设中将优先发展教育的战略思想落到实处，除了全社会的重视之外，关键在领导。他认为，一个有远见的、成熟的、合格的领导，必须高度重视教育的优先发展问题。

邓小平强调教育优先发展，首先必须尊重知识，尊重人才。为此，不仅要尊重掌握丰富知识的人才，更要尊重具有创新知识的人才，要为这些人才的成长创造良好环境。他指出："要提高我们的技术水平、管理水平，没有一点创造性不行。"而创造性人才的培养基础在教育，要优先发展教育，第一，要解放思想，打破常规；第二，要建立合理、灵活、有效的管理制度和机制；第三，要创造条件，吸引优秀留学人员回国作贡献。他多次强调，优先发展教育，必须切实解决教育工作中的实际问题，以利于知识分子将全部精力投入科研和教育工作。邓小平指出："要调动科学和教育工作者的积极性，光空讲不行，还要给他们创造条件，切切实实地帮助他们解决一些实际问题。"一是要制定具体的方针政策。优先发展教育，没有具体明确的方针政策和法律依据不行。二是要提高知识分子的政治地位和工资待遇。知识分子的政治地位不明确，工资待遇不相称，势必影响教育的发展。三是要做好后勤工作，使知识分子和教育工作者能安居乐业。优先发展教育，就要解决教育者的后顾之忧，使他们集中精力搞好教书育人工作。邓小平提出："后勤工作很重要，它要为研究工作创造条件。"

二、确立教育优先发展的战略地位

1992年，以邓小平南方谈话和党的十四大为标志，我国改革开放和社会主义现代化建设事业进入了一个新的历史阶段。在这一阶段江泽民继承了毛泽东思想和邓小平理论，承前启后，继往开来，领导全党和全国人民加快改革开放步伐，大力推进有中国特色的社会主义现代化建设事业，对教育在国家和社会中的地位与作用又有了更新的认识，并保持高度重视，教育优先发展战略因而得到了进一步的贯彻与落实。同年 10 月，江泽民在党的十四大上向全党、全国人民发出号召：“科技进步、经济繁荣和社会发展，从根本上说取决于提高劳动者的素质，培养大批人才。我们必须把教育摆在优先发展的战略地位，努力提高全民族的思想道德和科学文化水平，这是实现我国现代化的根本大计。”此次大会是在中国经济社会发展处于一个特殊的历史关键时刻的背景下召开的。它关系到中国的改革开放是否要继续进行下去，怎样进行下去；关系到中国的社会主义制度是否要坚持下去，怎样坚持下去；关系到是否能应对知识经济、科技革命、经济全球化带来的挑战以及怎样应对挑战。这次大会成为中国现代化历史上一个重大的转折，在中国共产党历史上第一次明确提出了建立社会主义市场经济体制的目标，作出了“建立和完善社会主义市场经济体制”的战略决策，并将教育由“放在突出的战略地位”上升为“优先发展的战略地位”，在中国共产党的执政历史上第一次明确提出了把教育摆在优先发展的战略地位。教育优先发展的理念以党和国家意志的形式得到了清晰的表达，教育优先发展的战略地位由此明确确立。

1993 年 2 月 13 日，中共中央、国务院颁布了《中国教育改革和发展纲要》（以下简称《纲要》），确定了 20 世纪末我国教育改革与发展的基本目标和任务，这是将教育提升到“优先发展的战略地位”的重要举措。《纲要》强调切实落实教育优先发展的战略地位，提出实施“两基”战略目标，即基本普及九年义务教育和基本扫除青壮年文盲；提出要“逐步提高国家财政性教育经费支出占国民生产总值的比例”，这是国家首次提出要加大教育经费投入，以更好地促进教育优先发展。随后一系列相关的教育政策相继颁布。

1995 年 3 月 18 日，八届全国人大三次会议通过了《中华人民共和国教育法》，对教育在社会发展中的地位和作用作了充分肯定，指出“教育是社会主义现代化建设的基础，国家保障教育事业的优先发展”，从而在法律上确立了教育优先发展的地位。

1997年9月，党的十五大提出，“发展教育和科学，是文化建设的基础工程。培养同现代化要求相适应的数以亿计高素质的劳动者和数以千万计的专门人才，发挥我国巨大人力资源的优势，关系二十一世纪社会主义事业的全局。要切实把教育摆在优先发展的战略地位”。“发展教育和科学，是文化建设的基础工程”，正式把以教育优先发展为核心的科教兴国战略列为党和国家跨世纪的基本战略之一，并对落实科教兴国战略做了全面部署；教育优先发展的战略思想，得到进一步延续贯彻。

1999年6月第三次全国教育工作会议上，江泽民号召“全党全社会大力推进教育改革，全面实施素质教育，切实落实教育优先发展的战略地位，把中国教育全面推向21世纪”，从21世纪人类历史命运和中华民族伟大复兴的历史视角，论述了教育将在实现国家富强和民族复兴的伟大事业中发挥特殊重要的作用，号召全党全社会大力推进教育改革、全面实施素质教育，切实落实教育优先发展的战略地位，把我国教育全面推向21世纪。当月，《关于深化教育改革，全面推进素质教育的决定》颁布，再一次明确提出“要求各级党委和人民政府切实落实教育优先发展的战略地位”，纵深推进教育优先发展的改革工作。

2000年10月，中共中央在《关于制定国民经济和社会发展第十个五年计划的建议》中提出，“教育是培养人才的基础，对经济和社会发展具有先导性、全局性的作用，要适度超前发展”。

2002年11月，党的十六大报告更是以前所未有的篇幅和力度，系统阐述了教育在实现全面建设小康社会宏伟目标中的战略地位和21世纪初教育的目标、任务及要求，并明确指出：“教育是发展科学技术和培养人才的基础，在现代化建设中具有先导性全局性作用，必须摆在优先发展的战略地位。”

三、长期坚持教育优先发展的战略方针

2006年8月29日，胡锦涛在中央政治局集体学习时指出：“必须坚定不移

地实施科教兴国战略和人才强国战略，切实把教育摆在优先发展的战略地位，推动我国教育事业全面、协调、可持续发展，努力把我国建设成为人力资源强国，为全面建设小康社会、实现中华民族的伟大复兴提供强有力的人才和人力资源保证。”

2007年8月31日，胡锦涛在全国优秀教师座谈会上指出：“全面实施科教兴国战略和人才强国战略，继续坚持好、落实好把教育摆在优先发展的战略地位的方针。”“以更大的决心、更多的财力支持教育事业，经济社会发展规划要优先安排教育发展，财政资金要优先保障教育投入，公共资源要优先满足教育和人力资源开发的需要。”这次会议不仅再次强调教育要优先发展，而且首次提出了教育的“三个优先”思想，进一步丰富了教育优先发展的战略思想内涵，并成为后来落实教育优先发展战略的重要政策措施。

2007年10月，胡锦涛在党的十七大报告中，把优先发展教育列为改善民生六大任务之首。报告提出了加快推进以改善民生为重点的社会建设的六大任务，其中第一项就是“优先发展教育，建设人力资源强国”的重要战略决策，进一步扩展和丰富了教育优先发展的内涵，明确了新时期教育发展的新战略目标和方向。不久，在党的十七届二中全会上，中央再次将优先发展教育的政策列在了扩大就业、完善社保体系和建立基本医疗保障制度等多项政策任务的前面。

2008年3月，在十一届全国人大一次会议上，温家宝在政府工作报告中提到如何注重社会建设、着力保障和改善民生时，将教育放在了第一位，并强调要坚持优先发展教育，在全国城乡普遍实行免费义务教育，推动义务教育均衡发展，进一步促进教育公平，同时大力发展职业教育，提高高等教育质量。

2010年7月，党中央、国务院召开21世纪第一次全国教育工作会议。胡锦涛总书记、温家宝总理对推进教育事业改革发展、动员全党全社会实施《国家中长期教育改革和发展规划纲要（2010—2020年）》进行了全面部署，将教育优先发展战略定格为中国2010—2020年国家教育发展的基本行动战略，我国未来发展、中华民族伟大复兴，关键靠人才，基础在教育，在党和国家工作全局中，必须始终把教育摆在优先发展的战略地位。同时提出中国教育发展的20字“工作方针”，即把“优先发展、育人为本、改革创新、促进公平、提高质量”作为中国教育系统今后十年的共同准则和发展指南。坚持优先发展教育，推动教育事业科学发展，建设人力资源强国，为全面建设小康社会、加快推进社会主义现代化提供更有力的人才保证和人力资源支撑。要把优先发展教育作为贯彻落实科学发展观的基本要求，切实保证经济社会发展规划优先安排教育发展、财政资金优先保障教育投入、公共资源优先满足教育和人力资源开发需要，并尽快形成科学规范的制度。

2012年11月，中国共产党第十八次全国代表大会召开。在党的十八大报告中，再次强调坚持实施教育优先发展，指出“教育是民族振兴和社会进步的基石。要坚持教育优先发展，全面贯彻党的教育方针，坚持教育为社会主义现代化建设服务、为人民服务，把立德树人作为教育的根本任务，培养德智体美全面发展的社会主义建设者和接班人”。

优先发展教育，促进教育公平，努力使全体人民“学有所教”，是以人为本的科学发展观的生动体现。把优先发展教育摆在改善民生之首，是中国经济社会协调发展的一个有力见证，这一战略思想和重大举措对于整个民族素质的提高和中华民族的复兴，对于实施科教兴国战略和人才强国战略，对于建设和谐社会和建设人力资源强国，都具有极其重要而深远的意义。

四、优先发展，坚持教育战略地位不动摇

党的十八大以来，以习近平同志为核心的党中央高度重视和实施教育优先发展战略。我国教育供给与教育需求不断变化和调整，学前教育短板破除，九年义务教育基本普及，职业教育大力发展，高等教育经历了精英化、大众化和

普及化的发展过程，建成了当今世界最大规模的教育体系，有效缓解了教育供给与教育需求之间的矛盾，支撑起培养我国现代化建设所需要的高素质人才和劳动者的需要，我国教育发展总体水平进入世界中上行列。习近平总书记站在中国特色社会主义事业全局高度，深刻洞察教育的基础性、先导性、全局性作用，强调要把教育摆在优先发展的战略地位。

以习近平同志为核心的党中央用实际行动倡导、垂范优先发展教育的思想，使优先发展教育的理念和战略落到实处。对教育的本质与在实现中华民族伟大复兴的中国梦征程中的地位、作用，习近平总书记作出了一系列重要论述，发出了一系列重要指示。自党的十八届三中全会以来，习近平总书记主持的中央深改组和深改委会议上，涉及教育改革的文件和方案就有十几份。《乡村教师支持计划（2015—2020年）》《关于深化教育体制机制改革的意见》《中国教育现代化2035》《统筹推进世界一流大学和一流学科建设总体方案》《关于统筹推进城乡义务教育一体化改革发展的若干意见》《关于全面深化新时代教师队伍建设改革的意见》《关于规范校外培训机构发展的意见》《关于学前教育深化改革规范发展的若干意见》等一系列政策，进行了务实精准的顶层设计，直指改革的难点，影响深远。各个地方努力做到经济社会发展规划优先安排教育发展，财政资金优先保障教育投入，公共资源优先满足教育和人力资源开发需要，以教育的优先发展支撑经济社会又好又快发展。2012年我国财政性教育经费支出占当年国内生产总值比例首次超过4%，突破2万亿元，并且连续6年保持在4%以上。2019年，国家财政性教育经费突破4万亿元。

习近平总书记在党的十九大报告中围绕“优先发展教育事业”作出新的全面部署，明确指出：“建设教育强国是中华民族伟大复兴的基础工程，必须把教育事业放在优先位置，加快教育现代化，办好人民满意的教育。”这些指示不仅提出了建设教育强国的战略目标和任务，也为我们深刻领会习近平总书记优先发展教育事业思想提供了很好的注脚。习近平总书记关于优先发展教育的思想具有鲜明的时代特色和丰富的理论内涵，为我们在中国特色社会主义新时代不断推进教育改革发展、大力提高国民素质指明了方向，对于社会主义现代化强国建设、教育现代化及教育强国建设具有深远的现实意义和重要的指导作用，强调了教育在国家建设实践中的基础性作用。

2015 年 3 月 16 日，习近平在人民大会堂会见美国哈佛大学校长福斯特时指出："中国一直把教育放在优先发展的战略地位。"

在教育优先发展这一战略部署上，理念和实践完美统一。统计显示，仅从党的十八届三中全会召开至 2020 年 8 月底，习近平总书记主持的 38 次中央深改小组会议，便审议了十几个涉及教育改革的文件和方案，直指教育改革发展的关键，发力精准、影响深远。党的十八大以来，坚持从保障和改善民生、维护社会公平正义的高度出发，对我国教育事业历史方位作出准确判断，成功地将教育优先发展推向了一个新阶段。

第三节　实现教育事业优先发展的战略举措

习近平总书记在党的十九大报告中明确提出：中国特色社会主义进入新时代，我国社会主要矛盾已经转化为人民日益增长的美好生活需要和不平衡不充分的发展之间的矛盾。这是一个非常重大而科学的政治论断，对正确认识新时代教育优先发展战略具有十分重大的意义。党和政府坚持走社会主义道路，主动应对知识经济时代的到来和高新技术革命的挑战，顺应传统经济增长方式的革命性变革，依靠科技进步，提高劳动者素质，促进现代化，全面建设小康社会。党中央、国务院审时度势作出了改变国家命运的战略抉择——优先发展教育。教育是发展科学技术和培养人才的基础，在现代化建设中具有先导性、全局性作用，必须摆在优先发展的战略地位。实施教育在现代化建设中的优先发展战略，是一项宏大的社会系统工程。中国从现实需要出发，站在增强综合国力和国际竞争力的高度，从中国现代化进程的全局出发来认识和把握教育，将教育发展与人力资源开发作为首要任务，作为经济和社会发展的优先领域，创造性地通过“三个优先”（优先规划、优先投资、优先保障）战略，即“经济社会发展规划优先安排教育发展”“财政资金优先保障教育投入”“公共资源优先满足教育和人力资源开发需要”，来切实保障教育的优先发展。只有这样，我们才能抓住新机遇，勇敢面对并战胜新挑战。①

一、政策驱动：经济社会发展规划优先安排教育发展

（一）将教育置于国家经济社会发展规划的重要位置

每隔五年制定一个国家发展计划，是中国政府管理国家的一个重要方式。1978 年，邓小平第一次提出：“整个教育事业必须同国民经济发展的要求相适应”，“国家教委、教育部和各部门，要共同努力，使教育事业成为国民经济计划的一个重要组成部分”。② 此后，中国在研制国民经济和社会发展的规划时，始终将教育发展作为发展规划的一部分。

1986 年，《中华人民共和国国民经济和社会发展第七个五年计划》要求，“五年内，国家财政用于教育的事业费 1166 亿元，比‘六五’期间增长 72%，超过经常性财政收入的增长速度”；1991 年，《中华人民共和国国民经济和社会发展十年规划和第八个五年计划纲要》写道，“中央和地方各级政府要逐步增加对教育的投入，努力建立具有中国特色的、面向二十一世纪的社会主义教育体系”；1996 年，《中华人民共和国国民经济和社会发展“九五”计划和 2010 年

① 袁振国：《双优先：教育现代化的中国模式——为改革开放四十周年而作》，《华东师范大学学报（教育科学版）》2018 年第 36 期。

② 《江泽民在全国科学技术大会上的讲话》，中国教育新闻网 http://www.Jyb.cn/info/jyzck/200604/t20060407_14991.html，2006 年 4 月 7 日。

远景目标纲要》写道，“各级政府要依法治教，增加教育投入”；2001 年，《中华人民共和国国民经济和社会发展第十个五年计划纲要》写道，“坚持教育适度超前发展，为国民经济和社会发展服务”；2006 年，《中华人民共和国国民经济和社会发展第十一个五年规划纲要》以专章论述国家“优先发展教育”；2011 年，《中华人民共和国国民经济和社会发展第十二个五年规划纲要》写道，“加快教育改革发展……保障公民依法享有受教育的权利，办好人民满意的教育”；2015 年，《中共中央关于制定国民经济和社会发展第十三个五年规划的建议》要求，“提高教育质量、推动义务教育均衡发展，促进教育公平、提高高校教学水平和创新能力，使若干高校和一批学科达到或接近世界一流水平”。

（二）制定专门的教育事业发展规划以及纲领性政策文件

中国除了在国家经济和社会发展的五年计划中列有教育的内容外，还发布了关于教育事业发展的专门文件。《中共中央关于教育体制改革的决定》（1985 年）、《中国教育改革和发展纲要》（1993 年）、《国家中长期教育改革和发展规划纲要（2010—2020 年）》（2010 年）等是其中最重要的几个文件，它们对教育优先发展有更加明确具体的规定，对教育发展发挥了重要的引领作用。

二、物质保障：财政资金优先保障教育投入

优先安排教育投入，是实施教育优先战略的基本保障。教育投入是关系国家长远发展的基础性、战略性投资，教育投入不足是教育优先发展战略地位没有落实的具体体现。党的十八大以来，我国教育投入逐年增长，2016 年教育投入占 GDP 的比重达到 4.22%，教育投入状况显著改善。但是，从总体上讲，中西部地区、边远贫困地区等教育设施依然薄弱，点多面广的教学点分布依然存在，教育投入不足的形势依然严峻。要建立生均经费标准，建立完善以生均经费基本标准拨款为基础的教育经费预算管理制度。要完善教育成本分担机制，确保各级政府财政资金优先保障教育投入，不断提高全社会教育投入占国内生

产总值的比重稳步提升，为实现教育现代化提供基本保障。

（一）确立并实现 4% 的公共财政教育投入目标

改革开放初期，中国经济社会发展水平很低，教育投入严重缺乏。在改革开放最初的 10 多年里，教育经费不增反降。在 1980—1993 年间，教育总经费占 GDP 的比例由 3.17% 下滑到 2.97%；其中，财政教育经费占 GDP 的比例由 2.94% 下降到 2.43%。为了保障教育事业的优先发展，中国政府在 1993 年提出了“国家财政性教育经费占国民生产总值的比例到 2000 年末达到 4%”的目标。此后，中国政府一直为实现这个目标而努力。2012 年，国家财政性教育经费占国内生产总值的比例首次突破了 4%，达到 4.28%，并连续 5 年维持在 4% 以上（见表 6-1）。

表 6-1　不同年度我国公共教育投资的变动情况

年份	GDP（亿元）	教育总经费（亿元）	财政性经费（亿元）	教育总经费占 GDP 的比例（%）	财政性经费占 GDP 的比例（%）
1980	4587.6	145.5	134.9	3.17	2.94
1985	9098.9	306.7	262.9	3.37	2.89
1990	18872.9	659.4	564.0	3.49	2.99
1995	61339.9	1878.0	1411.5	3.06	2.30
2000	100280.1	3849.1	2562.6	3.84	2.56
2005	187318.9	8418.8	5161.1	4.49	2.76
2010	413030.3	19561.9	14670.1	4.74	3.55
2011	489300.6	23869.3	18586.7	4.88	3.80
2012	518942.1	27696.0	22236.2	5.13	4.28
2013	595244.4	30364.7	24488.2	5.10	4.11
2014	643974.0	32806.5	26420.6	5.09	4.10
2015	689052.1	36129.2	29221.45	5.24	4.24
2016	743585.5	38888.4	31396.3	5.23	4.22

资料来源：《2017 中国统计年鉴》和历年度《全国教育经费执行情况统计公告》。

（二）以“三个增长”保障教育经费持续增长

为了保障教育经费的稳定增长，1985年，《中共中央关于教育体制改革的决定》提出了“中央和地方政府的教育拨款的增长要高于财政经常性收入的增长，并使按在校学生人数平均的教育费用逐步增长”的要求；1993年，《中国教育改革和发展纲要》进一步指出，要“切实保证教师工资和生均公用经费逐年有所增长”。这两个文件完整构建了中国公共财政教育投入的“三个增长”模式。

第一，教育财政拨款增长高于财政经常性收入增长。在1981—2015年间，除了个别年份外，中国预算内教育财政拨款增长率均高于或者接近于财政收入的增长率，实现了“各级政府的教育拨款的增长要高于财政经常性收入的增长”的要求（见图6-1）。

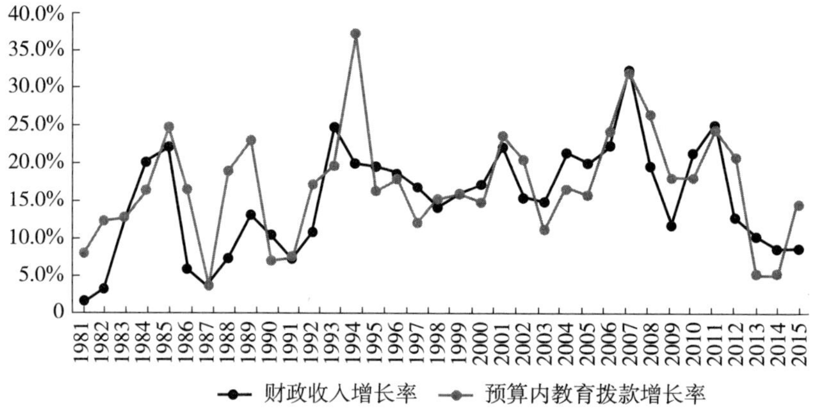

资料来源：历年《中国统计年鉴》和《中国教育经费统计年鉴》。

图6-1　1981—2015年我国财政收入和预算内教育财政拨款增长率的变动情况

第二，按在校学生人数平均教育费用逐步增长。在1994—2014年间，除中等职业教育和普通高等教育的生均财政预算内教育事业费支出在个别年份出现负增长外，其他各级教育的生均公共财政预算内教育事业费支出均呈现逐年增长趋势[①]（见图6-2）。

① 鉴于数据的可获得性和统计指标的一致性，生均预算内教育事业费支出和学生人均公用经费支出选用1993—2014年的统计数据，教师工资选用1998—2014年的数据。

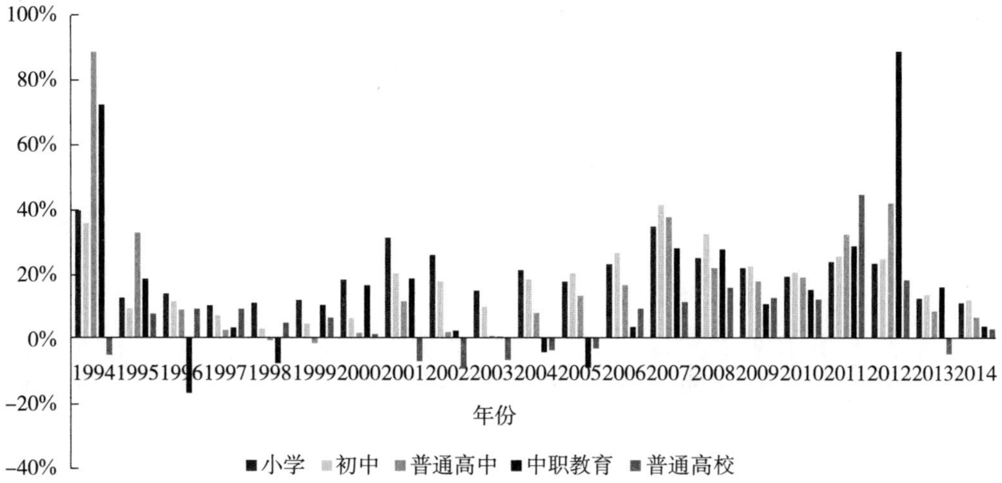

资料来源：历年度《中国教育经费统计年鉴》。

图 6-2　1994—2014 年我国各级教育生均预算内教育事业费支出增长率的变动情况

第三，教师工资和学生人均公用经费逐步增长。在 1994—2014 年间，除个别年份出现负值外，其他各年度我国各级教育学生的人均公用经费支出和教师年人均工资的增长率均大于零，呈现逐年增长的态势（见图 6-3、图 6-4）。

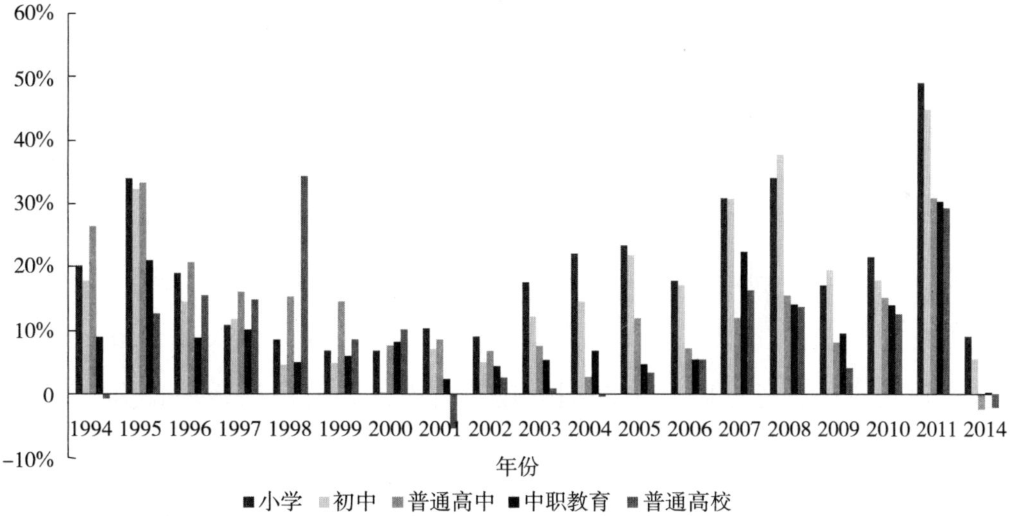

资料来源：历年度《中国教育经费统计年鉴》。

图 6-3　1994—2014 年我国各级教育学生人均公用经费支出增长率的变动情况

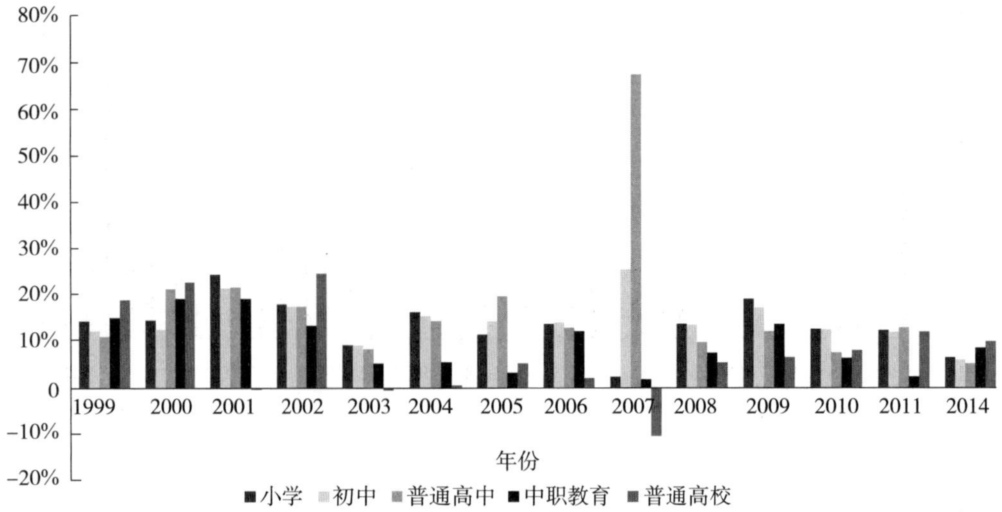

资料来源：历年度《中国教育经费统计年鉴》。

图 6-4　1999—2014 年我国各级教育教师工资增长率的变动情况

（三）明确三级政府的财政教育投入责任

改革开放以前，中国教育经费采取中央集中统一管理的体制。经过 40 年教育办学体制、管理体制和投资体制的改革，中国逐步形成了义务教育“中央和地方分项目、按比例分担”① 的经费分担模式。② 同时，根据《中国教育改革和发展纲要》（1993 年）和《国务院关于基础教育改革与发展的决定》（2001 年）等文件，高中教育的办学经费主要由市级以下政府财政负担，省级政府进行统筹规划。在高等教育阶段，实行“中央、省（自治区、直辖市）、中心城市三级办学体制”，中央财政主要负责中央各部委所属高校的经费，地方高等院校的经费则主要由地方财政供给。各级教育的财政分级拨款思路明确，各级政府财政支出责任清晰，为全国财政教育投入的持续稳定增长提供了制度保障。

① 《国务院关于进一步完善城乡义务教育经费保障机制的通知》，载国务院官网 http://www.gov.cn/zhengce/content/2015-11/28/content_10357.htm，2015 年 11 月 25 日。

② “落实生均公用经费基准定额所需资金由中央和地方按比例分担，西部地区及中部地区比照实施西部大开发政策的县（市、区）为 8:2，中部其他地区为 6:4，东部地区为 5:5。”

（四）加强对教育拨款落实情况的督查

在明确各级政府财政教育投入责任的基础上，为了保障地方政府能切实履行教育投入责任，持续增加教育财政拨款，保持教育适度超前发展，中央政府不断加大对各级政府履责的监管和检查力度，确保地方各级政府能够严格遵循法律法规，增加财政教育投入。

1986 年以后，全国人大常委会分别就《中华人民共和国义务教育法》和《中华人民共和国教育法》的执行情况在全国范围内组织了 6 次大规模的教育法律执行情况的检查，其中重点就各级政府对实施义务教育所需经费的落实情况进行了全面审查。同时，为了督促各级政府将教育列入公共财政支出的重点领域并保障财政教育支出落实到位，中央政府建立了预决算管理制度、信息公开制度要求各地政府将教育财政预算单独列项，并报同级人民代表大会批准且向社会公布；要求各地政府将每年度本地区的教育经费支出情况，以专门统计报告的形式向社会公开，以便社会监督教育经费增长的落实情况。这些举措为我国各级政府履行教育投入责任、持续加大财政拨款力度，提供了良好的监督管理机制。

三、社会支持：公共资源优先满足教育和人力资源开发需要

充足的财政资金投入是教育优先发展的基础，而要优先发展教育，仅靠财力是远远不够的，唯有合理调配人力、财力、土地、信息、政策等各方面公共资源，为教育事业改革发展提供系统支持，才能真正地将“优先发展教育”落到实处。

（一）高度重视教师队伍建设

第 ，提高教师入职标准。教师的数量和质量是教育的第一要素。中国在 20 世纪 80 年代后期就开始讨论建立教师资格制度。1995 年，《中华人民共和国教师资格条例》及《〈中华人民共和国教师资格条例〉实施办法》等文件颁布，

对教师资格的认定标准、资格分类、证书审核等进行了规范。同时，教育部多次颁发政策文件，提出要不断提升教师的学历层次，使绝大多数中小学教师达到国家规定的合格学历标准。①2011年，《教育部关于大力加强中小学教师培训工作的意见》(教师〔2011〕1号)指出："到2012年，小学教师学历逐步达到专科以上水平，初中教师基本具备大学本科以上学历，高中教师中具有研究生学历者的比例有明显提高。"到了2015年，全国小学教师中达到大专及以上文化程度的人员占比为91.9%，初中教师中达到本科及以上文化程度的人员占比为80.2%，普通高中教师中达到本科及以上文化程度的人员占比为97.7%，普通高等学校教师中的研究生及以上文化程度人员占比为68.4%，教师队伍整体水平大幅提高。

第二，调整师资编制标准。编制标准决定了教师编制的数量和人员配置。1984年颁布了《关于中等师范学校和全日制中小学教职工编制标准的意见》②；2001年颁布了《关于制定中小学教职工编制标准的意见》③，将编制标准计算方式由原先的"班师比"改为"生师比"，并将"城乡编制标准的基本均衡"调整为"城市、县镇、农村的编制三级递减"；2014年又颁布了《关于统一中小学教职工编制标准的通知》，形成了城乡统一的中小学教职工编制标准，即把高中

---

① 1993年国务院颁布的《中国教育改革和发展纲要》提出了"到本世纪末，通过师资补充和在职培训，绝大多数中小学教师要达到国家规定的合格学历标准，小学和初中教师中具有专科和本科学历者的比重逐年提高"的基本目标。

② 根据1984年《关于中等师范学校和全日制中小学教职工编制标准的意见》，城镇小学每班平均学生数40—45人，班均教职工数2.2人，班均教师数1.7人；农村小学每班平均学生数30—35人，班均教职工1.4人，班均教师数1.3人。城镇初中每班平均学生数45—50人，班均教职工3.7人，班均教师数2.5人；农村初中每班平均学生数40—45人，班均教职工数3.5人，班均教师数2.5人；城镇高中每班平均学生数45—50人，班均教职工4.0人，班均教师数2.8人；农村高中每班平均学生数45—50人，班均教职工4.0人，班均教师数2.8人。

③ 根据2001年《关于制定中小学教职工编制标准的意见》，小学阶段，城市、县镇、农村的教职工与学生比分别为：1:19、1:21、1:23；初中阶段，城市、县镇、农村的教职工与学生比分别为：1:13.5、1:16、1:18；高中阶段，城市、县镇、农村的教职工与学生比分别为：1:12.5、1:13、1:13.5。

教职工与学生的比例确定为1∶12.5，把初中的比例确定为1∶13.5，把小学的比例确定为1∶19。基于这些师资配额标准，国家及各地区的机构编制部门、人力资源和社会保障部门对城乡学校教职工编制和岗位进行统筹调配，补充教师缺额并调整师资结构，提高了编制的使用效率，保障了基础教育学校的正常运转和教育教学的基本需求。

第三，提高教师待遇和地位。尊师重教是中国的传统。为倡导全社会尊师重教，国家在1985年将每年的9月10日确定为教师节，明确了公办中小学教师作为国家公职人员特殊的法律地位，① 努力保障"教师的平均工资水平不低于或者高于国家公务员的平均工资水平，并逐步提高"。② 根据国家统计局数据，2007年我国教育行业城镇单位就业人员平均工资在19个行业大类中排名第12位，2016年的排名提高到第8位 ③（见表6-2）。

表6-2　2007年和2016年我国不同行业城镇单位就业人员的年平均工资　　单位：元

行业大类	2007年		2016年	
	平均工资	排序	平均工资	排序
信息传输、计算机服务和软件业	47700	1	122478	1
金融业	44011	2	117418	2
科学研究、技术服务和地质勘查业	38432	3	96638	3
电力、燃气及水的生产和供应业	33470	4	83863	4
文化、体育和娱乐业	30430	5	79875	6
采矿业	28185	6	60544	13
交通运输、仓储和邮政业	27903	7	73650	9

① 《中共中央　国务院关于全面深化新时代教师队伍建设改革的意见》，中华人民共和国中央人民政府网站 http://www.gov.cn/xinwen/2018-01/31/content_5262659.htm，2018年1月31日。

② 《中华人民共和国教师法》，中华人民共和国教育部网站 http://old.moe.gov.cn/publicfiles/business/htmlfiles/moe/moe_619/200407/1314.html，1993年10月31日。

③ 因2007年以前中国教育行业的平均工资水平并未单独列支，文中仅采用2007—2016年数据进行分析。

（续表）

	2007 年		2016 年	
行业大类	平均工资	排序	平均工资	排序
卫生、社会保障和社会福利业	27892	8	80026	5
租赁和商务服务业	27807	9	76782	7
公共管理和社会组织	27731	10	70959	10
房地产业	26085	11	65497	11
教育	25908	12	74498	8
制造业	21144	13	59470	14
批发和零售业	21074	14	65061	12
居民服务和其他服务业	20370	15	47577	17
建筑业	18482	16	52082	15
水利、环境和公共设施管理业	18383	17	47750	16
住宿和餐饮业	17046	18	43382	18
农、林、牧、渔业	10847	19	33612	19

（二）实施优惠政策，满足教育的公共资源需求

为了推动各地发展教育事业，国家除了要大力增加政府拨款外，还要将地方政府征收的教育费附加用于改善教育教学设施；统筹安排学校用地及办学所需物资，实施优惠政策；为教科书及其他教学用图书资料的出版发行和教学仪器设备的生产、供应，提供优先、优惠政策；在图书馆、博物馆、体育馆、文化馆等社会公共文化体育设施以及历史文化古迹和革命纪念馆（地）等方面，为教师、学生提供优惠待遇，为受教育者接受教育提供便利。1995 年，《中华人民共和国教育法》以立法形式规定了“学校基本建设纳入城乡建设规划，地方政府应统筹安排学校的基本建设用地及所需物资，实施优先、优惠政策”；2004 年，《财政部、国家税务总局关于教育税收政策的通知》进一步明确了学校用地减免税费的范围、幅度等内容。这些政策法规保证了教育优先发展在物理上和心理上都能够实现。

回溯历史，稽古振今。加快教育现代化、建设教育强国是一个长期的过程，必须坚持将优先发展教育事业的蓝图一绘到底，持之以恒，久久为功，将其作为推动党和国家各项事业发展的重要先手棋，在组织领导、发展规划、资源保障上夯实教育事业的优先发展地位，将教育发展同国家发展的现实需要和民族振兴的长远目标紧密结合，把教育投入作为重点投入，在国家现代化全局中超前规划、优先发展教育。

第七章　坚持社会主义办学方向

方向指引道路，道路决定命运。坚持什么样的办学方向，关系教育事业的兴衰成败和社会主义现代化建设全局。中国走社会主义道路是历史的选择、人民的选择。我国是中国共产党领导的社会主义国家，这就决定了我们必须坚持社会主义办学方向，必须把培养社会主义的建设者和接班人作为教育工作的根本任务。坚持社会主义办学方向就是要坚持在党的领导下，以马克思主义思想为办学指导，引导树立崇高的共产主义理想，注重培养社会主义核心价值观，锤炼塑造集体主义道德品质，不断完善社会主义教育法治建设。

第一节　坚持马克思主义思想的理论指导

马克思主义自诞生之日起，就成为人类社会发展的指路明灯。[①] 马克思主义哲学深刻揭示了人类社会发展的一般规律，在当今时代依然有着强大的生命力，依然是指导我们前进的强大思想武器。认真学习马克思主义理论，是我们做好一切工作的看家本领。坚持马克思主义思想理论指导，就是在办学过程中

① 马纯红：《热点辨析：马克思主义具有永恒的价值》，《人民日报》2018 年 4 月 27 日。

坚持以马克思主义理论作为学校办学指导思想，坚持在师生群体中加强思想政治工作，传播马克思主义，宣传马克思主义，实践马克思主义，发展马克思主义，使全体师生牢固掌握马克思主义的基本理论。

中国共产党在成立、发展、壮大的各个时期，都始终坚持对马克思主义的宣传、学习和实践，正是因为一代代中国共产党人在不断学习马克思主义，实践马克思主义，才使马克思主义中国化不断产生伟大的思想和理论结晶，马克思主义至今仍焕发着青春活力。在中国共产党成立前夕，各地的共产主义小组、工会组织就在工人群众中开设补习学校，强化工人群众对马克思主义思想的了解和认同，并开启了马克思主义中国化的历史征程。

土地革命时期，为巩固苏维埃革命政权，推翻国民党反动派的统治，培养一批具有一定马克思主义素养的革命干部、战士和工作人员，苏维埃政府以马克思主义思想作为文化教育事业发展的指导思想、作为各级各类学校的办学指导思想，在教学中注重对师生的马克思主义宣传教育。例如，中国共产党在中央苏区创办了红军大学、红军学校及第一、第二步兵学校、特科学校、游击队干部学校、军事通讯学校、医务学校、护士学校、马克思共产主义学校、列宁师范学校、中央农业学校、高尔基戏剧学校。① 这些学校在兼顾业务学习的同时，都特别重视马克思主义思想的教授和学习，或者把研究、学习、传播马克思主义思想当成其办学唯一目的。

在抗日战争时期，中国社会最主要的矛盾是中华民族和日本侵略者之间的矛盾，主要任务是共同抗击日本侵略，争取救亡图存。为配合国内抗日斗争，中共中央在延安创办了一系列学校，继续宣传马克思主义思想和爱国革命精神，并培养了大量的军事、政治、文艺、技术人才。如中国人民抗日军事政治大学、陕北公学、青年干部训练班、鲁迅艺术学院、马列学院、中共中央党校、职工

① 中共中央党史研究室：《中国共产党的九十年》，中共党史出版社 2016 年版，第 140 页。

学校、中国女子大学、民族学院、卫生学校、延安自然科学研究院等，这些学校培养的人才为中国革命事业作出了巨大贡献。

新中国成立后，中国共产党在一系列文件中明确加强马克思主义思想宣传教育的重要性，而毛泽东思想作为马克思主义中国化的伟大结晶，则成为这一时期各级各类教育的办学指导思想、教育内容。1961 年 9 月 15 日，《教育部直属高等学校暂行工作条例（草案）》（高教六十条）发布，指出高校的基本任务是高等学校应使学生通过马克思列宁主义、毛泽东著作的学习，和一定的生产劳动、实际工作的锻炼，逐步树立无产阶级的阶级观点、劳动观点、群众观点、辩证唯物主义观点。高教六十条作为我国高等教育办学史上具有里程碑意义的文件，不仅明确规定了高校办学的基本任务，而且明确强调了加强马克思列宁主义、毛泽东思想学习的重要性。1965 年 5 月 14 日，中央教育部党组向中央递交了《关于全国农村半农半读教育会议的报告》，并在 7 月 14 日得到了中央批复。在中央批复文件中，强调要以毛泽东思想为指导，构建我国新的教育体系，明确提出农村教育的任务是继续高举毛泽东思想红旗，强调教师要学透用好毛泽东思想，要求“教育工作者要大学毛主席著作，在实际工作中活学活用毛泽东思想”。

党的十一届三中全会是新中国成立以来中国共产党历史上具有伟大转折意义的大会，会议旗帜鲜明的重申必须坚持四项基本原则的重要性。在 1981 年党的十一届六中全会上，强调思想政治工作是经济工作和其他一切工作的生命线。1989 年 7 月，全国高等学校工作会议为我国教育培养什么样的人进行了明确规定，指出高等学校要培养无产阶级革命事业接班人。

21 世纪初期，党不仅坚持把马克思主义作为高校的办学思想，而且把马克思主义思想作为哲学社会科学发展的指导思想。2001 年 4 月 29 日，江泽民同志在庆祝清华大学建校 90 周年大会上的讲话中明确指出：高校办学应该坚持正确的办学思想。①2004 年 3 月，在中共中央印发的《关于进一步繁荣发展哲学社会科学的意见》中，提出实施马克思主义理论研究和建设工程，强调党对哲学社会科学工作的领导。接着，中央办公厅转发《中央宣传思想工作领导小组关于实施马克思主义理论研究和建设工程的意见》。

2004 年 4 月 27 日至 28 日，中央召开马克思主义理论研究和建设工程工作会议，标志这一工程的正式启动，并明确了工程的研究重点、主攻方向和五方面的具体工作。研究重点是邓小平理论、“三个代表”重要思想和科学发展观，以重大现实问题为主攻方向，把马克思主义在中国发展的最新理论成果贯穿到哲学社会科学的学科建设、教材建设中，进一步加强马克思主义理论队伍建设。五方面的具体工作包括：一是加强对马克思主义中国化理论创新成果和重大现实问题的研究；二是加强对马克思主义经典著作的编译和研究；三是建设具有时代特征的马克思主义基础理论和哲学社会科学学科体系；四是编写体现当代中国马克思主义最新理论成果的哲学、政治经济学、科学社会主义、政治学、社会学、法学、史学、新闻学和文学等重点学科教材，形成哲学社会科学教材体系；五是建设一支老中青三结合的马克思主义理论研究和教学骨干队伍。围绕工程确定的任务，组建 24 个主要课题组与基地课题组，确定课题组首席专家和主要成员。成立工程咨询委员会。②随后，在全国范围内实施这一工程，持续推出马克思主义经典著作、党的创新理论成果和重点教材等国家重大出版项目和优秀理论读物。这对新形势下推进党的思想理论建设、社会主义核心价值体系建设和哲学社会科学的繁荣发展都具有重大而深远的意义。

2004 年 5 月 28 日，在中共中央政治局第十三次集体学习时，胡锦涛同志强调马克思主义思想是我国哲学社会科学的根本指导思想，要必须坚持用马克

---

① 江泽民：《在庆祝清华大学建校九十周年大会上的讲话》，《光明日报》2001 年 4 月 30 日。

② 《马克思主义理论研究和建设工程》，载中国文明网 siyanhui.wenming.cn/xxyd/xzxs/201012/t20101223_36394.shtml，2010 年 12 月 23 日。

思列宁主义、毛泽东思想、邓小平理论和“三个代表”重要思想统领我国哲学社会科学工作，保证我国哲学社会科学始终沿着正确的方向发展。2005 年 5 月 8 日，中央宣传部、教育部联合下发《关于加强和改进高等学校哲学社会科学学科体系与教材体系建设的意见》，提出要大力开展马克思主义理论体系、马克思主义发展史和马克思主义中国化的研究，并在一级学科中，设立马克思主义理论学科，要根据中央实施工程的战略部署和总体要求，全面开展高等学校哲学社会科学重点教材建设工作。2006 年 8 月 15 日，胡锦涛同志在学习《江泽民文选》报告会上指出，加强思想理论建设，用马克思主义武装全党，是我们党永葆先进性的根本保证。

进入新时代，党对马克思主义的认识不断深化。2018 年 5 月 4 日，习近平总书记深刻指出，马克思主义是科学的理论、人民的理论、实践的理论和不断发展的开放的理论。[①]2019 年 11 月，中共中央、国务院印发《新时代爱国主义教育实施纲要》，坚持用习近平新时代中国特色社会主义思想武装全党、教育人民。2020 年 3 月 20 日，中共中央、国务院发布《关于全面加强新时代大中小学劳动教育的意见》，强调学生能够理解和形成马克思主义劳动观。[②]

第二节　强化共产主义理想信念教育

人民有信仰，民族有希望。马克思主义、共产主义理想是共产党人的“命脉和灵魂”，是经受住任何考验的“精神支柱”。只有坚定信仰，才能立根固本；

① 习近平：《在纪念马克思诞辰 200 周年大会上的讲话》，载新华网 http://www.xinhuanet.com/politics/leaders/2018-05/04/c_1122783997.htm，2018 年 5 月 4 日。

② 《中共中央　国务院关于全面加强新时代大中小学劳动教育的意见》，载中国政府网 http://www.moe.gov.cn/jyb_xxgk/moe_1777/moe_1778/202003/t20200326_435127.html，2020 年 3 月 20 日。

只有坚定信仰，才能不忘初心，继续前进。坚定理想信念，坚守共产党人精神追求，始终是共产党人安身立命的根本。对马克思主义的信仰，对社会主义和共产主义的信念，是共产党人的政治灵魂，是共产党人经受住任何考验的精神支柱。形象地说，理想信念就是共产党人精神上的“钙”，没有理想信念，理想信念不坚定，精神上就会“缺钙”，就会得“软骨病”。

在中国共产党成立前夕，为使马克思主义宣传更有效率，加速工人阶级的思想觉醒，强化工人阶级的共产主义理想信念的教育，社会主义青年团、工会、工人学校得以在一些地方成立。上海、北京、广州、长沙、武昌先后成立社会主义青年团，工人学校在京沪两地生根发芽。例如，1920 年元旦，邓中夏在长辛店开办了工人劳动补习学校，加强工人阶级的共产主义教育。同年秋，李启汉等在上海创办沪西工人半日学校。①

中国共产党成立后，在党的决议文件和工人运动中，都十分强调加强工人、农民的共产主义理想信念教育，使尽可能多的工人和农民了解共产主义，树立共产主义信念。1921 年 7 月，中共一大召开并认为有必要在工会中灌输阶级斗争精神，并以共产主义精神教育工人。1921 年 11 月，在中共湘区党组织的领导下，成立了湖南工团联合会，积极开展工人运动和工人教育。中国共产党在安源、粤汉铁路、水口山、长沙等工人区开办了工人学校。在《关于教育运动的决议案》中，指出在政治教育方面，要求多宣传社会主义，启发青年的政治觉悟和批判能力。1922 年 1 月，刘少奇到安源后，为了提高工人的思想觉悟，强化工人的共产主义信念，创办了“路矿工人补习学校”。并于同年 5 月，成立了“安源路矿工人俱乐部”。1922 年 7 月召开的中共二大，提出了党的最高纲领是实现共产主义，这对我党同志树立共产主义的理想信念，推进开展党内共产主义理想信念教育具有重要意义。1923 年 6 月，中共三大发布《关于青年运

① 中共中央党史研究室：《中国共产党的九十年》，中共党史出版社 2016 年版，第 34 页。

动的决议》，强调社会主义青年团应以组织和教育青年工作为重要任务，指出对青年的宣传工作应从普通的文化宣传转向主义的宣传。[①]1924 年 7 月后，由澎湃、阮啸仙、毛泽东主持开办的农民讲习所教育了农民，提升了农民的共产主义觉悟，增强了工农之间的联系，对外影响较大。[②]1926 年 5 月，广东省举行第二次农民代表大会并通过了《农村教育决议案》，强调农民要养成革命思想，并制定了服务革命，服务生产的农村教育方针。[③]

在土地革命时期，中国共产党十分重视党员干部的理想信念教育，并通过在职培训、自学讨论等各种方式，引导其树立坚定的共产主义信念。1933 年 8 月，中共中央组织局发出《关于党内教育计划致各级党部的信》，指出当前最迫切的教育任务是训练广大党员特别是新党员，提高党内政治理论水平，以马列主义思想武装新旧同志的头脑。各级党组织都必须开办训练班，以加强不同层次党政干部的思想政治教育。学习的科目主要有政治常识、党员须知、党的建设、苏维埃建设、支部工作、工会工作等。除各级培训班外，省、县两级党委还要成立马克思主义研究会。其教学科目为共产国际纲领、中国革命的基本问题、俄共党史与列宁主义，学习以自学讨论为主。通过对党员干部的在职培训，使广大党员干部树立了坚定的马克思主义信仰和共产主义信念。[④]

在抗日战争时期，中国共产党紧扣时代主旋律，把握社会主要矛盾，把思想政治教育同爱国主义紧密联系在一起。在陕北开办的学校都十分重视学生的思想政治教育，引导学生在掌握业务技能的同时树立坚定的共产主义信念。陕北公学于 1937 年 8 月创办于延安，校长为成仿吾。其教育内容为三分军事、七

---

① 《关于青年运动的决议案》，中国日报网 www.chinadaily.com.cn/dfpd/18da/2012-08/29/content_15715966.htm，2012 年 8 月 29 日。

② 中共中央党史研究室：《中国共产党的九十年》，中共党史出版社 2016 年版，第 61 页。

③ 孙培青、杜成宪：《中国教育史》，华东师范大学出版社 2009 年版，第 412 页。

④ 谢长法：《中国教育史》，西南师范大学出版社 2012 年版，第 308 页。

分政治，重在提高学员的政治、军事素养。鲁迅艺术学院 1938 年 4 月成立于延安，首任院长为毛泽东，1940 年后更名为“鲁迅艺校学院”，简称“鲁艺”。其办学方针为：“以马列主义的理论与立场，在中国新文艺运动的历史基础上，建设中华民族新时代的文艺理论与实际”，并十分重视思想政治教育和良好的学风建设。1938 年 5 月，抗大教育委员会主席毛泽东在为抗大题词中写道：“坚定不移的政治方向，艰苦奋斗的工作作风，机动灵活的战略战术。”随后，《抗日军政大学组织条例》将这三项要求正式明确为抗大的教育方针。① 另外，在社会教育方面，中国共产党利用冬学教育等形式，向广大农民传播马克思主义知识。中国共产党通过办教育、兴学校的方式，始终抓住宣传马克思主义，强化共产主义理想信念教育，确保培养出的各类人才都具有坚定的马克思主义信仰和共产主义信念。

新中国成立后，党不仅强调对解放区开展思想政治教育，而且把思想政治教育融入了课程改革、新教育体系的构建之中。1949 年 12 月召开的第一次全国教育工作会议，强调解放区的教育要有效地进行政治思想教育，课程改革重点是加强政治学习，而政治学习的重点就是加强解放区人民的共产主义理想信念教育和马克思主义理论学习。1954 年 5 月，党召开第二次全国宣传工作会议，要求经常、生动、切合实际地灌输社会主义思想，宣传社会主义建设，指出马克思主义的宣传要与群众干部思想、实际问题相联系。② 在中央批复教育部党组《关于全国农村半农半读教育会议的报告》中，明确提出了社会主义、共产主义教育的长远发展方向，强调要加强教师的思想政治工作，把教师的思想政治工作放在第一位，造就培养大批新型教师。1957 年 2 月 27 日，毛泽东在最高国务会议第十一次（扩大）会议上的讲话中，首次阐明了党的教育方针，明

① 谢长法：《中国教育史》，西南师范大学出版社 2012 年版，第 314 页。

② 中共中央党史研究室：《中国共产党的九十年》，中共党史出版社 2016 年版，第 438 页。

确了社会主义教育的人才培养规格，即："使受教育者在德育、智育、体育几方面都得到发展，成为有社会主义觉悟的有文化的劳动者。"其重点强调劳动者要具有社会主义觉悟，并对当时出现的"马克思主义行时了一阵，现在就不那么行时了"的错误观念进行了批评，要求加强思想政治工作，努力学习马克思主义。[①] 同年5月25日，毛泽东在新民主主义青年团第三次全国代表大会上指出，中国共产党是全中国人民的领导核心。没有这个核心，社会主义事业就不能胜利，并强调一切离开社会主义言论都是错误的。毛泽东的讲话在《人民日报》等主流媒体上刊登。[②] 接着，全国开始强调党对社会主义事业的领导核心地位，而在教育中则开始强化对高校的社会主义思想的教育、共产主义理念的强化。1961年7月19日，中共中央发布《关于自然科学研究机构设置的十四条意见（草案）》（科研十四条），其以专门文件的形式明确了科研人员必须走又红又专的道路，强调研究机构要正确贯彻执行科学要为社会主义建设服务的方针和理论联系实际的原则，要求科研人员拥护党、拥护社会主义、帮助科研人员和知识分子走又红又专的道路。[③]

改革开放时期，中国共产党以"四有"新人的形式确定了人才培养的基本规格和形式，并着重强调引导学生树立远大的共产主义理想。邓小平同志指出，要特别教育我们的下一代下两代，一定要树立远大的共产主义理想，一定不能让我们的青少年作资本主义腐朽思想的俘虏，那是绝对不行的。[④]1980年5月26日，邓小平同志为团中央主办的《中国少年报》和《辅导员》杂志题词，勉励少年儿童"立志做有理想、有道德、有知识、有体力的人"。1981年6月27

① 毛泽东：《关于正确处理人民内部矛盾的问题》，http://www.cctv.com/special/756/1/50062.html，1957年2月27日。

② 中共中央党史研究室：《中国共产党的九十年》，中共党史出版社2016年版，第491页。

③ 《颁布"科学十四条"》，中科院机关网站，http://www.60yq.cas.cn/zgkxyda/ghzlzc/200909/t20090919_2511663.html，2009年9月19日。

④ 张庆民等：《学习〈邓小平文选〉第3卷》，辽宁人民出版社1993年版，第78页。

日，中共六中全会通过了《关于建国以来党的若干历史问题的决议》。《决议》指出党在社会主义建设时期的人才培养，要“坚持德智体全面发展、又红又专、知识分子与工人农民相结合、脑力劳动与体力劳动相结合”。“红”就是指确保我国教育的红色底蕴，确保我国教育的马克思主义方向。1983年5月4日，邓小平同志号召广大团员青年“学习张海迪，做有理想、有道德、有文化、守纪律的共产主义新人”，有理想即为有崇高的共产主义理想。1985年4月15日，邓小平同志在《政治上发展民主，经济上实行改革》一文中再次强调了青年坚持共产主义远大理想的重要性。他指出：“我们马克思主义者过去闹革命，就是为社会主义、共产主义崇高理想而奋斗。现在我们搞经济改革，仍然要坚持社会主义道路，坚持共产主义的远大理想，年轻一代尤其要懂得这一点。”

江泽民同志和胡锦涛同志都十分重视大学生的思想政治教育工作，并对加强和改进大学生思想政治教育提出了具体意见。江泽民同志认为，只有提高了我们的思想政治素质，才可能有“坚定正确的理想和信念”，才能“善于从政治上正确认识和判断形势”，才会“在路线方针政策上始终保持政治上的清醒和坚定”。①2004年8月26日，中共中央、国务院发布《关于进一步加强和改进大学生思想政治教育的意见》，明确了加强大学生思想政治工作的重要性，而且对思想政治工作的主要任务、指导思想、基本原则、有效途径、队伍建设、组织领导等各方面都有详细规定。

进入新时代，中国共产党不仅强调理想信念的重要性，而且通过变革育人方式，向学生呈现丰富而厚重的历史来引导学生树立“四个自信”，进而使青年学生树立坚定的共产主义理想。习近平总书记强调，要在真学真信中坚定理想信念，信仰认定了就要信上一辈子，否则就会出大问题。②《中国教育现代化

---

① 江泽民：《在庆祝北京大学建校100周年大会上的讲话》，《人民日报》1998年5月5日。

② 习近平：《习近平在中央党校（国家行政学院）中青年干部培训班开班式上发表重要讲话》，http://www.gov.cn/xinwen/2019-03/01/content_5369773.htm，2019年3月1日。

2035》指出，要广泛开展理想信念教育，要加强党的基本理论、基本路线、基本方略教育，教育引导学生树立共产主义远大理想和中国特色社会主义共同理想，加强中国历史特别是中国近现代史、中国革命史、中国共产党史、中华人民共和国史、改革开放史等教育，促使广大学生树立“四个自信”，立志肩负起民族复兴的时代重任。厚植爱国主义情怀，全面加强爱国主义、集体主义、社会主义教育，加强中华优秀传统文化、革命文化、社会主义先进文化教育，引学生树立正确的历史观、民族观、国家观、文化观，增强爱国意识和爱国情感，增强民族自豪感和自信心。加强品德修养，强化教育引导、实践养成，坚持不懈培育和弘扬社会主义核心价值观，引导广大师生做社会主义核心价值观的坚定信仰者、积极传播者、模范践行者。2015 年 10 月 24 日，国务院发布《关于印发统筹推进世界一流大学和一流学科建设总体方案的通知》，提出要不断坚定广大师生中国特色社会主义道路自信、理论自信、制度自信。①2019 年 6 月 11 日，国务院办公厅发布《关于新时代推进普通高中育人方式改革的指导意见》，提出强化理想信念教育，引导学生树立正确的国家观、历史观、民族观、文化观，切实增强“四个自信”，厚植爱党爱国爱人民思想情怀，立志听党话、跟党走，树立为中华民族伟大复兴而勤奋学习的远大志向。②2019 年 6 月 23 日，中共中央、国务院发布《关于深化教育教学改革全面提高义务教育质量的意见》，提出要以坚定理想信念为着力点。2019 年 11 月，中共中央、国务院印发《新时代爱国主义教育实施纲要》，提出深入开展中国特色社会主义和中国梦教育，深入开展国情教育和形势政策教育，大力弘扬民族精神和时代精神。

---

① 中国政府网：《关于印发统筹推进世界一流大学和一流学科建设总体方案的通知》，http://www.moe.gov.cn/jyb_xxgk/moe_1777/moe_1778/201511/t20151105_217823.html.2015 年 10 月 24 日。

② 中国政府网：《关于新时代推进普通高中育人方式改革的指导意见》，http://www.moe.gov.cn/jyb_xxgk/moe_1777/moe_1778/201906/t20190619_386539.html，2019 年 6 月 11 日。

第三节　树立社会主义核心价值观

每个时代都有其独有的时代精神。社会主义核心价值观是新时代中国人民的共同精神纽带，是新时代中华民族共同的思想道德基础。如果没有共同的核心价值观，一个民族、一个国家就会魂无定所、行无依归。它承载着一个民族、一个国家的精神追求，是文化软实力的灵魂，体现着一个社会评判是非曲直的核心价值标准。党的十八大提出，倡导富强、民主、文明、和谐，倡导自由、平等、公正、法治，倡导爱国、敬业、诚信、友善，积极培育和践行社会主义核心价值观。富强、民主、文明、和谐是国家层面的价值目标，自由、平等、公正、法治是社会层面的价值取向，爱国、敬业、诚信、友善是公民个人层面的价值准则，这 24 个字是社会主义核心价值观的基本内容。社会主义核心价值观是对国家建设构想、社会发展目标、公民道德养成的集中体现。

中国共产党成立早期，就对建设一个怎样的中国进行了基本勾画，体现了爱国、民主、平等等核心价值观。中共二大发布的《中国共产党民主革命纲领》就指出要统一中国为真正的民主共和国，这是中国共产党人对建设一个什么样的国家作出的初步构想。在中共二大召开之前，中国社会主义青年团第一次全国代表大会通过了青年教育工作的行动纲领《关于教育运动的决议案》，向社会传递了青年有平等接受教育的基本理念。强调在社会教育方面提高青年知识，使年长失学青年得到普通文化教育。在学校教育方面改革学校教育制度，使贫困青年得到义务教育。①1922 年 7 月，中共二大在《中国共产党第二次全国代表大会宣言》中传递了男女平等接受教育的基本理念。《宣言》指出："要废除一切束缚女子的法律，女子在政治、经济、社会、教育上一律享受平等权

① 孙培青、杜成宪：《中国教育史》，华东师范大学出版社 2009 年版，第 409 页。

利。”[①] 强调女子和男子享受一样的教育权利。同时，会上提出了改良教育，进行教育普及的奋斗目标。

抗日战争时期，毛泽东同志亦对建设一个什么样的国家做了多次勾勒和畅想，传递了富强、民主、文明的核心价值观。1940 年，毛泽东在《新民主主义论》中，对中国共产党人的国家理想进行了勾画——要把一个政治上受压迫，经济上受剥削的中国，变为政治上自由和经济上繁荣的中国，而且要把一个受文化统治因而落后愚昧的中国，变成新文化统治因而先进文明的中国。[②]1945 年 4 月 23 日，毛泽东在《两个中国之命运》中讲到，要在我们党领导之下，为着打败日本侵略者，建设一个光明的新中国，建设一个独立的、自由的、民主的、统一的、富强的新中国而奋斗。这一建国构想在《论联合政府》一文中得到了进一步阐释。

1949 年第一届中国人民政治协商会议通过了《共同纲领》，总纲第一条就规定中华人民共和国为新民主主义即人民民主主义的国家，要为中国的独立、民主、和平、统一和富强而奋斗。此外，还积极提倡爱祖国、爱人民、爱劳动、爱科学、爱护公共财物的中华人民共和国全体国民的公德。

新中国成立后，建设一个什么样的社会主义国家，成为党考虑一切工作的根本出发点。1954 年，毛泽东在领导起草国家宪法时明确提出“建设一个伟大的社会主义国家”的总目标和“实现社会主义工业化”“实现农业的社会主义化、机械化”的总任务。1957 年，毛泽东在《关于正确处理人民内部矛盾的问题》中提出，要把我国建设成为一个具有现代工业、现代农业和现代科学文化的社会主义国家。毛泽东的这些论述体现了鲜明建设富强、民主、文明的社会主义价值观。

---

① 《中国共产党第二次全国代表大会宣言》，http://cpc.people.com.cn/GB/64162/64168/64554/4428164.html。

② 《毛泽东选集》第二卷，人民出版社 1991 年版，第 663 页。

在社会主义现代化建设中，邓小平高度重视精神文明建设。他深刻地指出："我们要建设的社会主义国家，不但要有高度的物质文明，而且要有高度的精神文明……没有这种精神文明，没有共产主义道德，怎么能建设社会主义？""过去我们党无论怎么弱小，无论遇到什么困难，一直有强大的战斗力，因为我们有马克思主义和共产主义的信念。有了共同理想，也就有了铁的纪律。无论过去、现在和将来，这都是我们的真正优势。"① 邓小平这些论述鲜明体现在他提出的培养"有理想、有道德、有文化、有纪律"的社会主义教育目标上。

江泽民也高度重视社会主义精神文明建设。他在党的十四大报告中。明确指出："在全社会形成共同理想和精神支柱，是有中国特色社会主义文化建设的根本。要始终不渝地用邓小平理论教育干部和群众。深入持久地开展以为人民服务为核心、集体主义为原则的社会主义道德教育，加强民主法制教育和纪律教育，引导人们树立正确的世界观、人生观、价值观。大力弘扬爱国主义、集体主义、社会主义和艰苦创业精神。提倡共产主义思想道德，同时把先进性和广泛性要求结合起来，鼓励一切有利于国家统一、民族团结、经济发展、社会进步的思想道德。"②2000 年 6 月，江泽民在中央思想政治工作会议上的讲话指出："社会主义道德建设要以马克思列宁主义、毛泽东思想、邓小平理论为指导，以为人民服务为核心，以集体主义为原则，以爱祖国、爱人民、爱劳动、爱科学、爱社会主义为基本要求，以社会公德、职业道德和家庭美德的建设为落脚点。"③

2006 年 10 月，党的十六届六中全会明确提出建设社会主义核心价值体系

① 中共中央宣传部编：《毛泽东邓小平江泽民论社会主义道德》，学习出版社 2001 年版，第 4 页。

② 江泽民：《高举邓小平理论伟大旗帜，把建设有中国特色社会主义事业全面推向二十一世纪》，《江泽民文选》第 2 卷，人民出版社 2006 年版，第 33—34 页。

③ 江泽民：《在中央思想政治工作会议上的讲话》，《江泽民文选》第 3 卷，人民出版社 2006 年版，第 89 页。

的战略任务。至此，社会主义核心价值观得以正式提出。2007 年 10 月 15 日，党的十七大在北京召开。胡锦涛同志强调要使中国成为人民享有更加充分的民主权利、具有高度文明素质和精神追求、社会更加安定和团结的国家。2011 年 11 月召开的党的十七届六中全会把建设社会主义核心价值体系作为文化改革发展的根本任务。在全社会的共同努力下，公民思想道德建设工程持续推进，逐步形成知荣辱、讲正气、树新风、促和谐的文明风尚。①

党的十八大以来，习近平总书记高度重视社会主义核心价值观的培育与践行工作。2012 年召开的党的十八大对社会主义核心价值观进行了高度概括，提出了三个倡导。2013 年 12 月 23 日，中共中央办公厅印发的《关于培育和践行社会主义核心价值观的意见》，致力于全社会社会主义核心价值观的培育和践行，把培育和弘扬社会主义核心价值观作为凝魂聚气、强基固本的基础工程。2014 年 5 月 30 日，习近平总书记在北京市海淀区民族小学主持召开座谈会时强调指出："一个民族的文明进步，一个国家的发展壮大，需要一代又一代人接力努力，需要很多力量来推动，核心价值观是其中最持久最深沉的力量"，"我们倡导的富强、民主、文明、和谐、自由、平等、公正、法治、爱国、敬业、诚信、友善的社会主义核心价值观，体现了古圣先贤的思想，体现了仁人志士的夙愿，体现了革命先烈的理想，也寄托了各族人民对美好生活的向往。只要是中国人，就应该自觉培育和践行社会主义核心价值观"。②2017 年，习近平总书记在党的十九大报告中更进一步强调要培育和践行社会主义核心价值观，指出："社会主义核心价值观是当代中国精神的集中体现，凝结着全体人民的共同追求。要以培育担当民族复兴大任的时代新人为着眼点，强化教育引导、实践养成、制度保障，发挥社会主义核心价值观对国民教育、精神文明创建、精神文化产品创作生产传播的引领作用，把社会主义核心价值观融入社会发展各方

---

① 中共中央党史研究室：《中国共产党的九十年》，中共党史出版社 2016 年版，第 938 页。

② 习近平：《从小培育和践行社会主义核心价值观》，人民日报 2014 年 5 月 31 日。

面，转化为人们的情感认同和行为习惯。”①

为加快推进社会主义核心价值观的培育，中国共产党把培育社会主义核心价值观教育与法治建设、教师队伍建设、育人方式、教育改革进行深度融合。2016年12月26日，中共中央办公厅、国务院办公厅发布《关于进一步把社会主义核心价值观融入法治建设的指导意见》，强调要运用法律法规和公共政策向社会传导正确价值取向，把社会主义核心价值观融入法治建设，这意味着把社会主义核心价值观的建设上升到国家意志层面的高度，即以普遍意志的形式在全社会强力推广、培育和践行。2018年1月20日，中共中央、国务院发布《关于全面深化新时代教师队伍建设改革的意见》，强调把社会主义核心价值观贯穿教书育人全过程，突出全员全方位全过程师德养成，推动教师成为先进思想文化的传播者、党执政的坚定支持者、学生健康成长的指导者。②2019年6月11日，国务院办公厅发布《关于新时代推进普通高中育人方式改革的指导意见》，强调要积极培育和践行社会主义核心价值观。③2019年6月23日，中共中央、国务院发布《关于深化教育教学改革全面提高义务教育质量的意见》，突出立德树人的根本任务，提出在学生群体中厚植爱国主义情怀、加强师生品德修养、坚持德育为先，教育引导学生爱党爱国爱人民爱社会主义。④2019年11月，中共中央、国务院印发《新时代爱国主义教育实施纲要》，⑤提出坚持爱党爱国爱

① 习近平：《决胜全面建成小康社会　夺取新时代中国特色社会主义伟大胜利——在中国共产党第十九次全国代表大会上的报告》，人民日报2017年10月28日。

② 《关于全面深化新时代教师队伍建设改革的意见》，中国政府网 http://www.moe.gov.cn/jyb_xxgk/moe_1777/moe_1778/201801/t20180131_326144.html，2018年1月20日。

③ 《关于新时代推进普通高中育人方式改革的指导意见》，中国政府网 http://www.moe.gov.cn/jyb_xxgk/moe_1777/moe_1778/201906/t20190619_386539.html，2019年6月11日。

④ 《关于深化教育教学改革全面提高义务教育质量的意见》，中国政府网 http://www.moe.gov.cn/jyb_xxgk/moe_1777/moe_1778/201907/t20190708_389416.html，2019年6月23日。

⑤ 中共中央　国务院印发《新时代爱国主义教育实施纲要》，http://www.moe.gov.cn/jyb_xxgk/moe_1777/moe_1778/201911/t20191113_407983.html，2019年11月13日。

社会主义相统一，新中国是中国共产党领导的社会主义国家，祖国的命运与党的命运、社会主义的命运密不可分。当代中国，爱国主义的本质就是坚持爱国和爱党、爱社会主义高度统一。

第四节　塑造集体主义道德品质

马克思说："一个人的发展，取决于和他直接或间接进行交往的其他一切人的发展。"集体是个人成长的沃土，集体利益亦是个人利益的有效依托。集体主义不会遮蔽个人价值，而会为个人成长搭建更广阔舞台。集体主义是无产阶级最基本的道德品质，是共产主义道德的基本原则。集体主义从无产阶级的根本利益出发，强调无产阶级的集体利益高于个人利益，要求个人利益服从集体利益、眼前利益服从长远利益、局部利益服从全局利益。

在新民主主义革命时期，集体主义集中体现为小我服从大我，个人为集体的自我牺牲精神。毛泽东同志着重强调了个人服从集体的原则和共产党人的自我牺牲精神，并把为人民服务作为中国共产人的最高工作宗旨。1944 年 9 月 8 日，毛泽东在张思德同志追悼会上提出了"为人民服务"这一中国共产党人的核心价值理念。"我们的共产党和共产党所领导的八路军、新四军，是革命的队伍。我们这个队伍完全是为着解放人民的，是彻底地为人民的利益工作的。"

进入社会主义建设时期后，毛泽东同志进一步指出，"要强调个人利益服从集体利益，局部利益服从整体利益，眼前利益服从长远利益。要讲兼顾国家、集体和个人，把国家利益、集体利益放在第一位，不能把个人利益放在第一位"。1961 年 9 月 15 日，《教育部直属高等学校暂行工作条例（草案）》（高教六十条）发布，强调要培养具有共产主义道德品质，愿为社会主义事业服务、为人民服务、为社会主义建设所需要的各种专门人才，这都是培养集体主义道德的集中体现。在中央批复教育部党组《关于全国农村半农半读教育会议的报告》中，明确提出要发扬大寨精神，学校要积极开展勤工俭学活动，以利于增加收入，逐步减轻国家、集体和学生家庭负担，这种为国分忧、为集体分忧、为家庭减负的做法都是集体主义道德品德的生动写照。

邓小平同志则十分重视对青年共产主义道德品质的培养时机和方法的探索。他强调革命的理想，共产主义品德，要从小开始培养，[①] 要在劳动和教育中培养学生的共产主义品德。1993 年 3 月 4 日，邓小平在《发扬光大雷锋精神》讲话中强调，要把集体主义精神和无私奉献精神紧密结合起来，要把个人利益建立在维护国家、集体利益的基础上。在中国，集体主义与爱国主义有着深刻的联系。爱国主义也是集体主义的深刻表现形式。根据党的十四大关于加强爱国主义教育的精神要求，1994 年 8 月 23 日，中共中央印发《爱国主义教育实施纲要》，要求各级有关部门把爱国主义作为加强社会主义精神文明建设的基础工程来抓。8 月 31 日，中共中央又印发《关于进一步加强和改进学校德育工作的若干意见》，要求教育战线站在历史的高度，以战略的眼光来认识新时期学校德育工作的重要性，大力加强青年学生的思想道德建设。党和政府高度重视和大力加强公民思想道德建设。1998 年在北京大学建校 100 周年的讲话中，江泽民同志强调没有好的思想品德，也不能把学到的知识真正奉献给祖国和人民，也就难以大有作为。青年时期注重思想修养，陶冶情操，努力树立正确的世界观、人生观、价值观，对自己一生的奋斗和成就将会产生长远而巨大的作用。[②]1998 年 6 月 2 日，江泽民在题为《领导干部要在思想、作风建设中做出表率》的讲话中强调，一个人要不计个人名利，要把一切归功于党、归功于人民、归功于集体。

21 世纪初，中国共产党把德治和法治紧密结合，尝试探索公民道德建设的

① 《邓小平在全国教育工作会议上的讲话》(1978 年 4 月 22 日)，中国教育新闻网 http://www.jyb.cn/zyk/jyzcfg/200602/t20060227_55358.html，2016 年 11 月 9 日。

② 江泽民：《在庆祝北京大学建校 100 周年大会上的讲话》，《人民日报》1998 年 5 月 5 日。

新思路和新方法。2001 年 9 月，中共中央印发《公民道德建设实施纲要》。[1]《纲要》提出要在全社会大力倡导“爱国守法、明礼诚信、团结友善、勤俭自强、敬业奉献”的基本道德规范，努力提高公民道德素质，促进人的全面发展，培养一代又一代有理想、有道德、有文化、有纪律的社会主义公民。该《纲要》明确了我国社会主义公民道德建设行动方向、基本内容、基本方法，对我国公民道德建设具有重大意义。胡锦涛同志提出了“八荣八耻”作为全社会道德学习的基本方向，并强调在全社会大力弘扬集体主义道德规范。在汶川地震发生后，胡锦涛同志强调抗震救灾精神是爱国主义、集体主义、社会主义精神的集中体现和新的发展，要不断弘扬抗震救灾精神。2017 年 10 月 18 日，习近平在党的十九大报告中指出，要加强思想道德建设，加强集体主义教育，构筑新时代集体主义中国价值观。2019 年 10 月，中共中央、国务院发布《新时代公民道德建设实施纲要》，强调以集体主义作为公民道德建设的原则，以社会主义核心价值观为引领，引导人们明大德、守公德、严私德。其对新时代道德建设的总体要求、重点任务、实践养成都作了明确要求。2020 年 3 月 24 日，习近平主席在与波兰总统通电话中指出：“战胜此次新冠肺炎疫情，给我们力量和信心的是中国人民。中国广大医务人员奋不顾身、舍生忘死，这种高尚精神让我深受感动。”[2] 这种舍小家，顾大家，舍生忘死，向险逆行的高尚精神，就是集体主义精神的生动写照。

第五节　完善教育领域的法治建设

法律是协调各类关系，处理各类事物的准绳。法律是治国重器，法治是国

---

① 中共中央党史研究室：《中国共产党的九十年》，中共党史出版社 2016 年版，第 842 页。

② 李洪兴：《集体主义绽放新光芒》，《人民日报》2020 年 4 月 15 日。

家治理体系和治理能力的重要支撑。依法治国是中国共产党领导人民治理国家的基本方略，其本质是依照宪法和法律来治理国家。全面推进依法治国是关系我们党执政兴国、关系人民幸福安康、关系党和国家长治久安的重大战略问题，是完善和发展中国特色社会主义制度、推进国家治理体系和治理能力现代化的重要方面。依法治国基本方略在教育领域的具体表现就是依法治教，依法治教的实现则有赖于完善教育领域的法治建设。

在土地革命时期，在中国共产党领导下的苏维埃政府，一方面确保教育的红色底蕴，另一方面极其关注工农的基本教育权利，并通过宪法的形式赋予了广大工农百姓平等接受教育的权利，做到以教育争取人民，以教育唤醒人民，以教育惠及人民。1931 年，中华苏维埃第一次全国代表大会通过了《中华苏维埃共和国宪法大纲》。该《宪法大纲》向社会和工农大众传递了强烈的平等教育、普及教育、免费教育的思想。其第 12 条指出："中华苏维埃政权以保证工农劳苦民众有受教育的权利为目的……应开始施行完全免费的普及教育，首先应在青年劳动群众中施行。应该保障青年劳动群众的一切权利。"①

在抗日战争时期，教育领域的法治建设集中体现为对抗日根据地人民教育权利的保护。1937 年 8 月 22—25 日，中国共产党洛川会议召开，并发布了《抗日救国十大纲领》，明确提出要实行抗日的教育政策。②1941 年 5 月 1 日，中共中央批准并颁布《陕甘宁边区施政纲领》，对陕甘宁边区的教育进行了统一规划布局。该《施政纲领》强调继续推行消灭文盲政策，推广新文字教育，健全正规学制，普及国民教育，改善小学教员生活，实施成年补习教育，加强干部教育，推广通俗书报，奖励自由研究，尊重知识分子，提倡科学知识与文艺运动，欢迎科学艺术人才，保护流亡学生与失学青年，允许在学学生以民主自治权利，

① 《中华苏维埃共和国宪法大纲》(1931 年 11 月 7 日)，载中国网 guoqing.china.com.cn/2012-08/30/content_26380103.htm，2012 年 8 月 30 日。

② 中共中央党史研究室:《中国共产党的九十年》，中共党史出版社 2016 年版，第 190 页。

实施公务人员的两小时学习制。并鼓励华侨、国际友人到边区求学，赋予游民分子参加教育的机会。①

1949年9月21日，中国人民政治协商会议第一届全体会议在北平举行。会议通过了《中国人民政治协商会议共同纲领》，在文教政策方面，强调中华人民共和国的教育属于新民主主义的，即民族的、科学的、大众的文化教育，强调不论性别、民族，都平等地受教育。其中，第四十六条中华人民共和国的教育方法为理论与实际一致。人民政府应有计划有步骤地改革旧的教育制度、教育内容和教学法。第四十七条有计划有步骤地实行普及教育，加强中等教育和高等教育，注重技术教育，加强劳动者的业余教育和在职干部教育，给青年知识分子和旧知识分子以革命的政治教育，以应革命工作和国家建设工作的广泛需要。②

新中国成立初期，教育部门相关规章的陆续颁布，对尽快恢复新中国的课程与教学秩序，明确各级各类教育的工作机制，具有重要推进意义。例如，教育部、出版总署于1950年7月5日制定了《1950年秋季中小学教科用书表》，初步建立了中小学教科书统一供应制度。8月1日，教育部颁发了《中学暂行教学计划（草案）》和《中等学校暂行校历（草案）》，对中学教育的教学计划和进度作了初步安排。同年，教育部制定、印发了《小学各科课程暂行标准（草案）》，初步制定了小学各学科的课程标准。1951年10月1日，政务院发布《关于改革学制的决定》，明确了各级各类教育的教育目标，对招生对象、修业年限作了具体规定。1952年3月18日，教育部颁布《中学暂行规程（草案）》和《小学暂行规程（草案）》，标志着新中国初步建立了基础教育的课程体系。1954年通过制定第一部宪法，明确了国民的受教育权利、教育目的等方

① 艾绍润、高海深主编:《陕甘宁边区法律法规汇编》，陕西人民出版社2007年版，第4页。

②《中国人民政治协商会议共同纲领》(1949年9月29日)，载中国经济网 www.ce.cn/xwzx/gnsz/szyw/200705/24/t20070524_11477346.shtml，2007年5月24日。

面的规定。[①]1961 年 9 月，教育部根据中共中央的指示起草了《教育部直属高等学校暂行工作条例》《全日制中学暂行工作条例》《全日制小学暂行工作条例》等后来被称之为“高教 60 条、中教 50 条、小教 40 条”的三个重要法规。这些法规总结了新中国成立以来正、反两方面的经验，为各级学校制定了明确的工作方针，为规范和推动各级各类教育发展起到了重要作用。

“文革”结束后，教育领域的法治建设速度日益加快。1978 年 12 月，邓小平在其著名的《解放思想，实事求是，团结一致向前看》的讲话中，第一次明确提出：“为了保障人民民主，必须加强法制建设。”邓小平强调，在党政机关，军队企业学校和全体人民中，都要开展纪律教育和法制教育。一切无纪律，无政府，无法制的现象，都必须坚决反对和纠正，[②]并强调依靠教育和法律来解决贪污腐化和滥用权力的问题。教育领域必须按照依法治国基本方略的要求，进行深刻的观念更新与制度变革，加强法制建设，全面实行依法治教。为构建以法制为基础的教育体制和运行机制、教育改革和发展提供了有力的支持和保障。1982 年宪法则以最高法律的形式再次重申了公民的基本教育权利，如其第 19 条、20 条、24 条对公民的基本教育权利与教育开展做了相关要求。

自改革开放后，尤其是 20 世纪 80 年代至 90 年代是我国教育法律、法规、文件发布的密集期，教育法治建设取得了重大进展，并逐步形成了宪法（母法）为高位引领，以教育法律为主体，以教育法规、其他法律中有关教育的条款、教育政策为支撑的教育法律框架。其中较为重要的法律如在教育法律方面，陆续颁布了《中华人民共和国学位条例》（1980 年）、《中华人民共和国义务教育法》（1986 年）、《中华人民共和国未成年人保护法》（1991 年）、《中华人民

① 中共中央马克思、恩格斯、列宁、斯大林著作编译局编译：《中华人民共和国宪法》，中华书局 1955 年版，第 60 页。

② 中共湖南省高等院校工作委员会编：《邓小平理论原著导读》，湖南科学技术出版社 1998 年版，第 11 页。

共和国教师法》(1993年)、《中华人民共和国教育法》(1995年)、《中华人民共和国职业教育法》(1996年)、《中华人民共和国高等教育法》(1998年),《中华人民共和国国防教育法》(2001年)、《中华人民共和国民办教育促进法》(2002年)等等。高密度的教育法律、法规、政策的出台,极大地促进了我国教育法治建设,这也是依法治国基本方略在教育领域的生动体现。进入21世纪,中国在依法治教,推进教育领域法治进程的步伐走得更坚实而沉稳。自2000年起,中共中央一共发布涉及教育类文件165个,国务院制定了16项教育行政法规,各地制定了100余项地方性教育法规,教育部令74个,部文、部函、厅文、厅函以及其他部门文件等不胜枚举,形成了具有中国特色的社会主义教育法律法规体系。具有代表性的重要文件有:2001年5月29日,颁布《国务院关于基础教育改革与发展的决定》;2004年对《中华人民共和国学位条例》进行修订,2006年、2018年对《中华人民共和国义务教育法》重新修订;2010年5月5日,《国家中长期教育改革和发展规划纲要(2010—2020年)》颁布;2012年,国务院下发《关于加强教师队伍建设的意见》《关于推进义务教育均衡发展的意见》;2013年,教育部印发我国首部全国性的中小学生学籍管理办法——《中小学生学籍管理办法》;2014年3月30日,《教育部关于全面深化课程改革落实立德树人根本任务的意见》颁布;2015年,对《中华人民共和国教育法》,2018年对《中华人民共和国高等教育法》《中华人民共和国民办教育促进法》《中华人民共和国国防教育法》进行修订。这些都彰显了党和国家对教育的高度重视,在客观上反映了党和国家在21世纪推进教育法治进程的辉煌成绩。

一百年来,中国共产党矢志不移,在救中国和发展中国的道路上努力奋斗。历史已经证明,只有坚持社会主义的办学方向,才能使教育成为中国共产党救中国、实现救亡图存、赢得民族独立的制胜利器。历史必将继续证明,只有坚持社会主义办学方向,才能使教育成为中国共产党发展中国,并最终实现中国梦的稳定而持久的不竭动力和智力源泉。

“君子务本，本立而道生。”社会主义办学方向就是中国教育之“本”。党在救中国和发展中国的道路上选择了社会主义，一百年来，尤其是新中国成立以来，特别是改革开放以来，中国教育始终坚持党的领导，坚持社会主义办学方向，为中国人民从站起来到富起来，再到强起来，为中华民族的伟大复兴提供了不竭动力和人力支撑。展望未来，我们需要继续坚持党的全面领导，继续坚持社会主义办学方向，继续为党育人、为国育才。

第八章　以改革促发展，以开放促发展

习近平总书记在庆祝改革开放40周年大会上说，改革开放是我们党的一次伟大觉醒，正是这个伟大觉醒孕育了我们党从理论到实践的伟大创造。改革开放是中国人民和中华民族发展史上的一次伟大革命，正是这个伟大革命推动了中国特色社会主义事业的伟大飞跃。1978年，党的十一届三中全会上邓小平指出，“如果现在再不实行改革，我们的现代化事业和社会主义事业就会被葬送”，作出了实行改革开放的历史性决策。改革开放是教育发展的强大动力，坚持教育改革开放是完善和发展中国特色社会主义教育制度、推进国家教育治理体系和治理能力现代化的基本原则和重要途径。

第一节　改革开放是中国特色社会主义教育成功的基本经验

五四运动以来，在科学和民主的旗帜下，封建教育受到了猛烈的批判，马克思主义思想在中国得到了广泛的传播。中国共产党自成立之日起，坚持把马克思主义与中国实际相结合，不断开拓创新、与时俱进，采用中国化的马克思主义思想指导教育事业的发展，开展新民主主义教育、探索社会主义教育，开创和完善中国特色社会主义教育。中国共产党教育事业百年发展的实践和成就表明，改革开放是中国特色社会主义教育成功的基本经验。

一、开展新民主主义革命，确立教育为革命斗争服务的方针

从1840年鸦片战争开始，中国逐步沦为半殖民地半封建国家。为了反抗帝国主义和封建主义的双重压迫，中国人民进行了不屈不挠的斗争。在俄国十月革命的影响下，1919年五四运动的爆发拉开了中国新民主主义革命的帷幕，促进了马克思主义与中国工人运动的结合，为中国共产党的成立作了思想上和干部上的准备。1921年中国共产党作为工人阶级的政党应运而生，中共二大提出了反帝反封建的民主革命纲领。在此后的革命进程中，以毛泽东同志为代表的中国共产党人坚持马克思主义的思想路线，坚持马克思列宁主义与中国实际相结合的原则，不断总结实践经验和教训，提出了“没有调查，没有发言权”和“中国革命斗争的胜利要靠中国同志了解中国情况”的重要思想。① 毛泽东认为，中国革命不能像俄国十月革命那样完全依靠工人阶级占领中心城市来取得全国性胜利，而是必须发动农民，首先在农村建立革命根据地，积蓄革命的力量后夺取城市，最后夺取革命的全国胜利，开辟了“农村包围城市、武装夺取政权”的革命新道路。这一革命思想的提出是毛泽东对马克思主义在中国的创造性运用和发展，标志着马克思主义中国化的成果即毛泽东思想的初步形成，指导中国共产党带领中国人民完成了新民主主义革命，建立了中华人民共和国，实现了中国从几千年封建专制政治向人民民主的伟大飞跃。②

五四运动以来的教育在打倒“孔家店”、倡导民主和科学的基础上出现了马克思主义和资产阶级思潮的分化。一部分先进分子抛弃资本主义的救国方案，走上了马克思主义的道路，运用无产阶级专政和阶级斗争的方式实现对现实世界的改造。随着中国共产党的成立，教育被当成革命斗争的武器，为新民主主

① 中共中央党史研究室：《中国共产党的九十年》，中共党史出版社2016年版，第123页。

② 《十九大以来重要文献选编》（上），中央文献出版社2019年版，第10页。

义革命服务。1921 年,《中国共产党第一个决议》要求“在工会里灌输阶级斗争的精神”，为此成立工人学校，提高工人的觉悟，使工人学校成为工人政党的中心机构，“否则这种学校就无需存在”。在这一决议中，中国共产党鲜明地提出了工人教育为革命服务的主张。1922 年中共二大宣言指出，为了工人和贫农的利益，需要建立工人和贫农的联合战线，并通过“改良教育制度，实行教育普及”，加强工农联合。中国共产党早期，以工农教育为核心，开展了丰富多样的工农教育运动。毛泽东在中共一大后回到长沙举办湖南自修大学，致力于把革命有志青年塑造成为革命人才。1922 年，上海党组织开办上海平民女校，提高广大妇女争取自身解放的觉悟，培养妇女运动的骨干。1925 年，中共成立农民运动委员会，加大对农民运动讲习所的管理，培养农民教育的干部。

1927 年中国共产党在“农村包围城市、武装夺取政权”思想的指导下，创建农村革命根据地，开启土地革命战争的新时期，并于 1931 年建立中华苏维埃共和国。苏维埃政府强调“必须实行文化教育的改革”，解除反动阶级加在工农群众精神上的桎梏，提出文化教育的总方针“在于以共产主义的精神来教育广大的劳苦民众，在于以文化教育为革命战争与阶级斗争服务，在于使教育与劳动联系起来，在于使广大中国民众都成为享受文明幸福的人”①。着眼于文盲众多的乡村特征，根据地建立起夜校、半日制学校、补习学校或识字班，努力扫除文盲；为了培养革命领导干部，苏区建立了红军大学、苏维埃大学、马克思共产主义大学等，进行马克思主义思想理论教育；为儿童举办义务教育，工农子弟均可免费入学，积极推动革命后代的培养。②在党和政府的领导下，根据地充分发动机关团体和广大群众的积极性，倡导全党全民办教育；推行新的教育方法，废止注入式教授法，反对空谈，注重理论与实际相结合，采用启发式

---

① 《中华苏维埃共和国中央执行委员会与人民委员会对第二次全国苏维埃代表大会的报告》,《江西社会科学》1981 年 S1 期，第 94—122 页。

② 中共中央党史研究室:《中国共产党的九十年》，中共党史出版社 2016 年版，第 140 页。

和灵活多样的教育方法，激发学生的学习积极性。

1937年抗日战争全面爆发，中国共产党制定了全面抗战的路线和持久战的战略总方针，领导中国人民开展艰苦卓绝的抗日战争。同年8月，党的洛川会议通过了《中国共产党抗日救国十大纲领》，明确了抗日的教育政策："改变教育的旧制度旧课程，实行以抗日救国为目标的新制度新课程。实施普及的义务的免费的教育方案，提高人民民族觉悟的程度。实行全国学生的武装训练。"随后，在党的六届六中全会上，毛泽东在《论新阶段》中强调"马克思主义的中国化，使之在其每一表现中带着中国的特性，即是说，按照中国的特点去应用它"，在此思想下实行抗战教育政策，"在一切为着战争的原则下，一切文化教育事业均应使之适合战争的需要"。1940年，毛泽东在《新民主主义论》中提出了新民主主义的政治、经济和文化纲领，并在1945年《论联合政府》中进行了进一步的阐述，新民主主义文化就是"无产阶级领导的人民大众的反帝反封建的文化，即民族的科学的大众的文化"，主张"文化工作者要用革命文化教育武装人民大众"①。抗日战争时期，中国共产党积极进行文化教育建设，开展形式多样的教育活动。抗日根据地重视干部教育，建立起中国人民抗日军事政治大学、陕北公学、青年干部训练班、中国女子大学、卫生学校等一批干部学校和专门学校，培训了一批干部；加强对党员的培训教育，尤其是对在职干部进行以理想信念、遵守纪律和团结精神为主要内容的思想政治教育；开展以冬学为主的社会教育，将冬学定位于普及国防教育的战斗学校，在课程上突出强调军事和政治，提高群众抗战的认识与热忱，以加强群众抗战的力量。此外，根据地还重视初等教育工作，因陋就简地创办中小学校，以民族精神教育新后代。

以毛泽东为代表的中国共产党人坚持马克思列宁主义思想的指导，提出了反帝反封建的新民主主义革命纲领，结合中国实际，开辟了"农村包围城市、

---

① 《毛泽东思想和中国特色社会主义理论体系概论》编写组编：《毛泽东思想和中国特色社会主义理论体系概论》，高等教育出版社2018年版，第33页。

武装夺取政权”的新道路，完成了新民主主义革命。面对新民主主义革命的复杂形势，中国共产党高度重视教育，将教育作为革命斗争的武器，根据革命的进程灵活调整教育目标、内容和方法，逐步探索出新民主主义的教育理论和实践，为新中国成立之后的教育发展打下了坚实的基础。

二、探索社会主义革命和建设，经历社会主义教育的曲折发展

1949 年 10 月 1 日，毛泽东主席在天安门广场庄严宣告：“中华人民共和国中央人民政府今天成立了。”中华人民共和国的成立，从根本上结束了中华民族遭受帝国主义压迫的历史，改变了中国半殖民地的性质，开启了中华民族伟大复兴的历史新纪元。新中国成立之后，中国共产党经历了新民主主义到社会主义的过渡和社会主义建设两个时期。

新中国成立初期，中国共产党面临着严峻的考验。军事上，人民解放战争还没完全结束；经济上，国民党的统治导致经济混乱，封建半封建的土地制度依旧制约着生产力发展；国际环境上，新中国得到苏联等国家认可的同时，面临着以美国为首的帝国主义的封锁。面对复杂的形式和种种考验，中国共产党满怀信心，迎接挑战，建立地方各级人民政权，开展土地制度改革和其他民主改革，取得抗美援朝战争的胜利，迅速恢复了遭到严重破坏的国民经济，为从新民主主义向社会主义过渡创造条件。1953 年，中共中央政治局提出了党在过渡时期的总路线和总任务，“是要在相当长的时期内，逐步实现国家的社会主义工业化，并逐步实现国家对农业、对手工业和对资本主义工商业的社会主义改造”①。1954 年，第一届全国人民代表大会第一次会议在北京召开，审议通过了《中华人民共和国宪法》，用法律的形式确定了中国共产党和中国人民在过渡时期的总路线，把中国人民行使当家作主权利的政治制度用根本大法的形式确

① 中共中央党史研究室：《中国共产党的九十年》，中共党史出版社 2016 年版，第 418 页。

定下来。中共中央学习苏联模式，采取计划经济的方式，编制和实施五年计划，从重工业和国防工业入手开展大规模的经济建设，到1956年生产资料私有制的社会主义改造取得了决定性胜利，标志着公有制占绝对优势的社会主义经济制度在我国初步建立起来。

新中国成立初期的教育是与新民主主义的经济发展、政治建设相适应的。《中国人民政治协商会议共同纲领》作为新中国成立初期的临时宪法，规定了教育的性质与任务："中华人民共和国的文化教育为新民主主义的，即民族的、科学的、大众的文化教育。人民政府的文化教育工作，应以提高人民文化水平、培养国家建设人才，肃清封建的、买办的、法西斯主义的思想，发展为人民服务的思想为主要任务。"为实现这一教育纲领，中国共产党对旧教育有步骤地进行改革。首先，区别对待旧有学校教育事业。对国民党政府办的公立学校一律实行接收，对私立学校一律维持原状，教学工作照常进行。其次，开展课程改革。取消反动的训导制度，废除国民党"党义"等课程，在高等学校开设马列主义课程。再次，大力发展工农教育。确定了"教育必须为生产建设服务，为工农服务，学校向工农开门"的教育方针，通过短期速成的办法，使一批工农干部、产业工人和解放军指战员成长为各项建设事业的骨干。最后，进行高等学校院系调整。教育部参照苏联经验，以培养工业建设人才和师资为重点，将综合大学所属工科各院系合并为多科性工学院，新成立航空、钢铁、矿业、地质、石油等专门学院。1953年，为了实现过渡时期的总路线，党和政府提出了"整顿巩固、重点发展、提高质量、稳步前进"的方针，明确教育工作的重点是高等教育，中心是培养人才，特别是培养高、中级技术人才。将沿海学校全部或部分迁至内地，解决沿海和内地教育资源不平衡的问题。

1956年，社会主义制度在中国建立，中国进入了社会主义建设的新阶段。党和国家将工作重点转移到发展生产力上来，但是新建立的生产关系还不完善，单一公有制经济和高度集中的计划经济开始暴露出问题。此时正值苏共召开二十大，斯大林领导下的苏联社会主义建设中的问题和错误逐渐暴露出来，这对中国共产党人寻求自己的社会主义建设道路起到了警示作用。在此背景下，毛泽东明确提出，要把马克思的基本原理同中国实际进行第二次结合，在《论十大关系》的报告和讲话中提出要找出一条有别于苏联、符合中国情况的社会主义建设道路，明确了中国的社会主义建设必须从中国实际国情出发、走自己的道路这一根本思想。在这一思想的指导下，中国开始探索一条适合中国国情的社会主义教育建设道路。1957 年，毛泽东在《关于正确处理人民内部矛盾的问题》中提出了社会主义的教育方针，"应该使受教育者在德育、智育、体育几方面都得到发展，成为有社会主义觉悟的有文化的劳动者"。同年 3 月，毛泽东在教育工作座谈会上谈如何抓好教育工作的问题，同时提出对苏联的教材，"应当学的就要学，不应当的就不要学，要来一个改革，不要照抄外国的，一定要符合中国的情况，还要有地方的特点"①。

1958 年，反对右倾保守思想蔓延到经济领域，为了尽快改变中国贫困落后的面貌，党的八大二次会议通过了毛泽东提出的"鼓足干劲、力争上游、多快好省地建设社会主义"的总路线，吹响了"大跃进"的号角，片面追求工农业生产和建设的高速度，不断地大幅度提高计划指标和缩短完成时间，同时掀起了人民公社化运动的高潮，片面追求提高公有化程度，背离了党的实事求是原则，脱离了中国社会生产力发展的水平，违背了经济和社会发展的客观规律。在此背景下，1958 年《中共中央国务院关于教育工作的指示》提出，"多快好省地扫除文盲，普及教育，培养出一支数以千万计的又红又专的工人阶级知识分子的队伍，是全党和全国人民的巨大的历史任务之一"。作为教育"大跃进"的重要内容，各地争相举办大学，据《北京周报》报道，1958 年，全国高等院校从 1957 年的 277 所增加到了 1065 所，并建立起 23500 多所业余大学和半工

① 胡为雄：《建国后毛泽东教育思想的发展与演化》，《毛泽东邓小平理论研究》2018 年第 3 期。

半读大学[①]。

“大跃进”、人民公社化运动和“反右倾”斗争给国民经济和人民生活带来了惨痛的教训。1960年，党的八届九中全会决定对国民经济实行“调整、巩固、充实、提高”的八字方针。同经济工作的调整相配合，教育领域也进行了调整。1961年开始，中央先后颁布了《教育部直属高等学校暂行工作条例（草案）》《全日制小学暂行工作条例（草案）》和《全日制中学暂行工作条例（草案）》，健全必要的规章制度，恢复正常秩序，保证教育工作顺利开展。

20世纪60年代初期，中央领导层对形势估量和工作指导上的分歧逐渐加大，加上50年代后期苏联对“大跃进”和人民公社化运动的指责，毛泽东把认识上的分歧看作是阶级斗争的反映。1966年，中共中央通过了《中国共产党中央委员会通知》，号召向党、政、军、文各界的“资产阶级代表人物”猛烈开火，发动了“文化大革命”，削弱了党组织和国家政权，打击了大批干部和群众，使得国家民主和法制遭到破坏，人民生活水平下降。在“文化大革命”中，教育成为重灾区。学校课程设置、教学内容和方法均以阶级斗争为主线；教师成为被批斗的对象，教学秩序遭到破坏；大学“停课闹革命”长达四年之久，恢复招生之后推荐上大学取代统一考试成为高校招生办法，学生质量过低，教学质量无法保证；大批知识青年响应党的号召上山下乡，失去接受正规教育的机会。

从1949年新中国成立到1976年“文化大革命”结束，中国共产党领导人民进行了社会主义改造和建设，虽然经历了曲折，但也取得了历史性成就，确立了社会主义的基本制度，探索适合中国情况的社会主义建设道路取得积极成果，人民生活水平逐步提高。在此背景下，党领导的教育事业在曲折探索中取得了巨大的成就，确立了新民主主义和社会主义的教育方针，从单纯学习苏联

---

① 胡为雄：《建国后毛泽东教育思想的发展与演化》，《毛泽东邓小平理论研究》2018年第3期。

经验转变为把学习借鉴与中国特点相结合，建立了较为完整的国民教育体系，大大提高了劳动人民的整体素质，培养了大批有益于社会主义建设的骨干力量。

三、实施改革开放，开启中国特色社会主义教育的征程

1978 年党的十一届三中全会以后，以邓小平同志为代表的中国共产党人，在总结长期历史经验的基础上，作出改革开放的历史性决策，把马克思主义的普遍真理与我国的具体实际相结合，对建设社会主义现代化作出全面部署，成功开创了中国特色社会主义[①]，为改革开放新时期我国教育事业的改革和发展指明了方向，开启了中国特色社会主义教育建设的新局面。

（一）重视社会主义现代化建设，开启教育领域改革

20 世纪 70 年代末，世界经济快速发展，科技进步日新月异，而此时的中国经历了十年“文化大革命”，经济濒临崩溃的边缘，社会主义民主和法制遭到严重损害，教育、科学、文化事业和知识分子受到无情摧残，党的组织、纪律、原则受到巨大冲击[②]，国家面临严重的政治危机和社会危机，党内外强烈要求纠正“文化大革命”的错误理论和实践，使中国社会主义事业重新奋起。国内外大势都要求中国共产党尽快就关系党和国家前途命运的大政方针作出政治决断和战略抉择。

1978 年 5 月，在邓小平同志的领导下和老一辈革命家的支持下，全国开展真理标准问题讨论，批评“两个凡是”的错误方针，以推进社会主义现代化为落脚点，引导全国人民思考国家的发展方向，揭开了思想解放的序幕。12 月，党的十一届三中全会决定将全党的工作重点转移到社会主义现代化建设上来，重新确立马克思主义的思想、政治和组织路线，揭开改革开放的序幕。随着经

① 《十九大以来重要文献选编》（上），中央文献出版社 2019 年版，第 722 页。

② 王年一：《大动乱的年代》，人民出版社 2009 年版，第 465—471 页。

济体制改革从农村向城市扩展，1984 年《中共中央关于经济体制改革的决定》提出建立自觉利用价值规律的计划体制，发展社会主义商品经济①。对外开放从吸收外资、兴办中外合资企业入手，创办经济特区作为经济体制改革的试验区，逐步形成由经济特区、沿海开放城市、沿海开放地区、开放的半岛构成的对外开放格局。与经济体制改革相配套，政治体制改革从党和国家领导干部制度改革开始，逐步延伸到国务院机构改革。

1985 年以后，改革向科教文卫领域有序推进。“文化大革命”结束之后，邓小平同志主抓教育和科技工作，恢复高考，召开全国科学大会，明确科学技术是生产力，倡导尊重知识、尊重科学、尊重人才，为后续社会主义现代化建设和教育事业发展奠定了基础。为了进一步适应对外开放、对内搞活，经济体制改革全面展开的形势，1985 年中共中央作出《关于教育体制改革的决定》，从教育体制入手，有系统地进行改革。在改革管理体制、加强宏观调控的同时，简政放权，扩大学校办学自主权。把基础教育的责任交给地方，有步骤地实行九年义务教育；调整中等教育结构，大力发展职业技术教育；改革高等学校的招生计划和毕业生分配制度，扩大高等学校办学自主权。②

（二）确立社会主义市场经济体制，实施科教兴国战略

20 世纪 80 年代末 90 年代初，世界社会主义出现严重曲折，东欧一些社会主义国家共产党和工人党纷纷丧失政权，发生了社会主义制度向资本主义制度的演变。中国 1989 年发生了反对中国共产党的领导、颠覆社会主义制度的政治风波。政治风波平息之后，面对以美国为首的西方国家的“制裁”和随着苏联解体带来的东西方冷战格局的结束，中国共产党保持稳定，坚持改革开放，治理整顿经济秩序解决国家面临的经济困难，探索应该建立什么样的经济体制这

---

①　当代中国研究所：《中华人民共和国简史》，当代中国出版社 2019 年版，第 74 页。

②　《中共中央关于教育体制改革的决定》，载何东昌主编：《中华人民共和国重要教育文献（1976—1990）》，海南出版社 1998 年版，第 2285—2289 页。

个重大问题[①]。

1992 年，江泽民同志深刻阐明了邓小平南方谈话精神，在党的十四大将建立社会主义市场经济确立为中国经济体制改革的目标，使市场在社会主义国家宏观调控下对资源配置起基础性作用。1993 年《中共中央关于建立社会主义市场经济体制若干问题的决定》勾画了社会主义市场经济体制的基本框架：在坚持以公有制为主体、多种经济成分共同发展的基础上，建立现代企业制度、全国统一开放的市场体系、完善的宏观调控体系、合理的收入分配制度和多层次的社会保障制度[②]。中国始终坚持对外开放的基本国策，坚定发展经济特区的决心，继续开放沿江城市、沿边城市和内陆省会城市，加入世界贸易组织，形成全方位、多层次、宽领域、有重点、点线面结合的对外开放格局。为适应社会主义市场经济体制的需要，扎实推进政治文明建设，推进国家政府机构的精简和职能转变，把“依法治国”确立为党领导人民治理国家的基本方略。

进入 90 年代，世界科学技术革命出现新的高潮，科学技术成为推动经济发展、决定国家综合国力的重要因素。中国共产党高度重视科技进步和劳动者素质提高对保持国民经济持续、快速、健康发展，实现社会主义现代化的重要作用。1993 年，党中央、国务院颁布《中国教育改革和发展纲要》，把教育摆在优先发展的战略地位，提高全民族的素质，把沉重的人口负担转化为人力资源优势。1995 年，党中央、国务院颁布《关于加速科学技术进步的决定》，正式提出科教兴国战略，致力于建设国家创新体系。为落实这一战略，1998 年教育部制定了《面向二十一世纪教育振兴行动计划》，提出优化教育结构，实施素质教育，加强高等教育综合实力，全面推进教育的改革和发展，提高全民族的创新能力。

---

① 当代中国研究所：《中华人民共和国简史》，当代中国出版社 2019 年版，第 87—90 页。

② 中共中央党史研究室：《中国共产党的九十年》，中共党史出版社 2016 年版，第 801 页。

（三）坚持科学发展观，促进教育均衡发展

跨入21世纪，我国面临前所未有的机遇和挑战。和平、发展、合作成为时代潮流，世界多极化和经济全球化趋势深入发展；同时国际形势复杂多变，综合国力竞争日益激烈，我国仍将长期面临发达国家在经济科技等方面的压制。随着改革开放的深入，国家的思想观念、经济体制、社会结构、利益格局深刻变革，社会主义现代化建设取得历史性成就，但是我国的发展还面临一些突出的矛盾和问题，包括经济结构不合理、经济增长方式粗放，城乡、区域、经济社会发展不够协调，人口资源环境压力加大，就业、社会保障、教育、医疗等民生问题突出。[①] 问题的关键是要解决实现什么样的发展、怎样发展的问题。

2003年，胡锦涛同志在考察江西时明确提出"科学发展观"概念，同年党的十六届三中全会通过的《关于完善社会主义市场经济体制若干问题的决定》正式提出科学发展观，要求"坚持以人为本，树立全面、协调、可持续的发展观"，统筹城乡发展、统筹区域发展、统筹经济社会发展、统筹人与自然和谐发展、统筹国内发展和对外开放，更大程度发挥市场在资源配置中的基础性作用。[②]2006年，胡锦涛同志在党的十六届六中全会上提出"扎实促进经济又好又快发展"的新要求，体现科学发展的本质要求。党中央通过推进重点领域、关键环节的改革和大力加强宏观调控，成功应对国际金融危机，防止经济大起大落，保持经济平稳快速发展。为解决经济社会发展不平衡的问题，2006年党中央发布《关于构建社会主义和谐社会若干重大问题的决定》，指出和谐社会是中国特色社会主义的本质属性，加快了以改善民生为重点的社会建设步伐。

作为民生建设的重要内容，党和政府坚持以科学发展观指导，立足于人的全面发展，全面实施素质教育；把农村义务教育教育作为重中之重，促进各级各类教育协调发展；把基础教育均衡发展摆上重要位置，不断促进教育的公平

① 中共中央党史研究室：《中国共产党的九十年》，中共党史出版社2016年版，第896页。

② 当代中国研究所：《中华人民共和国简史》，当代中国出版社2019年版，第118页。

公正。2008 年，实现城乡义务教育全部免费，确保所有义务教育适龄儿童都能“不花钱，有学上”①。2010 年发布《国家中长期教育改革和发展规划纲要（2010—2020 年）》，以“优先发展、育人为本、改革创新、促进公平、提高质量”为工作方针，对未来十年教育发展作出战略部署，促进教育事业科学发展。

改革开放以来，以邓小平、江泽民、胡锦涛同志为代表的中国共产党人科学分析国内外的新形势和我国的基本国情，分别回答了改革开放后中国走什么样的道路，建设一个什么样的党、怎么建设党，以及新形势下实现什么样的发展、怎样发展等重大问题，形成了邓小平理论、“三个代表”重要思想和科学发展观等马克思主义中国化的思想，建立并完善了中国特色社会主义理论体系。在中国特色社会主义思想的指导下，党领导人民开展教育改革，在不同的历史发展阶段提出不同的教育改革主题，使得教育事业的发展符合时代变迁和国家发展的要求。

四、迈入中国特色社会主义新时代，开创教育事业发展的新局面

21 世纪第二个十年伊始，国内外形势发生深刻复杂的变化。国际上，新一轮工业革命在全球范围内孕育兴起、全球贸易体系面临重构，同时世界经济复苏乏力、局部冲突和动荡频发、全球性问题加剧。国内方面，中国经济发展进入新常态，中国特色社会主义进入新时代。党中央面临新时代实现什么样的发展、怎样发展的问题。

2012 年，党的十八大明确提出“两个一百年”奋斗目标，即在 2021 年中国共产党成立一百年时全面建成小康社会；在 2049 年中华人民共和国成立一百年时，建成富强民主文明和谐的社会主义现代化国家。2012 年，习近平总书记在国家博物馆参观《复兴之路》展览时，首次提出中国梦，指出实现中华民族伟大复兴是中华民族近代以来最伟大的梦想，并在 2013 年十二届全国人大一次

① 当代中国研究所：《中华人民共和国简史》，当代中国出版社 2019 年版，第 127 页。

会议上阐明了实现中华民族伟大复兴中国梦就是要实现国家富强、民族振兴、人民幸福，中国梦归根到底是人民的梦。①为了实现“两个一百年”奋斗目标和中华民族伟大复兴，党的十八届三中全会通过了《中共中央关于全面深化改革若干重大问题的决定》，决定通过全面深化改革着力解决我国发展面临的一系列突出矛盾和问题②，提出全面深化改革的总目标是完善和发展中国特色社会主义制度、推进国家治理体系和治理能力的现代化，着力增强改革系统性、整体性、协同性，着力抓好重大制度创新，着力提升人民群众获得感、幸福感、安全感，改革呈现全面发力、多点突破、蹄疾步稳、纵深推进的局面。③经济体制改革仍然是全面深化改革的重点，以政府和市场关系为核心，把市场在资源配置中的“基础性作用”修改为“决定性作用”。通过统筹推进经济、政治、文化、社会、生态文明“五位一体”建设，协调推进全面建成小康社会、全面深化改革、全面依法治国、全面从严治党“四个全面”战略布局，开创党和国家事业发展新局面。

党的十八大以来，党中央高度重视教育事业在坚持和发展中国特色社会主义战略全局中的地位和作用，把教育摆在优先发展战略位置，坚持把改革作为激发教育事业发展的根本动力。④强调深化教育领域综合改革，坚持立德树人，大力促进教育公平，加快现代职业教育体系建设，创新高校人才培养机制，推进学前教育、特殊教育、继续教育改革发展。⑤以高质量为根本要求，着力教育改革的重要领域和关键环节，深化“放管服”改革，实施考招改革“拓展深化”攻坚行动，支持和规范社会力量兴办教育，坚定不移以开放促改革⑥。2017

① 当代中国研究所：《中华人民共和国简史》，当代中国出版社 2019 年版，第 143、144 页。

② 《十八大以来重要文献选编》(上)，中央文献出版社 2014 年版，第 494 页。

③ 《十九大以来重要文献选编》(上)，中央文献出版社 2019 年版，第 723 页。

④ 教育部课题组：《深入学习习近平关于教育的重要论述》，人民出版社 2019 年版，第 1—6 页。

⑤ 同上书，第 535、536 页。

⑥ 陈宝生：《在全国教育工作会议上的讲话》，求是网 http://www.qstheory.cn/zhuanqu/bkjx/2018-02/07/c_1122381327.htm，2018 年 2 月 7 日。

年，中共中央、国务院印发《关于深化教育体制机制改革的意见》，提出系统推进育人方式、办学模式、管理体制、保障机制改革，形成充满活力、富有效率、更加开放、有利于科学发展的教育体制机制。2019 年，中共中央、国务院印发《中国教育现代化 2035》，对教育发展的突出问题和薄弱环节进行战略部署，从“两个一百年”奋斗目标和国家现代化全局出发，推进新时代教育现代化，建设教育强国。

2012 年党的十八大以来，以习近平同志为代表的中国共产党人以毛泽东思想、邓小平理论、“三个代表”重要思想、科学发展观为指导，通过总结实践、展望未来，紧紧围绕新时代坚持和发展什么样的中国特色社会主义、怎样坚持和发展中国特色社会主义这个重大时代课题，形成了习近平新时代中国特色社会主义思想。① 在习近平新时代中国特色社会主义思想的指引下，教育领域综合改革全面深入推进，已从“立柱架梁”整体进入到“内部装修”阶段，一批标志性、引领性的改革举措取得明显成效②，教育公共服务水平和教育治理能力不断提升，中国特色社会主义教育制度体系进一步完善，开创了新时代中国特色社会主义教育改革发展新局面。

第二节 改革创新是教育发展的强大动力

改革开放以来，以邓小平、江泽民、胡锦涛和习近平为代表的中国共产党人始终坚持解放思想、实事求是、与时俱进、求真务实，以改革创新精神加强和完善教育发展，不断深化教育体制机制创新、教育内容方法创新、改革实施

① 中共中央党史研究室:《中国共产党的九十年》，中共党史出版社 2016 年版，第 1002 页。

② 陈宝生:《在全国教育工作会议上的讲话》，求是网 http://www.qstheory.cn/zhuanqu/bkjx/2018-02/07/c_1122381327.htm，2018 年 2 月 7 日。

路径创新，形成了中国特色社会主义教育，为实现“两个一百年”奋斗目标、实现中华民族伟大复兴的中国梦积蓄了磅礴力量。

一、以体制机制改革为核心，推进教育治理体系和治理能力现代化

1985 年从教育体制改革入手拉开教育领域改革以来，党和国家高度重视教育体制机制改革在推动中国特色社会主义教育事业发展和服务中国特色社会主义现代化建设中的重要作用，以各个时期突出的教育体制机制矛盾和问题为落脚点，不断深化教育体制机制改革，推进教育治理体系和治理能力现代化。

（一）简政放权，扩大学校办学自主权，构建新型的政府、学校、社会关系

1985 年，《中共中央关于教育体制改革的决定》（以下简称《决定》）提出，“改革管理体制，在加强宏观管理的同时，坚决实行简政放权，扩大学校办学自主权”，重新配置教育中的权责关系，形成了以政府、学校、社会关系为中心的教育改革。

首先，注重调适中央与地方的关系。改革开放之初，为了更好地调动各级政府的积极性，中共中央在《决定》中“把基础教育的责任交给地方”，实行“地方负责、分级管理的原则”。当教育管理权责下放到乡镇带来城乡教育发展不均衡时，国务院在 2001 年发布《关于基础教育改革与发展的决定》，根据“地方负责、分级管理、以县为主”的原则，强调“县级政府对农村教育发展负有主要责任”。在此基础上为进一步推进教育均衡发展，2010 年《国家中长期教育改革和发展规划纲要（2010—2020 年）》要求“加大省级政府对区域内各级各类教育的统筹”。新时代为推进教育治理体系和治理能力现代化，2017 年中共中央在《关于深化教育体制机制改革的意见》中提出，“坚持顶层设计与基层探索相结合”，加强党中央对教育工作的集中领导和系统谋划，同时尊重基层首创精神、充分调动地方改革的积极性。

其次，扩大学校办学自主权。自 1985 年的《决定》提出“扩大学校办学自

主权”，这一命题成为政府与学校关系的变革主题。这一时期扩大办学自主权的落脚点在高校，通过给高校放权使其具有主动适应经济和社会发展的积极性和能力，而基础教育阶段强调完善学校内部管理制度为学校办学自主权的落实提供条件。《决定》提出实施“校长负责制”，明晰学校内部党政关系，加强校长的办学管理权力，同时强调校务委员会、教职工代表大会等学校内部组织建设，促进民主管理。学校法人制度的确立以及校长选拔任用、管理制度的建设和完善成为促进学校办学自主权落实的有益探索。此外，还通过转变政府职能扩大学校办学自主权。1993 年的《中国教育改革和发展纲要》和 2010 年的《国家中长期教育改革和发展规划纲要（2010—2020 年）》均提出，改变直接管理学校的单一方式，“综合利用立法、拨款、规划、信息服务、政策指导和必要的行政措施”，完善监督机制，依法保障学校充分行使办学自主权和承担相应的责任，建设现代学校制度。为加快推进政府职能转变，2017 年《关于深化教育体制机制改革的意见》指出，坚持放管服相结合，深化简政放权、放管结合、优化服务改革，把该放的权力坚决放下去，把该管的事项切实管住管好，加强事中事后监管，构建政府、学校、社会之间的新型关系。党的十八大以来，累计取消 15 项教育行政审批，扩大高校在学科专业设置、编制及岗位管理、职称评审等方面自主权。

最后，鼓励社会参与教育公共治理。改革开放初期，为建立与社会主义市场经济体制相适应的教育新体制，党和国家引入市场机制改革办学体制，鼓励社会团体和个人依法办学、开展国际合作办学，逐步建立以政府办学为主、社会各界共同办学的体制①，出现了公办学校、民办学校以及民办公助、公办民助等转制学校并存的现象。因转制学校在随后的发展中出现了国有资产流失、高额收费等问题，国家叫停转制学校并加以规范；出台《民办教育促进法》，促

① 《中国教育改革和发展纲要》，《江苏教育》1994 年 Z1 期。

进民办教育事业健康发展，从 2002 年规定民办学校“可以从办学结余中取得合理回报”发展到 2018 年对营利性民办学校和非营利性民办学校分类管理。① 除参与办学，国家鼓励社会组织广泛参与提供公共服务，以提高服务质量和效率。2010 年，《国家中长期教育改革和发展规划纲要（2010—2020 年）》要求，“积极发挥行业协会、专业学会、基金会等各类社会组织在教育公共治理中的作用”。2015 年，教育部《关于深入推进教育管办评分离促进政府职能转变的若干意见》要求，“创新提供公共教育服务方式，健全政府购买教育服务机制，在决策咨询、学校管理、提供义务教育和学前教育学位、师资培训、特殊人群服务、教育质量和办学绩效评价等领域推广政府购买服务”。

改革开放以来，我国的教育管理体制更具活力，中央和地方、政府和学校之间教育职责权限逐步理清。办学体制更趋多元，民办教育从无到有、从小到大、从“有益补充”成长为重要力量，以政府办学为主体、全社会积极参与、公办和民办共同发展的格局基本形成。②

（二）以人为本，完善人才培养和评价体制，造就全面发展的高素质人才

“文化大革命”之后，邓小平同志倡导尊重知识、尊重人才。他指出，“要实现现代化，关键是科学技术要能上去。发展科学技术，不抓教育不行。靠空讲不能实现现代化，必须要有知识，有人才”③，提升了党对人才培养的重视，开始坚定不移地推进人才培养和评价体制改革。

1985 年中共中央在《决定》中指出，教育要面向现代化、面向世界、面向未来，为我国经济和社会发展大规模地准备能够坚持社会主义方向的各级各类合格人才。为此，国家教委出台了一系列关于课程、考试、招生的文件，例如

① 《中华人民共和国民办教育促进法》，载中国人大网 http://www.npc.gov.cn/wxzl/wxzl/2002-12/30/content_304804.htm，2002 年 12 月 28 日。《中华人民共和国民办教育促进法》，载中国人大网，http://www.npc.gov.cn/npc/c30834/201901/8c8f598f14ba4728a6181aec8cb1b90a.shtml，2018 年 12 月 29 日。

② 陈宝生：《中国教育：波澜壮阔四十年》，《人民日报》2018 年 12 月 17 日。

③ 中共中央文献编辑委员会：《邓小平文选》第二卷，人民出版社 1994 年版，第 40、41 页。

1986年《关于在普及初中的地方改革初中招生办法的通知》、1987年《普通高等学校招生暂行条例》、1989年《关于九年制义务教育课程、教材试验工作的通知》，以及1991年《关于实施〈现行普通高中教学计划的调整意见〉和普通高中毕业会考制度的意见》，逐步建立各级各类学校的课程和考试招生制度。然而，对人才培养效率的过度追求带来了以学业成绩和升学率为评价标准的应试教育倾向，为了改变这一现状，中共中央、国务院提出“要由‘应试教育’转向全面提高国民素质的轨道，面向全体学生，全面提高学生的思想道德、文化科学、劳动技能和身体心理素质，促进学生生动活泼地发展”①，并于1999年在《面向21世纪教育振兴行动计划》中提出“素质教育”的培养目标，随后以课程改革为抓手，开启了我国实施素质教育的征程，努力造就德智体美全面发展的高素质人才。

2012年，党的十八大报告中首次提出“把立德树人作为教育的根本任务”。为此，教育部出台《关于全面深化课程改革落实立德树人根本任务的意见》，以学生发展核心素养体系的制定为核心，确定人才培养的目标和方式，加强考试招生和评价的育人导向。为深化教育领域综合改革，2013年《中共中央关于全面深化改革若干重大问题的决定》要求，“推进考试招生制度改革，探索招生和考试相对分离、学生考试多次选择、学校依法自主招生、专业机构组织实施、政府宏观管理、社会参与监督的运行机制，从根本上改变一考定终身的弊端”。2014年，国务院印发了《关于深化考试招生制度改革的实施意见》，全面启动自恢复高考以来最系统、最全面的一次改革，31个省（区、市）均形成高考改革实施方案；推进普通高中学业水平考试和学生综合素质评价，克服“一考定终身”，引导和促进学生全面发展。②2018年，习近平总书记在全国教育大会

① 《中国教育改革和发展纲要》，《江苏教育》1994年Z1期。

② 中共教育部党组：《发展具有中国特色世界水平的现代教育——党的十八大以来教育改革发展的成就和经验》，载教育部网站http://www.moe.gov.cn/jyb_xwfb/gzdt_gzdt/s5987/201708/t20170816_311212.html，2017年8月16日。

上深刻指出，坚决克服唯分数、唯升学、唯文凭、唯论文、唯帽子的顽瘴痼疾，从根本上解决教育评价指挥棒问题。

经过40年的教育改革，我国人才培养和科技供给水平逐步提高，服务经济社会发展能力不断增强。考试招生制度更加科学，回归教育规律，由重知识转向重能力、由“一考定终身”走向分类考试、综合评价、多元录取。改革开放以来，高等教育累计为国家培养和输送了9900万名高素质专门人才，职业学校累计培养和输送了2亿多名技术技能人才。我国劳动年龄人口平均受教育年限10.5年，新增劳动力中接受过高等教育的比例超过45%，平均受教育年限达到13.5年，高于世界平均水平。①

（三）依法治教，完善教育立法和实施机制，提高教育法治化水平

教育法治是落实“依法治国”基本方略、建设社会主义法治国家的重要内容。自1980年新中国第一部教育类法律——《中华人民共和国学位条例》的制定开始，教育法治化伴随中国特色社会主义教育制度的建立和完善，成为教育体制机制改革的重要内容。

1985年，中共中央在《决定》中提出，“在简政放权的同时，要加强教育立法工作”。此后，《中华人民共和国义务教育法》和《中华人民共和国教师法》在1986年和1993年相继出台。社会主义市场经济体制的确立推动了国家法治化的进程。1993年，《中国教育改革和发展纲要》提出“依法治教”，要求“初步建立起教育法律、法规体系的框架”。在这一思想的指导下，《中华人民共和国教育法》（1995年）、《中华人民共和国职业教育法》（1996年）、《中华人民共和国高等教育法》（1998年）、《中华人民共和国民办教育促进法》（2002年）一揽子法律及一大批行政法规相继出台。

2010年，中共中央、国务院在《国家中长期教育改革和发展规划纲要

① 陈宝生：《中国教育：波澜壮阔四十年》，《人民日报》2018年12月17日。

（2010—2020年）》中对“推进依法治教”作出全面部署，提出“修订教育法、职业教育法、高等教育法、学位条例、教师法、民办教育促进法、制定有关考试、学校、终身学习、学前教育、家庭教育等法律”的“六修五立”任务，提出“依法治校”，要求“建立完善符合法律规定、体现自身特色的学校章程和制度”。2016年，教育部印发《依法治教实施纲要（2016—2020年）》全面推进依法治教，要求“以法治思维和法治方式推进教育综合改革，加快构建政府依法行政、学校依法办学、教师依法执教、社会依法支持和参与教育治理的教育发展新格局”。《中国教育现代化2035》将“坚持依法治教”作为实现教育现代化的基本原则之一，将“提高教育法治化水平”作为推进教育治理体系和治理能力现代化的重要内容。

党的十八大以来，依法治教取得重大成就，《教育法》《高等教育法》《民办教育促进法》一揽子法律修订完成。完善以章程为统领的高校内部治理体系，

表8-1　中国教育法律法规体系

教育法律（8部）	《中华人民共和国学位条例》《中华人民共和国教师法》《中华人民共和国职业教育法》《中华人民共和国国家通用语言文字法》《中华人民共和国义务教育法》《中华人民共和国教育法》《中华人民共和国高等教育法》《中华人民共和国民办教育促进法》
教育行政法规（16部）	《中华人民共和国学位条例暂行实施办法》《普通高等学校设置暂行条例》《扫除文盲工作条例》《高等教育自学考试暂行条例》《幼儿园管理条例》《残疾人教育条例》《教师资格条例》《中华人民共和国义务教育法实施细则》《禁止使用童工规定》《学校体育工作条例》《学校卫生工作条例》《教学成果奖励条例》《中华人民共和国民办教育促进法实施条例》《征收教育费附加的暂行规定》《中华人民共和国中外合作办学条例》《社会力量办学条例》
教育部门规章（例举）	《新时代高等学校思想政治理论课教师队伍建设规定》《教育统计管理规定》《幼儿园工作规程》《学校教职工代表大会规定》《中华人民共和国中外合作办学条例实施办法》《中小学德育工作规程》《义务教育学校收费管理暂行办法》《教育督导暂行规定》……
地方教育法规（例举）	《上海市实施〈中华人民共和国义务教育法〉办法》《辽宁省教育督导规定》《陕西省人民政府办公厅关于加快中西部教育发展的实施意见》《江苏省实施〈中华人民共和国教师法〉办法》《青岛市中小学校管理办法》……

资料来源：中华人民共和国教育部门户网站和地方教育行政部门门户网站。

全国普通本科高校章程制定核准工作基本完成。目前，我国已形成以 8 部教育法律为统领、包括 16 部教育法规和一批部门规章、地方教育法规规章在内的比较完备的教育法律体系，为教育发展提供了法治保障①。

二、以育人模式改革为着力点，提升人才培养与创新能力

育人模式是教育标准、内容与方法的统一，是教育改革创新的关键环节，直接关系着教育质量的高低和教育目标的达成。改革开放以来，党和国家致力于使教育的标准、内容以及方法与社会主义现代化建设相适应。

（一）完善各级各类教育质量标准，不断提高教育发展水平

教育质量标准是党和国家对教育事业改革和发展的规范性要求，体现了国家在一定经济社会发展时期内的教育发展水平。不断完善各级各类教育质量标准，是深化育人模式改革、促进教育改革创新的重要内容。

改革开放以来，教育质量标准随着教育改革的不断推进得到了党和国家的重视。1993 年，党中央、国务院在《中国教育改革和发展纲要》中首次提出教育质量标准问题，要求“建立各级各类教育的质量标准和评估标准体系”。此后，教育质量标准的制定主要集中在经费投入、学校设置、教学设备设施等教育保障方面。例如，《中国教育改革和发展纲要》提出“逐步提高国家财政性教育经费支出占国民生产总值的比例”，努力实现 4% 的目标。1995 年，《中华人民共和国教育法》进一步规定了教育经费的“三个增长”，即各级人民政府教育财政拨款应当高于财政经常性收入的增长，在校学生人均教育经费逐步增长，教师工资和学生人均公用经费逐步增长。1998 年，《中华人民共和国高等教育法》对“高等学校的设立”作了细致的规定。

进入 21 世纪，除教育保障标准外，教育质量标准的制定逐步扩展到教学、

① 陈宝生：《中国教育：波澜壮阔四十年》，《人民日报》2018 年 12 月 17 日。

课程、师资等教育内容方面。2001年，国务院《关于基础教育改革与发展的决定》要求“制定国家课程标准”和“中小学教材版式的国家标准”。2002年，教育部联合建设部、国家发展计划委员会制定了《城市普通中小学校舍建设标准》。2003年《关于进一步加强农村教育工作的决定》和2004年《2003—2007年教育振兴行动计划》，均对教师编制、教师聘任和教师培训提出了要求。

2010年，中共中央、国务院在《国家中长期教育改革和发展规划纲要（2010—2020年）》中要求，“把提高质量作为教育改革发展的核心任务”，首次提出“制定教育质量国家标准”，要求“制定学前教育办园标准”“国家义务教育基本标准和监测制度”以及“职业学校基本办学标准”等各级各类教育的基本办学标准，由此进入了大规模建设教育质量标准的阶段。此后《教师教育课程标准（试行）》（2011年）、《教育信息化相关标准》（2012年）、《关于推进中小学教育质量综合评价改革的意见》（2013年）、《义务教育学校管理标准》（2017年）、《普通高等学校本科专业类教学质量国家标准》（2018年）等教育质量标准陆续发布。2018年，教育部发布《关于完善教育标准化工作的指导意见》，对教育标准化工作进行全面部署，从国家、行业、地方、团体、企业标准的角度对教育标准进行明确分类，规范教育标准制定程序，要求加快学校设立、学校建设、教育装备、教育信息化、学校运行和管理、学科专业和课程、教育督导评价、教师队伍建设、语言文字等重点领域教育标准的制定和修订，标志着我国教育质量标准进入了系统化、规范化的新阶段。

（二）坚持以马列主义和中国特色社会主义理论指导学校教育

改革开放初期，随着党的工作重心从“以阶级斗争为纲”转移到“以经济建设为中心”上来，重新确立了马克思主义的思想、政治和组织路线。针对当时教育发展存在的问题，中共中央在1985年的《决定》中指出，“生动活泼地利用马克思主义思想教育学生很不够”。自此，中国共产党坚持用马列主义和中国特色社会主义理论指导学校教育，尤其重视把坚定正确的政治方向作为学校思想政治和品德教育的根本任务。

1993年，中共中央、国务院发布《中国教育改革和发展纲要》，规定“用马列主义、毛泽东思想和建设有中国特色的社会主义理论教育学生，把坚定正确的政治方向摆在首位，培养有理想、有道德、有文化、有纪律的社会主义新人，是学校德育即思想政治和品德教育的根本任务”。在高等教育领域，要求“邓小平理论进教材、进课堂、进学生头脑，用邓小平理论武装大学生”①；在高中阶段，注重进行马列主义、毛泽东思想和邓小平理论基本观点教育②。

2010年，《国家中长期教育改革和发展规划纲要（2010—2020年）》提出“高举中国特色社会主义理论伟大旗帜，以邓小平理论和‘三个代表’重要思想为指导，深入贯彻落实科学发展观”，要求“把社会主义核心价值体系融入国民教育全过程，加强马克思中国化最新成果教育……坚定学生对中国共产党领导、社会主义制度的信念和信心”。

新时代为实施立德树人伟大工程，将习近平新时代中国特色社会主义思想作为推动教育改革发展的强大思想武器，推动习近平新时代中国特色社会主义思想进教材进课堂进头脑。③《中国教育现代化2035》将“学习习近平新时代中国特色社会主义思想”作为推进教育现代化的重要战略任务，要求修订中小学课程教材、开展教育和实践活动，增强中小学学生对习近平新时代中国特色社会主义思想的情感认同；编写修订高校思想政治理论教材、优化高校相关课程建设，使得习近平新时代中国特色社会主义思想及时融入高校思想政治教育，引导学生正确认识世界和中国发展大势，树立为共产主义和中国特色社会主义理想奋斗的信念和信心。

---

① 《面向21世纪教育振兴行动计划》，载教育部网站 http://www.moe.gov.cn/jyb_sjzl/moe_177/tnull_2487.html，1998年12月24日。

② 《国务院关于基础教育改革与发展的决定》，《人民教育》2001年第7期。

③ 教育部课题组：《深入学习习近平关于教育的重要论述》，人民出版社2019年版，第4页。

（三）创新教育教学方式，培养创造性人才

新中国成立初期，在“全面学习苏联”政策指导下，中国的教育教学模式深受凯洛夫教育思想的影响，以教师主导的讲授为特征。改革开放打破了中国相对封闭的状态，以布鲁纳、巴班斯基、布卢姆等为代表的西方教育研究者的思想和理论在中国广泛传播，使我国的教育工作者认识到中国教育理论和实践的僵化与落后。并且随着社会主义现代化建设对人才的大量需求，党和国家逐步意识到现有教育教学方法的弊端，指出“不少课程内容陈旧，教学方法死板，实践环节不被重视，专业设置过于狭窄，不同程度地脱离了经济和社会发展的需要”①。

1993 年，中共中央、国务院发布《中国教育改革和发展纲要》，要求“进一步转变教育思想，改革教学内容和教学方法，克服学校教育不同程度存在的脱离经济建设和社会发展需要的现象”，为此要“更新教学内容，调整课程结构。加强基本知识、基础理论和基本技能的培养和训练，重视培养学生分析问题和解决问题的能力，注意发现和培养有特长的学生”。

进入到 21 世纪，国家倡导积极开展教育教学改革和教育科学研究，在关注基础知识、基本技能教学的同时关注情感、态度的培养。尤其随着义务教育阶段新课程改革方案的实施，教育教学改革开始强调促进学生“主动地、富有个性地学习”。在遵循教育规律和人才成长规律的基础上，深化教育教学改革，注重学思结合，“倡导启发式、探究式、讨论式、参与式教学，帮助学生学会学习”；注重知行统一，“坚持教育教学与生产劳动、社会实践相结合”；注重因材施教，“关注学生不同特点和个性差异，发展每一个学生的优势潜能”②。中共中央、国务院在《中国教育现代化 2035》中，将“更加注重因材施教”“更加注

① 《中共中央关于教育体制改革的决定》，载何东昌主编：《中华人民共和国重要教育文献（1976—1990）》，海南出版社 1998 年版，第 2285—2289 页。

② 《国家中长期教育改革和发展规划纲要（2010—2020 年）》，《宁夏教育》2010 年第 9 期。

重知行合一”列为支撑教育现代化、建设教育强国的基本理念，表明“以学定教”已经代替“以教定学”成为教育教学的基本标准，建立以学生为本的新型教学关系成为新时期深化教育改革的重要目标。①

三、以实施路径改革为保障，完善改革创新的落实机制

教育改革实施路径是贯彻教育改革措施的方式，教育改革实施路径是否合适直接关系着教育改革的效能。在长期的国家和教育改革的实践中，中国共产党探索出了适合中国教育改革的实施路径，为教育改革创新的成功实现提供了重要保障。

（一）以重大项目为抓手，着力教育关键领域和薄弱环节

聚焦中央关心、百姓关切、社会关注的教育热点难点问题，为人民谋幸福、为中华民族谋幸福，是中国共产党人的初心和使命。在教育发展面临的众多重大问题之中，促进教育公平和提升教育质量一直以来都是教育领域的热点和难点问题。为此，以重大项目为抓手，着力教育关键领域和薄弱环节，成为中国共产党应对教育热点和难点问题的重要变革手段。

2010 年，中共中央、国务院在《国家中长期教育改革和发展规划纲要（2010—2020 年）》中规划了 10 个重大教育改革项目，涉及义务教育学校标准化建设、义务教育教师队伍建设、推进农村学前教育、职业教育基础能力建设、提高高等教育质量、发展民族教育、发展特殊教育、家庭经济困难学生资助、教育信息化建设以及教育国际交流合作。进入到新时代，中国共产党以“公平而有质量的教育”为目标，坚决贯彻落实深化教育体制机制改革的重点任务，坚决破除制约教育事业发展的体制机制障碍。要求健全立德树人落实机制，扭转不科学的教育评价导向，坚决克服唯分数、唯升学、唯文凭、唯论文、唯帽

① 《中共中央办公厅国务院办公厅印发〈关于深化教育体制机制改革的意见〉》,《中国民族教育》2017 年第 10 期。

子的顽瘴痼疾，从根本上解决教育评价指挥棒问题；深化办学体制和教育管理改革，充分激发教育事业发展生机活力，着眼于“教好”“学好”“管好”，推进改革，提高教育质量；提升教育服务经济社会发展能力，调整优化高校区域布局、学科结构、专业设置，建立健全学科专业动态调整机制，加快一流大学和一流学科建设，推进产学研协同创新，积极投身实施创新驱动发展战略，着重培养创新型、复合型、应用型人才；扩大教育开放，同世界一流资源开展高水平合作办学，提升我国教育的世界影响力。①

以重大项目为抓手体现了中国共产党在整体推进教育改革的基础上坚持突出教育改革的重点，努力让人民群众看到改革的实效，增强了改革的信心。正如中共中央、国务院在《关于深化教育体制机制改革的意见》中指出，“坚持以人民为中心，着眼促进教育公平、提高教育质量，针对人民群众反映强烈的突出问题，集中攻坚、综合改革、重点突破、扩大改革受益面、增强人民群众获得感”。党的十八大以来，中国共产党坚持学前教育普惠基本方向，推动学前教育深化改革规范发展；大力度、大范围开展校外培训机构专项治理，切实减轻中小学生过重学业负担；推进义务教育免试就近入学全覆盖；积极化解义务教育“大班额”；支持全面改善贫困地区义务教育薄弱学校基本办学条件；中央财政新增专项支持脱贫攻坚；在尚无直属高校的省份支持高校建设，以新思路新机制加快中西部高等教育发展；实施保障农村和贫困地区学生上重点大学的专项计划，启动教育信息化 2.0 行动，让更多孩子共享优质教育资源。② 未来要在教育评价改革、教育管理方式改革，职业教育改革、继续教育发展等一些标志性、引领性、支柱性改革上取得突破。

---

① 习近平：《坚持中国特色社会主义教育发展道路　培养德智体美劳全面发展的社会主义建设者和接班人》，《人民日报》2018 年 9 月 11 日。

② 陈宝生：《落实　落实　再落实——在 2019 年全国教育工作会议上的讲话》，载教育部网站 http://www.moe.gov.cn/jyb_xwfb/moe_176/201901/t20190129_368518.html，2019 年 1 月 30 日。

（二）以试点改革推动面上改革，尊重基层首创精神

“试点改革”是指为了达到预定的改革目标，选择特定的区域或单位进行小范围改革试验，在此基础上将成功的改革经验在更大范围加以推广的实践活动。这是中国共产党在面对中国特殊的政治、经济和社会环境、在长期的改革实践中创造的具有中国特色的改革经验。习近平总书记在2015年主持召开中央全面深化改革领导小组第十三次会议上强调，“试点是改革的重要任务，更是改革的重要方法。试点能否迈开步子、趟出路子，直接关系改革成效……发挥好试点对全局性改革的示范、突破、带动作用”①。

1985年，中共中央在《决定》中指出，“改革既要坚决，又要谨慎，注重试验”，随后在1998年《面向21世纪教育振兴行动计划》中要求高等学校在考试招生方面进行改革试点，并于2010年在《国家中长期教育改革和发展规划纲要（2010—2020）》中将“组织开展改革试点”与“组织实施重大项目”并列，成为实施教育改革的重要方式，要求在国家教育体制机制改革领导小组的指导下，遵循“统筹规划、分步实施、试点先行、动态调整”的原则，推进素质教育改革试点、义务教育均衡发展改革试点、职业教育办学模式改革试点、终身教育体制机制建设试点、拔尖创新人才培养改革试点、考试招生制度改革试点、现代大学制度改革试点、深化办学体制改革试点、地方教育投入保障机制改革试点以及省级政府统筹综合改革试点，要求对各地在实施过程中好的做法和有效经验，要及时总结，积极推广。根据以上部署，国务院发布《关于开展国家教育体制改革试点的通知》分解试点任务，确定试点地区和学校，要求省级人民政府和国家相关部门对试点项目进行定期评估，不断完善试点方案。

2017年，中共中央、国务院在《关于深化教育体制机制改革的意见》中提出，“坚持顶层设计与基层探索相结合”，在加强系统谋划的同时，尊重基层首

① 习近平：《树立改革全局观积极探索实践　发挥改革试点示范突破带动作用》，《人民日报》2015年6月5日。

创精神，充分调动地方和学校改革的积极性主动性创造性，及时将成功经验上升为制度和政策。

（三）总体规划精准推进，促进教育协同分步发展

总体规划精准推进是在新时代统筹推进“五位一体”总体布局和协调推进“四个全面”战略布局的框架下，贯彻落实党的教育方针，全面深化教育改革的重要措施。

2010 年，中央成立了国家教育体制改革领导小组，负责审议教育改革发展的重大方针和政策措施，研究部署、指导实施教育体制改革工作，统筹协调教育改革发展中的重大问题。① 同年，在国家教育体制改革领导小组的领导下，国家教育咨询委员会成立，负责对国家重大教育改革发展政策进行调研、论证、评估 ②。2017 年，中共中央、国务院要求完善推动教育改革的工作机制，建立健全教育改革统筹决策、研究咨询、分工落实、督查督办、总结推广的工作链条，充分发挥国家教育体制改革领导小组统筹谋划的功能，充分发挥国家教育咨询委员会的作用，完善省级教育改革领导体制。为进一步加强党对教育工作的集中统一领导，2018 年中央教育工作领导小组作为中共中央决策议事协调机构而成立，负责研究提出并组织实施在教育领域坚持党的领导、加强党的建设方针政策，研究部署教育领域思想政治、意识形态工作，审议国家教育发展战略、中长期规划、教育重大政策和体制改革方案，协调解决教育工作重大问题等。③

在坚持党中央的统一领导下，立足国情，科学设计不同发展阶段的教育改革目标和任务；推动各地从实际出发，制定符合地方情况、体现地方特色的教

① 《国家中长期教育改革和发展规划纲要（2010—2020 年）》,《宁夏教育》2010 年第 9 期。

② 《关于印发〈国家教育咨询委员会章程〉和〈国家教育咨询委员会工作规程（试行）〉的通知》，载教育部网站 http://www.moe.gov.cn/srcsite/A01/s7048/201012/t20101210_171901.html，2010 年 12 月 10 日。

③ 《中共中央印发〈深化党和国家机构改革方案〉》，载新华网 http://www.xinhuanet.com/2018-03/21/c_1122570517.htm，2018 年 3 月 21 日。

育改革规划；完善区域教育发展协作机制，深入推进教育资源向困难地区、关键领域、薄弱环节倾斜；科学布局教育改革试点，支持有条件的地区探索新的体制机制，以点带面、示范引领，促进教育综合改革。

第三节　对外开放是教育改革发展的重要动力

教育对外开放是中国特色社会主义教育的重要组成部分。改革开放以来，中国共产党坚持以对外开放促进教育变革发展，学习借鉴国外经验，增强国际交流与合作，扩大中国在世界中的影响力，构建人类命运共同体。

一、建立对外教育交流平台，借鉴国外先进知识技术

改革开放之初，中国共产党坚持发展同世界各国平等的教育交流，学习和借鉴世界先进知识和技术，服务于中国教育和社会的发展。

早在 1977 年，邓小平同志就决定从国外引进大中小学教材，在不到一年的时间里从国外引进了 2000 册教材，对研制适应我国改革开放和现代化建设的先进教材具有重要意义。①1978 年，邓小平在接见外国代表团时说："要实现四个现代化，就要善于学习，大量取得国际上的帮助。要引进国际上的先进技术、先进装备，作为我们发展的起点"，主张采用向发达国家派遣留学生的方式学习西方的先进技术。在谈到清华大学工作时，邓小平指出："我赞成留学生的数量增大……要成千上万地派，不止派十个八个。要千方百计加快步伐，路子越走越宽。"同时明确要求："今年派三千出去，怎么派，派到哪里，要订好计

① 改革开放 30 年中国教育改革与发展课题组：《教育大国的崛起：1978—2008》，教育科学出版社 2008 年版，第 381 页。

划。”①为落实扩大派遣留学生出国渠道，中国陆续同美国、英国、德国、法国、日本等多个国家签署政府间协定，开展教育合作，互派留学生，学习国外的先进知识和科技，同时推广中国语言、传播中国文化。

在邓小平同志“教育要面向现代化，面向未来，面向未来”的要求下，1985年中共中央《决定》强调，“要通过各种可能的途径，加强对外交流，使我们的教育事业建立在当代世界文明成果的基础上”。1990年，中国和德国在职业教育领域开展合作，建立了中央和地方的职业技术教育中心研究所，先后设立了十余个合作项目，旨在借鉴德国经验，为我国培养一批教育领域的研究人员和受企业欢迎的技术工人。1993年,《中国教育改革和发展纲要》要求“进一步扩大教育对外开放……大胆吸收和借鉴世界各国发展和管理教育的成功经验”，在继续扩大派遣留学生的同时，要求“加强我国高等教育同国外高等学校的交流与合作”。在基础教育领域则积极学习借鉴西方教育教学理论与教学模式，同时利用外籍教师优势，营造国际化人才培养环境，对教育教学实践产生了较大影响。②

二、创新国际教育合作机制，扩大世界影响力

进入21世纪，随着中国加入世界贸易组织，中国加速融入世界经济一体化进程，成为国家多边体系中的重要角色，逐步利用双边、多边机制创新国际教育交流与合作，扩大世界影响力。

2003年，国务院颁布《中华人民共和国中外合作办学条例》，鼓励引进外国优质教育资源在中国举办以中国公民为主要招生对象的中外合作办学。自2004年起，中国以合作办学的形式在海外开办孔子学院，推广汉语文化和儒家

① 《激荡四十年　改革开放40年来的中外文化交流史》，载环球网 https://finance.huanqiu.com/article/9CaKrnKdp3I，2018年10月8日。

② 袁振国、刘世清:《改革开放40年中国基础教育发展的历史经验》,《中国教育学刊》2018年第12期。

文明。面对国家加入世界贸易组织以及世界发展新形势的要求，国务院于 2004 年发布的《2003—2007 年教育振兴行动计划》要求“把扩大教育对外开放、加强国际交流与合作作为国家教育战略的关键环节”。随着中国综合国力的稳步提升，面对国际上关于“中国崛起”的舆论焦点，2005 年，中国提出了“和谐世界”的主张，强调中国走和平发展的道路，提出“大国是关键，周边是首要，发展中国家是基础、多边是重要舞台的”国际合作布局，与世界各国在文化教育上保持密切交流与合作。①

2010 年，《国家中长期教育改革和发展规划纲要（2010—2020）》提出，要“开展多层次、宽领域的教育交流与合作，提高我国教育国际化水平……促进我国教育改革发展，提升我国教育的国际地位、影响力和竞争力……培养大批具有国际视野、通晓国际规则、能够参与国际事务和国际竞争的国际化人才”。通过中英、中法、中德等高级别人文交流机制，积极开展国际基础教育论坛，推动语言文化教育合作向中小学推广。全国各地通过“友好城市”等平台搭建基础教育交流机制，加强学校间交流互访，积极开展校长教师海外交流活动，建立教师海外培训实践基地，开拓学生海外研学旅行等活动。

在这一时期，中国还加强与国际组织的合作，积极参与双边、多边和全球性、区域性教育合作，积极参与和推动国际组织教育政策、规则、标准的研究和制定。搭建高层次国际教育交流合作与政策对话平台，加强教育研究领域和教育创新实践活动的国际交流与合作。

三、坚持推动构建人类命运共同体，实现世界和平和发展

进入到新时代，世界正处于大发展大变革大调整时期，和平与发展仍然是时代的主题，同时世界面临的不稳定性不确定性问题突出，人类面临许多共同

① 中共中央党史研究室：《中国共产党的九十年》，中共党史出版社 2016 年版，第 963—964 页。

的挑战。在此背景下，习近平同志提出了“构建人类命运共同体”的重要命题，呼吁各国人民同心协力，共创人类美好未来。①并强调教育要顺应此大势，通过更加密切的互动交流，促进对人类各种知识和文化的认知，对各民族现实奋斗和未来愿景的体认，以促进各国学生增进互相了解、树立世界眼光、激发创新灵感，确立为人类和平与发展贡献智慧和力量的远大志向。②

2013年，习近平总书记分别倡导建立了“21世纪丝绸之路经济带”和“21世纪海上丝绸之路”，提出打造“一带一路”命运共同体，推动互联互通建设，支持沿线国家互利合作。教育对外开放工作也在扩大对“一带一路”沿线国家的交流中不断拓展。2016年，中共中央、国务院印发《关于做好新时期教育对外开放工作的若干意见》，要求通过（1）加快留学事业发展，提高留学教育质量，（2）完善体制机制，提升涉外办学水平，（3）加强高端引领，提升我国教育实力和创新能力，（4）丰富中外人文交流，促进民心相通，（5）促进教育领域合作共赢，（6）实施“一带一路”教育行动，促进沿线国家教育合作，开创更有质量更高水平的教育对外开放新局面。随后，教育部印发《推进共建“一带一路”教育行动》，提出通过教育交流为沿线各国民心相通架设桥梁，借助人才培养为沿线各国政策沟通、设施联通、贸易畅通、资金融通提供支撑。

新时代，中国教育对外开放呈现出国留学与学成归国同步扩大、来华留学与攻读学位同步增长、“引进来”与“走出去”同步提高的局面。2019年，我国出国留学人员总数70.35万，各类留学回国人员58.03万，各类来华留学人员49.2万（2018年数据），我国成为亚洲最大的留学目的地国。截至2020年底，中外合作办学机构和项目达2332个，其中本科以上1230个。教育部的统计数据表明，当前中国已与188个国家和地区建立了教育合作关系，与46个重要国际组织开展教育合作与交流，与50多个国家和地区签署了学历学位互认协议；

① 《中国共产党第十九次全国代表大会文件汇编》，人民出版社2017年版，第1—57页。

② 《清华大学苏世民学者项目启动仪式在京举行》，《人民日报》2013年4月22日。

548 所孔子学院和 1140 个中小学孔子课堂遍布全球 154 个国家和地区；海外学习使用汉语人数达 1 亿人①。中国教育对外开放成绩斐然。

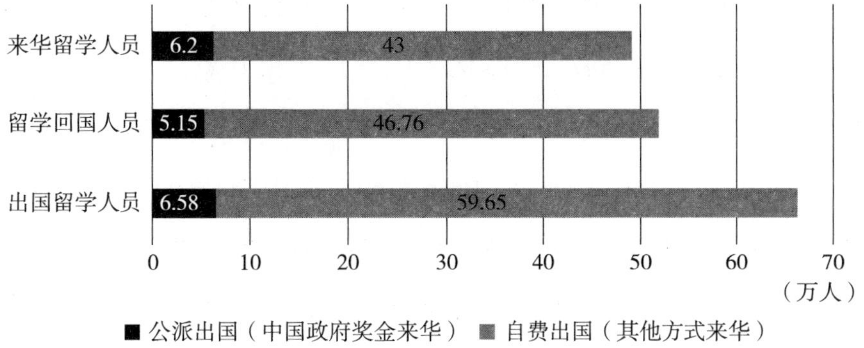

资料来源：中华人民共和国教育部门户网站。

图 8-1　2018 年度来华留学和出国留学人员情况统计

改革开放之初，我国教育对外开放的重点是引进国外的先进知识和技术，向欧美发达国家派遣留学人员，在学习中求索符合中国实际的发展道路。在共产党的领导下经过长期的奋斗，中国人民实现了从“站起来”到“富起来”再到“强起来”的伟大飞跃，国家的发展实现了从“跟跑”到“并跑”再到某些方面的“领跑”②，我国教育对外开放的范围不断拓展，交流的深度不断增加，实现了从“引进来”到“走出去”的跨越，吸引外国学生来华留学，向外推广国家理念与文化，为人类进步事业贡献自己的力量。

第四节　新时代教育改革开放的展望

改革开放以来，中国共产党始终坚持深化教育改革创新，以改革激发教

① 教育部课题组：《深入学习习近平关于教育的重要论述》，人民出版社 2019 年版，第 252—261 页。

② 同上书，第 252—254 页。

育事业发展的生机活力，将改革作为教育事业发展的强大动力。经过几代中国共产党人的努力，中国的教育改革取得了明显成效，教育公共服务水平和教育治理能力不断提升，中国特色社会主义教育制度进一步完善，我国教育总体水平进入世界中上行列，为13亿人民提供了更好更公平的教育，为经济转型、科技创新、文化繁荣、民生改善、社会和谐提供了有力支撑，中国特色社会主义教育自信不断增强。① 在完善和发展中国特色社会主义教育的新时代，要继续坚持深化教育改革创新，推动我国教育不断朝着更高质量、更有效率、更加公平、更可持续的方向前进，全面推进教育现代化，建设教育强国。

一、完善教育改革发展的领导体制和工作机制

党的领导是坚持深化教育改革创新的根本保证。各级党委要把教育改革发展纳入议事日程，切实加强对教育工作的全面领导，充分发挥总揽全局、协调各方的领导核心作用，协调动员各方面力量共同推进教育改革的进程。党政主要负责同志要熟悉教育、关心教育、研究教育。建立健全党委统一领导、党政齐抓共管、部门各负其责的教育领导体制，及时研究解决教育改革中的重大问题，为教育改革排忧解难，不断深化教育改革创新。

要完善推动教育改革的工作机制，建立健全教育改革统筹决策、研究咨询、分工落实、督查督办、总结推广的改革工作链条，充分发挥中央教育工作领导小组决策议事协调职能，充分发挥国家教育体制改革领导小组和国家教育咨询委员会的作用，进一步完善省级教育改革领导体制。健全教育改革的试点、容错、督查、推广机制。加强教育改革干部队伍建设，配齐配强教育改革力量，确保各项改革措施有谋划、有部署、有落实、有成效。

① 《中共中央办公厅国务院办公厅印发〈关于深化教育体制机制改革的意见〉》,《中国民族教育》2017年第10期。

二、推动各级各类教育公平发展和质量提升

教育公平发展是坚持深化教育改革创新的基本要求。要建立健全基本公共教育资源均衡配置机制，逐步缩小区域、城乡、校际差距，推进城乡义务教育一体化发展，对困难群体精准帮扶，努力让全体人民享有更公平的教育。要根据各地实际，强化分类指导，重点关注中西部地区和农村地区，聚焦偏远地区、贫困地区和民族地区等最困难的地方，不断完善发展机制，精准施策，补齐短板，全面扩大人民群众受教育机会。

提高教育质量是坚持深化教育改革创新的核心要求。要构建德智体美劳全面培养的教育体系和科学的评价体系，全面落实立德树人根本任务。发展素质教育，形成高水平人才培养体系，将中国特色社会主义特色和优势转化为培养社会主义建设者和接班人的能力，努力培养又红又专、德才兼备，能够满足党、国家、人民以及时代需要的人才。

三、形成全社会共同参与的教育治理新格局

教育是关系国家和全民利益的公益性事业，坚持政府主导、全社会多元参与，坚持人人尽责，人人享有，多渠道扩大教育供给，构建全社会共同参与建设、共同参与治理、共同分享成果的教育发展新格局，为深化教育改革创新、实现教育现代化提供重要保障。

构建完备的教育法律法规体系，健全教育法律实施和监管机制，提高教育法治化水平，坚持依法治教、依法办学、依法治校，为建立多元参与的协同治理新机制提供法律保障。转变政府职能，深化简政放权，强化监管能力，创新服务方式，增强政府依法行政、引领教育发展的能力，提升教育管理信息化和决策施政科学化、民主化、精细化水平，完善教育管理体制和制度体系。完善学校治理结构，保障学校办学自主权，增强学校发展活力，形成中国特色现代

学校制度；鼓励民办学校按照非营利性和营利性两种组织属性开展现代学校制度改革创新，提高学校自主管理能力。完善社会参与教育决策和学校管理机制，建成畅通有序的社会参与教育治理渠道和网络，形成政府、学校、社会依法共同参与教育治理的制度保障，实现教育治理体系和治理能力现代化。

四、开创教育对外开放新格局

对外开放是深化教育改革创新的重要动力。面向国家对外开放全局，积极服务“一带一路”建设，全面加强与世界各国和国际组织的务实合作，不断丰富教育开放内涵，提高开放水平和国际影响力，为构建人类命运共同体作出重要贡献。

全面提升教育国际交流合作水平，扩大和深化中外人文交流。深化教育国际交流合作，完善学校、师生与国外双向交流合作机制，构建中外教育交流合作新格局。面向国家发展战略需求，建设一批高水平中外合作办学机构和项目，提高中外合作办学质量。加强统筹规划，完善管理，优化出国留学服务，充分利用国际优质资源培养我国急需人才。推进中外高级别人文交流机制建设，努力形成与各层次各领域对外开放深度融合、相互促进的中外人文交流新格局。加强师资队伍建设，深化教学内容改革，创新传播形式，促进孔子学院特色发展，加快建设中国特色海外国际学校。

提升我国教育国际影响力，积极参与全球教育治理。努力将我国建成具有重要国际影响力的全球教育高地，吸引国际优秀学生来华留学，打造国际留学中心。统筹利用国内外两种优质教育资源，建设具有中国特色的专业、课程、教材、教学模式、管理模式、评价工具和国际知名的学术期刊、评价机构，开发国际一流教育资源。参与国际重要教育机制和重大教育行动，主动发起全球教育发展热点议题，创新与国际组织的教育合作方式，形成一批具有重要影响力的国际机构，培养并支持优秀人才任职国际组织，全面密切与国际组织的合作关系。

第九章　扎根中国大地办教育

坚持扎根中国大地办教育是以马克思主义为指导思想、对历史教育经验的深刻总结，也是对新时代我国教育改革发展面临的重大理论和实践问题的深刻回答，集中体现了中国共产党实事求是的思想路线，是新时代建设中国特色世界水平现代教育的指导思想与行动指南。正是坚持了扎根中国大地办教育，中国共产党才能够理论联系实际，根据不同时代特点积极布局重大教育战略，推动社会发展，才能够牢牢把握社会主义办学方向同时尊重教育规律，积极推进教育体制和教育教学方式改革，也才能够在保持中国特色的同时积极放眼世界，传承中国优秀传统文化并学习世界先进的科学技术和办学治学经验。正因为中国共产党始终坚持扎根中国大地办教育，中国教育也才由百废待兴的状态逐渐向教育大国、教育强国行列迈进，一步步走向世界教育舞台的中心。

第一节　扎根中国大地办教育是马克思主义中国化的必然要求

扎根中国大地办教育是马克思主义与中国具体国情相结合的必然要求，这种必然性要求一方面体现在马克思主义基本原理的内在特质上，另一方面也体现在中国不同历史阶段的具体教育实践过程中。

一、扎根中国大地办教育是矛盾的普遍性与特殊性的统一

马克思主义认为，任何事物的发展都是矛盾的普遍性与特殊性的辩证统一。如果不认识矛盾的普遍性，就无从发现事物运动发展的普遍的原因或普遍的根据；但是，如果不研究矛盾的特殊性，就无从确定一事物不同于他事物的特殊的本质，就无从发现事物运动发展的特殊的原因，或特殊的根据，也就无从辨别事物，无从区分科学研究的领域。① 矛盾的普遍性与特殊性的关系，简单来说就是事物共性与个性之间的关系。从国家层面来看，社会运行规律是普遍的，但是具体到某一个国家来说，矛盾又具有特殊性，要求我们具体问题具体分析。具体到教育事业而言，教育发展规律具有普遍性，需要在遵循教育规律的同时，根据各国的国情，走出一条适合自己国家的教育发展之路，这是由矛盾的特殊性决定的。因此，办好中国的教育必须遵循矛盾的普遍性和特殊性辩证统一的基本原理，要牢牢扎根在中国大地上，根据我国的历史、文化和国情，将教育发展的基本规律与中国实际相结合，走出一条符合中国实际的、具有中国特色的教育发展之路。

矛盾普遍性与特殊性辩证关系原理是坚持马克思主义普遍真理与中国具体实践相结合的哲学基础，这一原理要求面对中国的国情和教育的现实问题，必须扎根中国实践、汲取各国有益经验，才能兴办中国特色、世界水平的现代化教育。这也要求中国共产党人必须深刻把握矛盾普遍性和特殊性相结合的原理，将这一世界观基础和方法论原则运用到中国的具体教育实践中去，才能建设具有中国特色的社会主义教育理论体系和现代化教育体系。

二、扎根中国大地办教育是立足中国国情的必然选择

1949 年，全中国 5.4 亿人口约 80% 不识字，只有 3000 多万名小学在校生，

---

① 《毛泽东选集》第 1 卷，人民出版社 1991 年版，第 309 页。

100多万名中学在校生，10多万名大学在校生，大中小学在校生规模类似“倒图钉形”。[①] 这个阶段我国的教育主要矛盾是人民群众对基本教育资源的需求与基本教育资源供给不足的矛盾，正是在这样的教育环境之下，中国共产党人带领广大人民群众自力更生，广泛开展扫盲运动，有计划有步骤地实行普及教育。这中间虽然存在着模仿苏联模式的倾向，但在1956年，中苏关系发生变化，我国便开始反思学习苏联教育经验中存在的问题，对学习中存在的教条主义进行批判，并结合中国教育实际进行教育研究，逐渐催生了中国教育道路的自我探索。改革开放以后，全党工作重点转移到现代化建设上来，但教育工作不适应社会主义现代化建设需要的局面还没有根本扭转。特别是面对着我国对外开放、对内搞活，经济体制改革全面展开的形势，面对着世界范围的新技术革命正在兴起的形势，我国教育事业的落后和教育体制的弊端逐步显现。[②] 中国共产党将教育和科技放在社会主义现代化建设的重要位置，提出“科教兴国”和“人才强国”战略，进一步发展生产力，并开启了1985年之后的系列教育体制改革。这一时期，在中国特色社会主义理论体系指引下，中国共产党团结带领人民进行建设中国特色社会主义伟大实践，实现了中华民族从“站起来”到“富起来”的历史性飞跃。

进入新时代，中国社会经济发展进入“新常态”，我国教育的主要矛盾也已经转变为人民群众对高质量教育需要与当前教育发展不平衡、不充分之间的矛盾。这一时期，中国共产党对中国国情的把握也更加深刻，以习近平同志为核心的党中央，以实现中华民族伟大复兴为时代担当，把马克思主义基本原理同新时代中国具体实际结合起来，实施包括深化教育体制机制、深化教育教学改革、深化学前教育改革以及加快推进教育现代化的一系列改革方针，旨在解决这一教育现实矛盾，以适应社会经济发展的新时代要求。到2019年，全

① 张力：《新中国70年教育事业的辉煌历程》，《中国教育报》2019年9月14日。

② 中共中央：《中共中央关于教育体制改革的决定》，《中国教育报》1985年6月1日。

国小学、初中、高中、大学的在校生，分别为10561.24万人、4827.14万人、3994.90万人、4002万人，已经呈现“正梯形”。同年，全国小学学龄儿童净入学率为99.94%，初中阶段、高中阶段、高等教育的毛入学率分别为102.6%、89.5%、51.6%，学前教育毛入园率为83.4%，九年义务教育巩固率94.8%[①]，教育事业发展迈入新台阶，取得全方位、开创性的历史成就。从历史问题和成就可以看出，坚持扎根中国大地办教育是中国共产党在实践中的历史经验和优秀传统。正是立足不同阶段国情，坚持实事求是的思想方法和工作方法，将马克思主义原理运用到对中国具体国情的分析之中，充分发挥中国共产党人和人民群众的教育智慧，我国才逐步从人口大国逐渐迈向人力资源大国，并向人力资源强国迈进，才逐步实现从“站起来”到“富起来”再到“强起来”的时代跨越。

第二节　扎根中国大地办教育的基本遵循

纵观中国共产党带领人民群众的百年教育实践，“立足实际”“尊重规律”“办出特色”是扎根中国大地办教育的根本性要求与基本遵循，更是一百年来中国共产党领导与发展中国教育的思想凝练。

一、立足实际

扎根中国大地办教育的第一层含义，是立足我国国情和发展实践办教育。扎根中国的土壤不是外国的土壤，立足中国国情和发展实践，将马克思主义理

① 教育部：《2019年全国教育事业发展统计公报》，载中华人民共和国教育部门户网 http://www.moe.gov.cn/jyb_sjzl/sjzl_fztjgb/202005/t20200520_456751.html，2020年5月20日。

论同中国具体实际相结合，这是中国共产党带领发展中国教育的首要要求和基本立场。一方面，中国共产党要办中国自己的教育，必须充分了解中国的历史环境和当下社会现实情境、把握国际形势和当下历史任务，也必须在马克思基本理论的指导基础上充分了解中国当下社会实践，正确处理好历史与现实、理论与实践的关系，才能深刻把握中国教育的历史脉络与未来走向。另一方面，中国的实践土壤也为中国教育的发展壮大提供了充足的营养资源，这些资源包括中国共产党带领人民群众为教育创造的一系列政治、经济和社会文化环境，正是立足于这样广阔的“富足”之地，才为中国教育的生根、壮大提供了前提保证。立足中国国情和发展实践，就要求中国共产党要实事求是办教育，一切要从中国的实际出发，“深入群众、深入实践进行调查研究，把客观存在的事实搞清楚，把事物的内部和外部联系弄明白，从中找出能够解决问题、符合群众要求的办法来”，[①] 积极将马克思主义理论同中国具体实际相结合，而不是脱离中国实际盲目照抄照搬。这是立足我国国情和发展实践，进行教育科学决策的前提和基础。

二、尊重规律

扎根中国大地办教育的第二层含义，是把握正确办学方向，尊重教育规律。这层含义主要包括两个方面问题，向哪个方向扎根（价值性），怎么扎好根（科学性），才能开鲜花结硕果，要正确处理好科学性与价值性的关系。既要强调社会主义属性，将党的教育方针路线贯穿教育的各个方面，又要尊重教育规律，包括按照教育的工作规律和人才成长规律办教育。关于方向性，这个问题中国共产党从建党开始已经做了回答，由于近代中国探索救亡图存道路的“农民阶级”“地主阶级维新派”“资产阶级洋务派”“资产阶级革命派”都不能救中国于

① 习近平：《坚持实事求是的思想路线》，载中共中央党校网 http://www.ccps.gov.cn/xxsxk/zyls/201812/t20181216_125677_1.shtml，2012 年 5 月 28 日。

危难之中，旧民主主义革命运动的失败以及马克思主义指导下的社会主义的曙光，让中国共产党和中国人民看到了社会主义的希望。事实也证明，只有中国共产党带领的工人阶级团结带领广大人民群众的新民主主义革命才能救中国，只有社会主义才能救中国。因此，办中国教育始终要坚持社会主义方向，充分发挥党的全面领导作用，加强思政教育，将社会主义核心价值观融入教育全过程，为中国现代化建设培养社会主义的合格建设者和接班人。这是发展中国特色社会主义的基本要求。教育规律，是教育内部要素之间和教育与外部事物之间的必然本质性联系，按照教育规律办教育，实际上是既要尊重教育本身的发展规律，也要尊重教育内部的人才成长和教育教学规律。是否按这两大内外部规律办教育，决定着教育的科学发展水平，也决定着我国的教育现代化水平。

三、办出特色

扎根中国大地办教育的第三层含义，是兴办中国特色、世界水平的现代教育。办中国特色教育，正如习近平总书记强调的"没有特色，跟在他人后面亦步亦趋，依样画葫芦，是不可能办成功的。这里可以套用一句话，越是民族的越是世界的。世界上不会有第二个哈佛、牛津、斯坦福、麻省理工、剑桥，但会有第一个北大、清华、浙大、复旦、南大等中国著名学府"①。我国有独特的历史、独特的文化、独特的国情、独特的优势制度，决定了我们必须走自己的教育现代化之路。我们必须根植于中国历史和现实的土壤中，接受中国政治、经济和文化的滋养，一切从实际出发，积极传承中国优秀传统文化，坚持增强道路自信、理论自信、制度自信、文化自信，不能数典忘祖。办世界一流水平的现代教育，就是立足中国，虚心学习借鉴人类社会创造的一切文明成果，吸收世界上先进的治学办学经验，做到借鉴而不照搬、领跑而不追随，通过一流

① 习近平：《在北京大学师生座谈会上的讲话》，载人民网 http://edu.people.com.cn/n/2014/0505/c1053-24973276.html，2014 年 5 月 5 日。

学校、一流学科建设，培养本土一流科技创新人才，为中国教育现代化建设服务，为中华民族伟大复兴的征程提供可靠的人才支撑。

第三节　扎根中国大地办教育是引领我国教育发展的行动指南

扎根中国大地办教育是我国教育发展取得历史性成就的重要行动指南。这份指南主要包括：坚持实事求是的思想路线、坚持社会主义办学方向、坚持尊重教育规律办教育、坚持中国特色同时能够放眼世界。正是在这四个具体行动指南的指引下，中国共产党才能带领人民群众将中国教育从百废待兴的旧状态换轨到辉煌伟大的新时代。

一、坚持实事求是的思想路线

（一）百废待兴：培养有社会主义觉悟的有文化的劳动者

中国共产党很早认识到文化教育工作的重要性。1933 年，毛泽东在中央革命根据地经济建设工作会议上指出："用文化教育工作提高群众的政治和文化水平，这对于发展国民经济同样有极大的重要性。"① 进入新民主主义革命时期，中国社会的主要矛盾是人民大众同帝国主义、封建主义和国民党残余势力之间的矛盾。新生共和国面临着两大历史任务：一是继续完成新民主主义革命遗留任务，彻底解决同三大敌人的矛盾；二是动员人民医治战争创伤，恢复破败的国民经济。这一时期的教育方针是新民主主义性质的。这一时期中国共产党带领起草的《共同纲领》提出，"中华人民共和国的文化教育为新民主主义的，即民族的、科学的、大众的文化教育。人民政府的文化教育工作，应以提高人民

① 《毛泽东选集》第 1 卷，人民出版社 1991 年版，第 121 页。

文化水平，培养国家建设人才，肃清封建的、买办的、法西斯主义的思想，发展为人民服务的思想为主要任务。”[①]这一方针旨在发展民族的教育，以反对帝国主义压迫；强调的是科学的内容，以反封建和迷信思想；强调大众的，为广大工农劳苦大众服务，使文化成为工农大众的文化。

进入社会主义革命和建设期，社会的主要矛盾变为人民对于建立先进的工业国的要求同落后的农业国的现实之间、人民对于经济文化迅速发展的需要同当前经济文化不能满足人民需要的状况之间的矛盾。党和全国人民的当前的主要任务，就是要集中力量来解决这个矛盾，把我国尽快地从落后的农业国变为先进的工业国。[②]针对这一时期历史任务，毛泽东在《关于正确处理人民内部矛盾》中指出，我们党的教育方针，应该使受教育者在德育、智育、体育几方面都得到发展，成为有社会主义觉悟的有文化的劳动者。[③]在这一方针下，全国开始了大规模的扫盲运动和工农教育。到 1957 年上半年，全国扫盲 2200 万人，并从 1952 年起，启动大规模的高校院系调整，使旧中国高等教育重文轻工的状况得到改善，全国 323 种专业中工科 183 种、理科 21 种、文科 28 种，还新设了地质、铁道、水利等专门学院和专业，为新中国的建设发展培养了大批专业对口人才。[④]这一时期，中国共产党带领广大人民从中国的现实出发，扎根中国大地，为新中国教育发展和初期工业化建设打下了重要基础。

（二）改革开放：实现社会主义现代化，关键是科技，基础是教育

进入改革开放新时期，邓小平同志亲自领导了教育领域的拨乱反正，批驳

---

① 《中国人民政治协商会议共同纲领》，载中国人民政治协商会议全国委员会网 http://www.cppcc.gov.cn/2011/12/16/ARTI1513309181327976.shtml，1949 年 9 月 29 日。

② 《中国共产党第八次全国代表大会关于政治报告的决议》，载人民网 http://cpc.people.com.cn/GB/64162/64168/64560/65452/4442002.html，1956 年 9 月 27 日。

③ 《毛泽东选集》第 5 卷，人民出版社 1977 年版，第 385 页。

④ 教育部：《70 年，教育与共和国砥砺同行》，载中华人民共和国教育部门户网 http://www.moe.gov.cn/jyb_xwfb/s5147/201909/t20190929_401563.html，2019 年 9 月 29 日。

了“两个估计”，对教育进行了狠抓。他指出：“教育方面有好多问题，但归根结底是要出人才、出成果”①。在邓小平同志的领导下，全党工作的重点从阶级斗争转移到社会主义现代化建设上来。邓小平同志继承并发展了马克思的观点，创造性地提出“科学技术是第一生产力”。他指出：“马克思讲过科学技术是生产力，这是非常正确的，现在看来这样说可能不够，恐怕是第一生产力。”②邓小平认为，现代科学技术的发展，使科学与生产的关系越来越密切，而教育必须要与国民经济发展的要求相适应，“我们要实现现代化，关键是科学技术要能上去。发展科学技术不抓教育不行。靠空讲不能实现现代化，必须有知识，有人才”，“一定要在党内造成一种空气：尊重知识，尊重人才”。③科技创新必须依靠人才。邓小平在全国教育工作会议上指出：“我们国家国力的强弱，经济发展后劲的大小，越来越取决于劳动者的素质，取决于知识分子的数量和质量。一个十亿人口的大国，教育搞上去了，人才资源的巨大优势是任何国家比不了的。”④《中共中央关于教育体制改革的决定》也因此强调：“要解决人才问题，就必须使教育事业在经济发展的基础上有一个大的发展。教育必须为社会主义建设服务，社会主义建设必须依靠教育。”⑤

邓小平同志反复强调教育在社会主义现代化建设中的重要地位和作用，认为在“三步走”的发展战略中第一位就是发展教育和科学技术。他指出，实现现代化，科学技术是关键，基础在教育。各级领导要像抓好经济工作那样抓好教育工作，少讲空话，多干实事，再穷也要照顾科教经费，要千方百计，在别的方面忍耐一些，甚至牺牲一点速度，也要把教育问题解决好。⑥在1992年视

① 中共中央文献编辑委员会：《邓小平文选》第2卷，人民出版社1994年版，第70页。

② 中共中央文献编辑委员会：《邓小平文选》第3卷，人民出版社1993年版，第275页。

③ 中共中央文献编辑委员会：《邓小平文选》第2卷，人民出版社1994年版，第40—41页。

④ 中共中央文献编辑委员会：《邓小平文选》第3卷，人民出版社1993年版，第120页。

⑤ 中共中央：《中共中央关于教育体制改革的决定》，《中国教育报》1985年6月1日。

⑥ 江泽民：《江泽民在全国教育工作会议上的讲话》，《中国教育报》1994年6月20日。

察南方的谈话中，邓小平再次强调指出："经济发展得快一点，必须依靠科技和教育"，"我们自己这几年，离开科学技术能增长得这么快吗？要提倡科学，靠科学才有希望"。[①] 邓小平同志将教育摆在社会经济发展的重要战略地位，创造性地提出"科学技术是第一生产力"，把教育作为关系社会主义现代化建设全局和社会主义历史命运的一个根本问题，是对马克思主义新的发展，为中国教育的改革发展以及现代化建设提供了重要的理论支撑和实践指导。

（三）披荆前行：实施科教兴国、人才强国战略，提高国家核心竞争力

进入20世纪90年代，国际风云变幻，江泽民同志提出，"国运兴衰，系于教育；教育振兴，全民有责"，主张把教育作为先导性、全局性、基础性的工作，摆到优先发展的战略重点地位。他在全国教育大会上强调，我们必须全面贯彻党的教育方针，坚持教育为社会主义为人民服务，坚持教育与社会实践相结合，以提高国民素质为根本宗旨，以培养学生的创新精神和实践能力为重点，努力造就"有理想、有道德、有文化、有纪律"的，德育、智育、体育、美育等全面发展的社会主义事业建设者和接班人。[②] 在他的领导下，我国坚定不移实施科教兴国的战略，大力提高全民族的思想道德和科学文化素质，提高知识创新和技术创新能力，并做好思想政治教育工作、重视解决欠发达地区和人群的教育问题和发展农村教育事业，在全社会大力弘扬尊师重教的良好风尚，不断优化教师队伍结构和提高教师队伍素质，教育事业发展进入规范化、法制化发展的蓬勃阶段。

21世纪，随着科技进步日新月异，知识越来越成为提高综合国力和国际竞争力的决定性因素，人力资源越来越成为推动经济社会发展的战略性资源，科技、教育、人才竞争在综合国力竞争中的重要性日益凸显。面对加入WTO的

① 中共中央文献编辑委员会：《邓小平文选》第2卷，人民出版社1993年版，第377—378页。

② 江泽民：《江泽民在全国教育工作会议上发表重要讲话强调国运兴衰系于教育教育振兴全民有责》，《人民日报》1999年6月16日。

新的形势，胡锦涛同志在全国人才工作会议上强调："实施人才强国战略，就是要努力造就数以亿计的高素质劳动者、数以千万计的专门人才和一大批拔尖创新人才，建设规模宏大、结构合理、素质较高的人才队伍，充分发挥各类人才的积极性、主动性和创造性，开创人才辈出、人尽其才的新局面，大力提升国家核心竞争力和综合国力，为全面建设小康社会、实现中华民族伟大复兴提供重要保证。"①随后出台的《中共中央国务院关于进一步加强人才工作的决定》对21世纪的人才工作进行了全面部署，对构建现代国民教育体系和终身教育体系进行了布局规划。通过实施人才强国战略，到2010年底，全国人才资源总量达到1.2亿人，人才资源总量占人力资源总量的比重达到11.1%。截至2010年底，享受国务院政府特殊津贴专家累计评选出16.2万人，累计选拔有突出贡献中青年专家5200多人，百千万人才工程国家级人选4100多人。②我国逐渐由人力资源大国向人力资源强国迈进，国家核心竞争力明显增强。

（四）百年圆梦：加快推进教育现代化，建设教育强国

中国特色社会主义进入新时代之后，我国社会主要矛盾已经转化为人民日益增长的美好生活需要和不平衡不充分的发展之间的矛盾。我国社会主要矛盾的变化是关系全局的历史性变化，我们要在继续推动发展的基础上，着力解决好发展不平衡不充分问题，大力提升发展质量和效益，更好满足人民在经济、政治、文化、社会、生态等方面日益增长的需要，更好推动人的全面发展、社会全面进步。③习近平总书记在党的十九大报告中，作出了优先发展教育事业、加快教育现代化、建设教育强国的重大战略部署。2018年，习近平总书记在全国教育大会

---

① 中共中央文献编辑委员会：《胡锦涛文选》第2卷，人民出版社2016年版，第123—124页。

② 中华人民共和国人力资源和社会保障部：《2011年度人力资源和社会保障事业发展统计公报》，载中华人民共和国人力资源和社会保障部网 http://www.mohrss.gov.cn/SYrlzyhshbzb/zwgk/szrs/tjgb/201206/t20120605_69908.html，2012年6月5日。

③《中国共产党第十九次全国代表大会关于十八届中央委员会报告的决议》，载人民网，http://cpc.people.com.cn/19th/n1/2017/1025/c414305-29606868.html，2017年10月25日。

上对加快推进教育现代化作出了重要指示，他指出“我国是中国共产党领导的社会主义国家，这就决定了我们的教育必须把培养社会主义建设者和接班人作为根本任务，培养一代又一代拥护中国共产党领导和我国社会主义制度、立志为中国特色社会主义奋斗终生的有用人才。这是教育工作的根本任务，也是教育现代化的方向目标。”在新时代新形势下，应该“抓住机遇、超前布局，以更高远的历史站位、更宽广的国际视野、更深邃的战略眼光，对加快推进教育现代化、建设教育强国作出总体部署和战略设计，坚持把优先发展教育事业作为推动党和国家各项事业发展的重要先手棋，不断使教育同党和国家事业发展要求相适应、同人民群众期待相契合、同我国综合国力和国际地位相匹配”，① 用教育的现代化支撑国家的现代化建设。习近平总书记的讲话向全党全国全社会发出了加快教育现代化的动员令，为新时代教育提供了根本遵循。基于十九大和全国教育大会精神，中共中央、国务院印发《中国教育现代化 2035》，对发展中国特色世界先进水平的优质教育、推动各级教育高水平高质量普及、实现基本公共教育服务均等化、构建服务全民的终身学习体系、提升一流人才培养与创新能力、建设高素质专业化创新型教师队伍、加快信息化时代教育变革、开创教育对外开放新格局、推进教育治理体系和治理能力现代化等目标任务进行了全盘谋划和统筹布局，这一重大部署为实现第二个一百年奋斗目标、实现中华民族伟大复兴的中国梦，奠定了基础、凝聚了力量、提供了信心。

一百年来，中国共产党正是始终坚持实事求是，将马克思主义原理运用到我国具体国情和发展实践的分析上，才不断推进我国特色社会主义教育事业向前布局、向前发展。坚持实事求是的思想路线是扎根中国大地办教育最重要的思想指引，也是实现中华民族伟大复兴中国梦的重要方法。

---

① 《习近平在全国教育大会上强调坚持中国特色社会主义教育发展道路　培养德智体美劳全面发展的社会主义建设者和接班人》，载人民网，http://edu.people.com.cn/n1/2018/0911/c1053-30286253.html，2018 年 9 月 11 日。

二、坚持社会主义办学方向

（一）思政育人：抓好思想政治教育，培育“四有”新人

新中国成立后，经过社会主义工业化和社会主义改造，我国逐步消灭了剥削制度，逐步过渡到社会主义社会。1957年，毛泽东同志指出：“我们党的教育方针，应该使受教育者在德育、智育、体育几方面都得到发展，成为有社会主义觉悟的有文化的劳动者。”①同时针对思想政治工作提出：“思想政治工作，各个部门都要负责任。共产党应该管，青年团应该管，政府主管部门应该管，学校的校长教师更应该管。”②毛泽东同志对教育的指示为新中国社会主义办学方向提供了指引。改革开放之后，我国将工作的重心转移到经济建设上来，由于学生思想政治工作的不充分，邓小平同志在1987年总结经验教训时强调：“我们特别强调坚持四项基本原则，反对资产阶级自由化，同时提出加强思想政治工作，说服教育工作……所以我们提出要教育人民成为‘四有’人民，教育干部成为‘四有’干部。‘四有’就是有理想、有道德、有文化、有纪律。”③这里的理想便是社会主义、共产主义理想，纪律便是有秩序。他强调：“中国不能乱哄哄的，只有在安定团结的局面下搞建设才有出路。一切反对、妨碍我们走社会主义道路的东西都要排除，一切导致中国混乱甚至动乱的因素都要排除。”④用这个道理教育青年学生，改革开放才能进行下去，只有拥有稳定的政治环境，发展才能继续下去。

江泽民同志也十分重视思想政治教育工作，他强调：“各级各类学校都要全面贯彻党的教育方针，坚持社会主义办学方向，努力培养德智体全面发展的

---

①《毛泽东选集》第5卷，人民出版社1977年版，第385页。

② 中共中央文献研究室：《毛泽东文集》第7卷，人民出版社1999年版，第226页。

③ 中共中央文献编辑委员会：《邓小平文选》第3卷，人民出版社1993年版，第205页。

④ 中共中央文献编辑委员会：《邓小平文选》第3卷，人民出版社1993年版，第212页。

'四有' 新人。加强理论教育、思想教育和政治工作的目的，就是要引导和帮助青年学生树立正确的世界观、人生观、价值观，打下科学理论的基础，确立为建设有中国特色社会主义而奋斗的政治方向。这样，才能增强青少年抵制错误思潮和拜金主义、享乐主义、极端个人主义等腐朽思想侵蚀的能力。"[①]加强思想政治教育工作，帮助青少年树立社会主义理想，成为"四有"新人，提高他们的思想道德素质和科学文化素质，是关系我国四化建设成败和社会主义事业是否后继有人的大事，也是坚持以经济建设为中心、建设有中国特色社会主义、扎根中国大地办教育的必然要求。加强思想政治教育工作，是我们党的优良传统，是我们的政治优势，只能加强，不能削弱。

（二）立德树人：培育和弘扬社会主义核心价值观

坚持扎根中国大地办教育，必须坚持立德树人，将社会主义核心价值融入国民教育全过程，培养社会主义底色的合格建设者和可靠接班人。2012 年，党的十八大提出："全面贯彻党的教育方针，坚持教育为社会主义现代化建设服务、为人民服务，把立德树人作为教育的根本任务，培养德智体美全面发展的社会主义建设者和接班人。"并强调"要把育人为本作为教育工作的根本要求，加强理想信念教育和道德教育，把社会主义核心价值体系融入国民教育全过程"。同时指出，社会主义核心价值体系是兴国之魂，决定着中国特色社会主义发展方向。开展社会主义核心价值体系学习教育，用社会主义核心价值体系引领社会思潮、凝聚社会共识，才能牢牢掌握意识形态工作领导权和主导权，坚持正确导向，提高引导能力。[②]党的十八大之后，习近平总书记在多个场合强调立德树人的重要性。2016 年 9 月，习近平总书记在北京市八一学校考察时指出："基础教育是立德树人的事业，要旗帜鲜明加强思想政治教育、品德教育，

① 中共中央文献编辑委员会：《江泽民文选》第 1 卷，人民出版社 2006 年版，第 371—372 页。

② 胡锦涛：《在中国共产党第十八次全国代表大会上的报告》，载新华网 http://www.xinhuanet.com//18cpcnc/2012-11/17/c_113711665_7.htm，2012 年 11 月 17 日。

加强社会主义核心价值观教育，引导学生自尊自信自立自强。”“要坚持不懈培育和弘扬社会主义核心价值观，引导广大师生做社会主义核心价值观的坚定信仰者、积极传播者、模范践行者。”培育和弘扬社会主义核心价值观，也成为新时代赋予学校立德树人的新要求新任务。党在实践中，将思政教育、社会主义核心价值观教育放在立德树人的高度来强调，体现了党在新时代对“培养什么人、如何培养人”问题的深刻认识。

党的十九大指出：“社会主义核心价值观是当代中国精神的集中体现，凝结着全体人民共同的价值追求。要以培养担当民族复兴大任的时代新人为着眼点，强化教育引导、实践养成、制度保障，发挥社会主义核心价值观对国民教育、精神文明创建、精神文化产品创作生产传播的引领作用，把社会主义核心价值观融入社会发展各方面。”①社会主义核心价值观，把涉及国家、社会、公民的价值要求融为一体，既体现了社会主义本质要求，继承了中华优秀传统文化，也吸收了世界文明有益成果，体现了时代精神。习近平同志指出：“我为什么要对青年讲讲社会主义核心价值观这个问题？是因为青年的价值取向决定了未来整个社会的价值取向，而青年又处在价值观形成和确立的时期，抓好这一时期的价值观养成十分重要。这就像穿衣服扣扣子一样，如果第一粒扣子扣错了，剩余的扣子都会扣错。人生的扣子从一开始就要扣好。‘凿井者，起于三寸之坎，以就万仞之深。’青年要从现在做起、从自己做起，使社会主义核心价值观成为自己的基本遵循，并身体力行大力将其推广到全社会去。”②全力推进社会主义核心价值观建设，将社会主义核心价值观融入教书育人全过程，发挥社会主义核心价值观的引领作用，扎根中国大地办教育才有方向性目标。这种方

① 习近平:《决胜全面建成小康社会夺取新时代中国特色社会主义伟大胜利——在中国共产党第十九次全国代表大会上的报告》，载共产党员网 http://www.12371.cn/2017/10/27/ARTI1509103656574313.shtml，2017 年 10 月 18 日。

② 习近平:《在北京大学师生座谈会上的讲话》，载人民网 http://edu.people.com.cn/n/2014/0505/c1053-24973276.html，2014 年 5 月 5 日。

向性是办好新时代中国特色教育的重要指针。用社会主义核心价值观引领教育，才能始终坚持社会主义办学方向，实现立德树人的教育根本任务。

三、坚持尊重教育规律办教育

（一）工作规律：持续推进教育体制改革，适应现代化建设需要

按照教育规律办教育是中国共产党人一贯的工作作风。1985年，《中共中央关于教育体制的决定》两次提到“教育规律”，都强调尊重教育工作规律，其中指出：“必须尊重教育工作的规律和特点，坚持实事求是，一切从实际出发。大政方针必须集中统一，具体办法应该灵活多样，决不可一哄而起，强制推行。改革既要坚决，又要谨慎，注重试验。涉及全局和广大范围的改革措施，要经上级批准。”① 胡锦涛同志在2010年全国教育会议上强调，“要全面推动教育事业科学发展，立足社会主义阶段基本国情，把握教育发展阶段性特征，坚持以人为本，遵循教育规律，面向社会需求，优化结构布局，提高教育现代化水平”。② 实际上，遵循教育工作规律，就是教育要与社会需求相匹配，要适应现代化建设需要。将教育工作规律落实在行动上，主要体现在中国共产党带领人民群众在宏观上及时探索建立了与经济、社会体制相适应的教育体制，适时进行教育体制改革创新，例如陆续出台《中共中央关于教育体制改革的决定》（1985年）、《中国教育改革和发展纲要》（1993年）、《中共中央国务院关于深化教育改革，全面推进素质教育的决定》（1999年）、《国务院办公厅关于开展国家教育体制改革试点的通知》（2010年）、《国务院关于深化考试招生制度改革的实施意见》（2014年）、《国务院关于统筹推进县域内城乡义务教育一体化改革发展的若干意见》（2016年）、《关于深化人才发展体制机制改革的意见》（2016年）、《关于深化教育体制机制改革的意见》（2017年）以及《关于深化新时代教育督

---

① 中共中央：《中共中央关于教育体制改革的决定》，《中国教育报》1985年6月1日。

② 中共中央文献编辑委员会：《胡锦涛文选》第3卷，人民出版社2016年版，第418页。

导体制机制改革的意见》(2020年)等。

通过以上系列的体制改革措施，我国办学体制、管理体制、经费投入体制、考试招生及就业制度、学校内部管理制度、人事薪酬制度、教学管理制度等方面得到不断优化，理顺了中央和地方、政府和学校以及第三方组织参与之间的关系，改变了计划体制下的“管的过死”办学格局，通过简政放权依法赋予学校办学自主权，激发了学校办学活力，逐步建立了与社会主义市场经济体制相适应的教育体制，为改革开放之后的社会主义现代化建设培养了一大批高质量人才，为形成具有国际竞争力的人才制度优势，把各方面优秀人才集聚到党和国家事业中来，提供了有力人才支撑。

（二）成长规律：开展教学育人方式改革，推动教育内涵式发展

发展素质教育是尊重学生成长规律的集中体现。从1957年开始，到党的十一届三中全会以前，长达20年的时间里，由于历史原因，中国教育实际上处于荒废状态，学生素质发展不能得到保证，教育质量下降严重。在邓小平同志的直接领导下，1985年《中共中央关于教育体制改革的决定》指出，“教育体制改革的根本目的是提高民族素质，多出人才、出好人才”①。1993年，《中国教育改革和发展纲要》继承了这一思想，明确提出：“必须把教育摆在优先发展的战略地位，努力提高全民族的思想道德和科学文化水平，这是实现我国现代化的根本大计。”②教育以提高国民素质为宗旨的思想得到逐步深化和发展，这种深化过程也是教育内涵式发展的过程。随后，“全面推进素质教育”作为教育改革与发展的时代号角，第一次与科技兴国战略紧密联系在一起，共同服务于改革开放之后我国轰轰烈烈的中国特色社会主义市场经济和现代化建设。在这一思想指导下，国务院出台了《关于基础教育改革与发展的决定》，指出“要加

---

① 中共中央：《中共中央关于教育体制改革的决定》，《中国教育报》1985年6月1日。

② 中共中央、国务院：《中国教育改革和发展纲要》，载中华人民共和国教育部门户网 http://www.moe.gov.cn/jyb_sjzl/moe_177/tnull_2484.html，1993年2月13日。

快构建符合素质教育要求的新的基础教育课程体系。适应社会发展和科技进步，根据不同年龄学生的认知规律，优化课程结构，调整课程门类，更新课程内容，引导学生积极主动学习”，还要“继续减轻中小学生过重的课业负担，尊重学生人格，遵循学生身心发展规律，保证中小学生身心健康成长”。①2001年在全国基础教育工作会上，正式印发了《基础教育课程改革纲要》，开启了课程改革的序幕。“全面实施素质教育”作为素质教育的重要转折点，与人才强国战略紧密联系在一起，共同服务于新世纪我国全方位的科学发展。胡锦涛同志在党的十八大提出，“要全面实施素质教育，深化教育领域综合改革，着力提高教育质量”②。在这一号召下，我国努力解决上好学的问题，满足人民群众不断增长的多样化教育需求，持续推动教育公平发展，把教育资源配置和学校工作重点集中到强化教学环节，深度开启了我国教育由“量”到“质”发展的政策转变。

中国特色社会主义进入新时代之后，中国共产党作出了“全面贯彻党的教育方针，落实立德树人根本任务，发展素质教育，推进教育公平，培养德智体美全面发展的社会主义建设者和接班人”③的重大战略部署。习近平同志指出，要“深化人才培养模式、教学内容及方式方法等方面的改革，使各级各类教育更加符合教育规律、更加符合人才成长规律”④。随后我国不断深化义务教育教学改革和高中育人方式改革，以提高教育质量。中共中央、国务院出台《关于深化教育教学改革全面提高义务教育质量的意见》和《关于新时代推进普通高

---

① 国务院：《关于基础教育改革与发展的决定》，载中华人民共和国教育部门户网 http://www.moe.gov.cn/jyb_xxgk/moe_1777/moe_1778/201412/t20141217_181775.html，2001年5月29日。

② 《胡锦涛在中国共产党第十八次全国代表大会上的报告》，载新华网 http://www.xinhuanet.com//18cpcnc/2012-11/17/c_113711665_8.htm，2012年11月17日。

③ 习近平：《决胜全面建成小康社会夺取新时代中国特色社会主义伟大胜利——在中国共产党第十九次全国代表大会上的报告》，载共产党员网 http://www.12371.cn/2017/10/27/ARTI1509103656574313.shtml，2017年10月18日。

④ 《习近平在北京市八一学校考察时强调全面贯彻落实党的教育方针努力把我国基础教育越办越好》，载中国政府网 http://www.gov.cn/xinwen/2016-09/09/content_5107047.htm，2016年9月9日。

中育人方式改革的指导意见》，对教学改革作出新的尝试，通过优化课程实施，优化教育教学方式，创新教学组织管理，加强学生发展指导等措施，旨在构建德智体美劳全面培养的教育体系，以满足人民群众更高质量、多样化的教育需要，满足学生学习、成长规律。素质教育的这三次深化发展过程，是我们党在历史进程中根据实践需要，根据时代经济社会发展作出的适当调整，表明党和政府推进教育内涵式发展的立场更加坚定、方向更加明确，也表明中国共产党对人才成长规律的重视。

四、坚持中国特色　同时放眼世界

（一）外国引进：学习世界先进科学技术和办学治学经验

中国共产党是马克思主义学习型政党，积极借鉴和吸收国外优秀教育经验是党的学风的重要体现。邓小平同志在1978年全国科学大会上指出，“认识落后，才能去改变落后。学习先进，才有可能赶超先进”。“提高我国的科学技术水平，当然必须依靠我们自己努力，必须发展我们自己的创造，必须坚持独立自主、自力更生的方针。但是独立自主不是闭关自守，自力更生不是盲目排外。科学技术是人类共同创造的财富。任何一个民族、任何一个国家都需要学习别的民族、别的国家的长处，学习人家的先进科学技术。”①1983年，他又明确提出：“教育要面向现代化、面向世界、面向未来。”② 这些论述精神为教育领域积极吸收借鉴国外优秀经验指明了道路。从1985年教育体制改革开始，为了借鉴吸取外部经验，增强改革的国际视野，教育部派出调研小组带着教育体制改革第八稿，专程赴美国征求美籍华人专家、学者对教育改革的意见和建议。调研小组在美国先后访问了几十位专家学者，其中杨振宁、李政道、林家翘、聂华桐等一批世界知名的专家学者都发表了许多中肯切

① 中共中央文献编辑委员会：《邓小平文选》第2卷，人民出版社1994年版，第91页。

② 中共中央文献编辑委员会：《邓小平文选》第3卷，人民出版社1993年版，第35页。

实的意见。文件起草小组吸纳了他们的意见，改出第九稿。[①]在1996年，教育部专门成立国家留学基金管理委员会，这个直属于教育部的非营利性事业法人机构专门负责资助中国学生海外留学，对中国国际教育事业的发展起到了重要作用。自此，中国逐步打开了教育对外开放的大门。从1978年到2018年底，各类出国留学人员累计达585.71万人。其中，153.39万人正在国外进行相关阶段的学习和研究；432.32万人已完成学业；365.14万人在完成学业后选择回国发展，占已完成学业群体的84.46%。[②]这些留学学生带着国外科学技术、教育经验和国际视野归国，在各行各业发挥着重要作用，对于促进中国特色的现代化进程发挥着重要作用。胡锦涛同志鲜明指出，“创新型科技人才特别是领军人物，关起门来是培养不出来的。在世界科技水平总体领先于我国的形势下，不采用开放式培养，难以尽快培养造就大批创新型科技人才”[③]。这些都要求我们积极借鉴和吸收国外优秀教育经验，培养大批具有国际视野和国际竞争力的人才。学习世界先进科学技术促进了我国改革开放以来各方面事业的迅速发展，国外先进的办学治学经验对于我国教育事业的改革发展也发挥着重要的参考作用。

（二）本土孕育：建设世界一流大学和一流学科，培养一流创新人才

改革开放之后，全党工作重点转移到社会主义现代化建设上来，并开始建设有中国特色的社会主义发展道路。邓小平同志指出，“我们的现代化建设，必须从中国的实际出发。无论是革命还是建设，都要注意学习和借鉴外国经验。但是，照抄照搬别国经验、别国模式，从来不能得到成功。这方面我们有过不

---

① 胡启立：《〈中共中央关于教育体制改革的决定〉出台前后》，载人民网 http://cpc.people.com.cn/GB/68742/73841/73842/8714160.html，2008年12月。

② 教育部：《2018年度我国出国留学人员情况统计》，载中华人民共和国教育部门户网 http://www.moe.gov.cn/jyb_xwfb/gzdt_gzdt/s5987/201903/t20190327_375704.html，2019年3月27日。

③ 胡锦涛：《在中国科学院第十三次院士大会和中国工程院第八次院士大会上的讲话》，载中国政府网 http://www.gov.cn/ldhd/2006-06/05/content_300810.htm，2006年6月5日。

少教训。把马克思主义的普遍真理同我国的具体实际结合起来，走自己的道路，建设有中国特色的社会主义，这就是我们总结长期历史经验得出的基本结论”。[①] 邓小平同志继承并发展了马克思的观点，创造性地提出“科学技术是第一生产力”，并把教育提到了优先发展的战略地位，科教兴国和人才强国战略也基于这样的认识提出的。在科教兴国战略下，1995 年 11 月，原国家计委、原国家教委和财政部联合下发了《“211 工程”总体建设规划》，“211 工程”正式启动。1998 年 5 月 4 日，时任国家主席江泽民在庆祝北京大学建校 100 周年大会上向全社会宣告：“为了实现现代化，我国要有若干所具有世界先进水平的一流大学。”1999 年，教育部发布《面向 21 世纪教育振兴行动计划》，“985 工程”正式启动建设。“211”和“985”工程开启了世界一流学校和学科建设的先声，在这两个工程推动下，一批重点高校和重点学科建设取得重大进展，带动了我国高等教育整体水平的提升，为经济社会持续健康发展作出了重要贡献。进入新时代，国务院出台《关于印发统筹推进世界一流大学和一流学科建设总体方案的通知》，坚持以一流为目标，引导和支持具备一定实力的高水平大学和高水平学科瞄准世界一流，汇聚优质资源，培养一流人才，产出一流成果，加快走向世界一流。并且引导和支持高等学校优化学科结构，凝练学科发展方向，打造更多学科高峰，带动学校发挥优势、办出特色。[②]“双一流”的统筹建设，在逆全球化和风云多变的国际教育背景下为我国本土一流人才的培养提供了重要平台，为我国新时代经济发展和国际竞争力的提高提供了重要引擎。

（三）文化传承：开展中华优秀传统文化教育，传承共同精神基因

当前，世界多极化、经济全球化深入发展，国内经济社会转轨转型，深刻

---

① 邓小平：《中国共产党第十二次全国代表大会上的开幕词》，《人民日报》1982 年 9 月 2 日。

② 国务院：《国务院关于印发统筹推进世界一流大学和一流学科建设总体方案的通知》，载中华人民共和国教育部门户网 http://www.moe.gov.cn/jyb_xxgk/moe_1777/moe_1778/201511/t20151105_217823.html，2015 年 10 月 24 日。

变革，现代传播技术迅猛发展，世界范围内各种思想文化的交流交融交锋更加频繁，青少年学生思想意识更加自主，价值追求更加多样，个性特点更加鲜明，社会上一些不良思想倾向和道德行为，对青少年学生健康成长产生了不容忽视的影响。加强中华优秀传统文化教育，对于传承中华文化基因，引导青少年学生增强民族文化自信和价值观自信，自觉践行社会主义核心价值观具有重要价值，也是深化中国特色社会主义教育和中国梦宣传教育的重要组成部分。中国优秀传统文化蕴含着丰富的教育理念和思想，“大学之道，在明明德，在亲民，在止于至善”，中国传统上就十分注重将个人发展与国家命运前途联系在一起。另外，中华文化强调“民惟邦本”“天人合一”“和而不同”，强调“天行健，君子以自强不息”，“大道之行也，天下为公”；强调“天下兴亡，匹夫有责”，主张以德治国、以文化人；强调“君子喻于义”，“君子坦荡荡”，“君子义以为质”；强调“言必信，行必果”，“人而无信，不知其可也”；强调“德不孤，必有邻”，“仁者爱人”，“与人为善”，“己所不欲，勿施于人”，“出入相友，守望相助”，“老吾老以及人之老，幼吾幼以及人之幼”，“扶贫济困”，“不患寡而患不均”等。像这样的思想和理念，不论过去还是现在，都有其鲜明的民族特色，都有其永不褪色的时代价值。①

中国共产党在领导人民进行革命、建设、改革的伟大实践中，自觉肩负起传承发展中华优秀传统文化的历史责任，是中华优秀传统文化的忠实继承者、弘扬者和建设者。党的十八大以来，在以习近平同志为核心的党中央领导下，各级党委和政府更加自觉、更加主动推动中华优秀传统文化的传承与发展，开展了一系列富有创新、富有成效的工作，有力增强了中华优秀传统文化的凝聚力、影响力、创造力。2014 年，教育部出台《完善中华优秀传统文化教育指导纲要》，要求开展以天下兴亡、匹夫有责为重点的家国情怀教育，开展以仁爱共

① 习近平：《青年要自觉践行社会主义核心价值观——在北京大学师生座谈会上的讲话》，《中国青年报》2014 年 5 月 5 日。

济、立己达人为重点的社会关爱教育，开展以正心笃志、崇德弘毅为重点的人格修养教育，把中华优秀传统文化教育系统融入课程和教材体系。①2017 年，中共中央办公厅、国务院办公厅出台《关于实施中华优秀传统文化传承发展工程的意见》，根据其精神，教育部印发《中小学综合实践活动课程指导纲要》，引导学生组织开展包括中华优秀传统文化教育在内的实践体验活动，增强学生中华文化认同，如 3—6 年级的实践体验活动包括“跟着节气去探究”，“我们的传统节日”，“我是‘非遗’小传人”等，7—9 年级的实践体验活动包括“家乡的传统文化研究”等。同时，持续开展“中华经典诵读工程”，“少年传承中华传统美德”，“圆梦蒲公英”等主题教育活动，以及戏曲、书法、民间剪纸艺术等非物质文化遗产传承培训活动。教育部联合中央电视台连续举办四届“中国诗词大会”，联合中国书法家协会举办“2018 年全国中小学师生书法篆刻展示交流活动”，联合中华诗词学会举办“2018 年中华通韵诗词创作征集活动”，扩大中华优秀传统文化影响力，培育和践行社会主义核心价值观，受到广大中小学生的欢迎和积极参与。② 在中国共产党的带领下，中国传统优秀文化在新时代教育中散发出无限生机，正在成为中国特色社会主义教育的鲜明底色，扎根中国大地的中国特色教育愈来愈以自己的民族性而屹立于世界教育之林，向全世界发出中国教育的时代强音。

（四）拥抱世界：推动新时代教育对外开放，积极参与全球教育治理

中国共产党不断提高教育对外开放水平，推动教育国际化进程。2003 年，国务院颁发《中华人民共和国中外合作办学条例》，中外合作办学走上规范化道路。2010 年，以《国家中长期教育改革与发展规划纲要（2010—2020）》为契

① 教育部：《关于印发〈完善中华优秀传统文化教育指导纲要〉的通知》，载中华人民共和国教育部门户网 http://www.moe.gov.cn/srcsite/A13/s7061/201403/t20140328_166543.html，2014 年 3 月 28 日。

② 教育部：《对十三届全国人大二次会议第 3949 号建议的答复》，载中华人民共和国教育部门户网，http://www.moe.gov.cn/jyb_xxgk/xxgk_jyta/jyta_jiaocaiju/201911/t20191126_409773.html，2019 年 10 月 9 日。

机，我国中外合作办学迎来了快速发展。党的十八大以来，我国教育对外开放的蓝图更清晰、布局更宽广、助力更显著、品牌更鲜明。在习近平主席的“一带一路”倡议之下，2016年中共中央办公厅、国务院办公厅出台《关于做好新时期教育对外开放工作的若干意见》和《推进共建“一带一路”教育行动》，对我国国际教育进行了纲领性规划。2020年6月，教育部等八部门发布《关于加快和扩大新时代教育对外开放的意见》，指出要着力破除体制机制障碍，加大中外合作办学改革力度，改进高校境外办学，积极向国际社会贡献教育治理中国方案，打造“一带一路”教育行动升级版，扩大教育国际公共产品供给，建立中国特色国际课程开发推广体系，做强“留学中国”品牌等一系列战略部署，①为新时代国际教育发展注入了新活力。在党的正确领导下，我国国际教育迅速发展，从1978年到2017年，我国来华留学规模从1200余人增加到48万余人，已成为亚洲最大的留学目的地国。中外合作办学从无到有，合作办学机构、项目达2385个。通过中外合作方式，在150个国家和地区设立533所孔子学院和1140个孔子课堂，中华文化影响力不断增强。中外人文交流蓬勃发展，已与相关国家建立8个高级别人文交流机制。当前，人文交流与战略互信、经贸合作一起，构成了中国特色大国外交的三大支柱。②加快和扩大新时代教育对外开放，是教育发展的需要，是国家建设的需要，是新时代发展的需要，既迫在眉睫，又恰逢其时。教育对外开放是教育现代化的鲜明特征和重要推动力。中国共产党始终坚持教育对外开放不动摇，主动加强同世界各国的互鉴、互容、互通，旨在形成更全方位、更宽领域、更多层次、更加主动的教育对外开放局面，进一步提高中国教育国际发展水平，积极参与全球治理，努力将我国建成具有

---

① 《教育部等八部门全面部署加快和扩大新时代教育对外开放》，载中华人民共和国教育部门户网 http://www.moe.gov.cn/jyb_xwfb/moe_2082/zl_2020n/2020_zl33/202006/t20200617_466544.html，2020年6月18日。

② 陈宝生:《教育：改革开放的先行者、受益者、助力者》,《光明日报》2018年12月。

重要影响力的世界教育中心，构建人类命运共同体。

回顾中国共产党带领最广大的人民群众扎根中国大地办教育的艰辛历程，我们可以发现，正是由于有了中国共产党实事求是的思想路线，将马克思主义原理同中国具体实践相结合，坚持社会主义办学方向同时尊重教育规律，坚守中国特色同时积极拥抱世界，才有了当今中国教育事业和社会经济建设的新局面。当前，面对国际百年未有之大变局、国内发展的新阶段特征，我们更应该学习与贯彻习近平新时代中国特色社会主义思想，扎根中国大地办教育，把中国特色社会主义教育事业推向更高水平。

第十章　坚持将教师队伍建设作为基础工作

百年大计，教育为本；教育大计，教师为本。

坚持将教师队伍建设作为基础工作，是中国共产党在马克思主义指导下结合中国教育发展的历史传统、现实状况和未来趋势对新时期如何建设教师队伍的理论回答。这体现了中国共产党对中国特色社会主义建设规律、中国特色社会主义教育发展规律和中国特色社会主义教师队伍建设规律的深刻认识与把握。中国共产党领导教师队伍建设的历程，是党对教育发展中为何将教师队伍建设作为基础工作和如何将教师队伍建设作为基础工作的认识过程。未来，在中国教育发展中，坚持将教师队伍建设作为基础工作，需要继续坚持在党的领导下，进一步完善师德师风建设长效机制、深化教师管理体制机制改革、创新教师培养培训制度、提升教师社会地位。

第一节　党对教师工作高度重视

中国共产党从建立之初，就重视教师群体在中国革命和建设中的作用。随着国家建设事业推进和我国教育事业的发展，中国共产党对教师地位、作用的认识不断深化。新时代党对教师工作的新定位既是对以往实践经验的总结，也是对未来改革方向的指导。

一、知识分子是无产阶级革命的重要力量

1919 年，五四运动爆发，这标志着中国新民主主义革命的伟大开端。随着共产主义知识分子推动马克思主义在中国广泛传播、参与中国的革命斗争，中国的政治、经济、文化发展轨迹开始变化，这也影响了此后中国教育发展的进程。在领导革命斗争中，中国共产党对于包括教师群体在内的知识分子的认识逐步清晰起来。

（一）知识分子是可造就的革命战士

1921 年，中国共产党成立，中国革命面貌焕然一新。鉴于当时党内成员“几乎完全由知识分子组成”，为培养革命的力量，党的第一次代表大会“决定要特别注意组织工人，以共产主义精神教育他们”。① 包括毛泽东、刘少奇、李立三、黄静源、恽代英、蒋先云、毛泽覃等著名的党团负责人均在领导工人运动的同时积极开展工人教育工作，并且都曾亲自在工人学校讲过课。②1922 年 7 月，党的第二次全国代表大会宣言阐明了党对当时中国革命的性质、对象、动力、策略、任务和目标的判断，其中认为“革命的动力是工人、农民和小资产阶级，民族资产阶级也是革命的力量之一”③。对于知识分子问题，党内一直存在争论，一种观点认为无产阶级尚很幼稚，需要知识分子发挥桥梁作用去教育和组织工人，推动无产阶级革命；另一种观点认为，一切知识分子都是资产阶级的思想代表，应拒绝知识分子入党。④ 围绕此议题的相关探索与争论，帮助党内澄清了对知识分子问题的许多模糊观点。

---

① 中共中央党史研究室：《中国共产党的九十年》，中共党史出版社 2016 年版，第 38 页。

② 毛礼锐、沈灌群：《中国教育通史》（第 5 卷），山东教育出版社 2005 年版，第 133 页。

③ 中共中央党史研究室：《中国共产党的九十年》，中共党史出版社 2016 年版，第 44 页。

④ 李忠杰、段东升主编：《中国共产党第一次全国代表大会档案文献选编》，中共党史出版社 2015 年版，第 124 页。

1925 年召开的中共四大，第一次明确知识分子与工人、农民均为革命的基本力量，认为“殖民地运动中的知识分子是很值得我们注意的，是可造就之革命战士”①。鉴于学生群体在革命运动中表现出的重要作用，中共四大还提出青年学生与工农群众相结合的方针。此后，在五卅运动中，党对于知识分子问题认识进一步深化，并认为随着革命形势发展“学生当然还有更大作用”②。毛泽东吸收了党内在知识分子问题上的积极成果，运用马克思列宁主义的阶级分析方法，于 1925 年 12 月在《中国社会各阶级的分析》一文提出知识分子分属不同阶级，而绝大多数知识分子——学生、中小学教员、小员司、小事务员等属于小资产阶级。他认为小资产阶级和半无产阶级是革命的重要力量。这些论断虽然代表了当时党对于知识分子问题的最新认识，但尚未形成完整和严密的科学体系。

（二）包括教师在内的知识分子是一种使用脑力的劳动者

大革命失败后，“由于对国民党屠杀政策的仇恨和对陈独秀投降主义的愤怒而加强起来的小资产阶级革命急性病”③，使党内出现“左”倾情绪并发展起来。在知识分子问题上，表现为对知识分子革命性充满怀疑，一度导致各革命根据地存在打击知识分子的现象。面对党内“左”倾路线对知识分子的否定和排斥，以毛泽东为代表的中国共产党人进行顽强抵制，并在遵义会议中结束了“左”倾盲动主义错误统治，使党对知识分子政策重回正轨。

针对党内在阶级成分问题上表现出的错误倾向，1933 年 5 月，中共苏区中央局在《关于纠正发展和巩固党的组织中错误倾向的决议》中批评了对知识分子关门的错误做法，强调将革命知识分子“吸收到党里面来，对于无产阶级

① 中央档案馆编：《中共中央文件选集》（第 1 册），中共中央党校出版社 1982 年版，第 376 页。

② 同上书，第 396 页。

③ 中国共产党中央委员会：《〈关于若干历史问题的决议〉和〈关于建国以来党的若干历史问题的决议〉》，中共党史出版社 2010 年版，第 4 页。

的事业，是有很大意义的”。①同年10月，中华苏维埃共和国中央政府在《关于土地斗争中一些问题的决定》中，以党的文件形式指出知识分子不是一个独立社会阶级，其阶级成分依据其所属的阶级决定。同时也明确，知识分子从事如教员、编辑和新闻记者等非剥削别人的工作“是一种使用脑力的劳动者”，利用地主阶级出身的知识分子服务于苏维埃政权，“是有利于苏维埃革命的政策”。②1935年，遵义会议召开，结束了在党内的“左”倾错误，党对知识分子的政策也发生了根本上的转变。在这一时期中央的文件中，知识分子特别是从事教师工作者，被视为一种脑力劳动者。

（三）党和军队应大量吸收知识分子

“九一八”事变后，反对日本侵略的民族革命斗争成为各族人民的主要任务。中国共产党取得长征胜利后，于1935年在瓦窑堡召开政治局扩大会议，针对国内革命形势制定抗日民族统一战线的策略方针。党中央明确提出，“广大的小资产阶级群众，革命的知识分子是民族革命中可靠的同盟者”。同时宣布，一切同情抗日的知识分子，不论过去如何，都能享受苏维埃政府的优待。③这一时期，党不断总结和吸收关于知识分子工作的经验和积极的理论成果，并根据新的实践不断充实和发展，对知识分子问题的认识日趋成熟。

大量知识分子进入革命圣地——延安和各个抗日根据地，为抗日救亡作出巨大贡献。中共中央总结中国民主革命，特别是在辛亥革命和五四运动中的经验，全面系统地论述了知识分子在民主革命中的地位和作用。毛泽东认为在中国的民主革命运动中，知识分子是首先觉悟的成分，“在中国革命中常常起着先锋和桥梁的作用”④，是中国革命的重要力量。1939年，毛泽东为中共中央起草

① 中共中央文献研究室中央档案馆编：《建党以来重要文献选编（1921—1949）》（第10册），中央文献出版社2011年版，第244页。

② 同上书，第558页。

③ 中共中央书记处：《六大以来》（上），人民出版社1983年版，第737页。

④ 《毛泽东选集》第2卷，人民出版社1991年版，第641页。

关于《大量吸收知识分子的决定》中，对党内排斥知识分子的倾向提出批评，强调知识分子之于中国革命的重要作用，提出“没有知识分子的参加，革命的胜利是不可能的”①。同时，他认为知识分子并非一个独立的阶级，不跟工人和农民结合就难以产生巨大的能量，“是干不成大事的”，知识分子同工人、农民一起，成为“决定国家命运的基本势力”②。随着大批知识分子在革命根据地办学办报，参加政府工作和社会工作，党对知识分子阶级属性的认识也发生转变。根据形势变化，1948 年，党中央重新颁布《关于土地斗争中一些问题的决定》，认为“知识分子的阶级出身依其家庭成分决定，其本人的阶级成分依本人取得主要生活来源的方法决定”③。这种认识跳出了“唯成分论”的误区，区分了知识分子本人成分和家庭出身，也为党正确认识教师工作的性质打下基础。

二、教师群体是工人阶级的一部分

中华人民共和国成立后，百业待举。在领导人民巩固人民民主政权，恢复发展经济的同时，新中国也面临着军事上、经济上和国际环境上的多重考验。根据党的七届二中全会制定的方针和政策，党领导全国各族人民开始建设新中国的进程。这一时期，党开始对一系列重大问题展开新探索，其中对于知识分子问题也有了新认识。

1950 年，政务院对《关于土地斗争中一些问题的决定》进行修改，其中规定“凡受雇于国家的，合作社的或私人的机关，企业、学校等，为其中办事人员、取得工资以为生活之全部或主要来源的人，称为职员；职员为工人阶级中的一部分”④。同时对于有专门技能或专门知识的知识分子如工程师、教授、专家

---

① 《毛泽东选集》第 2 卷，人民出版社 1991 年版，第 618 页。

② 《毛泽东选集》第 2 卷，人民出版社 1991 年版，第 674 页。

③ 国务院法制办公室编：《中华人民共和国法规汇编（1949—1952）》（第 1 卷），中国法制出版社 2014 年版，第 35 页。

④ 中共中央文献研究室：《建国以来重要文献选编》（第一册），中央文献出版社 2011 年版，第 346 页。

等，称为高级职员。从这个意义上来说，包括教师在内的知识分子已经是工人阶级的一部分了。随后，在国内开展大规模经济建设时发现，知识分子无论在数量上还是业务水平上都不能满足社会主义建设的需求。特别是党内存在一些对知识分子使用不合理现象，部分党员对党外知识分子在使用时带有宗派主义情绪，很大程度上阻碍了知识分子作用发挥。为解决此矛盾，在毛泽东提议下，中共中央于 1956 年召开“知识分子问题会议”，周恩来代表党中央作大会报告。在分析知识分子群体状况后，报告认为：“他们中间的绝大部分已经成为国家工作人员，已经为社会主义服务，已经是工人阶级的一部分。”① 这一阶段，党中央一方面对旧知识分子加强思想教育，引导他们投身于国家建设；另一方面注重培养劳动阶级出身新知识分子以扩大知识分子总量。随后，中共中央下发《关于知识分子问题的指示》提出“知识分子的基本队伍已经成了劳动人民的一部分”。②

不久后，震惊世界的匈牙利事件爆发，西方国家趁机掀起反共高潮。毛泽东认为匈牙利事件最基本教训是“东欧一些国家的基本问题就是阶级斗争没有搞好”③，这种认识也在一定程度上影响了党内对于知识分子的态度。1957 年，毛泽东在《关于正确处理人民内部矛盾的问题》讲话中，号召知识分子帮助中国共产党政府，“极少数资产阶级右派分子趁机鼓吹‘大鸣大放’，向党和新生的社会主义制度放肆地发动进攻”④，党在进行反击的时候，反右派斗争被严重地扩大化，打击了一批知识分子。此后对于知识分子的态度发生变化，“文化大革命”时期“四人帮”更是排斥广大知识分子。

① 国务院法制办公室编：《中华人民共和国法规汇编（1956—1957）》（第 3 卷），中国法制出版社 2014 年版，第 11 页。

② 中共中央组织部等编：《中国共产党组织史资料文献选编》（第 9 卷），中共党史出版社 2000 年版，第 375 页。

③ 《毛泽东选集》（第 5 卷），人民出版社 1977 年版，第 323 页。

④ 中国共产党中央委员会：《〈关于若干历史问题的决议〉和〈关于建国以来党的若干历史问题的决议〉》，中共党史出版社 2010 年版，第 52 页。

三、全党全社会要尊师重教

党的十一届三中全会召开后，党和国家工作重心转移，亟须将国家建设转入正轨，继续社会主义现代化建设。工业、农业、国防和科学技术现代化，需要大批掌握现代科学技术、现代经济和社会管理知识的人才，而人才的培养依靠教育。因此，无论是发展科学技术还是教育事业，都首先面临着对知识分子的定位问题。

（一）为人民服务的教育工作者是崇高的革命的劳动者

随着“科学的春天”到来，知识分子问题开始提上党的议事日程。基于国家经济建设发展的需要，邓小平依据马克思主义的基本原理，阐明了“科学技术是生产力”的马克思主义基本观点。其实，关于科学技术与生产力发展的关系，早在1963年，毛泽东就有所论述。他认为，中国“要打好科学技术这一仗，不打好这一仗，生产力就无法提高”。①70年代末，频繁出访欧美国家，中央领导人被国外的科技、经济发展震撼了。1975年，在听取中国科学院负责人汇报工作时，邓小平提出：“科学技术叫生产力，科技人员就是劳动者！”②在1978年召开的全国科学和教育工作座谈会上，邓小平进一步指出：“无论是从事科研工作的，还是从事教育工作的，都是劳动者。”③至于知识分子阶级属性问题，他认为社会主义的知识分子不同于历史上剥削社会中的知识分子，他们是工人阶级自己培养的劳动者，“已经是工人阶级自己的一部分”。教师群体的工作也被充分肯定，他们“勤勤恳恳地为社会主义教育事业服务，为民族、为国家、为无产阶级立了很大功劳。为人民服务的教育工作者是崇高的革命劳动者。”④

---

① 转引自中共中央文献编辑委员会：《邓小平文选》（第2卷），人民出版社1994年版，第52页。

② 同上书，第32页。

③ 同上书，第50—51页。

④ 同上书，第109页。

（二）知识分子是工人阶级先进性的主要承载者

伴随国家发展和经济建设，中国共产党人深刻认识到科学技术对于经济发展的推动作用。1988 年，邓小平在会见外宾时指出："马克思说过，科学技术是生产力，事实证明这句话讲得很对。依我看，科学技术是第一生产力。"①1995 年 5 月，中共中央、国务院在《关于加速科学技术进步的决定》中提出，要坚定不移地实施"科教兴国"战略。随后，"科教兴国"在八届全国人大四次会议中被确定为基本国策。进入 21 世纪，一个不同于以往的知识经济时代来临，经济合作与发展组织认为，在这种新的经济时代，知识资源的占有、配置、生产、分配和消费是最重要的因素。党的领导人敏锐把握时代脉搏，提出全党和全社会都要高度重视知识创新、人才开发对经济发展和社会进步的重大作用。知识经济时代到来，知识分子的重要作用进一步凸显。2002 年，中共中央根据中国加入世界贸易组织后面临的经济全球化和综合国力竞争，提出"实施人才强国"战略。"科教兴国"战略和"人才强国"战略在新时期赋予了邓小平"科学技术是第一生产力"论断以新的思想内涵和时代意义。

党关于科学技术对生产力发展和社会经济发展重要作用的认识，也为进一步发展党的知识分子政策提供了理论基础。在贯彻"尊重知识、尊重人才"方针的同时，江泽民提出："能不能充分发挥知识分子的积极性和创造性，是我们事业成败的关键之一，也是衡量党的领导水平和领导艺术的一个标志。"② 党的十四大报告中提出，"知识分子是工人阶级中掌握科学文化知识较多的一部分，是先进生产力的开拓者，在改革开放和现代化建设中有着特殊重要的作用"③。党的十五大报告要求，在新时期，知识分子要做"先进思想的传播者、科学技

① 转引自中共中央文献编辑委员会：《邓小平文选》（第 3 卷），人民出版社 1994 年版，第 274 页。

② 中共中央文献编辑委员会：《江泽民文选》（第 1 卷），人民出版社 2006 年版，第 540 页。

③《江泽民论有中国特色社会主义（专题摘编）》，中央文献出版社 2002 年版，第 253—254 页。

术的开拓者、四有公民的培育者和优秀精神产品的生产者”[①]。可见，随着党对科学技术对于发展生产力重要价值的认识愈加深刻，对于知识分子在社会主义现代化建设中独特作用的认识愈加清晰。

中共中央时刻强调，中华民族的伟大复兴关键在人才，而人才的成长关键在教师。人才的培养靠教育，教育在社会事业发展中的先导性、基础性地位更加凸显。而在教育工作中，教师工作则是基础性工作。建设社会主义现代化强国需要建设一支师德高尚、业务精湛、充满活力的高素质教师队伍。2014年，在与北京师范大学师生代表座谈时，习近平总书记提出“四有”好老师的标准，同时也强调：“一个人遇到好老师是人生的幸运，一个学校拥有好老师是学校的光荣，一个民族源源不断涌现出一批又一批好老师则是民族的希望”。[②]由此可见，在新时代，党对教师工作有了新的认识，也对全党全社会尊师重教提出新的更高要求。中共中央、国务院印发的《关于全面深化新时代教师队伍建设改革的意见》，要求“突显教师职业的公共属性，强化教师承担的国家使命和公共教育职务的职责，确立公办中小学教师作为国家公职人员特殊的法律地位”。[③]这是对新时代教师角色新的定位，也是党对教师工作的新认识。

第二节　党关于教师队伍建设重心的深化

党在领导中国教育发展过程中对如何推进教师队伍建设工作的认识是一个

---

① 中共中央文献编辑委员会：《江泽民文选》(第2卷)，人民出版社2006年版，第35页。

② 《做党和人民满意的好老师：习近平同北京师范大学师生代表座谈时的讲话》，《北京青年工作研究》，2014年第9期。

③ 《中共中央国务院关于全面深化新时代教师队伍建设改革的意见》，载新华网，http://www.moe.gov.cn/jyb_xwfb/moe_1946/fj_2018/201801/t20180131_326148.html，2018年1月20日。

不断发展与深化的过程。自中国共产党成立以来，党对教师队伍建设的重心不断深化，对于教师工作重要性的认识也不断提升。这既与特定时期国家建设任务的不同有关，也与党和政府对于教师地位性质与功能的定位有关，是党坚持人民立场的一贯认识与结合时代要求作出的推进与发展。

一、立足革命斗争需要，争取教师群体为革命工作服务

中国共产党的诞生是由“一部分最有觉悟的知识分子”通过努力，实现了马克思列宁主义同工人运动的相结合，进而找到了中国革命最深厚的力量。“这是知识分子在我国现代历史上的伟大贡献”①。在革命斗争中，中国共产党注重吸纳和引导以青年学生和教师为代表的知识分子服务于革命和建设需要。早1925年，中共四大通过《对于青年运动之议决案》，指出“学生运动的最重要的目的，是怎样使学生能与工人农民运动结合起来，使他们到工人农民群众中宣传和帮助他们组织”。② 乡村中的“智识比较进步而有领袖地位的”中小学教师也被中国共产党视为重要的革命力量，要求“提高他们的觉悟程度，介绍他们加入我们的团体”③。不过，对高校教授特别是留学生，中国共产党将其划入“新的士绅”阶层，并认为他们是买办爪牙。总之，这一阶段，中国共产党根据阶级出身对知识分子进行划分，并认为青年学生和乡村教师群体是可以团结的革命力量，努力争取其为革命服务。

大革命失败后，中国共产党在苏区开展了无产阶级领导的第一次大规模的工农大众革命教育实践。围绕当时革命主要任务和严峻形势，即进行反帝反封建的革命斗争，特别是应对国民党的军事“围剿”，党中央和苏维埃政府提出“一切苏维埃工作服从革命战争的要求”的工作总方针，并从理论上论证了吸收

① 中共中央文献编辑委员会:《江泽民文选》第1卷，人民出版社2006年版，第120页。

② 中央档案馆编:《中共中央文件选集》(第1册)，中共中央党校出版社1989年版，第368页。

③ 同上书，第541页。

知识分子加入革命队伍的重要意义。由毛泽东主持起草的《关于土地斗争中一些问题的决定》，认为“应充分让他们为苏维埃政府服务，还应受到苏维埃法律的保护”①。党和各根据地政府基于革命斗争需要也注重利用旧知识分子为苏维埃教育服务。如在1929年，红四军就在《告商人及知识分子》的布告中提出，“知识分子若肯参加革命，工农阶级均可收容他们，依照他们才干的大小，分配他们相当的工作”。②毛泽东在第二次苏维埃代表大会上进一步强调利用旧知识分子对培养苏维埃自己的知识分子的重要作用，他认为“为了造就革命的知识分子，为了发展文化教育，利用地主资产阶级的知识分子为苏维埃服务，这是苏维埃文化政策中不可忽视的一点”。③与此同时，苏区临时中央政府还给予教师群体生活待遇上的优待，通过颁发文件如《小学教员优待条例》，将教师的政治地位、社会地位和工资待遇固定下来。文件规定教师享有苏维埃工作人员同等待遇，如免费医疗待遇，减纳土地税和帮助耕田等。

“九一八”事变爆发后，中国社会主要矛盾发生转变，中共中央及时调整党的工作路线，实行统一战线的方针。党的统一战线政策表现在教育工作上为争取上层和中小知识分子在党的统一战线方针下为抗战服务。这些努力表现为对外积极争取一切可能的知识分子服务于国家抗战需要，对党内破除以知识分子家庭成分论出身的观念。《中央关于开展抗日民主地区的国民教育的指示》明确提出：“共产党应力求同有正义感的名流学者、公正士绅实行统一战线。这在争取全国中间力量同情我们上，有极重大的意义。”④为实现这一目的，中共中央要求在一些区县内设立正规化的公立中学校，从而“吸收现在尚散伏在乡村中的游离知识分子”，提高各地的文化、政治水平，培养中级和高级知识分子。针

① 中央书记处：《六大以来（上）》，人民出版社1983年版，第445页。

② 江西省教育学会编：《苏区教育资料选编》，江西人民出版社1981年版，第209页。

③ 同上书，第46页。

④ 中央档案馆编：《中共中央文件选集（第11册）》，中共中央党校出版社1986年版，第355页。

对党内特别是党的下级干部中存在以家庭成分论出身的观念，很大程度上阻碍了知识分子进入教师队伍的途径。从1939年起，中央通过大量工作解决这一问题。毛泽东为中共中央起草了《关于大量吸收知识分子的决定》，重点批评党内和地方政府与军队中排斥知识分子的倾向，要求大量吸收知识分子加入党和政府的工作，加入军队和学校之中。中央书记处发布指示，要求“大批的吸收与勉励青年知识分子或旧知识分子，尤其是过去的小学教员，担任小学教员的工作，开办各种小学教师训练所讲习所，给他们以必要的训练”。[①] 这一政策延续到解放战争时期，如1949年3月，党中央在七届二中全会上指示南下的党政军干部必须注重团结新解放区的知识分子和发展文化教育事业。即便在当时解放区经济较为困难的情况下，党中央依然要求对知识分子采取“包下来”的政策，解决知识分子失学失业问题，使他们为民族独立和国家建设作出贡献。

二、给教师以革命的政治教育，以适应革命工作和国家建设的需要

新中国成立初期，由于国内长期战争造成的政治、经济创伤缓慢恢复。随着全国范围内的土地改革，农业、手工业和资本主义工商业的改造，国民经济恢复，国家建设对于人才的需求，人民群众对于教育的需求日渐高涨。中共中央有计划、有步骤地在全国范围内建立师范教育体系培养发展教育所需的新师资，同时发挥旧时代知识分子的积极性、主动性，为新中国教育发展服务成为当时一项极为重要的任务。

1951年8—9月，教育部召开第一次全国初等教育会议和第一次全国师范教育会议，讨论建设新中国师范教育的任务。在对教师队伍数量提出要求的同时，针对教师思想觉悟的提高问题，1951年9月周恩来在京津高校教师学习报告会上作了《关于知识分子改造问题》的报告，号召教师勇于开展批评与自我

① 中共中央书记处:《六大以来（下）》，人民出版社1981年版，第812—814页。

批评，使自己成为文化战线的革命战士。同年11月30日，中共中央下发《关于在学校中进行思想改造和组织清理工作的指示》，要求从中小学到大学的教职员和高等院校学生普遍进行初步思想改造工作。经过这一运动，“大多数知识分子抛弃过去不同程度存在的轻视劳动人民的旧思想，进一步站到人民的立场，开始学习掌握唯物史观和唯物辩证法，初步接受马克思主义的世界观”①。1956年1月，中共中央召开知识分子问题会议，周恩来代表中共中央作《关于知识分子问题的报告》。同年4月，毛泽东在中共中央政治局会议上做了《论十大关系》的报告，提出“百花齐放，百家争鸣”的方针。由于极少数右派分子趁机发布过激言论，攻击党和新政府，1957年毛泽东著文《事情正在其变化》，标志着党的政策发生转变，由处理人民内部矛盾转向处理敌我矛盾。随着反右派斗争扩大化，党的知识分子政策发生转化。

三、“尊重知识、尊重人才”，创造人尽其才的良好环境

改革开放初期，党和国家的工作重心转移到经济建设上后，各方面工作逐步走上正轨。面对社会主义现代化建设对大批人才的需求，党的知识分子政策从“团结、教育、改造”转变为“尊重知识，尊重人才”，随后又表述为“政治上充分信任，工作上放手使用，生活上关心照顾，为广大知识分子创造人尽其才、才尽其用的良好环境”②。这也标志着党的教师队伍建设的重点工作逐步从解决政治问题转向改善工作条件和提高生活待遇上，为教师创造人尽其才的工作环境。

（一）提高社会地位，形成尊师重教的社会氛围

“文化大革命”结束之后，中共中央首先平反一批冤假错案，同时肯定教

---

① 中共中央党史研究室：《中国共产党历史》第2卷（上册），中共党史出版社2011年版，第158页。

② 中共中央文献研究室编：《十三大以来重要文献选编（中）》，中央文献出版社2011年版，第581页。

师是工人阶级的一部分，提倡形成尊师重教的良好氛围。邓小平认为就当时国家的状况来说，“要特别注意调动教育工作者的积极性，要强调尊师重教”①。为凸显教师工作的重要性，提高教师的政治地位与社会地位，1985 年全国人民代表大会第九次会议通过决议确定每年 9 月 10 日为教师节。在庆祝第一个教师节的大会上，中央领导人发表《教师工作在很大程度上决定着国家未来》的重要讲话，将教师与国家前途联系在一起。同年 8 月，国家教委印发《关于在教师节前后切实为教师办几件实事的通知》，为推进社会形成尊师重教风尚，使教师感受到党和国家对教育工作和教师的关怀，要求各级教育行政部门在力所能及范围内为教师办几件实事。此后，每年教师节各地普遍形成表彰先进、帮助教师解决实际困难、激发教师光荣责任感等活动的惯例。1993 年，《中华人民共和国教师法》诞生，教师的合法权益和社会地位有了法律依据。同时，国家关于教师荣誉制度也不断健全，使教师地位引起全社会的关注和尊重。

（二）提高工资待遇，改善教师工作和生活条件

1977 年后，分配领域出现教师与体力劳动者收入倒挂的现象。从 20 世纪 80 年代开始，中央先后采取系列措施提高教师工资待遇，改善教师工作和生活条件。在 1977 年、1979 年、1981 年，分别给部分教师提高了工资。1982 年，除全体教师普遍提高一级工资外，还有约 20% 的人上调了两级。1985 年，国家推行工资制度改革，中小学教师比全国提前半年实行新工资制度。1987 年 1 月，中小学、幼儿园教师工资标准提高 10%。②此后经过多次工资调整，使得教师工资水平不断提高，改变了处于行业末位的情况。此外，为了鼓励教师长期执教，1985 年开始，国家教委按规定发放工龄津贴外，还额外发放教龄津贴，提

---

① 中共中央文献编辑委员会：《邓小平文选》(第 2 卷)，人民出版社 1994 年版，第 47 页。

② 马洪、孙尚清主编：《现代中国经济大事典》(第 4 卷)，中国财政经济出版社 1993 年版，第 322—325 页。

高了班主任津贴标准。

进入 90 年代，教师工资问题主要表现为整体水平低、拖欠工资与民办教师和公办教师同工不同酬等。1993 年颁布的《中国教育改革和发展纲要》要求改革教育系统工资制度，提高教师工资待遇，逐步实现教师与全民所有制企业同类人员工资水平大体持平。同年，《中华人民共和国教师法》出台，明确规定“教师的平均工资水平应当不低于或高于国家公务员的平均工资水平，并逐步提高”。[①] 同时，中央通过建立津贴和奖励制度、改善住房条件、改革社会保险和福利待遇、建立教职工疗养、休养制度等方式，教师的生活和工作条件大幅度改善。对于由历史形成的民办教师问题，通过提高民办教师的待遇，从优秀民办教师中选招公办教师逐步实现公办教师与民办教师同工同酬。

（三）丰富教育渠道，提高教师队伍整体素质

改革开放初期，教师队伍数量不足、质量不高。中共中央积极发展师范教育、加强在职教师培训，以提高教师队伍质量。1977 年 12 月，教育部颁发《关于加强中小学在职教师培训工作的意见》，要求各地力争三到五年内使小学教师达到中师毕业程度，初中和高中教师达到师专、师院毕业程度。在教师培养方面，1978 年 10 月，教育部颁发《关于加强和发展师范教育的意见》，要求各地方统筹规划，建好师范教育网。为了加快师资培训速度，1986 年 10 月，中国教育电视频道开通。1987 年，国家教委成立中国电视师范学院，开始运用卫星电视培训中小学教师。

进入 90 年代后，鉴于科学技术推动生产力发展的巨大作用，中共中央通过多种措施进一步提升教师队伍整体水平。1993 年发布的《中国教育改革和发展纲要》对教师素质提出新的要求，“到本世纪末，通过师资补充和在职培训，绝

① 何东昌主编：《中华人民共和国重要教育文献（1991—1997）》，海南出版社 1998 年版，第 3570 页。

大多数中小学教师要达到国家规定的合格学历标准，小学和初中教师中具有专科和本科学历者的比重逐年提高。高等学校师资培养培训工作要坚持立足国内、在职为主、加强实践、多种形式并举的原则”[①]。1998年的《关于加强中小学教师继续教育区域性实验工作的几点意见》和1999年的《中小学教师继续教育规定》，进一步从政策、模式及保障机制等方面构建了科学完备的继续教育体系。进入21世纪，我国整个教师队伍素质得到显著提升。

四、迎接“两个一百年”，建立高质量专业化创新型教师队伍

党的十八大以来，我国社会主义建设进入新阶段。世界范围内，在经历国际金融危机之后，各国纷纷调整发展战略，更加关注科技进步和创新驱动。随着我国社会主要矛盾转化为人民日益增长的美好生活需要和不平衡不充分的发展之间的矛盾，对公平而有质量的教育的需求更加迫切。以习近平同志为核心的党中央将教师队伍建设摆在突出位置，将教师视为教育发展的第一资源。针对教师队伍存在“整体素质有待提高，队伍结构不尽合理，教师管理体制机制有待完善，农村教师职业吸引力亟待提升”[②]等问题，中共中央着眼于实现“两个一百年”奋斗目标和中华民族伟大复兴中国梦，全面谋划新时代教师队伍建设工作。

2012年，全国教师工作暨“两基”工作总结表彰大会召开，正式宣布我国已经完成全面普及义务教育和扫除青壮年文盲的“两基”工作，教育发展进入新阶段。中共中央着力从顶层设计着手，系统推进，先后出台《乡村教师支持计划（2015—2020年）》和《中共中央国务院关于全面深化新时代教师队伍建设改革的意见》，从党和国家建设的全局，立足于中华民族伟大复兴的高度，深

① 何东昌主编：《中华人民共和国重要教育文献（1991—1997）》，海南出版社1998年版，第3467页。

② 《国务院关于加强教师队伍建设的意见》，《中华人民共和国国务院公报》2012年第26期。

刻回答了建设中国特色教师队伍的一系列理论和实践问题。其中,《中共中央国务院关于全面深化新时代教师队伍建设改革的意见》是新中国成立以来党中央首次专门面向教师队伍建设颁布的里程碑式文件，对2035年实现教师综合素质、专业水平和创新能力大幅提升，造就数以百万计的骨干教师、数以十万计的卓越教师、数以万计的教育家型教师的目标作出全面部署。

针对农村地区师资基础薄弱问题，中共中央采取多种措施，精准发力，努力打造一支素质优良、甘于奉献、扎根乡村的教师队伍。一是提高乡村教师生活待遇。面向农村地区，教育部财政部从2013年开始对连片特困地区的教师发放生活补助。二是拓展乡村教师补充渠道。实施免费师范生政策，扩大教师特岗计划规模，补充大批农村教师。三是提升农村教师素质与水平。实施“国培计划”对中西部农村教师的轮训工作。自2012年以来，“国培计划”相继培训各级各类教师超过1400万人次，中西部共招聘51万特岗教师，万名教师支教计划和“三区”人才支持计划教师专项计划等，相继为“三区三洲”等贫困地区补充教师近25万人，每年精准培训骨干教师上万人次。①

在提升专业素质的同时，中共中央着力加强师德师风建设和管理体制改革。首先，从2013年开始相继颁发《关于建立健全中小学师德长效机制的意见》《关于建立健全高校师德建设长效机制的意见》，将师德建设推向制度化、规范化和法治化轨道。其次，下发《关于加强中小学校党的建设工作的意见》《关于加强新形势下高校教师党支部建设的意见》等文件，使教师党支部成为师德建设的重要堡垒。再次，加强典型宣传引领，以榜样的精神感染人、鼓舞人、引导人。一大批优秀教师群体，从黄大年、李保国到石秋杰、张丽莉，彰显了新时代人民教师的光辉形象。

① 《我国教师队伍建设全面提档升级》,《中国教育报》2019年9月4日。

第三节　教师队伍建设的成就与经验

中国共产党在推进教师队伍建设层面取得显著成就，也积累了成功的经验。在中国共产党的带领下，我国逐渐建成一支数量足、质量高、结构合理的教师队伍，形成了日益完善的教师政策体系，打造出职前职后教育一体化的教师教育体系。中国教师队伍建设的成功经验，也为世界教育发展贡献了中国智慧和中国方案。

一、突出师德师风建设，着力提升思想政治素质和职业道德水平

高尚的师德是教师最重要的素质，也是教师队伍建设的重要内容。各个时期，中共中央均注重通过思想政治学习、完善制度规范和表彰先进典型等多种方式加强教师队伍师德师风建设，建成一支乐于奉献的高素质专业化教师队伍。

首先，加强理想信念教育，提高思想政治素质。在革命战争年代，教师队伍的来源和构成比较复杂，党对教师的思想建设主要是通过加强马克思主义理论、党的方针政策、形势与任务等方面的教育从而坚定其理想信念。同时，党还组织教师参加各种社会工作，将学校教育与革命斗争联系起来，在实际斗争中提升教师群体革命觉悟和政治思想水平。改革开放初期，教育部印发《关于师范教育的几个问题的请示报告》，把“有高尚的道德品质和精神境界”[①]作为教师必备的三项标准之一，并于1986年写入《中华人民共和国义务教育法》。进入新时代以来，中央针对师德师风建设发布多个文件，均强调引导教师深入学习习近平新时代中国特色社会主义思想，加强理想信念教育。

① 何东昌主编：《中华人民共和国重要教育文献（1949—1975）》，海南出版社1998年版，第1850页。

其次，表彰优秀教师，树立时代模范。每个时代都有为人民教育事业作出突出贡献的优秀教师群体。在革命战争时期，各个革命根据地已注重表彰优秀教师。如1942年，晋察冀边区政府于当年“六六”教师节召开座谈会和纪念会，并向模范教师拨发现金奖励。①新中国成立后，为表彰优秀教师，同时明确教师劳动者的地位，“五一”被设置为教师节。党的十一届三中全会后，为进一步凸显“尊重知识、尊重人才”的号召，1985年，全国人大确定每年9月10日为我国教师节。随后，各项表彰活动逐步常态化。自2010年开始，每年选出10名“全国教师育人楷模”，每5年推选“全国优秀教师”“全国优秀教育工作者”“全国模范教师”和“全国教育系统先进工作者”，以树立模范表彰先进。在树立典型的同时，也设立禁区，教育部先后出台新时代高校、中小学、幼儿园教师“三个职业行为十项准则”，公开曝光违反教师职业行为十项准则的典型案例。

当前，我国正在进一步完善顶层设计，建立师德师风建设长效机制。从2008年修订《中小学教师职业道德规范》、2011年印发《高等学校教师职业道德规范》，到2013—2014年相继颁布《关于建立健全中小学师德长效机制的意见》《关于建立健全高校师德建设长效机制的意见》《中小学教师违反职业道德行为处理办法》，再到2018年印发《新时代高校教师职业行为十项准则》《新时代中小学教师职业行为十项准则》《新时代幼儿园教师职业行为十项准则》及处理指导办法。这些文件是我国建立教育、宣传、考核、监督、奖惩相结合的师德建设长效机制，探索覆盖大中小幼完整的师德建设制度体系的有益尝试。

二、建成“一体化”教师教育体系，不断提升专业能力建设

教师培养培训是从源头和过程着手提高教师队伍质量的有效途径，一直以

① 晋察冀边区阜平县红色档案丛书编委会编：《晋察冀边区法律法规文件汇编》（上），中共党史出版社2017年版，第190页。

来深受中共中央的关注。从新中国成立之初在学习苏联经验基础上确立由师范院校负责培养各级各类学校教师的方略以来，我国的师范教育体系从初步建成到健全与完善，从封闭走向开放。当前，我国已经建成以师范院校为主，其他高水平院校共同参与的教师教育格局。教师教育培养培训体系实现从“中师、师专、本科”的“三级”向“专科、本科、硕士”的“三级”升级，教师职前教育与职后教育开始衔接，打造一体化的培养培训体系，为教师不断提升专业能力提供了保障。

在革命战争年代，各革命根据地大都处于文化落后地区，教师队伍数量不足且质量不高。各个革命根据地一方面分派干部学校的学员担任中学、师范和中等专业学校的教师，一方面积极吸收社会上的知识分子进入教师队伍。小学阶段的师资在依托师范学校或者中学中设置的师范班，大力培养新师资的同时，还积极利用寒暑假举办各种训练班、讲习会提升已有教师的教学能力。所有这些教师，一边教书一边学习，特别是学习政治理论已经成为一种制度。①

在新中国成立初期，全国师范学校在教育方针、制度和内容上并无统一标准。1951 年，中央人民政府政务院颁布《关于改革学制的决定》，确立了我国各级师范学校体制，即由师范大学、独立师范学院、师范专科学校、中等师范学校及初等师范学校构成的师范学校体系。同年，在第一次全国初等教育和师范教育工作会议中，教育部确定师范教育的方针为“正规师范教育与大量短期训练相结合”，在三五年内以大量短期训练为重点，培养百万人民教师。②随后，教育部于 1952 年 7 月颁发《关于高等师范学校的规定》《师范学校暂行规程》及《关于大量短期培养初等及中等教育师资的决定》，就如何通过短期培训造就

① 董纯才、张腾霄、皇甫束玉主编：《中国革命根据地教育史》（第 2 卷），教育科学出版社 1991 年版，第 97 页。

② 何东昌主编：《中华人民共和国重要教育文献（1949—1975）》，海南出版社 1998 年版，第 128 页。

新师资和提升原有教师水平作出系统安排。

恢复高考之后，党和国家领导人将师范教育定位为教育事业的“母机”，提出健全和完善师范教育体系的要求。1978 年发布《关于加强和发展师范教育的意见》，要求全国各地恢复、调整师范教育网，并通过开展教育培训，力争用 3—5 年的时间提升教师的整体学历水平。1980 年，第四次全国师范教育会议召开，重新确立了我国师范教育的三级培养模式。随后，《关于进一步加强中小学在职教师培训工作的意见》《关于加强教育学院建设若干问题的暂行规定》《关于加强在职中小学教师培训工作的意见》《中小学教师考核合格证书实行办法》等文件相继颁布，标志着我国中小学教师在职培训朝着制度化方向迈进。

20 世纪 90 年代中期，中央政府提出 20 世纪末要完成“两基”“两全”的任务，教师在职培训的重点开始从学历补偿转向继续教育。为适应教师职前职后教育一体化的要求，提升整个教师队伍素质，2002 年全国教师教育工作会议提出，“在‘十五’期间，初步建成以师范院校为主体，其他高校共同参与、培养和培训相衔接的开放的教师教育体系”①。

表 10-1　各级普通学校专任教师数　　单位：万人

年份	小学	普通初中	普通高中	普通高等学校
1949	83.60	5.30	1.40	1.60
1978	522.55	244.07	74.10	20.60
1988	550.13	240.27	55.69	——
1998	581.94	305.47	64.24	——
2008	562.19	347.55	147.55	123.75
2018	609.19	363.90	181.26	167.28

资料来源：《中国教育成就统计资料 1949—1983》《中国教育统计年鉴（1989）》《中国教育统计年鉴（1998）》《中国教育统计年鉴（2018）》。

① 何东昌主编：《中华人民共和国重要教育文献（1998—2002）》，海南出版社 2003 年版，第 1146 页。

在教师教育体系实现从封闭走向开放、职前职后教育一体化的过程中，我国教师队伍建设取得显著成就。从表 10-1 中可以看出，不论是小学、普通初中还是普通高中和大学，各级各类学校专任教师数量显著增加。虽然专任教师数量增长与我国各级各类学校学生增加有很大关系，但从中可以发现教师队伍建设成效显著。从教育部 2016 年统计数据来看，截至 2015 年中小学、中职和高校的专任教师学历合格率分别达到 98%、90% 和 99% 以上，高学历教师比例增加，教师学历结构不断完善。从年龄结构来看，中青年教师开始成为学校教师的主体，其中中小学教师中 56% 的教师年龄在 40 岁以下，而高校教师中 45 岁以下的比例高达 71%。① 到 2019 年，小学和初中取得本科及以上学历的教师比例分别比 1985 年增加 61.95 个百分点和 80.59 个百分点。② 中青年教师成为主体，高学历教师比例不断增长。

三、不断健全政策支撑体系，教师队伍管理走上法治化轨道

造就高素质专业化的教师队伍，离不开一套科学高效的管理制度。中国共产党成立以来，不断加强制度设计，强化教师工作的法律法规、政策文件。基于中国教育改革发展的现实需要，从完善教师准入、招聘和管理制度，深化教师管理综合改革，切实理顺体制机制，党和政府不断推进教师队伍建设水平。目前，我国已经形成一套涵盖各类教师工作的全方位、全领域政策框架，形成一套保障教师队伍建设的政策支持体系。

早在新民主主义革命时期，中国共产党领导的各个革命根据地就开始以制度规范教师队伍建设，先后制定系列性的管理条例和办法。比如，晋察冀、晋

① 教育部:《全国各级专任教师 1539 万人高学历教师比例增加》，载新华网 http://www.cankaoxiaoxi.com/edu/20160901/1289747.shtml，2016 年 9 月 1 日。

② 教育部:《全国专任教师 1673.83 万人地位待遇不断提升》，载新华网 http://www.xinhuanet.com/politics/2019-09/03/c_1124954546.htm，2019 年 9 月 3 日。

冀鲁豫边区制定了《小学教员服务暂行条例》；陕甘宁边区在1939年制定《陕甘宁边区中等学校教职员暂行待遇条例》《陕甘宁边区奖励小学教师暂行办法》[①]等。这些条例或者办法涵盖提高教师质量、改善教师待遇、安定教师工作岗位和加强进修与训练等方面内容。中华人民共和国成立后，全国开始逐步形成由中央统一领导下，中央与地方分类统筹、分类管理的教师队伍建设和管理工作体制。教育部相继颁布各级学校暂行规程，初步建立了教师管理体制机制。如1952年，教育部颁发《师范学校暂行规程（草案）》《关于高等师范学校的规定（草案）》《关于大量短期培养初等及中等教育师资的决定》等文件；1963年，中共中央批准实施《全日制中学暂行工作条例》《全日制小学暂行工作条例》等。这些文件形成了一套关于教师职责、素质、使用、考核及调配的管理制度体系。

改革开放以来，针对教师队伍建设的新情况、新问题，党和政府相继推出一系列重大方针政策和举措。如1978年，国务院批转教育部《关于加强中小学教师队伍管理工作的意见》后，各地恢复和健全了教师管理、调配制度。80年代以来，《师范教育条例》《中华人民共和国教育法》《中华人民共和国教师法》《教师资格条例》等一批文件从根本上确保了我国教师队伍建设推进有法可依、有章可循。近年来，为健全教师管理制度，教育部相继印发幼儿园、小学、中学、中等职业学校、特殊教育学校教师专业标准和校长园长标准，通过标准引领各方面制度建设。针对教师队伍管理体制机制中的编制、职称等难题，相继出台的《关于统一城乡中小学教职工编制标准的通知》《关于推进县（区）域内义务教育学校校长教师交流轮岗的意见》《关于深化中小学教师职称制度改革的指导意见》等政策文件，对完善管理制度、改进管理方式、理顺体制机制继续作出探索。

① 陕西师范大学教育研究所编辑：《陕甘宁边区教育资料（中等教育部分上）》，教育科学出版社1981年版，第12页。

总的来看，我国已经形成中央有宏观政策、部门有专项措施、地方有具体配套方案的政策网格结构和衔接机制，这也不断推动我国教师工作走上制度化、法制化轨道。

四、不断提高地位待遇，增强教师工作的幸福感、成就感和荣誉感

改善教师地位待遇不仅是落实党的知识分子政策的要求，也有助于在全社会形成尊师重教的氛围，提升教师的获得感，充分调动教师群体积极性，发挥其在社会主义建设中的作用。近一百年来，党中央在各个时期均明确教师的特别重要地位，尽可能地为教师创设良好的工作环境，改善教师生活水平，完善教师国家荣誉表彰体系，提升表彰层级，切实体现中央“尊重知识、尊重人才”的方针，逐步使教师成为最有吸引力的工作。

明确教师的特别重要地位，是党领导教师队伍建设取得的重要经验。在革命战争年代，中共中央不断深化对于教师群体阶级身份的认识，最终明确教师是工人阶级的组成部分，是国家建设的重要力量。进入社会主义现代化建设时期，教师被视为学校能不能为社会主义建设培养合格人才的关键。在 1993 年颁布的《中国教育改革和发展纲要》中，提出“振兴民族的希望在教育，振兴教育的希望在教师”，将教师提升到民族国家振兴的高度。进入新时代，中共中央、国务院在《关于全面深化新时代教师队伍建设改革的意见》中“确立公办中小学教师作为国家公职人员特殊的法律地位”[①]，这意味党和政府开始从战略和全局高度认识教师工作的极端重要性。突出教师职业和国家公职人员一样的公共属性，将进一步带动教师政治地位、社会地位和职业地位的提升。

切实改善教师群体的生活待遇一直受到党和政府的高度重视，也是我们党的好传统。在新民主主义革命时期，中央苏维埃共和国临时中央政府人民委员

① 《中共中央国务院关于全面深化新时代教师队伍建设改革的意见》，《中国教育报》2018 年 2 月 1 日。

会曾颁发《小学教员优待条例》①，将教师的政治地位、社会地位、待遇以法律形式固定下来。在党领导革命根据地的教育工作中延续了这一传统。在各个革命根据地，教师领取薪资外，还享有其他福利如陕甘宁边区还有伙食费、制服费、粮食费等，② 免除服兵役，且可享受代耕等福利。新中国成立后，中央政府一直重视并采取各种措施提升教师工资待遇。如 1952 年，政务院下发文件提出各级学校教职员工实行公费医疗制度，教育部、卫生部、财政部联合发文规定了女教师产假、教职员工病假期间的待遇等问题。③ 此后，国务院和教育部多次出台意见调整教师工资。1963 年 3 月 23 日，中共中央下发指示要求"对长期从事教育工作的教师，应该实行教龄津贴制度"。④1993 年，《中华人民共和国教师法》以法律形式规定，教师工资不低于国家公务员平均工资水平，并逐步提高。21 世纪以来，在党和政府坚持教育优先发展的政策指导下，财政性教育经费占国内生产总值比例不断提升。教师工资福利支出占财政性教育经费比例已经连续多年超过 50%。教师工资从 80 年代在国民经济各个行业中排名倒数第 3，提升到目前在全国 19 大行业中位列第 7。⑤

教师的社会地位不断提高也离不开党对教师荣誉制度的建立与完善。这些措施极大鼓励了教师工作积极性，提升了其社会地位，对稳定教师队伍，弘扬尊师重教的民族传统作出重要贡献。为表彰优秀教育工作者，1978 年 12 月，根据党中央提高教师政治地位和社会地位的指示，教育部、国家计委制定并下

① 江西省教育厅：《江西苏区教育资料选编》，江西教育出版社 1960 年版，第 27—28 页。

② 陕西师范大学教育研究所编：《陕甘宁边区教育资料教育方针政策部分》（下），教育科学出版社 1981 年版，第 287 页。

③ 卓晴君、李仲汉：《中小学教育史》，海南出版社 2000 年版，第 63 页。

④ 何东昌主编：《中华人民共和国重要教育文献（1976—1990）》，海南出版社 1998 年版，第 1151 页，第 1654 页。

⑤ 财政部：《财政性教育经费占 GDP 比例连续 7 年保持在 4% 以上　教师工资福利支出连续多年超 50%》，http://news.sina.com.cn/o/2019-09-03/doc-iicezueu3151036.shtml，2019 年 9 月 3 日。

发《关于评选特级教师的暂行规定》，对优秀的教育工作者从政治和业务两个层面考核，每三至五年评选一次。[①]“特级教师”已经成为国家表彰特别优秀的中小学教师而设立的一种既有先进性又有专业性的称号。自1992年国家教委发布《教师和教育工作者奖励暂行规定》以来，开始对工作取得显著成绩的教师和教育工作者授予“全国优秀教师”和“全国优秀教育工作者”的荣誉称号。同时，国家关于教师荣誉制度也不断健全，除设置全国优秀模范教师、优秀教师、教书育人楷模等荣誉称号外，还设置“人民教育家”这一国家荣誉称号，使教师工作引起全社会的关注和尊重。

经过一百年努力，一支师德高尚、业务精湛、结构合理、充满活力的高素质教师队伍正在形成。回望一百年来的历史进程，这是中国共产党领导中国人民扎根中国大地打造服务于人民、服务于国家、服务于民族伟大复兴的教师队伍的过程。站在新的起点，面对“两个一百年”奋斗目标的历史交汇期，这支1600万人的队伍必然还需向着高素质、专业化、创新型教师的要求迈进。未来，我国教师队伍建设还需要在加强教师思想政治建设，创新师德建设机制；深化教师管理领域的综合改革，创新和规范教师编制管理，完善教师资格体系和准入制度，健全教师职称、岗位和考核评价制度；完善教师培养培训体系，提高校长办学治校能力，培养能适应信息化、人工智能等技术变革的新型教师；健全教师待遇保障制度体系，加强教师表彰力度和荣誉制度体系建设等方面作出探索，从而不断提升教师队伍整体素质和专业化水平，不断提高教师岗位的获得感和幸福感，形成优秀人才争相从教的局面。教师这支打造中华民族“梦之队”的筑梦人，在党的领导下，必将汇聚起迈向教育强国新征程的伟大力量，托起民族和国家的希望！

---

① 何东昌主编：《中华人民共和国重要教育文献（1976—1990）》，海南出版社1998年版，第1654页。

第十一章　以信息化带动教育现代化

中国共产党高度重视科学技术进步的巨大历史作用，高度重视科学技术与教育的密切联系。改革开放以来，中共中央高度重视信息技术对教育发展的革命性影响，从资源建设到深化应用，从硬件配置到数据革命，中国教育发展借助于信息技术，以校校通、班班通、人人通为抓手，不断提高教育信息化水平，以信息化带动教育现代化，让亿万孩子同在蓝天下共享优质教育。以信息化带动教育现代化是中国共产党在面对新的科技革命挑战，加快推进中国教育现代化的进程中采取的重要手段和措施，有力地促进了中国教育现代化的水平。

第一节　教育信息化带动教育现代化的历程

1978 年 3 月 18 日，党的十一届三中全会之前，刚刚复出的邓小平同志在全国科学大会上旗帜鲜明地指出"科学技术是生产力"。1988 年 9 月 5 日，邓小平在会见捷克斯洛伐克总统胡萨克时说："马克思说过，科学技术是生产力，事实证明这话讲得很对。依我看，科学技术是第一生产力。"[①] 面对新一轮科技

① 中共中央文献编辑委员会编辑：《邓小平文选》第 3 卷，人民出版社 1993 年版，第 274 页。

革命的挑战，1984 年，邓小平参观上海微电子技术应用汇报展览会，在观看几个少年在电脑前为观众演示时，坚定地说道："计算机普及要从娃娃抓起。"邓小平的这句话把教育信息化的重要性、必要性和工作重点揭示无疑。

一、教育信息化发展起步阶段

"文革"后各项事业百废待兴，人才短缺是当时国家发展面临的最大问题。邓小平同志敏锐地意识到利用电视等现代化手段开创电化教育模式，是多出人才、快出人才的一条捷径。1978 年 4 月，邓小平同志在全国教育工作会议上指出，"要制订加速发展电视、广播等现代化教育手段的措施，这是'多快好省'发展教育事业的重要途径，必须引起充分的重视"。① 同年，经邓小平批准，中央电化教育馆成立，由此我国教育信息化建设开始迈出了第一步。1979 年，中央广播电视大学和 28 所省级电大同时开学，随后教育部下发了一系列教育信息化相关文件。各级电视大学的开办以及相关政策的跟进，为教育信息化发展创设了良好的氛围，奠定了坚实的基础，推动了我国教育信息化的发展。几十年来，广播电视大学为广大人民群众提供了接受高等教育的"另一条道路"，在培养社会急需的专门人才方面作出了历史性贡献。

1998 年 12 月，教育部制定《面向 21 世纪教育振兴行动计划》，提出实施"现代远程教育工程"②，随后发布《全国现代远程教育发展规划》，开始实施现代远程教育工程。1999 年 6 月，中共中央、国务院发布《关于深化教育改革全面推进素质教育的决定》，提出"要大力提高教育技术手段的现代化水平和教

---

① 陈至立：《充分发挥现代远程教育在建设人力资源强国中的重要作用——在纪念邓小平同志批示创办广播电视大学 30 周年暨推进国家终身教育体系建设座谈会上的讲话》，《现代远程教育研究》，2008 年第 2 期。

② 教育部：《面向 21 世纪教育振兴行动计划》，载中华人民共和国教育部网站 http://www.moe.gov.cn/jyb_sjzl/moe_177/tnull_2487.html，1998 年 12 月 24 日。

育信息化程度”①，尽管没有明确提出发展教育信息化，但是提出了信息化可以深化教育改革，推进素质教育发展，从另一角度来看也再次明确了教育信息化的重要性和地位。在这一阶段，教育信息建设的法制化也逐渐受到重视。1995年颁布的《中华人民共和国教育法》，首次以法律条文的形式规定了“电视教育”“现代化教学手段”等。1999年颁布的《中华人民共和国高等教育法》，规定了“远程教育方式实施高等教育”。

这一时期，一大批省、市广播电视大学的建立，初步构建了多层次、多类别的电化教育体系，大大促进了我国电化教育的发展，为我国教育信息化发展储备了大量人才。进入21世纪，随着信息技术的飞速发展，我国信息化也逐渐步入全力发展阶段。

二、教育信息化发展发力阶段

2001年7月1日，江泽民同志在庆祝中国共产党成立八十周年大会上提出，“科学技术是第一生产力，而且是先进生产力的集中体现和主要标志”②，并将其作为“三个代表”重要思想的重要组成部分。2006年1月9日，胡锦涛同志在全国科学技术大会上说：“科学技术是第一生产力，是推动人类文明进步的革命力量。”③这也被写入“科学发展观”。

进入21世纪后，教育部提出全面启动中小学“校校通”计划。这次会议是我国基础教育信息化的一个里程碑。为了加快在中小学普及信息技术教育的步

---

① 中共中央、国务院：《中共中央国务院关于深化教育改革，全面推进素质教育的决定》，载中华人民共和国教育部网站 http://www.moe.gov.cn/jyb_sjzl/moe_177/tnull_2478.html，1999年6月13日。

② 江泽民：《在庆祝中国共产党成立八十周年大会上的讲话》(2001年7月1日)，人民日报2001年7月2日。

③ 胡锦涛：《坚持走中国特色自主创新道路　为建设创新型国家而努力奋斗——在全国科学技术大会上的讲话》，载中华人民共和国教育部网站 http://www.most.gov.cn/ztzl/kxdct30/kxdct30tpxw/200803/t20080317_59817.htm，2006年1月9日。

伐，同年 11 月，教育部发布《关于在中小学实施“校校通”工程的通知》，提出全面实施“校校通”工程。[①]“校校通”工程的目标是用 5—10 年时间，使全国 90% 左右的独立建制的中小学校能够上网，使中小学师生都能共享网上教育资源，提高所有中小学的教育教学质量，使全体教师能普遍接受旨在提高实施素质教育水平和能力的继续教育。

此后，教育信息化建设的进程加快。2001 年 5 月，国务院发布《关于基础教育改革与发展的决定》，提出“大力普及信息技术教育，以信息化带动教育现代化”，以及“开设信息技术课程，推进信息技术在教育教学中的应用，开发、建设共享的中小学教育资源库”。[②]2002 年 9 月，为了推动全国教育管理信息化工作向规范化和健康化方向发展，教育部正式发布实施《教育管理信息化标准》，为我国教育信息化事业发展提供了规范，使教育信息化建设得到了有效保障和支撑。2004 年 12 月，教育部发布《中小学教师教育技术能力标准（试行）》，成为指导中小学教学人员、中小学管理人员、中小学技术支持人员教育技术培训与考核的基本依据。2005 年 8 月，教育部发布《教育部科技基础资源数据平台建设管理办法》。

这一时期，教育信息化建设受到党和政府以及全社会的广泛重视，教育信息化事业得到了迅速发展，基础网络设施也得到了较大提升，应用支撑平台建设成果显著，初步形成了教育信息化数字平台体系。

三、教育信息化 1.0 阶段

2010 年 7 月，《国家中长期教育改革和发展规划纲要（2010—2020 年）》

---

① 教育部：《关于在中小学实施“校校通”工程的通知》，载中华人民共和国教育部网站 http://old.moe.gov.cn//publicfiles/business/htmlfiles/moe/moe_327/200409/2965.html，2000 年 11 月 14 日。

② 国务院：《国务院关于基础教育改革与发展的决定》，载中华人民共和国教育部网站 http://old.moe.gov.cn/publicfiles/business/htmlfiles/moe/moe_16/200105/132.html，2001 年 5 月 29 日。

提出“信息技术对教育发展具有革命性影响，提出加快教育信息化进程，加快教育信息基础设施建设，加强优质教育资源开发与应用，构建国家教育管理信息系统”。[①]2012年，《教育信息化十年发展规划（2011—2020年）》提出，“到2020年，全面完成《规划纲要》所提出的教育信息化目标任务，形成与国家教育现代化发展目标相适应的教育信息化体系。基本建成人人可享有优质教育资源的信息化学习环境，基本形成学习型社会的信息化支撑服务体系，基本实现所有地区和各级各类学校宽带网络的全面覆盖，教育管理信息化水平显著提高，信息技术与教育融合发展的水平显著提升”。[②]这两份文件前所未有地凸显了教育信息化对教育改革发展事业的重要性，对教育现代化的重要性，开启了我国教育信息化1.0阶段。

2013年11月，党的十八届三中全会首次把教育信息化写入中央全会决议，明确提出“构建利用信息化手段扩大优质教育资源覆盖面的有效机制，逐步缩小区域、城乡、校际差距”的重要任务。[③]在党中央、国务院高度重视下，在各部门协同推进下，教育信息化战略地位得以确立。

2015年5月，首届国际教育信息化大会在山东青岛召开。国家主席习近平在贺信中指出，“因应信息技术的发展，推动教育变革和创新，构建网络化、数字化、个性化、终身化的教育体系，建设‘人人皆学、处处能学、时时可学’的学习型社会，培养大批创新人才”。这次国际教育信息化大会的召开，标志着我国正在走一条具有中国特色的教育信息化道路，我国教育信息化从自主探索

① 中共中央、国务院：《国家中长期教育改革和发展规划纲要（2010—2020年）》，载中华人民共和国教育部网站 http://www.moe.gov.cn/srcsite/A01/s7048/201007/t20100729_171904.html，2010年7月29日。

② 教育部：《教育部关于印发〈教育信息化十年发展规划（2011—2020年）〉的通知》，载中华人民共和国教育部网站 http://old.moe.gov.cn//publicfiles/business/htmlfiles/moe/s5892/201203/xxgk_133322.html，2012年3月13日。

③ 中共中央：《中国共产党第十八届中央委员会第三次全体会议公报》，载中华人民共和国教育部网站 http://www.xinhuanet.com//politics/2013-11/12/c_118113455.htm，2013年11月12日。

建设向国际协作引领转变，为世界教育信息化提供中国解决方案。①

2016年,《教育信息化“十三五”规划》提出“十三五”期间教育信息化的目标为：基本建成“人人皆学、处处能学、时时可学”，与国家教育现代化发展目标相适应的教育信息化体系；基本实现教育信息化对学生全面发展的促进作用，对深化教育领域综合改革的支撑作用和对教育创新发展、均衡发展、优质发展的提升作用；基本形成具有国际先进水平、信息技术与教育融合创新发展的中国特色教育信息化发展路子。②同年，教育部联合九部门印发了《关于加快推进教育信息化当前几项重点工作的通知》，部署了“三通两平台”、教学点数字教育资源全覆盖和教育信息技术应用能力提升等七项重点工作，还联合五部门印发了《构建利用信息化手段扩大优质教育资源覆盖面有效机制的实施方案》。有研究者指出,《教育信息化“十三五”规划》体现了信息技术的飞速发展对促进教育公平和推进教育现代化的深刻影响，教育信息化的发展出现了以下几个重要转变：一是从教育信息化的“战略部署初步形成”到“战略地位得以确立”的转变；二是教育信息化从基础建设和整合应用向完善建设和融合应用的转变；三是教育信息化从服务于教育自身向服务于中央和国家对社会经济发展整体布局的转变；四是教育信息化从独自探索向国际引领协作的转变。③

这一时期，随着“三通两平台”的建设，我国教育信息化基础设施已初具规模，基本可以满足信息技术条件下的教育教学工作。教育信息化逐渐实现从建设到应用的转变，教育信息化国际影响力不断增强，我国教育信息化事业发展取得了很大的进步。

---

① 任友群:《40年教育信息化发展“变与势”》,《师资建设》2018年第11期。

② 教育部:《教育部关于印发〈教育信息化“十三五”规划〉的通知》，载中华人民共和国教育部网站 http://www.moe.gov.cn/srcsite/A16/s3342/201606/t20160622_269367.html，2016年6月7日。

③ 任友群、郑旭东、吴旻瑜:《深度推进信息技术与教育的融合创新——〈教育信息化“十三五”规划〉(2016)解读》,《现代远程教育研究》2016年第5期。

四、教育信息化发展 2.0 阶段

2017 年 10 月 18 日，党的十九大报告指出，中国特色社会主义进入了新时代，新时代我国社会主要矛盾在教育领域表现为：人民日益增长的对公平优质美好教育的需求和不平衡不充分的教育发展之间的矛盾。教育信息化可以打破时空地域的界限，使得“时时能学、处处可学、人人皆学”成为现实，是破解新时代教育矛盾和推动教育现代化的重要途径。

2018 年，教育部发布《教育信息化 2.0 行动计划》提出：通过实施教育信息化 2.0 行动计划，到 2022 年基本实现“三全两高一大”的发展目标，即教学应用覆盖全体教师、学习应用覆盖全体适龄学生、数字校园建设覆盖全体学校，信息化应用水平和师生信息素养普遍提高，建成“互联网 + 教育”大平台，推动从教育专用资源向教育大资源转变、从提升师生信息技术应用能力向全面提升其信息素养转变、从融合应用向创新发展转变，努力构建“互联网 +”条件下的人才培养新模式、发展基于互联网的教育服务新模式、探索信息时代教育治理新模式。① 如果说教育信息化 1.0 计划是为教育打下数字化、网络化、平台化的基础，那么教育信息化 2.0 计划则要求我们为现代化教育和教育改革创新打下基础，为泛在学习、个性化学习、终身学习打下基础。从“三通两平台”建设与应用到“三全两高一大”目标的提出，是教育信息化从外在条件发展到关注内在的人的转变，是落实新时代立德树人根本任务的深刻体现。与此同时，教育信息化 2.0 的提出，也是回应“互联网 +”、人工智能时代、5G 时代对教育的新要求，是教育信息化满足时代发展需求的生动体现。与此同时，中共中央、国务院印发的《中国教育现代化 2035》以及《加快推进教育现代化实施方案（2018—2022 年）》等教育现代化政策文件，又大大助推了教育信息化的发展步伐。

---

① 教育部：《教育部关于印发〈教育信息化 2.0 行动计划〉的通知》，载中华人民共和国教育部网站 http://www.moe.gov.cn/srcsite/A16/s3342/201804/t20180425_334188.html，2018 年 4 月 18 日。

从总体上讲，我国教育信息化改革已取得了巨大成就，“三通两平台”建设与应用取得重大进展，各项指标普遍实现翻倍增长；师生信息化技术应用能力显著提升；信息化水平显著提高；信息化对教育改革发展的推动力不断增大；教育信息化发展在国际上也产生了一定影响力。此外，在教育信息化应用模式、推进机制、发展路径等方面也取得了重大突破，初步探索出了一条具有中国特色的教育信息化发展道路。

第二节　以教育信息化体系建设带动教育现代化

在现代社会中，科学技术对于生产力的提升和社会经济的发展越来越具有主导作用和超前作用。进入21世纪后，世界新科技革命发展的势头更加迅猛，特别是信息化技术的发展，深刻地改变了人类的生活方式和生产方式，更深刻地改变了教育方式与学习方式。信息化社会中的教育突破了传统教育的时空局限，丰富了教育的内涵，扩展了教育的外延。随着信息化互联网技术对教育资源的重新配置与整合，传统、封闭、统一、标准式的传统教育体系被交互、共享、协同、创新式的教育体系所取代。“信息化社会教育与传统社会教育相比，最大的差异是开放的、多元的、个性化的教育对封闭的、标准的、统一的教育的超越。”① 教育信息化是教育现代化的基本内涵和显著特征，是信息时代教育体系改革发展的必由之路。

一、建设国家数字教育资源平台体系

1995年5月6日，中共中央、国务院颁布了《关于加速科学技术进步的决

① 袁振国:《未来的教育，需要你重新想象》,《决策探索》2019年第4期。

定》，首次提出在全国实施科教兴国的战略。同年，江泽民在全国科学技术大会上提出："科教兴国，是指全面落实科学技术是第一生产力的思想，坚持教育为本，把科技和教育摆在经济、社会发展的重要位置，增强国家的科技实力及实现生产力转化的能力。"[①] 为了提升教育科学技术水平，落实科教兴国战略，2000 年教育部启动"三通两平台"建设工程。"三通两平台"即"宽带网络校校通、优质资源班班通、网络学习空间人人通；教育资源公共服务平台、教育管理公共服务平台"。"宽带网络校校通"简称"校校通"，是一项包括课程资源的开发，传输使用以及教学管理的系统性工程。这项工程的目标是建设共享的中小学教育资源库，开发系列的优秀教学课和丰富的课程资源，培训教师和管理人员，使全国的东、中、西部绝大多数中小学能够上网，使中小学师生能够共享网上教育资源，提高中小学的教育教学质量。"优质资源班班通"简称"班班通"，是一项包括基础设施建设、优质学习资源整合共享的系统工程。"班班通"是指学校的大部分班级的课堂教学能够使用优质数字教育资源，能够通过优质数字教育资源和信息技术手段提高教学质量和促进教育均衡发展。"网络学习空间人人通"简称"人人通"，是一项教育资源平台建设、优质教育资源共享的系统性工程。"人人通"的目标是让每校、每班、每人都拥有学习、交流、分享空间，通过跨平台交互技术形成教与学、教与教、学与学的全面互动，真正把技术与教学实践的融合落实到每个教师与学生的日常教学活动与学习活动中。

"两平台"，即"教育资源公共服务平台与教育管理公共服务平台"。"教育资源公共服务平台"，是指运用云计算技术构成的覆盖全国的、多级分布的、互联互通的、为"优质资源班班通"和"网络学习空间人人通"提供技术支撑和网络服务的云服务体系，主要用来为教师在网络上开展教学和教研活动、为师

---

① 引自于：江泽民：《在全国科技大会上的讲话》，载中华人民共和国科技部网站 http://www.most.gov.cn/ztzl/qgkjdh/qgkjdhbjzl/qgkjdhbjkjdh/bizl-dh-9501.htm，1995 年 5 月 26 日。

生、家长的网络互动提供平台支撑。“教育管理公共服务平台”，是指通过系统收集和数据汇总，统一开发的应用系统形成动态、准确的数据，为教育管理公共服务提供准确的数据。截至2019年，“教育资源公共管理平台”方面，访问数十亿次，逐步成为最具规模与影响力的“数字教育资源超市”；在“教育管理公共服务平台”方面，基本建成覆盖全国学生、教职工、中小学校舍等管理信息系统和国家级数据中心，建成全国中小学生学籍信息管理系统，实现全国学生“一人一号”，还建成了覆盖所有高校的考试招生、学籍学历、就业服务等信息平台。以“三通两平台”为核心的教育信息化建设进展迅速，尤以信息网络基础设施建设和硬件设备配置进步最大，有效促进了数字教育资源开放共享。

二、建设服务全民终身学习的现代化教育体系

党的十九大报告指出，中国特色社会主义进入新时代，我国社会主要矛盾已经转化为人民日益增长的美好生活需要和不平衡不充分的发展之间的矛盾。党的十九届四中全会审议通过的《中共中央关于坚持和完善中国特色社会主义制度、推进国家治理体系和治理能力现代化若干重大问题的决定》指出，坚持和完善统筹城乡的民生保障制度，满足人民日益增长的美好生活需要。在此制度框架下提出构建服务全民终身学习的教育体系，是我国教育未来的发展方向，也是教育信息化推动教育现代化的重要着力点。灵活运用新技术推进教育信息化事业发展，是构建服务全民终身学习的教育体系的重要抓手，也是实现教育现代化的重要推动力。

终身学习理念强调教育要面向所有人开放，保障所有人的学习权益，满足广大社会成员在人生各个阶段的学习需求。服务全民终身学习教育体系，不仅囊括人生各个阶段的教育，而且涵盖不同横切面上不同形式及类别的教育。教育信息化的发展可以使得优质的教育资源突破时空限制，实现“人人皆学、处处能学、时时可学”。通过“校校通、班班通、人人通”等数字化资源平台的建

设，使得教育信息化中教育资源储存量大、传播方式便捷、呈现手段多元、跨越时空因素限制等优势进一步放大，真正实现“人人可享有，处处可获得”。“人工智能 + 教育”则能通过跨界融合等新技术优势让每个人与优质教育资源产生更加深层次的学习互动，真正从内而外地享受到优质教育。推动教育信息化的发展有助于搭建沟通各级各类教育、衔接多种学习成果的全民终身学习立交桥，是加快建设学习型社会，服务终身学习、实现科技创新强国的迫切需要。

三、建设“定制化、个性化”信息化教育支撑服务体系

据教育部网站发布《2019 年全国教育事业发展统计公报》显示，2019 年，全国共有各级各类学校 53.01 万所，学前教育毛入园率达到 83.4%，九年义务教育巩固率 94.8%，高中阶段毛入学率 89.5%，高等教育毛入学率 51.6%。从总体上看，我国已基本解决了“有学上”的问题，正朝着“上好学”的新的历史目标迈进；已经实现了“大起来”的目标，正朝着“强起来”的目标努力。党的十九大报告指出，努力让每个孩子都能享有公平而有质量的教育。站在新时代，我们在确保弱势群体有公平接受教育机会的同时，应该追求更高水平的公平，那就是要全面实施“因材施教”，为不同学生提供个性化教育，促进每一名学生的个性化成长。建设、共享优质教育资源是信息化时代缩小教育数字鸿沟、促进教育均衡、提升教育质量的重要手段，是解决“上好学”的重要途径之一。

通过“三通两平台”等数字教育资源平台、大数据分析运用、“云、网、端”联动等信息化手段可以创新发展传统的教育模式，使得优质的教育资源可以随时呈现在每位学习者面前。将传统学习方式的优势与在线学习的优势结合起来，既能发挥教师引导、启发、监控教学过程的主动作用，又能充分体现学生作为学习过程主体的主动性、积极性与创造性，利用“互联网 +”思维方式和大数据、云计算等新一代信息技术打造富有智慧的教育教学环境，在教学决策、评价反馈、交流互动、资源推送等方面实现了数据化、智能化，促进传统

教育理念向现代教育理念转变，促进传统课堂教学内容与方式的全面变革，为定制化、个性化、差异化的教育服务体系提供先进的技术支撑。数字教育资源互动、开放、共享、规范的特性，可以提供更具智能、更具个性的教育教学，有教无类、因材施教逐渐成为中国教育的主流。

第三节　以教育信息化公平保障带动教育现代化

2013年，党的十八届三中全会明确提出“构建利用信息化手段扩大优质教育资源覆盖面的有效机制，逐步缩小区域、城乡、校际差距”的重要任务。当信息化与教育开始结合、融合，便迸发出了强大的力量。在传统的教育模式下，教育教学活动主要在特定的时间内，发生于学校这个的特定物理环境之中。随着互联网技术的不断成熟发展，传统时空限制对教育的影响不断地被削弱，通过运用信息化技术，海量的教育视频、音频、图像、文字等可以轻松跨越校园、地区、国家并覆盖到每个角落，学习者可以在任何时间、任何地方根据自己的需求接受到优质的教育资源，进而最大程度实现教育公平。

一、实现教育信息资源平台网络的全面覆盖

21世纪以来，特别是党的十八大以来，国家在教育信息化方面投入了大量的人力物力，积极推进“三通两平台”“教学点数字教育资源全覆盖”等工程建设，教育信息化在基础设施配备、科技教学建设等方面已经取得了初步成效。据统计，2019年全国54%的区县、46%的地市和22%的省份建有教育城域网，中小学（除教学点外）已有97.6%的学校接入互联网，出口带宽100 M以上的学校占55.4%，已有超过半数的学校建有无线校园网络，比例达到57%，学校网络覆盖比率和品质全面提升。通过“全面改薄”项目的实施，学校网络教学

环境快速改善，已有 93.2% 的学校拥有多媒体教室，数量达到 344 万间，占普通教室比例达到 90.6%，其中 73.2% 的学校实现多媒体教学设备全覆盖。2018 年，教育部与中国卫通联合开展了宽带卫星联校试点工作，现已完成项目验收，为攻克边远山区、海岛等自然条件特殊地区学校联网问题、实现全部学校 100% 接入互联网探索出可行路径。①

《教育信息化 2.0 行动计划》提出“三全两高一大”发展目标，即教学应用覆盖全体教师、学习应用覆盖全体适龄学生、数字校园建设覆盖全体学校，信息化应用水平和师生信息素养普遍提高，建成“互联网 + 教育”大平台。通过引入“平台 + 教育”服务模式，整合各类教育资源公共服务平台和支持系统，逐步实现资源平台、管理平台的互通、衔接与开放，建成国家数字教育资源公共服务体系。在未来的一段时间内，我们教育信息化的目标是实现教育信息资源平台网络的全面覆盖，所谓全面覆盖是指不论在东部、中部还是西部地区，不论是城市、农村、贫困山老地区、边疆地区、民族地区的无差别覆盖。在此基础上，通过不断创新教育理念、革新教育内容、改革教学方式、重构课程设计、改进教育评估等多种措施，促进教育信息化与教育现代化发展。当我们实现教育信息资源平台网络的全面覆盖后，相信在不久的将来，也一定可以建成“随处可获得、时时可学习、人人可成长”的终身学习体系。

二、推进贫困薄弱地区教育信息化建设

长期以来，特别是党的十八大以来，党和政府始终把教育优先发展与公平发展作为执政理念和政策目标。目前我国城乡义务教育已经实现基本均衡，各地的办学条件都得到较大改善，但和东部相比，中西部地区的优质教育资源总

---

① 钟登华：《深入推进教育信息化 2.0 发展更加公平更有质量的教育》，《中国教育信息化》2019 年第 11 期。

体一定程度上仍然存在不平衡、不充分的问题。由于历史与现实的因素，中西部的部分地区在区域之间、城乡之间、校际之间师资力量、办学条件、教育质量发展不平衡，特别是一些西部地区和贫困薄弱地区，教育起点低、投入相对不足、办学条件艰苦，教育事业发展相对落后，教育发展水平相对发达地区而言，有很大的提升空间。以互联网、智能学习设备、多媒体工具等为代表的信息技术，在很大程度上打破了时空地域的界限，网络学习、移动学习、泛在学习、虚拟学习等一系列数字化学习不断涌现，使得“时时能学、处处可学、人人皆学”成为现实。通过加速贫困薄弱地区的教育信息化建设，可以通过数字化平台、网络学习空间帮助这些地区摆脱地域限制，使得各种优势的教育资源覆盖更多更广的人群成为可能，如优秀教师上课视频、名校的教学管理经验、大中小学研究者优秀研究成果都可以通过网络的方式传播到这些地区。

近年来，党和国家对教育信息化的重视程度与支持力度不断加强，中、东部发达省份已基本达到教育部“三通两平台”建设要求，西部地区在中央财政以及地方政府的大力支持下，“三通两平台”建设已经取得了长足的进展。在推进贫困薄弱地区教育信息化建设进程中，各级政府积极组织力量开发优质教育资源，通过高速汇聚和跨空间传输优质教育资源，实现在线教育课程等优质教育资源实时共享、互联互通，有效地促进了这些地区的教育均衡发展。据统计，截至 2019 年 12 月底，全国累计 2767 个县通过国家认定，占比 95.32%，已基本完成《国务院关于深入推进义务教育均衡发展的意见》中“到 2020 年，全国义务教育巩固率达到 95%，实现基本均衡的县（市、区）比例达到 95%”的目标。信息化教育开拓了新的模式，为广大贫困地区，特别是一些民族地区、边境地区、贫困山区实现教育优质均衡发展，提供了新的方案，创造了新的经验。

第四节　以教育信息化质量提升带动教育现代化

2017 年，党的十九大报告提出："努力让每个孩子都能享有公平而有质量的教育。"[①]在信息化教育时代，随着移动通信技术的发展以及智能学习设备的普及，互联网强大的储存性和交互性技术优势被不断凸显扩大，学习者可以随时随地共享优质的学习资源。教育不再局限于课堂和书本之中，学生可以根据自己的学习水平与发展需求，自由的制定学习计划、选择合适的教学资源，获得高质量的教育资源。

一、提升教育信息化队伍水平

教育信息化建设离不开教育信息化工作队伍的支持，随着信息化程度的不断加深以及技术更新迭代的加速，对教育信息化工作者队伍的信息化能力提出更高要求。随着国家在教育领域内投入的不断增加，国家数字教育资源平台体系建设的不断推进，我国在教育信息化的硬件建设方面有了极大改善，但实践中不同程度地存在着建设和使用脱节、重建轻用、数字教育资源开发与服务能力不强、信息技术与教育教学融合不够等问题，主要原因是信息化管理体制滞后于技术的发展，教育信息化队伍建设滞后。我国的教育信息化队伍面临着专业信息技术人员的能力有待提高、教师信息技术水平有待提高、管理者信息化素养有待提高三大挑战。

从 2013 年开始，教育部发布实施全国中小学教师信息技术应用能力提升工

---

① 习近平：《决胜全面建成小康社会夺取新时代中国特色社会主义伟大胜利——在中国共产党第十九次全国代表大会上的报告》，载共产党员网 http://www.12371.cn/2017/10/27/ARTI1509103656574313.shtml，2017 年 10 月 18 日。

程，并研究制定了《中小学教师信息技术应用能力标准（试行）》和《中小学校长信息化领导力标准（试行）》。各级政府根据不同地区的实际情况制定针对性的教育信息化队伍培训提升方案，通过“全国中小学教师信息技术应用能力提升工程”以及“国培计划”和各类企业培训项目的有效实施，1000多万名中小学教师、10万多名中小学校长、20多万名职业院校教师接受了教育信息化专项培训，信息化教学能力和水平得到全面提升。在人才培养方面，将信息化教学能力纳入师范生培养体系和在职教师培训中。在教育实践方面，通过线上线下相结合、现实空间与虚拟空间相结合，使绝大多数教师都能够在多媒体环境、互联网环境和移动终端环境下的教学方式和方法，实现信息技术手段的普遍用和经常用。例如“一师一优课、一课一名师”活动，通过平台优势广泛开展听课、评课、磨课活动，把平台当舞台，助推教师信息化队伍快速成长。教育信息化管理队伍的素质建设是提升教育信息化发展水平、提高教育信息化发展质量的重要保证。在教育信息化领导队伍建设方面，提高各级各类学校和教育部门的信息化领导力，建立“一把手”责任制和设立“首席信息官”。教育信息化队伍建设，有效地提升信息化服务教育教学与管理的能力，有力地推动了教育信息化与教育现代化事业的发展。

二、提升学生数字信息素养水平

随着信息社会的来临，具备信息素养是公民的基本素质，随着云计算、物联网、大数据、人工智能、5G、工业互联网等新技术越来越为人们所熟悉并使用，数字红利正在以前所未有的速度和势能加快释放，提升国民信息素养，是进一步解放和发展生产力的必然要求。因此，提升学生的信息素养已成为学生全面发展的核心要素之一。让学生能判断什么时候需要信息，且懂得如何去获取信息，知道如何有效利用需要的信息，是教育必须回应的核心议题。《教育信息化2.0行动计划》指出，到2022年要基本实现信息化应用水平和师生信息素养普遍提高，推动从提升信息技术应用能力向全面提升信息素养转变、从融合应用向创新发展转变。近几年来，我国教育信息化建设有了长足的进步，“三通两平台”建设、数字校园、智慧课堂、翻转课堂、慕课、网络学习等模式持续深化，学生的信息素养有了明显的提升。

学生信息素养的提升是一项系统性工程，需要从课程、教学、评价以及实践等方面多管齐下。在课程设计与实施方面，从基础教育到高等教育已经形成一套完整、连续性的课程体系。在教育教学方面，多媒体、互联网、线上线下协同教育已经被广泛接受，成为一种教育常态。在评价方面，对于信息素养的评价已经贯穿于各个学段，且评价注重理论与操作实务的结合。2020 年突发新冠肺炎疫情，是对我国教育信息化建设的一次检验。通过疫情期间各级各类学校线上实践可以看到，我国多年来教育信息化建设成果显著，为疫情期间的线上教学提供了坚实的软硬件条件和优质的教学资源，各地统筹利用电视空中课堂和网络平台提供学习资源，各级各类学校学生居家在线学习都取得积极的成效。

三、提升信息技术与教育融合发展水平

2018 年，教育部印发的《教育信息化 2.0 行动计划》中明确指出，“坚持信息技术与教育教学深度融合的核心理念”，要“发挥技术优势，变革传统模式，推进新技术与教育教学的深度融合，真正实现从融合应用阶段迈入创新发展阶段，不仅实现常态化应用，更要达成全方位创新”。那么究竟什么是信息技术与教育发展的深度融合，《信息化十三五规划》中给出了明确的答案：“教育信息化工作要更加贴近教育改革发展中的重大现实问题、融入教育改革发展的核心领域，为教育改革发展增添动力与手段。”信息技术与教育深度融合是以创新人才培养为旨归，通过信息技术与教育系统各组成要素和流程环节的耦合性影响和创造性融合，共同创生出新的发展结构和生长模式，从而实现新技术驱动下

教育体系的全方位创新。[①]这也意味着教育信息化技术不仅仅是教育发展的手段、工具，而且是真正整合、结合、融合在一起，形成新的具有内生动力的教育形态。

这种教育新形态将彻底扬弃过去的教育理念、内容、方法、手段，并在新的社会发展中为未来教育发展、社会发展赋能。通常而言，信息技术与教育的深度融合需要经历“起步”“应用”“整合”和“创新”四个阶段，而目前我国信息技术与教育的融合发展还处于初步应用整合阶段。[②]要实现信息技术与教育的深度融合，需要一场深刻而全面的变革。学校要改革创新现有的教育教学理念、方法、管理、评估等；教师要革新教学理念、改进教学方法，由知识的传授者转变为学习的指导者、引领者；学生要更加重视信息素养的养成、培养探究型思维，并提升构建与解决问题的能力。这种变革还需要不断对外开放、解放思想，需要建立协同联动改革机制、政策保障机制以及可持续发展机制。当信息技术与教育融合发展的水平显著提升，其对于教育现代化的支撑力、推动力将更上一层台阶，我国的社会、经济、文化的发展也将进入一个新的层次。

第五节　以教育信息化管理增强带动教育现代化

党的十八届三中全会提出：“全面深化改革、推进国家治理体系和治理能力现代化。”教育治理体系和治理能力现代化是国家治理体系与治理能力现代化的重要组成部分，是深化教育领域综合改革的重要组成部分。在教育信息化迅速

① 史利平：《信息技术与教育深度融合的机制创新解析》，《教育研究》2018 年第 10 期。

② 杨宗凯、杨浩、吴砥：《论信息技术与当代教育的深度融合》，《教育研究》2014 年第 3 期。

发展的背景下，教育管理的实效性、精细化程度较以往相比，有了较大的提高。在教育信息化运行模式下，教育管理的主体责任更加明确，运行机制更加透明，参与形式更加多元化，决策更加科学、高效。与此同时，还可以实现政府、社区、学校以及更广泛的社会力量参与到教育治理中来，实现政府、学校、社会等多方资源的有机整合，提高资源配置、利用效率，促进教育事业的健康、公平、有质量的发展。

一、提高教育信息化管理水平

在传统的教育管理模式下，政府承担着全部教育管理事项，在科层制的教育管理系统，容易造成供给成本居高不下、公共服务质量下降、教育资源配置不足或浪费等现象。提高教育信息化管理水平有助于构建更加精准的管理流程框架，有助于构建扁平化的治理运行机制，有助于构建更为开放的协同参与局面，有助于构建更加科学合理的决策机制，有利于构建更加精准的服务体系。通过提高教育信息化管理水平，可以使教育管理主体责任更加明确，运行机制更加透明，参与主体的协同性更高，同时还可以提升教育管理的时效性、透明性、精准性。与此同时，通过信息化技术手段应用创新，可以实现管理过程可追溯、可检验，从而可以更好地保障管理的质量与水平。可以说，提升教育信息化管理水平，可以有效提升教育治理与服务能力。

2010 年，国家颁布了《国家中长期教育改革和发展规划纲要（2010—2020 年）》，明确要求建设全国教育基础数据库和教育管理信息系统。2013 年，为加快推进国家教育管理信息系统建设工作，教育部正式发布《国家教育管理信息系统建设总体方案》，进一步明确了国家教育管理信息系统建设的指导思想、总体目标和建设任务。通过教育信息化建设，各教育部门、各级各类学校能够通过大数据技术获取即时动态教育数据，并形成良好的反馈机制，使数据的采集和应用更加便利。依托大数据、云计算、物联网等技术，实现对各类教育教学系统全体系、全流程、全天候、全方位的动态监测，促进教育服务供给精准化、资源配置最优化和管理精细化。

二、形成全社会共同参与的教育治理新格局

党的十九届四中全会审议通过《中共中央关于坚持和完善中国特色社会主义制度、推进国家治理体系和治理能力现代化若干重大问题的决定》，明确提出坚持和完善中国特色社会主义制度，推进国家治理体系和治理能力现代化的重大意义和总体要求，提出到2035年基本实现国家治理体系和治理能力现代化，为新时代我国教育治理体系与教育治理能力的现代化指明了发展方向。2019年，《中国教育现代化2035》提出了八个方面的2035年主要发展目标，其中重要一条就是“形成全社会共同参与的教育治理新格局”。可以说，“深化教育领域机制体制综合改革，加快推进教育治理体系和治理能力现代化”是下一阶段我国教育领域的重要发展目标和任务，而信息技术为从“教育管理”到“教育治理”的拓展提供了治理的技术条件。

《教育信息化2.0行动计划》中提出，建立“覆盖全国、统一标准、上下联动、资源共享”的教育信息资源大数据平台，打破时空限制、部门界限、数据壁垒，实现教育动态信息数据伴随式采集，实现回溯与追溯。通过教育信息数据分级分层有效共享，在很大程度上避免数据重复采集，降低行政管理成本，优化业务管理，提高服务精准性。同时，实现办学管理的信息化、监测评估的精准化、宏观决策的科学化，真正实现教育治理现代化。与此同时，教育信息化平台体系的建设还使更多的主体参与治理环节，充分调动政府、学校、社区、学生、家长以及社会第三方力量参与教育发展事业，进一步推动教育事业的发展与改革创新，使教育发展的成果更多地惠及广大人民。

第十二章 加快构建中国特色社会主义教育话语体系

一百年来，中国共产党带领全国各族人民经过艰苦卓绝的奋斗，实现了从“站起来”到“富起来”再到“强起来”的伟大飞跃。中国的教育事业在党的领导下实现了从教育弱国到教育大国，再到向教育强国的迈进跨越。伟大的教育实践必然催生教育理论创新，并引领教育实践的新发展。习近平总书记指出：“坚持和发展中国特色社会主义，需要不断在实践和理论上进行探索、用发展着的理论指导发展着的实践。”与中国历史上最为广泛和深刻的社会变革相一致，教育事业也在经历着伟大的教育实践创新。“这种前无古人的伟大实践，必将给理论创造、学术繁荣提供强大动力和广阔空间。这是一个需要理论而且一定能够产生理论的时代，这是一个需要思想而且一定能够产生思想的时代。”① 加快构建具有中国特色社会主义哲学社会科学学科体系和话语体系，加快构建具有中国特色社会主义教育学科体系和话语体系，是其集中体现。

第一节 话语是未来的旗帜

习近平总书记指出，发挥我国哲学社会科学作用，要注意加强话语体系建

① 习近平：《在哲学社会科学工作座谈会上的讲话》，《人民日报》2016 年 5 月 19 日。

设。在解读中国实践、构建中国理论上，我们应该最有发言权，但实际上我国哲学社会科学在国际上的声音还比较小，还处于有理说不出、说了传不开的境地。要善于提炼标识性概念，打造易于为国际社会所理解和接受的新概念、新范畴、新表述，引导国际学术界展开研究和讨论。

面对教育观念和价值选择的日趋活跃、主流和非主流同时并存、教育思潮此起彼伏的新形势，如何建立正确的未来教育观，在世界舞台上发出中国声音，迫切需要加强教育话语体系建设。面对中国从教育大国迈向教育强国的新征程，如何加快转变教育发展方式，办更高水平、更高质量、更加公平、更有活力的教育，迫切需要构建具有中国特色社会主义教育的话语体系。面对改革开放的不断深化、各种利益的博弈更加普遍、各类风险和挑战不断增多的新局面，如何提高改革决策水平、推进教育治理体系和治理能力现代化，迫切需要构建中国特色社会主义教育的话语体系。

理论思维、理论体系是话语体系的核心，话语体系是理论体系的更加广泛和自觉的推广。话语是概念术语的体系，是思想观念的外显，也是思维方法和价值信念的载体。话语一旦形成，就对人们的认识和价值起到影响和建构作用。① 任何话语只有在被特定阶级、集团或不同政治实体使用时才能称其为话语，否则就只能算是词语。而要成为话语，必定是由某种理论支撑，表达某种利益、要求或愿望的具有特定内涵的词语。② 教育学术话语不可能是价值无涉的表达，它必然具有一定的哲学基础和文化价值倾向性③，教育话语需要依赖于教育实践基础上的理论提炼与总结，结合特定的社会文化背景，教育领域中相关参与群体围绕教育实践活动所开展的带有主体意志的实践性表达。④

---

① 袁振国：《迎接高质量教育科学研究新时代》，《教育研究》2019 年第 11 期。

② 陈先达：《坚持马克思主义在构建中国特色哲学社会科学话语体系中的指导地位》，《人民日报》2015 年 11 月 14 日。

③ 刘旭东、蒋玲玲：《论中国教育学术话语体系的当代构建》，《教育研究》2018 年第 1 期。

④ 王燕敏、柳海民：《论我国教育学话语的建构》，《教育科学》2015 年第 4 期。

话语是一种立场。任何理论都有自己的思想立场和政策主张，话语体系是这种立场和主张的系统体现。站在人民的立场上，站在广大人民群众利益的立场上，以人民为中心，以学生为中心，这就是中国共产党的立场，中国共产党的教育立场。正因为持有这样的立场，才会“把促进公平作为国家基本教育政策”，才有与之配套的扶贫政策，少数民族优惠政策，农民工子女“两为主政策”等等，同时这也成为中国特色社会主义教育的重要话语内容。

话语是一种价值。教育培养什么人，怎样培养人，是教育的根本问题，也是教育价值观的根本体现。培养德智体美劳全面发展的社会主义的建设者和接班人是我们的教育方针，是我党对人才培养的根本目标和标准。在建设造福于自己、造福于人类、造福于未来的热火朝天的事业中，实现人的全面的、自由的发展，是马克思主义教育的崇高理想。

话语是一种思维方法。中国共产党认为经济社会发展水平是教育文化发展的基础，教育文化对经济社会的发展起反作用。教育为社会主义建设服务，社会主义建设依靠教育。基于对教育这样的功能定位，才会有“教育优先发展”的战略，才能够提出“三个增长”，才能够把教师队伍的建设作为教育的基础，把不断提高教师地位和待遇作为我党的知识分子政策的重要内容。

话语是一种自信。自信是发自内心的自我肯定。无论是对个人、社会，还是对国家、民族而言，都至关重要。近代以来，由于清朝封建王朝的腐朽、昏聩和无能，中国错失了现代科技和工业革命的先机。当西方列强的坚船利炮打开中国国门的时候，西方的思想文化也汹涌流入，中国人的自信遭受严重打击。1949 年，当毛泽东同志庄严宣告“中国人从此站立起来了”，中华民族的自信再次被强烈激发出来。改革开放以后，我们以开阔和自信的胸襟，广泛引进和吸收了西方国家的先进文化，坚持为我所用，积极促进国际交流。更为重要的是，中国波澜壮阔的改革开放历程和逐渐走向世界中心的巨大变化，任何西方思想都不能解释，应对这样一种百年之大变局，只有我们自己立足国情、立足我们做的事情、立足为人类文明进步作出应有的贡献，才能够创造出与这个时代相适应的思想体系和话语体系来，作出我们对什么是教育强国、如何建教育强国和如何以教育强国的理解和回答。

话语是对未来的构建。由于社会的快速发展特别是科学技术的突飞猛进，未来充满了不确定性。用什么样的思考方法，用什么样的话语思考，不仅关系到如何思考未来，如何预测未来，更关系到如何创造未来。未来是人文和科技的高度融合，是物质和精神的高度融合，是认知与情感的高度融合，总之，未来既是一种客观进程，也是一种主观希望，是一种主观见之于客观的对未来的塑造。我们对理想的教育如何表达，决定我们对理想的教育如何努力，决定我们对各种力量的发动和组织。话语是一种信仰，是一种动员所有人为了一个共同的目标奋斗的旗帜。

话语体系蕴含着一种权力，即话语权。话语是有一整套的思想，一整套的概念，更是一整套的事实和成功的经验构成的。话语的形成，在本质上不是头脑里想出来的，而是实践中干出来的。中国共产党领导中国人民取得的教育成就是空前的，是世界上独一无二的，但这些成就和经验需要加工、提炼，系统化为体系性的话语，这些成就和经验需要上升为话语体系，才更有解释的力量、说服的力量，才更有传播的力量。没有话语权，就没有未来。

第二节　中国共产党教育话语体系的构建历程

话语体系是基于本国实践基础、历史文化传统和理论思维抽象，通过有意识构建而成的。它关心的是自身的问题，回应的是现实的需要，是通过在实践中的运用和政策的实施，不断取得成绩、不断总结经验、不断孕育结晶，由点到面、由个别到系统，不断丰富深化的过程。

一百年来，中国共产党始终致力于把马克思主义的基本原理与中国革命和建设的实际相结合，始终致力于立足中国实际，探索、建立符合国情、服务人民的教育理论，并为世界教育的发展贡献教育现代性的中国方案。在这一百年的伟大教育实践中，中国共产党不断探索新民主主义教育、开启社会主义教育、发展中国特色社会主义教育逐步形成具有中国特色社会主义教育的话语体系，推动中国教育现代化的不断实现，中国教育话语国际影响力的不断提升。其中，为党育人、为国育才的教育功能观，德智体美劳全面发展的教育目的观，国家优先发展教育、教育优先服务国家的教育发展观，以人民为中心、以促进公平为国家基本政策的价值观，已经成为中国特色社会主义教育话语的核心内容。

一、为党育人，为国育才

中国共产党在新民主主义革命时期的历史任务是领导和团结全国各族人民推翻帝国主义、封建主义和官僚资本主义“三座大山”的统治，实现民族独立和人民解放，建立各革命阶级联合专政的国家政权。这一历史任务决定了该阶段教育话语体系的主要内容。在毛泽东的倡导和支持下，中国共产党先后创办了各类学校，培养革命干部和各领域的专业人才，同时在教育过程中以提高学员的思想政治觉悟、理想信念为目的，培养大批德才兼备的人才，满足抗战救国的任务和党员干部对知识的需求。这些高校包括中央高校、抗日军政大学、陕北公学等干部培养学校，鲁迅艺术学院、自然科学院、八路军医科大学等国民教育高等学校，以及鲁迅师范、边区师范、绥德师范等中等教育学校。1936年6月成立的抗日军政大学，创办的主要目的是培养军事指挥干部和政治干部；1937年9月成立的陕北公学，主要是为了培养组织宣传及武装民众的群众运动干部；1938年成立的鲁迅艺术学院，则着眼于培养革命所需的文学艺术干部。为了保证延安学校教育坚持正确的政治方向，以及抗战救国的培养目标，延安时期的各级各类学校设置了丰富的思想理论课，对学员进行马克思主义理论课程和人生价值观的培养。抗日战争时期，中国共产党将干部的思想政治教育摆在更突出的位置，提出“掌握思想教育，是团结全党进行伟大政治斗争的中心环节”的论断，认为“如果这个任务不解决，党的一切政治任务是不能完成的”①。为适应解放战争的需要，1946 年 12 月，陕甘宁边区政府颁布了《战时教育方案》，号召“各级学校及一切社教组织，亦应立即动员起来，发挥教育上的有生力量，直接或间接地为自卫战争服务”，以反对日本帝国主义对我国的侵略和文化教育渗透，提高抗日军民的思想觉悟。

1949 年 12 月，教育部召开第一次全国教育工作会议。会议提出“新中国教育是新民主主义教育，主要任务是提高人民文化水平，培养国家建设人才”，“教育必须为国家建设服务，学校必须向工农开门”。这次会议对新中国教育产生了深远影响。党委领导是学校工作的首要问题，是保证社会主义办学方向的根本问题。检查学校教育质量及教学水平是否达到好的标准，关键就是学校党委和校长是否具有较高的政治水平。在 1957 年 3 月的普通教育工作座谈会上，毛泽东尤其强调了党委领导教育的重要性，指出“省、地、县三级第一书记要管教育，不管教育的现象是不容许的”②。1957 年 10 月，毛泽东在中共八届三中全会最后一次会议上的讲话中提出“又红又专”的人才培养标准，认为“政治是主要的，一定要反对不问政治的倾向”，但是“不懂技术，不懂业务，也不行”，“都要学一点技术和业务”。这一思想在毛泽东于 1958 年起草的《工作方法六十条（草案）》中进一步明确，号召广大知识分子和青年学生既要掌握专业知识，也要在思想与政治上有所进步，为社会主义现代化建设作出应有的贡献。1958 年 8 月，毛泽东在天津大学视察时指出：“高等学校应抓住三个东西：一是党委领导，二是群众路线，三是把教育和生产劳动结合给予积极的支持与鼓励。”③通过在学校设立党组织，坚持党的领导，才能真正贯彻党的教育路线、

① 《毛泽东选集》第 3 卷，人民出版社 1991 年版，第 1094 页。
② 苏渭昌、雷克啸、章炳良：《中国教育制度通史》（第 8 卷），山东教育出版社 2000 年版，第 31 页。
③ 《毛泽东同志论教育》，人民教育出版社 1958 年版，第 67 页。

方针和政策等，培养具有坚定社会主义理想信念的建设者和接班人。1961年，《教育部直属高等学校暂行工作条例（草案）》（即“高教六十条”）以我国社会主义国情及教育实践活动为依据，继承了党在特定历史时期的基本教育路线，强调教育方针及路线要符合我国社会主义建设的需要，为党和国家培养大批思想道德和文化科学素质较高的劳动后备军和大批德才兼备的建设人才。

1978年4月，邓小平在全国教育工作会议上指出，“毫无疑问，学校应该永远把坚定正确的政治方向放在第一位”，“学生把坚定正确的政治方向放在第一位”，同时也不排斥科学文化学习；“把青少年培养成为忠于社会主义祖国、忠于无产阶级革命事业、忠于马克思列宁主义毛泽东思想的优秀人才”。这一教育方针，以我国社会主义的基本国情及其教育活动为实践依据，以党在特定历史时期的基本路线为政策依据，继承了党在民主革命时期关于新民主主义文化教育总方针的优良传统，为我国社会主义教育事业指明了前进的道路和发展的方向。

围绕科技兴国战略、人才强国战略，“培养什么人，怎样培养人”等重大问题，2006年胡锦涛在中共中央政治局第三十四次集体学习时的讲话《坚持把教育摆在优先发展战略地位》中指出，“要坚持育人为本、德育为先，把立德树人作为教育的根本任务，努力培养德智体美全面发展的社会主义建设者和接班人”①。立德树人成为培养学生全面发展的重要途径与根本任务。2007年，在中国共产党第十七次全国代表大会中，进一步明确“育人为本、德育为先”的核心思想，通过实施素质教育，提高教育现代化水平，为学生德智体美全面发展奠定基础。

在2016年12月全国高校思想政治工作会议上，习近平总书记强调立德树人作为高校工作的中心环节，应当把思想政治工作贯穿到学校教育教学的全过程。这是由我国高校所肩负的“培养德智体美全面发展的社会主义事业建设者和接班

① 胡锦涛：《在中共中央政治局第三十四次集体学习时强调：坚持把教育摆在优先发展战略地位，努力办好人民群众满意的教育》，《人民教育》2006年第8期。

人”的重大任务所决定的，“必须坚持正确政治方向”①。该重要论述为实现人的全面发展提供了具体参照。在新的历史时期，我们必须着力于立德树人的根本任务，注重培养学生的思想道德素质、独立思考能力、创新能力及实践能力，使学生的受教育过程与生产劳动和社会实践相结合，这是实现学生的全面发展的根本途径。2020 年 9 月，在第三十六个教师节到来之际，习近平总书记向全国广大教师和教育工作者致以节日祝贺和诚挚慰问，他指出，“希望广大教师不忘立德树人初心，牢记为党育人、为国育才使命”，为培养德智体美劳全面发展的社会主义建设者和接班人作出新的更大贡献。为党育人、为国育才，必须坚持立德树人的根本任务，引导学生与中国共产党和国家保持一致。② 在奋力实现中华民族伟大复兴中国梦的伟大征程中，为各行各业提供人才和智力支持。

二、德智体美劳全面发展

一百年来，中国共产党带领全国人民结合国情对马克思主义关于人的全面发展理论进行创新性运用，将人的全面发展理论运用至促进学生全面发展的教育体系上，把这一理论提升到社会主义本质要求的高度。早年受到蔡元培、杨昌济等人教育思想的深刻影响，毛泽东便初步形成了“三育并重”“身心并完”的学生德智体全面发展的思想理念，并系统性地辩证了个人真正意义上的全面发展与社会主义建设之间的关系，认为“实现社会主义工业化和现代化，只有生产力高度发展了，个人的全面发展才有可能”。1934 年，毛泽东在第二次苏维埃代表大会的报告中指出：“苏维埃政府用一切方法来提高工农的文化水平。”为满足群众生活和学习需要，苏区广泛开展了夜校、半日学校、补习学校、识字班以及俱乐部、剧团、墙报、板报等群众文化教育的组织形式，并在抗日战

① 《习近平：把思想政治工作贯穿教育教学全过程》，载新华网 http://www.xinhuanet.com/politics/2016-12/08/c_1120082577.htm，2016 年 12 月 8 日。

② 《如何理解习近平总书记提出的教育要“为党育人、为国育才”》，《中国青年报》2020 年 11 月 5 日。

争和解放战争时期得到了发展和推广。在这样的教育实践中，教师与学生共同参加农家或村子里的农业劳动。甚至在城里的正规学校和干部学校也对课程作了很大改动，强调教育与生产劳动相结合。

1956年，社会主义三大改造完成，标志着我国社会主义基本制度的建立，为我国社会主义工业化发展开辟了道路，使人的全面发展获得制度与生产力支持。根据社会主义革命和社会主义建设的需要，毛泽东在1957年《关于正确处理人民内部矛盾的问题》中提出，“我们的教育方针，应该使受教育者在德育、智育、体育几方面都得到发展，成为有社会主义觉悟的有文化的劳动者”。与此同时，必须加强思想政治工作，“除了学习专业之外，在思想上要有所进步，政治上也要有所进步……没有正确的政治观点，就等于没有灵魂”①。该重要论述阐释了社会主义历史条件下实现学生全面发展的基本思路，在今后长期的发展阶段中持续发挥着主导作用。

不断继承和吸收了前期的教育方针政策，1978年4月，邓小平在《在全国教育工作会议上的讲话》中提出，“把毛泽东同志提出的培养德智体全面发展、有社会主义觉悟的有文化的劳动者的方针贯彻到底，贯彻到整个社会的各个方面”②，前提则是“学校应该永远把坚定正确的政治方向放在第一位”，并将教育与生产劳动的结合，这是“培养理论与实际结合、学用一致、全面发展的新人的根本途径”。该重要论述较为系统地论述了思想政治教育、理论知识学习与社会实践之间的统一关系。进入80年代以后，国家进入集中力量进行社会主义现代化建设时期。1985年，在全国科学工作会议上，邓小平完整地提出了要“教育全国人民做到有理想、有道德、有文化、有纪律”③。“四有”新人培养目标实际上是对马克思主义“人的全面发展”学说的继承与发展，是马克思主义

① 中共中央文献研究室：《毛泽东文集》（第7卷），人民出版社1999年版，第226页。

② 中共中央文献编辑委员会：《邓小平文选》（第2卷），人民出版社1994年版，第106—107页。

③ 中共中央文献编辑委员会：《邓小平文选》（第3卷），人民出版社1993年版，第110页。

教育思想在社会主义现代化建设初级阶段的新发展，是为发展生产力并最终实现共产主义社会伟大理想服务的，具有历史的延续性和鲜明的时代特征。随着经济全球化和科学技术的迅速发展，世界各国之间的综合国力竞争逐步转变为劳动者素质及人力资源水平高低的竞争，知识经济时代业已到来，推行素质教育发展为时代所驱、学生全面发展所需。结合新的发展形势，1999年，中共中央、国务院颁布的《关于深化教育改革，全面推进素质教育的决定》，提出由于当前教育理念、体制机制、人才培养方式等方面的原因，阻碍了学生的全面发展，不利于提升国民素质，有必要“深化教育改革、全面推行素质教育”。关于学生的全面发展，则更具有指向性，素质教育列入党的教育方针，以“提高国民素质为根本宗旨”，重点培养学生的“创新精神和实践能力”，实现造就“‘有理想、有道德、有文化、有纪律’的德智体美等全面发展的社会主义事业建设者和接班人”的目标。此时的美育被正式明确为学生全面发展的组成要素，对“促进学生全面发展具有不可替代的作用”。整体看来，素质教育成为促进学生全面发展的重要手段。

进入21世纪，我国的经济发展水平与国民经济得到突飞猛进的发展，在信息化、国际化的时代背景下面临着前所未有的机遇。在党的十七大关于“优先发展教育，建设人力资源强国”的战略部署下，2010年中共中央审议通过的《国家中长期教育改革和发展规划纲要（2010—2020年）》将教育作为“提高国民素质、促进人的全面发展的根本途径”。这与马克思主义教育思想中“教育是促进人全面发展的现实条件”相一致。

当今世界正处于巨大变革与调整的历史时期，新一轮高新技术及工业革命正在孕育发展当中，中国特色社会主义事业已经在以习近平同志为核心的党中央领导下进入了新时代，达到了比历史上任何时期都更加接近实现中华民族伟大复兴的宏伟目标。习近平总书记认为，“素质教育是教育的核心……着力培养学生的创新精神和实践能力，促进学生德智体美全面发展”。他将素质教育摆在培养全面发展的社会主义建设者和接班人的重要地位上，同时也是党的教育方针中不可缺少的组成要素。在党的十九大报告中，素质教育的表述转变为“发展”素质教育，旨在加深对20世纪90年代以来所形成的素质教育理念及实践的认识，将其转变为教育工作者的自觉行为，不断提升素质教育的质量和水平，努力培养学生的创新素质及实践能力，为学生的全面发展打下坚实基础。①2018年9月，习近平总书记在全国教育大会上强调将“劳动教育”纳入学生全面发展教育体系，创造性地提出了“德智体美劳”“五育并举”的新表述。具体来看，我们要“努力构建德智体美劳全面培养的教育体系”，“要在学生中弘扬劳动精神”，使学生“懂得劳动最光荣、劳动最崇高、劳动最伟大、劳动最美丽的道理”②。进入中国特色社会主义新时代，习近平总书记关于教育事业发展的一系列重要论述，包括坚持立德树人的根本任务、促进教育公平且有质量的发展、坚持素质教育为核心、教育与生产劳动和社会实践相结合以及“培养什么人、为谁培养人、怎样培养人”等核心思想，极大地拓宽了学生全面发展的理论体系，为推进教育现代化提供了有力支撑。

三、优先发展，教育强国

（一）国家优先发展教育事业

中国共产党自成立之日起，就高度重视教育，优先发展教育事业。在革命阶段，中国共产党先后建立了苏区、抗日民主根据地和人民解放区，并在革命根据地相继创办了各种各样的学校，掀起了革命根据地的办学热潮。即使在最艰苦的年代，中国共产党仍然注重教育教学的发展。先后创办了中国人民抗日军事政治大学、陕北公学等学校，1939年7月，中共中央决定关中陕北公学与

① 袁振国：《不忘初心　发展素质教育》，《中国教育学刊》2018年第1期。

② 《习近平在全国教育大会上强调：“坚持中国特色社会主义教育发展道路　培养德智体美劳全面发展的社会主义建设者和接班人”》，《人民日报》2018年9月11日。

延安鲁迅艺术学院、安吴堡战时青年训练班、延安工人学校四校联合，成立华北联合大学。1934 年的苏区《小学课程教则大纲》提出：“地主资产阶级的教育大半是灌输式的，使儿童机械的记忆所教授的东西。苏维埃的教育，必须采取启发式，要充分发展儿童的自动的能力和创造性，用实物显示，参观各种机关团体，观察自然界的物产现象，儿童自己练习选举，办事等等。用具体的问题。去引起儿童对于课目的兴趣。自动的思索、解答。”① 抗日战争时期，中共中央在《关于延安干部学校的决定》中也明确规定：“凡担任学校教育工作的同志，均应认真的研究教课内容与教学方法。……在教学方法中，应坚决采取启发的、研究的、实验的方式。”② 新中国成立以后，以老解放区教育经验为基础，吸收旧教育有用经验，借助苏联经验，是新中国第一次教育工作会议上提出的教育改革方针，使我国教育事业在百废待兴的社会条件下得以发展。

改革开放以来，优先发展教育事业更成为我国教育发展的国家基本政策。1977 年，邓小平重新主持工作后就对教育发展和人才培养寄予厚望，认为加快经济发展，关键是人才，基础是教育，只有优先发展教育，我国的现代化才能加快实现。邓小平认为：“我国要赶上世界先进水平，从何着手呢？我看要从科学和教育着手。”优先发展教育事业是社会主义事业发展的保障，是提高综合国力和实现社会主义现代化的必经之路。1977 年，邓小平强调人才的重要性时提道：“发展科学技术，不抓教育不行。”③ 到了 1978 年，他明确指出：“科学技术人才的培养，基础在教育。”④1978 年 12 月，中国共产党第十一届三中全会召开，决定停止“以阶级斗争为纲”的思想路线，将工作重心放在经济建设上来，教育在现代化建设中的地位和作用更加突出。

---

① 中央教育科学研究所编：《老解放区教育资料》(一)，教育科学出版社 1981 年版，第 317 页。

② 曲士培：《抗日战争时期解放区高等教育》，北京大学出版社 2005 年版，第 132 页。

③ 中共中央文献编辑委员会：《邓小平文选》第 2 卷，人民出版社 1994 年版，第 50 页。

④ 同上书，第 95 页。

由邓小平的一系列重要论断可以看出，教育的优先发展是确保科学技术进步的基本保障，社会的全面发展也应该以人才和科学技术为依托，发挥教育在社会主义现代化建设事业中的基础作用。在该思想的指引下，1985 年 5 月，《中共中央关于教育体制改革的决定》发布，指出社会主义现代化建设的宏伟任务，必须大力提高全党全社会对于教育和人才的重要性的认识，为 90 年代以及 21 世纪初的现代化建设目标准备新的能够坚持社会主义方向的各级各类的优秀人才，“教育必须为社会主义建设服务，社会主义建设必须依靠教育”，文件指出“今后事情成败的一个重要关键在于人才，而要解决人才问题，就必须使教育事业在经济发展的基础上有一个大的发展”。1987 年 10 月 25 日召开的党的十三大指出，“百年大计，教育为本。必须坚持把发展教育事业放在突出的战略位置，加强智力开发”。

1992 年 10 月召开党的十四大，江泽民指出，科技进步、经济繁荣和社会发展，从根本上说取决于提高劳动者的素质，培养大批人才，“必须把教育摆在优先发展的战略地位，努力提高全民族的思想道德和科学文化水平，这是实现我国现代化的根本大计”。遵循党的十四大精神，1993 年中共中央、国务院印发的《中国教育改革和发展纲要》提出，“增加教育投资是落实教育战略地位的根本措施”，坚持“中央和地方政府教育拨款的增长要高于财政经常性收入的增长，并使按在校学生人数平均的教育费用逐步增长”的原则①，确保教育优先发展的战略地位。1997 年 9 月，江泽民在党的十五大报告中进一步强调了科教兴国的发展战略，为了将中国特色社会主义事业全面推向 21 世纪，必须培养“数以亿计高素质的劳动者和数以千万计的专门人才”，使我国巨大的人力资源优势得到发挥，“要切实把教育摆在优先发展的战略地位”。

面对着 21 世纪世界多极化、经济全球化的发展演变，以及科学技术的突飞猛进，人才资源在知识创新、科技创新与产业创新中更凸显出战略价值。2003

① 何东昌主编:《中华人民共和国重要教育文献（1991—1997）》，海南出版社 1998 年版，第 3473 页。

年12月，胡锦涛在全国人才工作会议上提出“实施人才强国战略”。根据党的十七大关于“优先发展教育，建设人力资源强国”的战略部署，2010年中共中央、国务院发布的《国家中长期教育改革和发展规划纲要（2010—2020年）》，将教育优先发展的战略地位落到实处，提出“三个优先”战略①。

（二）教育优先满足国家发展需要

教育优先满足国家发展的需要，是我国对教育功能的定位，教育应该满足中国共产党革命斗争、经济建设、社会主义现代化建设以及中华民族伟大复兴的战略任务需要，始终与党中央特定发展阶段的工作路线保持一致。这种教育的功能定位并非没有来由的，而是在多重因素的长期影响下形成的。第一，教育满足国家发展需要扎根于我国深厚的历史文化传统中。“建国君民，教学为先”被视为传统儒家文化中的立国之本。“以德化民”“立太学以教于国”成为汉朝历代统治者的施政要术；南宋的朱熹将“教化人心、治国安邦”的思想进行详尽阐述，推崇“成教而后国安”的治国理念；明清时期，“经世致用”的学术理念得到推广；到近代，孙中山提出“学者，国之本也”，强调将教育作为立国的基础。第二，教育的这种功能定位具有鲜明的红色基因。中国共产党的创始人之一李大钊提倡“知识是引导人生到光明与真实境界的灯烛”，“教育家能够为社会传播光明的种子，使民众渐渐觉悟，获得政治上、精神上的解放”。毛泽东则提出教育与革命斗争的密切联系，他认为要“使文化教育为革命战争与阶级斗争服务，使教育与劳动联系起来，使广大中国民众都成为享受文明幸福的人”②。第三，教育满足国家发展需要适应了国际综合国力竞争的背景。随着科技革命、产业革命的迅速发展，教育在国际竞争中的地位更加突出，必须加快教育的发展水平与质量。

① 袁振国：《双优先：教育现代化的中国模式——为改革开放四十周年而作》，《华东师范大学学报（教育科学版）》2018年第4期。

② 中央教育科学研究所编：《老解放区教育资料（一）》，教育科学出版社1981年版，第20页。

中国共产党成立百年来，教育优先满足国家发展需要的理念体现在各个历史阶段中。早在1934年，毛泽东在中华苏维埃共和国第二次全国代表大会上的讲话中指出："苏维埃文化教育的总方针在什么地方呢？在于以共产主义的精神来教育广大的劳苦民众，在于使文化教育为革命战争与阶级斗争服务，在于使教育与劳动联系起来，在于使广大中国民众都成为享受文明幸福的人。"①1937年8月，毛泽东在《为动员一切力量争取抗战胜利而斗争》中指出："改变教育的旧制度、旧课程，实行以抗日救国为目标的新制度、新课程。"②1940年12月，毛泽东在《论政策》里提道："关于文化教育政策，应以提高和普及人民大众的抗日的知识技能和民族自尊心为中心。"③中国共产党通过教育唤醒普通民众，增加抗日统一战线和民族统一战线的凝聚力，为取得各阶段的胜利作出重要贡献。

新中国成立以后，教育要满足于国家发展需要的方针得到党和国家领导人的进一步明确。1957年，毛泽东在《关于正确处理人民内部矛盾的问题》中写道："我们的教育方针，应该使受教育者在德育、智育、体育几方面都得到发展，成为有社会主义觉悟的有文化的劳动者。"该教育方针对受教育者全面发展的要求，体现了受教育者应该致力于国家经济社会建设的政策指导方向。1958年，毛泽东提出，"教育必须为无产阶级政治服务，必须同生产劳动相结合"，教育必须为无产阶级政治服务，意味着教育必须为党的政治路线服务。

党的十一届三中全会以后，培养社会主义建设需要的合格人才成为我国当时迫切的需求。1978年，邓小平在全国教育工作大会上就提出，"教育事业必须同国民经济发展的要求相适应"，"我们的国民经济是有计划按比例发展的，我们培养训练专门家和劳动后备军，也应该有与之相适应的周密的计划"。

此后为满足国家发展的需要，我国的教育发展依次经历了三个阶段。第

① 《毛泽东同志论教育工作》，人民教育出版社1958年版，第15页。

② 《毛泽东选集》第2卷，人民出版社1991年版，第356页。

③ 同上书，第768页。

一，为解决劳动年龄人口受教育年限过低的问题，我国主要实施了扩大教育规模，提高三级教育的毛入学率的举措。在普及义务教育过程中，1980 年，中共中央、国务院颁布了《关于普及小学教育若干问题的决定》，提出“在八十年代，全国应基本实现普及小学教育的历史任务，有条件的地区还可以进而普及初中教育”。1985 年发布的《中共中央关于教育体制改革的决定》，把“把实行九年制义务教育当作关系民族素质提高和国家兴旺发达的一件大事”。1986 年 4 月，颁布《中华人民共和国义务教育法》，国家以立法的形式确定了中国实施九年制义务教育。普及义务教育经过 20 世纪末基本实现九年制义务教育，到 2004 年国家实施西部地区“两基”攻坚计划，再到“从 2008 年秋季学期开始，全部免除城市义务教育阶段公办学校学生学杂费”，学生上学不花钱成为现实。1985 年的《中共中央关于教育体制改革的决定》进一步指出，国家所需要的人才，都应该是“有理想、有道德、有文化、有纪律，热爱社会主义祖国和社会主义事业，具有为国家富强和人民富裕而艰苦奋斗的献身精神，都应该不断追求新知，具有实事求是、独立思考、勇于创造的科学精神”，更加注重学生多项素养的综合发展。面对未来的挑战，1999 年《中共中央、国务院关于深化教育改革全面实施素质教育的决定》指出“实施素质教育”的重要意义，强调学校教育应“以培养学生的创新精神和实践能力为重点”。2010 年，《国家中长期教育改革和发展规划纲要（2010—2020 年）》进一步强调，实施素质教育“重点是面向全体学生、促进学生全面发展，着力提高学生服务国家服务人民的社会责任感、勇于探索的创新精神和善于解决问题的实践能力”。2020 年 10 月，党的十九届五中全会通过的《关于制定国民经济和社会发展第十四个五年规划和二〇三五年远景目标的建议》指出，“建设高质量教育体系”，增强学生文明素养、社会责任意识、实践本领，重视青少年身体素质和心理健康教育。为深入实施科教兴国战略、人才强国战略、创新驱动发展战略，完善国家创新体系，加快建设科技强国提供人才与智力支持。

四、面向全体人民，把促进公平作为国家基本教育政策

1921 年 7 月，中共一大通过了中国共产党的第一个决议，提出“本党的基本任务是成立产业工会。而工人学校是组织产业工会的一个阶段，所以所有产业部门必须建立这样的学校”。这是革命斗争和教育紧密结合的任务，是为争取工人阶级合法权利与地位而开展的革命教育运动。1922 年 2 月成立的安源煤矿工人夜校，成为中国共产党早期的教育实践。为取得工人运动的胜利，提高工人阶级的政治地位，教育就成为提高工人思想素质的关键，是促使工人阶级团结起来的基础条件。为团结广大的农民阶级，确立农民力量的重要地位，1925 年 2 月毛泽东在韶山地区开办了 20 多所夜校，组织农民学习农业生产的实际知识，并将革命真理传播给广大农民阶层，使他们的知识水平和政治素养得到提升。1929 年到 1932 年之间，随着土地革命的开展，党中央在中央苏区创办了大批列宁小学，其教学目的是“要对于一切儿童，不分性别和成分差别，皆施以免费的义务教育”①。这是中国共产党第一次在我国实施民众教育以及免费的义务教育，很大程度上满足于革命战争的需要，使根据地人民群众的文化素质得到提升，为苏维埃政权输送了大批军政人才。毛泽东认为，“农民问题乃国民革命的中心问题”②。1934 年，毛泽东在江西瑞金召开的第二次全国工农兵代表大会上指出，“我们对于广大群众的切身利益问题，群众的生活问题，就一点也不能疏忽，一点也不能看轻”。开展教育工作必须以人民群众为依靠力量，做到拥护群众，坚持走群众路线，才能促进社会主义教育事业的持续发展。毛泽东提出：“真正的铜墙铁壁是什么？是群众，是千万真心实意地拥护革命的群众。”中国共产党人始终坚持为人民服务的宗旨，将人民群众对教育的发展需求作为工作重点。1945 年，毛泽东在《论联合政府》中明确指出：“我们共产党人区

① 温剑波、温余荣：《中央苏区列宁小学教育的历史考察》，《学校党建与思想教育》2012 年第 17 期。

② 中共中央文献研究室：《毛泽东文集》第 1 卷，人民出版社 1993 年版，第 37 页。

别于其他政党的一个显著标志，就是和最广大的人民群众取得最密切的联系。全心全意为人民服务，一刻也不脱离群众；一切从人民的利益出发。”①

新中国成立时，我国面临着一穷二白、80% 的人口是文盲和半文盲的情况，我国必须在这样一个贫穷落后的人口大国普及教育、扫盲治愚，并为社会经济建设提供人才，为此中国共产党将工农教育放在突出的重要位置。1949 年 9 月，中国人民政治协商会议第一届全体会议通过了具有临时宪法性质的《中国人民政治协商会议共同纲领》，指出“中华人民共和国的文化教育为新民主主义的，即民族的、科学的、大众的文化教育”。这种大众的文化教育就体现了教育公平的政策实施意图。同年 12 月召开的第一次全国教育工作会议确定的教育建设的方针，就是教育为国家建设服务，教育向工农开门。也就是说，工农群众不仅在政治上、经济上获得解放，也在文化上翻身，真正享有了受教育的权利。②1950 年 5 月，中央教育部副部长钱俊瑞在《人民教育》创刊号上发表《当前教育建设的方针》，提出当前的教育方针是“为工农服务，为生产建设服务，这就是当前实行新民主主义教育的中心方针”。在一些政策安排下，教育为工农服务方针的确立，昭示着在中国历史发展中首次将人口占绝大多数的劳动人民纳入教育体系。为了保证工农子弟接受教育，1950 年 12 月，政务院发布《关于举办工农速成中学和工农干部文化补习学校的指示》，大力举办工农群众业余教育，开展识字教育和扫盲运动。该方针适应了我国当时的历史条件，为广大劳苦大众创造了受教育机会，在较短时间内提升了我国的教育公平水平。③对比我国 1949 年的教育水平，从 20% 的小学净入学率、3% 的初中毛入学率，高校在校生仅 11.7 万人的情况，到 1965 年，全国的小学入学率就达到 84.7%，基本脱盲者累积超过 1 亿人。

---

① 《毛泽东选集》第 3 卷，人民出版社 1991 年版，第 1094—1095 页。

② 张滢：《向工农开门　翻身工农把学上》，《中国教育报》2011 年 6 月 21 日。

③ 杨银付：《在教育公平之路上砥砺奋斗》，《中国教育报》2019 年 10 月 11 日。

改革开放初期，我国各项事业百废待兴，多出人才、快出人才成为迫切的时代要求。适应整体的经济社会发展需要，“效率优先，兼顾公平”成为教育发展的价值取向。在这样的政策引导下，也出现了各级各类学校、城乡之间、区域之间的教育发展不平衡，以初中生均经费为例，2001 年城镇为 1955 元，农村仅 1014 元，对比 1996 年 1.59 倍的差距，继续扩大到 1.93 倍。为解决教育均衡发展的主要矛盾，教育部于 2005 年颁布《关于进一步推进义务教育均衡发展的若干意见》，以均衡发展为主题推进教育发展。从“效率优先”到“均衡发展”，教育公平的价值取向得以转型。

21 世纪初，我国工业化和现代化建设的步伐不断加快，城市支持农村、工业反哺农业成为教育均衡发展的社会经济基础，将教育公平作为国家基本教育政策的时机已经成熟。2007 年 8 月，胡锦涛同志在全国优秀教师代表座谈会上的讲话指出，“要把促进教育公平作为国家基本教育政策，统筹城乡、区域教育”。随后，这一基本政策被正式写入党和政府的文件中。2010 年，《国家中长期教育改革和发展规划纲要（2010—2020 年）》明确将教育公平作为五大工作方针之一，提出“教育公平是社会公平的重要基础”，“教育公平的关键是机会公平”，并对促进教育公平提出具体措施，包括保障公民的受教育权，重点是义务教育均衡和扶持困难群体，根本上要合理配置教育资源等。在迈入 21 世纪第二个 10 年之际，2012 年 11 月，党的十八大报告中对教育公平政策进一步作出明确阐述，提出“大力促进教育公平，合理配置教育资源”，将教育资源重点向农村、边远、贫困和民族地区倾斜，支持特殊教育，“提高家庭经济困难学生资助水平，积极推动农民工子女平等接受教育”。这一系列政策举措保障了弱势群体的平等入学机会，确保不让一个孩子因家庭经济困难而失学。

党的十八大以来，习近平总书记多次主持会议审议教育重大议题，对教育公平理论有了新的重要论断，着眼于社会主义教育的本质要求，明确以人民为中心发展思想。党和国家高度重视教育事业，教育改革开启了向纵深推进的进程，标志性、引领性的教育改革举措取得显著成效，贫困地区义务教育薄弱学校的办学条件得到全面改善，农村及贫困地区的专项计划保障了贫苦学生上重点高校的长效机制，城乡统一、“两免一补”标准得以实施，生均公用经费基准定额资金随学生流动可以携带，1300多万农民工随迁子女从“钱随人走”的政策中获益。[①]一系列改革举措表明，“有学上”的问题得到有效解决，“上好学”成为社会的主要关切，使每一个孩子都能享受公平优质的教育。2016年3月，李克强总理在政府工作报告中提出“发展更高质量更加公平的教育”。2016年9月，习近平总书记在北京市八一学校考察时指出，教育公平必须建立在优化教育资源配置，进一步缩小区域、城乡、校际差距的基础上，使贫困地区的办学经费得到保障，建立健全家庭困难学生资助体系。要积极“推进教育精准脱贫，重点帮助贫困人口子女接受教育，阻断贫困代际传递”[②]，保证每位受教育者都能享受更公平、更高质量的教育机会，为全民素质的提升提供了具体的指导建议。2017年10月，习近平总书记在党的十九大报告中指出，“推进教育公平”，“努力让每个孩子都能享有公平而有质量的教育”。当前中国教育高质量发展的新时代，成为我国教育发展中新的历史定位。在新的历史发展时期，教育工作必须破解人民日益增长的对更公平、更高质量、更富有特色教育的需求与不平衡不充分的教育发展之间的矛盾。2018年9月，在全国教育大会上习近平总书记发表重要讲话，坚持以人民为中心发展教育，再次明确要坚持教育的公益性原则，把教育公平作为国家基本教育政策。[③]从教育的公平发展到国家基本教育政策，新时代的教育公平政策上升为制度安排，教育公平成为贯穿教育改革与发展全过程中的主导思想。

---

① 《学有所教：从“有学上”到“上好学”》，载新华网 http://www.xinhuanet.com/comments/2019-08/07/c_1124842902.htm，2019年8月7日。

② 《习近平总书记在北京市八一学校考察时的讲话引起热烈反响》，载新华网 http://www.xinhuanet.com/politics/2016-09/10/c_1119542690.htm，2016年9月10日。

③ 刘世清、严凌燕：《把教育公平作为国家基本教育政策》，《中国教育学刊》2019年第9期。

第三节　构建中国特色社会主义教育话语体系的理论自觉

2018年5月，习近平总书记在纪念马克思诞辰200周年大会上指出："马克思主义始终是我们党和国家的指导思想，是我们认识世界、把握规律、追求真理、改造世界的强大思想武器。"马克思主义是科学的理论、人民的理论、实践的理论、不断发展的开放的理论。实践证明，马克思主义为中国革命、建设、改革提供了强大的思想动力，指引中国成功走上了全面建设社会主义现代化强国的康庄大道。① 同时，习近平总书记指出：中国特色哲学社会科学应该具有什么特点呢？我认为，要把握住以下三个主要方面。第一，体现继承性、民族性。第二，体现原创性、时代性。第三，体现系统性、专业性。这为我们构建具有中国特色社会主义教育的话语体系提供了思想性、方法性指导。

（一）坚持马克思主义话语体系的指导地位

教育学以马克思主义为指导，更多的是以马克思主义的立场、观点和方法分析、研究中国教育中的实际问题，总结中国教育发展的经验，找出中国特色社会主义教育的规律。教育科研工作者应当从社会主义现代化建设全局和社会主义历史使命的战略高度出发，从我国丰富的教育实践中挖掘新材料、提出新问题、构建新理论，向国际社会展示我国的教育话语构成体系。

坚持以马克思主义为指导，核心要解决好为什么人的问题。为什么人的问题是哲学社会科学研究的根本性、原则性问题。我国哲学社会科学为谁著书、为谁立说，是为少数人服务还是为绝大多数人服务，是必须搞清楚的问题。世界上没有纯而又纯的哲学社会科学。世界上伟大的哲学社会科学成果都是在回答和解决人与社会面临的重大问题中创造出来的。研究者生活在现实社会中，

---

① 习近平：《在纪念马克思诞辰200周年大会上的讲话》，《人民日报》2018年5月5日。

研究什么，主张什么，都会打下社会烙印。我们的党是全心全意为人民服务的党，我们的国家是人民当家作主的国家，党和国家一切工作的出发点和落脚点是实现好、维护好、发展好最广大人民根本利益。我国哲学社会科学要有所作为，就必须坚持以人民为中心的研究导向。脱离了人民，哲学社会科学就不会有吸引力、感染力、影响力、生命力。

坚持以马克思主义为指导，最终要落实到怎么用上来。“凡贵通者，贵其能用之也。”马克思主义具有与时俱进的理论品质。在新形势下，坚持马克思主义，最重要的是坚持马克思主义基本原理和贯穿其中的立场、观点、方法。这是马克思主义的精髓和活的灵魂。马克思主义是随着时代、实践、科学发展而不断发展的开放的理论体系，它并没有结束真理，而是开辟了通向真理的道路。恩格斯早就说过：“马克思的整个世界观不是教义，而是方法。它提供的不是现成的教条，而是进一步研究的出发点和供这种研究使用的方法。”把坚持马克思主义和发展马克思主义统一起来，结合新的实践不断作出新的理论创造，这是马克思主义永葆生机活力的奥妙所在。

坚持问题导向是马克思主义的鲜明特点。问题是创新的起点，也是创新的动力源。只有聆听时代的声音，回应时代的呼唤，认真研究解决重大而紧迫的问题，才能真正把握住历史脉络、找到发展规律，推动理论创新。坚持以马克思主义为指导，必须落到研究我国发展和我们党执政面临的重大理论和实践问题上来，落到提出解决问题的正确思路和有效办法上来。要坚持用联系的发展的眼光看问题，增强战略性、系统性思维，分清本质和现象、主流和支流，既看存在问题，又看其发展趋势，既看局部，又看全局，提出的观点、作出的结论要客观准确、经得起检验，在全面客观分析的基础上，努力揭示我国社会发展、人类社会发展的大逻辑、大趋势。

（二）聚焦于当代中国教育问题与改革实践

教育学话语不可能脱离真实的教育生活独立存在，应该是教育生活现实与理想的统一表达。没有扎根于我国教育现实生活世界的话语，不可能具有鲜活的生命力和可持续性。我们不能在生活世界之外引进一套西方教育话语模式，将其直接移植到我国的教育土壤，曲解为我国的教育话语体系。教育话语体系应该以我国教育实际为研究起点，提出具有主体性、原创性的教育观点。早在1944年，毛泽东同志就说过："我们的态度是批判地接受我们自己的历史遗产和外国的思想。我们既反对盲目接受任何思想，也反对盲目抵制任何思想。我们中国人必须用我们自己的头脑进行思考，并决定什么东西能在我们自己的土壤里生长起来。"①

在中国教育学的发展中，我们曾经较多地依赖于西方的理论，较少总结自己国家的经验和自己的教育哲学。建设中国的教育学，如果仍然停留在西方理论引进阶段，用西方的理论改造中国实践，或者用中国的实践阐释和论证西方理论，那么，中国教育学永远只能处于依附地位。教育学摆脱依附地位的关键，在于加强对中国教育自身特点的研究，包括历史的和现实的。只有从中国教育自身特点中找到中国教育的独特规律，才能建立基于中国实践、反映中国经验的教育学。改革开放40多年来，我国教育事业取得了令世界瞩目的发展成就，义务教育普及率、高中阶段教育和高等教育的毛入学率已超过中高收入国家的平均水平，国家的创新竞争力得以迅速提升，人力资源强国的实力正在显现。②中国教育实践变革所取得的发展成就与国家的整体进步和发展密不可分，说明教育是在与其他社会现象相互联系、相互影响的过程中展现自身价值和功能的。我们需要把这些反映经验的实践话语，经过科学的分析、提炼上升到理论高度，转化为学术话语，打通实践话语与学术话语之间的壁垒。

（三）以人民为中心

教育学术话语源于教育问题，是教育实践的经验浓缩，顶天立地的教育学

① 中共中央文献研究室：《毛泽东文集（第三卷）》，人民出版社1996年版，第192页。

② 袁振国：《教育现代化的中国之路》，《中国教育学刊》2018年第6期。

术话语体系是以人民大众为本位、聚焦教育实践的系统。马克思主义中国化理论是实践的，面对的是教育的现实逻辑，被人民所掌握并付诸于实践，所以要把马克思主义作为人民教育最鲜亮的底色。马克思基于自己的社会立场和人性论主张，认为教育的价值不仅仅止于人自身的完善，而应该与更大范围的社会斗争和进步关联起来，唤醒无产阶级革命意识和社会责任，培育无产阶级革命队伍。① 通过教育动员无产阶级在社会实践中发挥自己的主体性，与一切不合理的制度作现实的斗争，从而赢得自身的解放和整个人类的解放，这是马克思关于教育工作根本价值取向的基本认识，体现了鲜明的人民性和彻底的革命性。

教育实践以人民教育需求为价值导向，人民教育是处在新时代中的社会实践活动，充满着人的全面发展的美好希冀。当前，中国特色社会主义已经“进入新时代，我国社会主要矛盾已经转化为人民日益增长的美好生活需要和不平衡不充分的发展之间的矛盾”，更应该“优先发展教育事业”，“加快教育现代化，办好人民满意的教育”②。新时代人民教育有空前的变革性，要求我们创造科学的、揭示教育与人、教育与社会外在牵涉和内在关联的教育学术话语体系。迈向人民的教育学术话语具有浑然天成的亲和力，它回归人民主体性的教育实践，通过对教育整体存在的感知而塑造话语自觉、夯实中国特色。

（四）弘扬中国传统文化精神

教育话语创新离不开历久弥新的教育学术传统。中华文明有着五千年的历史，民族文化沃土绵延不断。“扎根中国大地办好人民满意的教育，我国独特的历史、文化、国情恰恰是优势。”③ 中华传统教育文化源远流长，自西周初年

---

① 石中英：《重温马克思的教育思想》，《人民教育》2018 年第 9 期。

② 习近平：《决胜全面建成小康社会　夺取新时代中国特色社会主义伟大胜利——在中国共产党第十九次全国代表大会上的报告》，载求是网 http://www.qstheory.cn/llqikan/2017-12/03/c_1122049424.htm，2017 年 12 月 3 日。

③ 郅庭瑾：《新时代中国特色社会主义教育自信的内涵与理路》，《国家教育行政学院学报》2018 年第 2 期。

周公制礼作乐，设立官学，中国教育就承载了社会教化的使命，道德教育成为教育的核心。这种集政治、文化、教育于一体的社会教化的定位，使得教育在古代社会的地位十分重要。《学记》说，“建国君民，教学为先”，兴教化，立学校，使君民各安其位，是建国之根本。以“学”“习”这一对范畴为例，先秦时期孔子强调学习并重，到汉代太学兴起后，读书人“皓首穷经”“学习”的重心前移，逐渐重“学”轻“习”。历代教育改革，大抵都是在“学”“习”的关系上做文章，强调“习行”以补时弊。例如宋代庆历兴学，明代王守仁倡导的“知行合一”等，教育话语发展变化的动因，是教育实践活动的深化。①

优秀的教育传统文化，特别是改革开放以来基于教育经验总结的教育智慧，足以转化为宝贵的话语资源。教育话语体系得益于对教育实践机理的深度提炼，反映了中华民族的教育气派。换言之，教育传统文化是经得起历史检验、与我国本土教育逻辑自洽的民族语言的表达。“只有当一个民族用自己的语言掌握了一门科学的时候，我们才能说这门科学属于这个民族。”② 在此意义上，教育话语体系的实践情怀及其思想源泉，彰显了中国特色的教育道路。我们应扎根教育生活世界、接续优秀教育思想传统，创造性地弘扬和转化学术精华，激活中国教育话语生命力，使之与新时代教育发展理路相适，构建开拓创新的教育话语体系。

（五）融通中外的教育文化

人类有悠久的教育传统和丰富的教育实践，形成了各个民族和国家自身的教育学术话语体系。早在古希腊，就有柏拉图、亚里士多德的教育思想和以苏格拉底为代表的教育实践，如柏拉图所提出的“学习即回忆”、《理想国》中儿童不同发展阶段的教育观念，亚里士多德提出的“灵魂论与教育”“教育作用论”，苏格拉底对教育目的论、德育论、智育论、“助产术”等理念的阐述，为丰富教育话语提供了充实的历史基础。③ 文艺复兴运动以后，为了适应工业化

---

① 赵振红、张海波：《中国古代教育话语建构的前提问题》，《教育科学》2019 年第 1 期。

② 黑格尔：《哲学史讲演录》（第 4 卷），贺麟、王太庆译，商务印书馆 1978 年版，第 187 页。

③ 文新华：《柏拉图和亚里士多德教育思想之比较》，《教育评论》1986 年第 3 期。

的需要，借助于自然科学强大的影响力，西方构建起了具有现代学科色彩的教育学话语体系。尽管其中很多方面屡屡受到来自多方面的质疑和批评，但其努力本身以及所取得的某些成果之于我们而言是有借鉴意义的，在方法论上也具有启发性。在文化交融、构建人类命运共同体的时代，作为他山之石，其他民族和国家的教育话语体系为我们提供了有价值的教育认识和话语方式，是我们构建当今教育学术话语体系重要的文化资源。中国近代以来逐步建立起来的现代学制和教育学术话语体系都与我们虚心学习、大胆借鉴人类的教育思想和教育经验有密切关系。我们今天仍然要以开放的心态学习借鉴人类优秀的文明成果，在与其他国家的交流中加深对教育的理解，构建能够走向世界的教育学术话语体系。因此，中国特色的教育话语体系构建不是画地为牢般地排斥其他优秀文化，“一切文明成果都值得尊重，一切文明成果都要珍惜”①。构建新时代的教育话语体系要有本土情怀、世界眼光，需要吸收优秀的学术话语成果融入教育实践。具有新时代蕴涵的教育学术话语体系不仅凝聚着人民教育的现实体悟，还体现了对世界教育的历史认知。在加强对世界教育的理解和对话基础上，要对舶来理论的原初社会、历史文化境况、演进轨迹加以分析，促使教育理论适应本土文化特征，同时要避免对国外教育理论的过分追崇。②从其思想源头、传承谱系出发进行批判吸收，从而实现与国际研究界的深度交流。我们要发扬辩证统一的话语范式，不激进、不偏颇，不盲目移植而迷失自我话语建构，也不否定其积极性；既要立足本土、发扬中国特色，又要有吸纳优秀思想的宽广胸怀。在人类命运共同体框架下，新时代中国特色教育学术话语体系构建既是中国教育经验和现实语境统合的内在要求，也是中外学术话语交流借鉴的过程，当属人类文明的共同财富，在学术互动中塑造共同的教育话语场域，创建融通中外的中国特色社会主义教育话语体系。

① 习近平：《习近平谈治国理政》，外文出版社 2014 年版，第 259 页。

② 靳玉乐：《当前教育科学研究的几个问题》，《教育研究》2007 年第 5 期。

重要活动和文献节点

1921 年 7 月　中国共产党成立。中国共产党第一次全国代表大会通过《关于中国共产党任务的第一个决议》，该《决议》提出，当前党的主要任务，是大力发展工会组织，加强对工人群众的马克思主义教育。

1922 年 1 月　刘少奇、李立三等中国共产党人创办安源路矿工人补习学校，用马克思主义教育工人，培养骨干，发展党的组织，取得罢工斗争的胜利。

1922 年 7 月　中国共产党第二次全国代表大会提出，改良教育制度，实行教育普及。

1923 年 6 月　中国共产党第三次全国代表大会提出，实行义务教育，教育与宗教绝对分离。全国教育经费应严重保证。教员应享受年功加俸，到相当年龄应享受养老年金。

1924 年 7 月　中国共产党在广州举办第一届农民运动讲习所，彭湃任讲习所主任。

1925 年 1 月 11—22 日　中国共产党第四次全国代表大会通过《对于青年运动的决议案》，提出要使我们的宣传能达到青年工人，我们就必须组织俱乐部、学校等机关。

1926 年 11 月 18 日　湖南省工人农民第一次全省代表大会发表的宣传纲要提出，厉行工人教育、农村义务教育及补习教育。

1927 年 3 月 7 日　中国共产党在武昌举办中央农民运动讲习所。毛泽东讲授“农民问题”等课程。

1927 年 5 月　中国共产党第五次全国代表大会通过《职工运动的决议案》，要求各地方总工会必须有教育委员会组织，并须积极利用各级地方的教育经费来发展工人教育。

1928 年 7 月　中国共产党第六次全国代表大会提出，目前党内的工作任务之一是，加紧党员群众的教育。同月，共青团第五次全国代表大会通过《教育宣传决议案》，该《决议案》指出，在苏维埃区域必须组织平民学校或夜校，以教育一般青年劳动群众。

1929 年 12 月　毛泽东在起草的《中国共产党红军第四军第九次代表大会决议案》中提出“十大教授法”，即启发式、由近及远、由浅入深、说话通俗化、说话要明白、说话要有趣味、以姿势助说话、后次复习前次的概念、要提纲、干部班要用讨论式。

1930 年 8 月 2 日　闽西苏维埃政府制定《目前文化工作总计划》，提出目前的教育方针是培养干部人才，开展社会教育和强迫性质的小学教育。

1931 年 10 月　中央军事政治学校（后改称中国工农红军学校）在瑞金成立。

1931 年 11 月　中华苏维埃工农兵第一次全国代表大会通过《中华苏维埃共和国宪法大纲》，其中第 12 条规定：中华苏维埃政权以保证工农劳苦民众有受教育的权利为目的。

1931 年 12 月 1 日　中华苏维埃共和国临时中央政府颁布《劳动法》，其第 43 条规定：设立工厂或商埠学校，以提高青年工人的熟练程度，并给他们以补充教育，费用由厂方供给。

1932 年 5 月 7 日　湘鄂赣省苏维埃政府发布《颁布学制与实施目前最低限度的普通教育的训令》。

1932 年 6 月 13 日 中央政府人民委员会创办列宁师范学校，任命徐特立为校长。

1933 年 3 月 13 日 中共中央创办的第一所党校——马克思列宁主义学校在瑞金成立，任弼时担任首任校长。

1933 年 4 月 15 日 中华苏维埃共和国临时中央政府教育人民委员部发布的《目前的教育任务》指出，苏区当前文化教育的任务是要用教育与学习的方法，启发群众的阶级觉悟，提高群众的文化水平与政治水平，打破旧社会思想习惯的传统，以深入思想斗争，使群众能更为有力地被动员起来，加入战争，深入阶级斗争，并参加苏维埃各方面的建设。

1934 年 1 月 24 日 毛泽东在中华苏区的中华苏维埃代表大会上指出，苏维埃文化教育的总方针是，以共产主义的精神教育广大劳苦民众，使文化教育为革命战争和阶级斗争服务，使教育与劳动联系起来，使广大中国民众都成为享受文明幸福的人。

1934 年 2 月 16 日 中华苏维埃共和国临时中央政府人民委员会颁布《中华苏维埃共和国小学校制度暂行条例》和《小学教员优待条例》。

1934 年 4 月 中央教育人民委员部修正颁布《教育行政纲要》；颁发《小学课程教则大纲》《列宁小学校学生组织大纲》《红色教员联合会暂行章程》《小学教员训练班简章》《初级师范学校简章》《高级师范学校简章》《短期师范学校简章》《中央农业学校简章》《高尔基戏剧学校简章》《短期职业中学试办章程》《苏维埃大学简章》等一系列文件。

1936 年 6 月 1 日 中华苏维埃共和国西北抗日红军大学（后改名为“中国人民抗日军事政治大学”）成立。

1937 年 2 月 2 日 鲁迅师范学校在延安成立，以推行国防教育，发展边区文化与教育为宗旨，王志匀任校长。

1937 年 8 月 25 日 中共中央政治局扩大会议提出，抗日的教育方针政策是，改变教育的旧制度、旧课程，实行以抗日救国为目标的新制度、新课程。

1937 年 11 月 1 日 陕北公学在延安举行开学典礼，成仿吾任校长。

1938 年 4 月 10 日 鲁迅艺术文学院成立并举行典礼大会。

1938 年 5 月 5 日 马列学院在延安成立，张闻天任院长，该校是中国共产党创办的第一所专门学院和研究马列主义理论的学校。1941 年 7 月，该校改组为马列研究院；9 月 8 日，该校根据毛泽东《实事求是》报告精神，成立中央研究院。

1938 年 8 月 5 日 陕甘宁边区教育厅公布《陕甘宁边区小学法》，其中规定边区小学应依照边区国防教育宗旨及实施原则，以发展儿童的身心，培养他们的民族意识、革命精神及抗战救国所必需的基本知识技能。

1938 年 11 月 中共中央决定成立中央干部教育部，张闻天任部长。

1939 年 12 月 1 日 毛泽东为中共中央撰写的《大量吸收知识分子的决定》，提出没有知识分子的参加，革命的胜利是不可能的，要求大量吸收知识分子加入军队、学校和政府工作。

1940 年 1 月 毛泽东发表《新民主主义论》。

1940 年 11 月 15 日 中共中央宣传部发布《关于抗日根据地内小学教育的指示》，提出我们党应当积极推行普及的新民主主义的国民教育。

1941 年 9 月 22 日 延安大学举行开学典礼，吴玉章任校长。

1941 年 12 月 17 日 中共中央政治局通过《关于延安干部学校的决定》。

1941 年 12 月 25 日 陕甘宁边区政府教育厅发布《关于提高小学质量的指示》。

1942 年 1 月 18 日 陕甘宁边区成立新教育学会，选出徐特立、吴玉章、董纯才等 17 人为理事。

1944 年 10 月 30 日 毛泽东在陕甘宁边区文教工作会议上指出，我们的工作首先是战争，其次是生产，再次是文化。

1945 年 4 月 24 日 毛泽东在中国共产党第七次全国代表大会上作《论联合政府》的报告，指出中国应当建立自己的民族的、科学的、人民大众的新文化和新教育。

1945 年 11 月 16 日 晋察冀边区行政委员会下发《关于改定中小学教职员待遇标准的决定》。

1946 年 1 月 16 日 中国共产党代表团在政治协商会议上提出《和平建国纲领草案》。

1946 年 12 月 10 日 陕甘宁边区政府发表《战时教育方案》，其中内战时期的教育方针是动员各学校及一切社会教育组织，发挥教育上的有生力量，直接或间接地为自卫战争服务。

1947 年 2 月 17 日 陕甘宁边区教育厅发布《关于教育工作配合土地改革运动的指示》。

1947 年 8 月 9 日 东北行政委员会召开第一次教育会议，指出东北解放区要贯彻新民主主义教育方针，把土地改革和自卫战争作为教育的中心内容。

1948 年 1 月 15 日 中共中央东北局发布《关于知识分子的决定》，指出党对待知识分子的政策是采取争取、教育、改造的方针，引导他们与工农兵结合，为工农兵服务，重视他们在革命中及各种工作中的作用。

1948 年 10 月 10 日 毛泽东为中共中央起草的《中共中央关于九月会议的通知》提出，夺取全国政权的任务要求我党迅速而有计划地训练大批的能够管理军事、政治、经济、党务、文化教育等各项工作的干部。解放区的学校教育工作必须恢复和发展。

1948 年 11 月 中共中央下发《对新区文教事业的政策》，提出对新区文教机关，包括大中小学、研究院、博物馆及各种社会教育设备，一律维持原有机关，逐步加以必要与可能的改进。对教职员，一般以留用为原则，保证其生活，有步骤有计划地提高其思想水平。

1949 年 10 月 1 日 中华人民共和国成立。毛泽东宣布接受《中国人民政治协商会议共同纲领》为本政府的施政方针。《共同纲领》第五章“文化教育政策”规定：中华人民共和国的文化教育为新民主主义的，即民族的、科学的、大众的文化教育。人民政府的文化教育工作，应以提高人民文化水平，培养国家建设人才，肃清封建的、买办的、法西斯主义的思想，发展为人民服务的思想为主要任务。

1949 年 11 月 1 日 中央人民政府教育部举行成立典礼，部长马叙伦、副部长钱俊瑞讲话。

1949 年 12 月 23—31 日 教育部召开第一次全国教育工作会议，确定了全国教育工作的总方针，明确了改革旧教育的方针、步骤和发展新教育的方向，其中提出教育必须为国家建设服务，学校必须向工农开门；建设新教育要以老解放区新教育经验为基础，吸收旧教育某些有用的经验，特别要借助苏联教育建设的先进经验等。

1950 年 6 月 1—9 日 教育部召开第一次全国高等教育会议，提出改造高等学校的方针以及共和国高等教育的建设方向。会议通过《高等学校暂行规程》《专科学校暂行规程》《关于实施高等学校课程改革的决定》《关于高等学校领导关系的决定》《私立高等学校管理暂行办法》五项草案。

1950 年 6 月 19 日 毛泽东就学生健康问题写信给教育部部长马叙伦，要求各校注意健康第一，学习第二。

1950 年 9 月 20—29 日 教育部、全国总工会联合召开第一次全国工农教育工作会议，提出实施工农教育的方针与原则。

1950 年 10 月 3 日 中国人民大学举行开学典礼。这是共和国创办的第一所新型大学。

1950 年 12 月 29 日 政务院第六十五次会议通过《关于处理接受美国津贴的文化教育救济机关及宗教团体的方针的决定》。到 1951 年末，对接收外资津贴的大、中、小学校，分别改为公办和中国人民自办，收回了教育主权。

1951 年 3 月 19—31 日 教育部召开第一次全国中等教育会议，制定了发展中等教育的方针、任务，着重讨论了普通中学的问题，还讨论了领导关系和学生健康等问题。

1951 年 8 月 27 日—9 月 11 日 教育部合并召开第一次全国初等教育会议和第一次全国师范教育会议，制定了发展和建设初等教育与师范教育的方针、任务，提出必须以革命的精神和革命的方法办好人民教育。

1951 年 10 月 1 日 政务院公布实施《关于改革学制的决定》，针对原有学制的缺点，进行改革，以利于广大劳动人民文化水平的提高、工农干部的深造和国家建设事业的促进。

1952 年 3 月 18 日 教育部颁发《中学暂行规程（草案）》《小学暂行规程（草案）》。

1952 年 7 月 16 日 教育部颁发试行《关于高等师范学校的规定（草案）》《师范学校暂行规程（草案）》，发布《关于大量短期培养初等及中等教育师资的决定》，对师范教育工作作出安排。

1952 年 9 月 10 日 教育部下发《关于接办私立中小学的指示》，决定接管全国私立中小学由政府办理，改为公立。

1953 年 5 月 17 日、18 日、27 日 中共中央政治局举行会议讨论教育工作，作出抽调干部充实学校领导，编写教材，允许小学民办，注意青年健康，中小学毕业生参加生产劳动等决定。

1953 年 6 月 5—22 日 教育部在北京召开第二次全国教育工作会议，讨论了第一个五年计划期间普通教育和师范教育的工作方针及任务。

1953 年 6 月 30 日 毛泽东接见青年团第二次全国代表大会主席团，提出“要使青年身体好，学习好，工作好。”

1953 年 9 月 24 日 中共中央转发教育部党组、高等教育部党组、扫盲工作委员会党组三个工作报告，提出要使全国文教工作在中央的统一方针领导下，逐步纳入国家建设计划的轨道。

1954 年 5 月 24 日 中共中央转发教育部党组《关于解决高小和初中毕业生学习与从事生产劳动问题的请示报告》。此后，形成知识青年上山下乡第一个高潮。

1954 年 9 月 20 日 第一届全国人大一次会议通过《中华人民共和国宪法》，其中第九十四条规定："中华人民共和国公民有受教育的权利。国家设立并且逐步扩大各种学校和其他文化教育机关，以保证公民享受这种权利。"

1955 年 3 月 10—24 日 中共中央宣传部召开全国学校教育工作座谈会。会议集中讨论了加强学校中的建党工作，继续配备与培养学校领导骨干和建立党的领导核心，开展对资产阶级思想的批判，各级党委加强对学校教育工作的领导和监督等问题。

1955 年 7 月 30 日 第一届全国人大二次会议通过《中华人民共和国发展国民经济的第一个五年计划》，其中提出教育事业五年建设的计划和工作重点。

1956 年 1 月 14—20 日 中共中央召开知识分子问题会议。周恩来在会上作《关于知识分子问题的报告》，提出知识分子中的绝大部分已经是工人阶级的一部分，要充分地动员和发挥知识分子的力量，提高他们的政治觉悟和业务水平。

1956 年 9 月 15—27 日 中国共产党第八次全国代表大会召开。刘少奇、周恩来在会上作报告，提出文教事业在整个社会主义建设事业中占有重要地位。

1957 年 2 月 27 日 毛泽东在扩大的最高国务会议上作《关于正确处理人民内部矛盾的问题》报告，报告提出：我们的教育方针，应该使受教育者在德育、智育、体育几方面都得到发展，成为有社会主义觉悟的有文化的劳动者。

1958 年 4 月 15—24 日、6 月 10—28 日 中共中央分两段召开教育工作会议，总结新中国成立以来的教育工作经验，讨论教育方针和教育改革等问题。

1958 年 9 月 19 日 中共中央、国务院发布《关于教育工作的指示》，提出党的教育工作方针是“教育为无产阶级的政治服务，教育与生产劳动相结合”。

1959 年 5 月 17 日 中共中央印发了十个教育工作文件，对发展各级各类教育事业提出具体要求。

1959 年 5 月 24 日 中共中央、国务院发出《关于实验改革学制的决定》，要求各地各部门有组织、有领导地进行学制改革试验。

1960 年 11 月 24 日—12 月 12 日 中共中央文教小组召开全国文教工作会议，部署教育政策和教育事业的调整、整顿工作。会后，中央文教小组向中共中央提交《关于一九六一年和今后一个时期文化教育工作安排的报告》。

1961 年 9 月 15 日 中共中央批准试行《教育部直属高等学校暂行工作条例（草案）》（简称“高校六十条”），着重指出高等学校工作中需要重点解决的问题。

1962 年 5 月 25 日 中共中央批发教育部党组《关于进一步调整教育事业和精简学校教职工的报告》及所附各级全日制学校教职工编制标准、高等学校（理、工、农林）和中等技术学校（工科）实习工厂编制标准。

1963 年 3 月 23 日 中共中央批准试行《全日制中学暂行工作条例（草案）》和《全日制小学暂行工作条例（草案）》。

1964 年 2 月 13 日 毛泽东在主持召开的教育工作座谈会（后来称此会为“春节座谈会”）上说，教育的方针路线是正确的，但办法不对；学制、课程、教学方法、考试方法都要改。

1965 年 7 月 3 日 毛泽东在看了《北京师范学院一个班学生生活过度紧张，健康状况下降》的材料后，写信给陆定一，指出“学生负担过重，影响健康”。建议从学生活动总量中砍去三分之一，使学生有充分的休息时间和自由支配的时间。（此信简称“七三指示”。）

1966 年 6 月 13 日　中共中央、国务院发出通知，决定 1966 年推迟高等学校招生。7 月 24 日，中共中央、国务院发出《关于改革高等学校招生工作的通知》，决定“从今年起，高等学校招生，取消考试，采取推荐与选拔相结合的办法”。

1968 年 12 月 22 日　《人民日报》在一篇报道中引述毛泽东的指示：“知识青年要到农村去，接受贫下中农的再教育，很有必要。”从此，全国各地城镇出现了知识青年上山下乡的热潮。

1969 年 10—12 月　根据中共中央加强战备的“第一号令”，大批高等学校和中等专业技术学校，被从大、中城市外迁或被裁并。

1969 年 12 月 26 日　中共中央发出《关于高等院校下放问题的通知》，规定中央所属的高等院校全部下放地方管理。

1970 年 6 月 27 日　中共中央批转《北京大学、清华大学关于招生（试点）的请示报告》，高等学校开始招收工农兵学员。10 月 15 日，国务院电报通知各地，1970 年高等学校招生工作按此报告提出的意见进行。

1971 年 8 月 13 日　中共中央批转《全国教育工作会议纪要》。

1972 年 4 月 20 日　《人民日报》在“关于公办小学下放到大队来办的讨论”专栏发表短评《坚持多种形式办学》指出：在农村要尽快普及小学五年教育，“必须坚持两条腿走路的方针，除了国家办学以外，必须大力提倡群众集体办学，办学形式要多种多样，方便农民子女就近入学”。

1972 年 7 月 2 日　周恩来在会见美籍中国学者杨振宁时，表示赞赏他关于加强我国基础理论研究工作和研究人才培养的看法和建议。

1975 年 7 月 19 日—8 月 15 日　在国务院研究长远规划的务虚会上成立的文教规划务虚小组举行会议。会议按照实现四个现代化的任务，研究了文化教育长远规划的方针、政策、综合平衡、奋斗目标和重大措施等问题。

1976 年 4 月　北京和全国各地学校的师生参加悼念周恩来总理、反对

“四人帮”的群众运动，遭到“四人帮”的镇压。

1976 年 10 月 各级学校师生与全国人民一起庆祝粉碎“四人帮”反党集团的胜利，声讨“四人帮”的罪行。

1977 年 8 月 8 日 邓小平主持召开科学和教育工作座谈会，全面否定了“两个估计”；提出我们国家要赶上世界先进水平，要从科学和教育着手。

1977 年 10 月 12 日 国务院批转教育部《关于 1977 年高等学校招生工作的意见》及《关于高等学校招收研究生的意见》，高等学校招生考试制度恢复。

1978 年 3 月 18 日 全国科学大会召开，邓小平在开幕式讲话中提出，“四个现代化，关键是科学技术的现代化”，“科学技术人才的培养，基础在教育。我们要全面地正确地执行党的教育方针，端正方向，真正搞好教育改革，使教育事业有一个大的发展，大的提高”。

1978 年 8 月 30 日 国务院批准教育部筹建中央电化教育馆和中央教育电影制片厂。在此前后，全国各地和一些学校也相继建立电化教育机构。

1978 年 9 月 22 日 教育部重新修订和颁发《全日制中学暂行工作条例（试行草案）》和《全日制小学暂行工作条例（试行草案）》，10 月 4 日修订和重新颁发《全国重点高等学校暂行工作条例（试行草案）》，恢复和重建大中小学各项工作制度。

1978 年 10 月 4 日 中共中央批准成立中国联合国教科文组织全国委员会。

1978 年 12 月 18—22 日 中共中央十一届三中全会召开，教育战线进一步拨乱反正，教育工作全面恢复。

1979 年 2 月 6 日 教育部、中央广播事业局共同举办的中央广播电视大学成立，开启我国现代远程教育的序幕。

1979 年 3 月 19 日 中共中央批转教育部党组报告，撤销 1971 年中共中央批转的《全国教育工作会议纪要》和 1974 年中共中央转发的《关于河南省唐河县马振扶公社中学的情况简报》两个文件。

1980 年 2 月 12 日 第五届人大常委会第十三次会议审议通过《中华人民共和国学位条例》，叶剑英委员长命令公布，自 1981 年 1 月 1 日起施行，这标志着我国学位制度正式建立。

1980 年 10 月 7 日 国务院批转教育部、国家劳动总局《关于中等教育结构改革的报告》。该《报告》提出，中等教育改革施行普通教育与职业、技术教育并举，全日制学校与半工半读学校、业余学校并举，国家办学与业务部门、厂矿企业、人民公社办学并举的方针。

1980 年 12 月 3 日 中共中央、国务院发布《关于普及小学教育若干问题的决定》，提出在 80 年代全国应基本实现普及小学教育的历史任务。

1981 年 1 月 13 日 国务院批转教育部《关于高等教育自学考试试行办法的报告》，决定建立高等教育自学考试制度。

1981 年 3 月 31 日 国务院批转教育部《关于抓紧解决中小学危房倒塌不断发生重大伤亡事故问题的请示报告》。

1981 年 8 月 26 日 教育部发出通知，决定从 9 月 1 日起在全国中小学执行《小学生守则》和《中学生守则》。

1982 年 5 月 6 日 中共中央、国务院发出《关于加强和改革农村学校教育的通知》。

1982 年 9 月 1 日 中国共产党第十二次全国代表大会报告提出了教育的战略地位和今后任务。

1983 年 8 月 24 日 中共中央、国务院发出《关于引进国外智力以利四化建设的决定》。

1983 年 10 月 1 日 邓小平为景山学校题词："教育要面向现代化，面向世界，面向未来。"

1984 年 2 月 邓小平在上海观看青少年儿童计算机表演说："计算机要从

娃娃抓起。”5月28日，教育部发出通知，在小学进行计算机教育试点工作。

1985年1月21日 第六届全国人大常委会第九次会议通过《关于教师节的决定》，确定每年9月10日为教师节。

1985年3月28日 教育部发出通知，取消初中招生入学考试，实行小学生就近升入初中的办法。

1985年5月29日 《中共中央关于教育体制改革的决定》颁布实施，拉开我国教育体制改革的序幕。

1986年4月12日 第六届全国人民代表大会第四次会议通过《中华人民共和国义务教育法》，7月1日施行。

1986年9月 经国务院批准，国家教委将视导室更名为督导司，这标志着中央教育督导机构正式重建。

1987年2月27—28日 国家教委和河北省政府联合在河北涿州市召开农村教育改革试验区工作会议，标志着我国农村教育综合改革试验启动。

1987年5月29日 中共中央发出《关于改进和加强高等学校思想政治工作的决定》，提出了在改革开放条件下改进和加强高等学校思想政治工作的指导方针与措施。

1987年11月18—22日 国家教委在湖北沙市召开11个中等城市办学方向研讨会，启动城市教育综合改革工作。

1988年2月5日 国务院发布《扫除文盲工作条例》。

1988年12月25日 中共中央发出《关于改革和加强中小学德育工作的通知》，要求中小学必须把德育工作放在首位。

1989年5月5日 国家教委下发《1989年普通高等学校试行招收自费生的意见》，高等招生开始实行公费生与自费生并存的“双轨制”。1996年试行并轨招生。

1990年8月20日 国家教委颁发《关于在普通高中实行毕业会考制度的

意见》。到 1993 年，全国各地均实行此项制度。

1991 年 3 月 9 日 为落实江泽民同志对青少年儿童进行中国近代史、现代史及国情教育问题的指示，国家教委颁发《中小学加强中国近代、现代史及国情教育的总体纲要》。

1991 年 9 月 4 日 第七届全国人大常委会第二十一次会议审议通过《中华人民共和国未成年人保护法》。

1991 年 10 月 17 日 国务院发布《关于大力发展职业技术教育的决定》，根据 20 世纪 90 年代我国经济社会发展的需要，明确了职业技术教育的发展任务。

1992 年 10 月 12 日—18 日 党的十四大提出，到 20 世纪末，全国要基本普及九年义务教育、基本扫除青壮年文盲。(简称“两基”)

1993 年 2 月 13 日 中共中央、国务院印发《中国教育改革和发展纲要》，制定了我国教育 20 世纪 90 年代发展的目标、战略和指导方针。

1993 年 10 月 31 日 第八届全国人大常委会第四次会议审议通过《中华人民共和国教师法》。

1994 年 6 月 14—17 日 中共中央、国务院在北京召开改革开放以来第二次全国教育工作会议。

1994 年 8 月 23 日 中共中央印发《爱国主义教育实施纲要》，指出爱国主义教育是全民教育，重点是广大青少年；学校是主要场所，课堂教学是主渠道。

1995 年 1 月 26 日 国家教委发布《中外合作办学暂行规定》，指出中外合作办学是中国教育对外交流与合作的重要形式，是对中国教育事业的补充。

1995 年 3 月 18 日 第八届全国人民代表大会第三次会议通过《中华人民共和国教育法》，自 1995 年 9 月 1 日起施行。

1995 年 5 月 6 日 中共中央、国务院发布《关于加速科学技术进步的决定》，提出“坚定不移地实施科教兴国战略”。

1995 年 11 月 国家计委、国家教委、财政部联合发布《“211 工程”总体建设规划》，标志着“211 工程”进入全面实施阶段。

1995 年 12 月 12 日 国务院发布《教师资格条例》，对教师资格分类与适用、条件、考试、认定等作出规定。

1996 年 3 月 28 日 江泽民同志与上海、西安、西南、北方四所交通大学领导座谈，提出教育要全面适应现代化建设对各类人才培养的需要，要全面提高办学质量和效益。

1996 年 5 月 15 日 第八届全国人大常委会第十九次会议通过《中华人民共和国职业教育法》。

1997 年 7 月 31 日 国务院发布《社会力量办学条例》，提出国家对社会力量办学实行积极鼓励、大力支持、正确引导、加强管理的方针。

1998 年 3 月 19 日 朱镕基同志宣布，“科教兴国是本届政府最大的任务”。中央决定成立国家科技教育领导小组。

1998 年 5 月 4 日 江泽民同志在庆祝北京大学建校一百周年大会上提出建设世界一流大学的任务。教育部随后启动“985 工程”，重点支持部分高等学校创建若干所具有世界先进水平的一流大学和一批一流学科。

1998 年 8 月 29 日 第九届全国人大常委会第四次会议审议通过《中华人民共和国高等教育法》。该法的颁布标志着中国教育法律法规体系的基本框架已经形成。

1999 年 1 月 13 日 国务院批转教育部《面向 21 世纪教育振兴行动计划》，提出跨世纪教育改革和发展蓝图。

1999 年 6 月 15—18 日 中共中央、国务院在北京召开改革开放以来第三次全国教育工作会议，颁布《关于深化教育改革全面推进素质教育的决定》。

2000 年 4 月 7 日 中共中央办公厅、国务院办公厅发布《关于推动东西部地区学校对口支援工作的通知》。

2000 年 10 月 25—26 日 全国中小学信息技术教育工作会议在北京举行，全面实施“校校通”工程。

2001 年 3 月 5 日 第九届全国人民代表大会第四次会议批准《中华人民共和国国民经济和社会发展第十个五年计划纲要》，首次将人才战略确立为国家战略。

2001 年 5 月 29 日 国务院下发《关于基础教育改革与发展的决定》，明确提出“十五”期间我国基础教育发展的目标和基本任务。

2001 年 6 月 8 日 教育部印发《基础教育课程改革纲要（试行）》，决定推行新一轮基础教育课程改革。

2001 年 7 月 2 日 教育部印发《幼儿园教育指导纲要（试行）》和《中等职业学校设置标准（试行）》。

2002 年 4 月 14 日 国务院办公厅发布《关于完善农村义务教育管理体制的通知》，确定我国农村义务教育试行“国务院领导下，由地方政府负责、分级管理、以县为主”的新体制。

2002 年 12 月 28 日 第九届全国人大常委会第三十一次会议审议通过《中华人民共和国民办教育促进法》，确定国家对民办教育的方针为“积极鼓励、大力支持、正确引导、依法管理”。

2003 年 3 月 4 日 国务院办公厅转发教育部等十部门《关于幼儿教育改革与发展的指导意见》。这是继 1987 年以来，再一次由国务院发布的有关幼儿教育改革和发展的纲领性文件。

2003 年 9 月 17 日 国务院印发《关于进一步加强农村教育工作的决定》，争取到 2007 年全国农村义务教育阶段贫困家庭学生都能享受“两免一补”。

2003 年 12 月 19—20 日 中共中央、国务院在北京召开全国人才工作会议，全面部署实施人才强国战略。

2004年2月16日 国务院办公厅转发教育部等四部门《国家西部地区“两基”攻坚计划（2004—2007年）》。

2004年3月3日 国务院批转教育部《2003—2007年教育振兴行动计划》。这是在《面向21世纪教育振兴行动计划》基础上实现教育新跨越的行动方略。

2005年5月25日 教育部印发《关于进一步推进义务教育均衡发展的若干意见》。

2006年2月24日 教育部印发《关于大力推进城镇教师支援农村教育工作的意见》。

2006年3月12日 中共教育部党组发布通知，学习贯彻胡锦涛总书记讲话精神，切实开展社会主义荣辱观教育。

2006年5月18日 教育部、财政部、人事部、中编办联合组织实施“农村义务教育阶段学校教师特设岗位计划”（“特岗计划”），鼓励高校毕业生到农村学校任教。

2007年5月9日 国务院办公厅转发教育部等四部门《教育部直属师范大学师范生免费教育实施办法（试行）》。

2007年10月15—22日 中国共产党第十七次全国代表大会把“优先发展教育，建设人力资源强国”作为以改善民生为重点的社会建设的六大任务之首。

2008年8月12日 国务院发出通知，决定从2008年秋季学期开始全部免除城市义务教育阶段公办学校学生学杂费。

2008年10月19日 《中共中央关于推进农村改革发展若干重大问题的决定》提出，要大力办好农村教育事业，重点加快发展农村中等职业教育并逐步实行免费。

2009年1月1日 全国义务教育学校实施绩效工资。

2009 年 4 月 1 日 国务院启动全国中小学校舍安全工程。

2009 年 9 月 9 日 庆祝教师节暨全国教育系统先进集体和先进个人表彰大会在北京举行。

2010 年 1 月 4 日 教育部印发《关于贯彻落实科学发展观进一步推进义务教育均衡发展的意见》，提出力争在 2012 年实现区域内义务教育初步均衡，2020 年实现区域内义务教育基本均衡。

2010 年 6 月 11 日 教育部财政部发出通知，实施“中小学教师国家级培训计划”。

2010 年 7 月 8 日 中共中央、国务院颁布《国家中长期教育改革和发展规划纲要（2010—2020 年）》。

2010 年 11 月 18 日 国家教育咨询委员会在北京成立。

2011 年 2 月 21 日 中共中央政治局就优先发展教育、建设人力资源强国问题进行第二十六次集体学习。胡锦涛总书记在主持学习时强调，全面落实国家教育改革和发展规划纲要，努力开创我国教育事业科学发展新局面。

2012 年 3 月 5 日 温家宝总理在十一届全国人大五次会议上宣布 2012 年中央财政已按全国财政性教育经费支出占国内生产总值的 4% 编制预算。12 月 15 日，温家宝在中央经济工作会议讲话中指出，我国财政性教育经费支出占国内生产总值的比重达到 4%。

2012 年 3 月 13 日 教育部印发《教育信息化十年发展规划（2011—2020 年）》。

2012 年 3 月 15 日 教育部、财政部印发《关于实施高等学校创新能力提升计划的意见》。

2012 年 8 月 20 日 国务院印发《关于全面加强教师队伍建设的意见》，是新中国成立以来第一个全面部署教师队伍建设工作的文件。

2012 年 9 月 7 日 全国教师工作暨“两基”工作总结表彰大会在北京召

开，胡锦涛同志给大会发来贺信。

2013 年 2 月 4 日 中小学校校长和教师专业标准发布。

2013 年 5 月 18 日 全国县域义务教育均衡发展督导评估认定正式启动，293 个县（市、区）达到国家认定标准，成为首批义务教育发展基本均衡县（市、区）。

2013 年 6 月 8 日 教育部发布推进中小学教育质量综合评价改革意见，启动中小学绿色评价。

2013 年 7 月 29 日 为落实中央扶贫开发工作会议精神和《中国农村扶贫开发纲要（2011—2020 年）》《教育规划纲要》的战略部署，教育部会同发展改革委、财政部、扶贫办、人社部、公安部、农业部等部门研究制定了《关于实施教育扶贫工程的意见》。

2013 年 12 月 4 日 国务院部署全面改善贫困地区义务教育薄弱学校基本办学条件。

2014 年 2 月 7 日 国务院教育督导委员会印发《深化教育督导改革转变教育管理方式的意见》。

2014 年 3 月 14 日 国家教育体制改革领导小组召开“全面改薄”电视电话会议，部署全面改善贫困地区义务教育薄弱学校基本办学条件工作。

2014 年 7 月 8 日 国家教育体制改革领导小组办公室印发《关于进一步扩大省级政府教育统筹权的意见》，首次以文件形式对扩大省级政府教育统筹权作出全面部署，进一步理顺中央与地方教育管理权限和职责范围。

2014 年 8 月 13 日 教育部、财政部、人力资源社会保障部印发《关于推进县（区）域内义务教育学校校长教师交流轮岗的意见》，加速推进义务教育学校校长教师交流轮岗。

2014 年 9 月 3 日 国务院正式印发《关于深化考试招生制度改革的实施意见》，标志着新一轮考试招生制度改革全面启动。

2015 年 1 月 10 日　教育部关于印发《普通高中校长专业标准》《中等职业学校校长专业标准》《幼儿园园长专业标准》的通知。

2015 年 2 月 26 日　国务院教育督导委员会办公室关于印发《教育督导报告发布暂行办法》的通知。

2015 年 5 月 4 日　国务院办公厅印发《关于深化高等学校创新创业教育改革的实施意见》。教育部印发《教育部关于深入推进教育管办评分离促进政府职能转变的若干意见》。

2015 年 6 月 1 日　《国务院办公厅关于印发乡村教师支持计划（2015—2020 年）的通知》下发。

2015 年 7 月 20 日　教育部共青团中央全国少工委印发《关于加强中小学劳动教育的意见》。

2015 年 10 月 24 日　《国务院关于印发统筹推进世界一流大学和一流学科建设总体方案的通知》下发。

2016 年 6 月 2 日　中国成为第 18 个《华盛顿协议》正式成员，这标志着我国工程教育质量得到国际认可，工程教育国际化迈出重要步伐。

2016 年 7 月 2 日　国务院印发《关于统筹推进县域内城乡义务教育一体化改革发展的若干意见》，加快缩小城乡教育差距，促进教育公平。

2016 年 11 月 2 日　教育部等九部门印发《关于防治中小学生欺凌和暴力的指导意见》。

2016 年 11 月 7 日　第十二届全国人大常委会第二十四次会议审议通过《关于修改〈中华人民共和国民办教育促进法〉的决定》，修改后的《民办教育促进法》于 2017 年 9 月 1 日起施行。

2016 年 12 月 7—8 日　全国高校思想政治工作会议在北京召开，习近平总书记发表重要讲话，强调扎实办好中国特色社会主义高校。

2016 年 12 月 27 日　教育部在北京举行农村义务教育学生营养改善计划

国家扶贫开发重点县全覆盖省部签字仪式。

2017 年 1 月 教育部、财政部、国家发展改革委印发《统筹推进世界一流大学和一流学科建设实施办法（暂行）》。9 月下旬，公布“双一流”建设高校及建设学科名单。

2017 年 2 月 中共中央、国务院印发《关于加强和改进新形势下高校思想政治工作的意见》，教育部将 2017 年定为“高校思想政治理论课教学质量年”。

2017 年 3 月 教育部等四部委联合印发《高中阶段教育普及攻坚计划（2017—2020 年）》，提出到 2020 年我国高中阶段教育毛入学率要达到 90% 以上。

2017 年 5 月 国务院办公厅印发《对省级人民政府履行教育职责的评价办法》，对推动省级人民政府依法全面正确履行教育职责，具有重要意义。

2017 年 7 月 3 日 国务院办公厅印发《关于成立国家教材委员会的通知》，国务院决定成立国家教材委员会，指导和统筹全国教材工作。

2017 年 9 月 24 日 中共中央办公厅、国务院办公厅出台《关于深化教育体制机制改革的意见》

2017 年 11 月 22 日 教育部等十一部门联合印发《加强中小学生欺凌综合治理方案》。

2018 年 1 月 16 日 教育部印发《普通高中课程方案和课程标准》（2017 年版）。

2018 年 1 月 30 日 教育部发布我国高等教育领域首个教学质量国家标准——《普通高等学校本科专业类教学质量国家标准》。

2018 年 1 月 31 日 中共中央、国务院印发《关于全面深化新时代教师队伍建设改革的意见》，这是新中国成立以来党中央出台的第一个专门面向教师队伍建设的里程碑式政策文件。

2018 年 2 月 26 日 教育部办公厅等四部门印发《关于切实减轻中小学生

课外负担开展校外培训机构专项治理行动的通知》。

2018年3月28日 教育部、国家发展改革委、财政部、人力资源和社会保障部和中央编办联合印发《教师教育振兴行动计划（2018—2022年）》。

2018年7月25日 教育部基础教育质量监测中心发布《中国义务教育质量监测报告》，这是我国首份国家义务教育质量监测报告。

2018年9月10日 全国教育大会召开，习近平总书记发表重要讲话。

2018年10月17日 教育部印发《关于加快建设高水平本科教育 全面提高人才培养能力的意见》等文件，决定实施“六卓越一拔尖”计划2.0。

2019年1月24日 国务院印发《国家职业教育改革实施方案》。

2019年2月23日 中共中央、国务院印发《中国教育现代化2035》，提出推进教育现代化总体目标。

2019年3月18日 习近平总书记在北京主持召开学校思想政治理论课教师座谈会，强调用新时代中国特色社会主义思想铸魂育人。

2019年6月11日 国务院办公厅印发《关于新时代推进普通高中育人方式改革的指导意见》。

2019年6月23日 中共中央、国务院印发《关于深化教育教学改革全面提高义务教育质量的意见》，这是党中央、国务院印发的第一个聚焦义务教育阶段教育教学改革的重要文件。

2019年9月17日 国家主席习近平签署主席令，授予于漪、卫兴华、高铭暄“人民教育家”国家荣誉称号。

2019年11月12日 中共中央办公厅、国务院办公厅印发《新时代爱国主义教育实施纲领》，着眼培养担当民族复兴大任的时代新人，高扬爱国主义旗帜，着力培养爱国之情、砥砺强国之志、实践报国之行，对新时代爱国主义教育进行战略谋划作出全面部署。

2019年12月25日 中共中央办公厅、国务院办公厅印发《关于减轻中小学教师负担进一步营造教育教学良好环境的若干意见》，对减轻中小学教师负担、营造教育教学良好环境提出要求。

2020 年 1 月 7 日 教育部考试中心研制的《中国高考评价体系》和《中国高考评价体系说明》由人民教育出版社出版发行，该体系从高考的核心功能、考查内容、考查要求三个方面回答“为什么考、考什么、怎么考”的考试本源性问题。

2020 年 1 月 27 日 因新冠肺炎疫情影响，教育部发布关于 2020 年春季学期延期开学通知。2 月 5 日教育部印发《关于在疫情防控期间做好普通高等学校在线教学组织与管理工作的指导意见》，要求采取政府主导、高校主体、社会参与的方式，实现“停课不停教、停课不停学”。

2020 年 2 月 19 日 中共中央办公厅、国务院办公厅印发《关于深化新时代教育督导体制机制改革的意见》，提出力争到 2022 年，基本建成全面覆盖、运转高效、结果权威、问责有力的中国特色社会主义教育督导体制机制。

2020 年 3 月 20 日 中共中央、国务院印发《关于全面加强新时代大中小学劳动教育的意见》，要求全面构建体现时代特征的劳动教育体系。

2020 年 7 月 17 日 《习近平总书记教育重要论述讲义》由高等教育出版社出版发行。

2020 年 7 月 29 日 习近平总书记就研究生教育工作作出重要指示，强调适应党和国家事业发展需要，培养造就大批德才兼备的高层次人才。

2020 年 10 月 13 日 中共中央、国务院印发《深化新时代教育评价改革总体方案》，扭转不科学的教育评价导向，坚决克服唯分数、唯升学、唯文凭、唯论文、唯帽子的顽瘴痼疾。

2020 年 10 月 15 日 中共中央办公厅、国务院办公厅印发《关于全面加强和改进新时代学校体育工作的意见》和《关于全面加强和改进新时代学校美育工作的意见》。

后　记

教育兴则国家兴，教育强则国家强。教育是人民幸福与中华民族复兴的基石和持久动力。一百年来，中国共产党在中国革命、建设与改革发展的不同历史阶段，高度重视教育，把教育摆在优先发展地位，开辟了中国特色社会主义教育道路，形成了内涵丰富、特色鲜明的中国特色社会主义教育思想与理论，建立了中国特色社会主义教育制度，创立了一条从教育弱国到教育强国的中国道路，为世界人口大国与落后国家加快发展教育现代化提供了中国模式与中国智慧，创造了人类社会百年来蔚为壮观的教育发展奇迹。

"明镜所以照形，古事所以知今。"回顾中国共产党领导中国教育百年发展的波澜壮阔之路，探讨党的中国特色社会主义教育理论与实践，对于丰富和发展中国特色社会主义教育学科体系、学术体系、话语体系与教材体系，指导中国教育继往开来迈向高质量教育发展新阶段，为世界教育发展贡献中国智慧，具有重要的现实意义和理论价值。

本书着眼于一百年来中国共产党领导中国人民开辟中国特色社会主义教育道路，围绕建设教育强国这一核心主题，聚焦"建教育强国的百年梦想""为了人民的教育事业""为了中华民族的伟大复兴""党对教育事业的全面领导""把立德树人作为教育的根本任务""优先发展教育事业""坚持社会主义办学方向""以改革促发展，以开放促发展""扎根中国大地办教育""坚持将教师队伍建设作为基础工作”“以信息化带动教育现代化”“加快构建中国特色社会主义教育话语体系”等专题，从教育“为什么”“是什么”和“怎么做”等维度，对一百年来党的教育思想与理论、政策与实践进行了深入探索与系统总结。

本书是上海哲学社会科学规划“中国共产党建党百年”专项课题“中国共产党百年教育思想及其实践研究”[2019WJD012]的研究成果，也是课题组继纪念改革开放40年《从反正到立新：教育理念创新之路》(袁振国等著，华东师范大学出版社2018年版）和纪念新中国成立70年《共和国教育公平之路》（袁振国等主编，华东师范大学出版社2019年版）研究的深化，是对党的教育理论、政策与实践的最新研究成果。研究过程既是课题组合作探究、相互启发的过程，也是集体贡献智慧、成果汇聚的过程。下列同志参加了本书的撰写：第一章刘世清（华东师范大学副教授），第二章崔海丽（北京大学博士后），第三章严凌燕（华东师范大学博士生），第四章郭仕（浙江师范大学博士生），第五章刘志（华东师范大学博士生），第六章蔡群青（华东师范大学博士生），第七章罗枭（华东师范大学博士生），第八章陶媛（华东师范大学博士后），第九章潘士美（华东师范大学博士生），第十章张猛猛（上海师范大学博士后），第十一章余晓畅（华东师范大学博士生），第十二章袁振国（华东师范大学教授、教育学部主任，侯浩翔博士生参与部分写作），重点活动和文献节点由张猛猛整理。全书由袁振国、刘世清策划与统稿。

本书的编写得到多方面的支持与帮助。限于时间和精力，尤其是限于研究水平和能力，本书有诸多不足之处在所难免，敬请同仁和读者批评指正。

课题组
2020年9月6日

图书在版编目(CIP)数据

教育强国之路/刘世清等著.—上海:上海人民
出版社,2021
(人民至上·中国共产党百年奋进研究丛书)
ISBN 978-7-208-17040-7

Ⅰ.①教… Ⅱ.①刘… Ⅲ.①教育事业-研究-中国
Ⅳ.①G52

中国版本图书馆CIP数据核字(2021)第064018号

责任编辑 李 莹
封面设计 汪 昊

人民至上·中国共产党百年奋进研究丛书
上海市哲学社会科学规划办公室
上海市中国特色社会主义理论体系研究中心 组编

教育强国之路
刘世清 袁振国 等著

出 版	上海人民出版社 (200001 上海福建中路193号)
发 行	上海人民出版社发行中心
印 刷	商务印书馆上海印刷有限公司
开 本	787×1092 1/16
印 张	24.75
插 页	3
字 数	331,000
版 次	2021年5月第1版
印 次	2021年5月第1次印刷

ISBN 978-7-208-17040-7/D·3744
定 价 98.00元